I0826841

HERVÉ RYSSEN

LOS MILLARDOS DE ISRAEL

Estafadores judíos y financieros internacionales

Hervé Ryssen

Hervé Ryssen (Francia) es historiador y un investigador exhaustivo del mundo intelectual judío. Es autor de doce libros y varios videos documentales acerca de la cuestión judía. En el 2005 publicó *Las Esperanzas planetarias,* libro en el que demuestra los orígenes religiosos del proyecto mundialista. *Psicoanálisis del judaísmo,* publicado en el 2006, muestra como el judaísmo intelectual presenta todos los síntomas de la patología histérica. No existe ninguna "elección divina", sino la manifestación de un trastorno que tiene su origen en la práctica del incesto. Freud había estudiado pacientemente esta cuestión a partir de lo que constataba en su propia comunidad.
En Francia reside una de las mayores comunidades judía de la diáspora con una vida cultural e intelectual muy intensa. Hervé Ryssen ha podido desarrollar su extensa obra en base a numerosas fuentes históricas y contemporáneas, tanto internacionales como francesas.

Los millardos de Israel
Estafadores judíos y financieros internacionales

Les milliards d'Israël, Escrocs juifs & financiers internationaux,
Levallois-Perret, éd. Baskerville, 2006

Traducido por Alejo Domínguez Rellán

Publicado por
Omnia Veritas Limited

www.omnia-veritas.com

Los judíos tienen una relación muy particular con el dinero. No se trata aquí de un odioso "prejuicio antisemita", sino de una realidad tangible, ya que los judíos están muy ampliamente sobrerrepresentados entre los multimillonarios [1] del planeta. Desde tiempos inmemoriales, diseminados en todos los países, son famosos por haberse dedicado al gran comercio internacional. Son también, desde hace siglos, los amos de la Banca y la especulación. Naturalmente, todos los especuladores, todos los amos de la finanza y del comercio internacional no son judíos; e inversamente, todos los judíos no ejercen esos oficios. Pero es innegable que han desempeñado y siguen desempeñado un papel crucial.

Para explicar su predominancia en el sistema financiero, los intelectuales judíos repiten una y otra vez que puesto que el préstamo con interés había sido prohibido por el cristianismo y el islam, los judíos habían sido de alguna manera impelidos en esa vía a su pesar. Pero esto es olvidarse un poco rápido que los banqueros judíos ya eran los amos de la profesión, y eso mucho antes del advenimiento del cristianismo, y con más razón del islam.

Además, los historiadores judíos suelen afirmar que en tierra cristiana, durante siglos, la práctica de los demás oficios les era vetada y que habrían sido por lo tanto obligados a ejercer las actividades relacionadas con el dinero. En realidad, nunca hubo en la historia ninguna prohibición para los judíos de ejercer un oficio productivo. Hasta donde se sepa, nadie impidió jamás a un judío ser carpintero o ebanista, herrero o agricultor. Pero, en cambio, los judíos tienen en su código de ley prohibido cultivar un suelo extranjero. Preferían de todas formas ejercer profesiones que les permitían explotar sus capacidades

---

[1]*Milliard* en francés corresponde a 1000 millones, es decir el millardo en castellano. A pesar de que esta palabra figura en el diccionario de la RAE, es más bien poco usada, razón por la que sólo la utilizamos para traducir el título original del libro. Así pues, en francés, un "*milliardaire*" es un individuo multimillonario de más de 1000 millones. (Nota del Traductor, NdT en adelante.)

intelectuales y sus habilidades financieras, teniendo siempre en mente la posibilidad de huir en caso de sobresaltos en el país de acogida.

Y es que los judíos fueron expulsados de todas partes, de todos los países, en todas las épocas, cuando no eran directamente masacrados: por los Egipcios, por los Babilonios, por los Griegos, por los Romanos, y por los cristianos y los musulmanes; siempre y en todas partes. Y cada vez – así cómo los hemos demostrado en nuestra *Historia del antisemitismo* – el principal motivo esgrimido era la usura, es decir el préstamo con interés con un tipo abusivo que arruinaba los campesinos y comerciantes, y enriquecía desmesuradamente las comunidades judías de todas las ciudades. La receptación de objetos robados era otra de las acusaciones frecuentes mencionadas en los textos, así como su manifiesto odio hacia la Iglesia y los goyim en general. En toda Europa, se les veía dedicarse al contrabando en las fronteras, cercenar la moneda, lavar los ducados de oro en ácido, usar el arsénico para dar al latón el color del oro, "traicionar y engañar a los cristianos" de mil maneras. Nada ha cambiado al respecto, sino que las estafas, desde el inicio de este milenio, han adquirido una escala sin precedentes. El caso es que las grandes estafas son su especialidad casi exclusiva. Y aquí también, nadie les abocó nunca a tomar ese camino. Pues, a decir verdad, ellos hallan en sí mismo, en el Talmud (su libro sagrado que contiene las enseñanzas de los rabinos[2]) así como en sus tradiciones ancestrales, los recursos psicológicos, morales e intelectuales para embarcarse en ese tipo de empresas.

---

[2]Léase sobre el Talmud en Hervé Ryssen, *Psicoanálisis del judaísmo (y Anexo I)*. (NdT).

PRIMERA PARTE

LAS GRANDES ESTAFAS

Las mayores estafas de la historia se han producido en este inicio de siglo, hasta tal punto que los récords han sido pulverizados; no simplemente sobrepasados, sino realmente pulverizados. En nuestro anterior libro sobre la mafia cosmopolita, publicado en el 2008, evocábamos algunos casos que pueden parecer ahora de otra época:

Recordemos por ejemplo a Claude Lipsky, que había sido calificado de "estafador del siglo" cuando el caso había estallado en septiembre del año 2000. Desde 1987, Claude Lipsky proponía inversiones a militares franceses jubilados o todavía en servicio en el continente africano. Oficiales y suboficiales amasaban cómodas rentas gracias a sus sueldos de militares en misión en el extranjero, y esos ahorros habían hecho brillar los ojos del estafador, el cual les había propuesto un rendimiento anual de más de 10% con entradas de capital de 50 000 francos. Alrededor de 175 millones de francos (o sea 26,7 millones de euros) se había evaporado, por lo que varios centenares de militares se habían constituido en asociación para denunciar la estafa. El 21 de mayo del 2007, ante el tribunal de Versalles, "*el hombre de negocios franco-israelí*" de 75 años de edad clamaba todavía su inocencia. No había malversado los fondos: "*Se perdieron. Como en todas las sociedades financieras, a veces funciona muy bien, y otras veces hay problemas*", había declarado a los periodistas. Claude Lipsky había a su vez prometido jugosas inversiones en la metrópoli a comerciantes y jubilados. Este era el testimonio de Suzette, restauradora de 54 años en el Loir-et-Cher: "*Nos fue presentado por nuestro banquero. Por eso, y aunque tuve algunas dudas, le entregué 750 000 francos. Cuando más tarde presentí que había sido engañada fui a ver Lipsky en el Var, donde tiene una suntuosa propiedad. La entrevista fue infructuosa y le denuncié.*" Para Pierrette y Louis, 73 y 77 años, el guion había sido idéntico: "*Hemos entregado 900 000 francos, el resultado de la venta de nuestro negocio de congelados cuando nos jubilamos. No nos queda nada*", declaraban, destrozados.

También cabe recordar a Jacques Crozemarie, el presidente de la Asociación para la investigación contra el cáncer (ARC). El hombre aparecía regularmente en televisión, en anuncios publicitarios, a fin de convencer los telespectadores de enviarle su dinero. La gente de bien ignoraba que cientos de millones de francos eran desviados por el estafador para financiar su lujoso tren de vida. El escándalo había estallado en enero de 1996. El informe del Tribunal de Cuentas había revelado que sólo el 26% de las donaciones recibidas por el ARC llegaban efectivamente a los científicos. 327 millones de francos (30 millones de euros) habían sido malversados entre 1990 y 1995, tal como había desvelado el juicio que se había abierto en el mes de mayo de 1999, es decir 8000 euros en efectivo por semana. Jacques Crozemarie había dimitido de la dirección de la asociación, pero seguía clamando su inocencia, y, seguro de sí mismo y su derecho, se presentó en 1999 ante el juzgado correccional, "*echándole la bronca*" a la presidenta, echándole en cara de "*no hacer nada contra el cáncer*", yendo incluso hasta poner en duda la competencia de los magistrados del Tribunal de Cuentas: "*¡No saben contar!*", espetaría delante de todos. Con una fenomenal desfachatez, había luego declarado ante las cámaras de televisión: "*Sería un criminal si hubiese embolsado algo, pero miren mis honorarios de representación, ¡son nulos! ¡Ni tan siquiera me reembolsan las cuentas del restaurante!*" El reportaje de Emmanuel Cohen, en el programa *Secrets d'Actualité* del 26 de marzo de 2006, lo presentaba débil, entrando con dificultad con su bastón en el tribunal. Pero unas horas antes, unas fotos tomadas a espaldas del interesado lo mostraban en una gasolinera andando son problemas, sin bastón. También se descubrió que su blusa blanca no era más que un disfraz de circunstancia: el jefe del ARC jamás había sido médico. Nunca había estudiado medicina, lo cual no le impedía presentarse a menudo rodeado de eminencias científicas, posando con su blusa blanca. Con su título de doctor "*honoris causa*" de la Universidad de Tel-Aviv, había logrado controlar todos los engranajes de la principal asociación que solicitaba la generosidad de los franceses y timar 3,5 millones de donadores.

El caso del Sentier fue más importante. El Sentier, en el centro de París, era el barrio de la confección. 5000 fabricantes y mayoristas trabajaban cada día junto a sus empleados, casi todos inmigrantes clandestinos que eran explotados "a la vieja usanza", a veces quince horas por día. Trabajaban en máquinas de coser o en la calle, descargando camiones y cargando los rollos de tela. Esos incontables esclavos asalariados de los países pobres, que aceptaban un trabajo ingrato a cambio de un salario de miseria, hacían la felicidad de la patronal cosmopolita.

En 1997, el Sentier estuvo en el epicentro de una gigantesca estafa. Esta consistía en un sistema de "*cavalerie*": una "letra de cambio" permite al proveedor ser pagado por su cliente inmediatamente en vez de tres meses más tarde. El banco, que paga en lugar del cliente, cobra simplemente una comisión. El cliente pagará la deuda contraída al banco dentro de tres meses. Todas las partes ganan así. Ahora bien, si el cliente revende inmediatamente la mercancía con un beneficio, también podrá hacerse pagar por otro banco con el mismo sistema. Entre lo que pagará dentro de tres meses al primer banco, y lo que le paga inmediatamente el segundo, genera un beneficio revendiendo el producto más caro. El segundo cliente sólo tiene que volver a hacer lo mismo con un tercero, y el tercero con un cuarto, etc. Y dado que nadie va a ir verificar si las entregas son reales, no es ni tan siquiera necesario que la mercancía sea efectivamente entregada. Al vencimiento de la letra de cambio, el cliente no paga su deuda al banco, y éste se dirige entonces al proveedor...que ha desaparecido declarándose en quiebra. El cliente alega entonces que no puede pagar porque el proveedor no le ha entregado la mercancía, que en realidad nunca existió. Esto es la "*cavalerie*"[3].

Entre abril y junio de 1997, 2700 letras habían sido emitidas en el Sentier, preludio de numerosas quiebras en cadena. 93 empresas habían dejado plantados banqueros y proveedores por valor de 540 millones de francos, "*pero si la investigación hubiese abarcado las 768 empresas potencialmente implicadas, la barrera de los mil millones hubiera sido superada.*" (*Libération*, 20 de febrero del 2001). Las sociedades eran constituidas para tal propósito, gestionadas por individuos desempleados reclutados para la estafa.

A la "*cavalerie*" se añadía la "*carambouille*". La *carambouille* es un procedimiento un poco más primitivo que consiste en comprar

---

[3]En este sistema, se suele utilizar un escaparate ficticio para simular las transacciones comerciales a los ojos del banco u otro prestamista con el fin de hacer pasar el importe del nuevo préstamo como beneficio. A través de esta fachada, el prestatario alimenta su apariencia de respetabilidad y solvencia, y con ello la confianza del prestamista, y por tanto su propensión a obtener nuevos fondos de él. La técnica se presta fácilmente a una multiplicación en forma de "bola de nieve": el estafador puede utilizar el dinero para presentarse como cliente solvente de un cómplice, que a su vez obtendrá un préstamo mayor, y así sucesivamente. (NdT).

mercancías sin pagarlas, venderlas con descuento y desaparecer en el momento oportuno. También se habían producido fraudes a las aseguradoras. Unos incendios habían destruido almacenes en Aubervilliers. Depósitos de mercancías ficticias habían supuestamente ardido y los aseguradores tuvieron que desembolsar 16 millones de francos. Todo esto hacía decir a un policía: "*Nunca vi tantos Rmistas [beneficiarios de la Renta Mínima de Inserción, ndt] circular en BMW*". Cuando los bancos decidieron alertar la fiscalía en el mes de julio de 1997, ya era tarde. En noviembre de 1997 y en marzo de 1998, dos espectaculares redadas de policía se habían saldado con 188 detenciones. El cerebro de la operación apodada "dejar plantado el banco" se llamaba Haïm Weizman, que tenía por costumbre deambular por el barrio del Sentier vestido con el traje de faena de Tsahal, en recuerdo de su rango de sargento-jefe en el ejército israelí. Su propia red había movilizado 23 sociedades de las 54 "activas" en torno a las cuales se organizaba la estafa. 31 personas de su equipo fueron inculpadas, pero él había preferido huir a Israel con otros cómplices. El caso del Sentier había necesitado dieciocho meses de instrucción judicial. Quince personas seguían todavía a la fuga, y treinta y tres bancos se habían constituido como parte civil. El juicio tuvo lugar en París a partir del 20 de febrero del 2001 y había durado unas diez semanas, dado la magnitud del procedimiento. 124 imputados habían pasado por el estrado, todos acusados de estafa en banda organizada. Más allá de las penas de prisión, la acusación de estafa en banda organizada que había sido retenida obligaba a los acusados a reembolsar solidariamente los bancos y los proveedores. La suma que tenían que abonar era de 280 millones de francos: "*Nos quieren muertos*", se lamentaba tras la audiencia Samy Brami. "*¡Quieren matarnos con el dinero*!", gritaba finalmente desesperado.

El 10 de mayo del 2004, la sala de instrucción del tribunal de París examinaba el expediente "Sentier II", que se centraba en las redes de blanqueo de dinero entre Francia e Israel. 142 personas eran imputadas por blanqueo de capital: 138 personas físicas y cuatro bancos. El juicio de Sentier II había comenzado en febrero del 2008, y debía durar hasta el mes de julio. El tráfico consistía en "endosar" los cheques, es decir modificar el nombre del beneficiario con una simple mención en el reverso con un sello bancario. El endoso está prohibido en Francia desde los años 70, como en casi todas partes en el mundo excepto en Israel. El cheque era entregado a un "cambista" a cambio de efectivo (menos la comisión). El cambista depositaba luego el cheque en su banco israelí y éste se hacía abonar la cuenta por el banco francés. El dinero en efectivo permitía defraudar el fisco francés o pagar los salarios en negro. La Brigada de Investigación Financiera (Brif) había examinado meticulosamente todos los cheques de más de 20 000 francos que circulaban entre Francia e Israel, y resultó que el tráfico de cheques reciclados en dinero en efectivo se elevaba a más de 1000 millones de francos. Los bancos no podían ciertamente verificar todo, teniendo en cuenta el número de cheques en circulación – varias decenas de miles por día. Pero los investigadores tuvieron sospechas fundadas al comprobar que un banco aceptaba transferir un cheque a la orden del Tesoro público o de la URSSAF[4]a favor de un tercero con una simple mención en hebreo en el reverso. Con este sistema, se podía efectivamente reciclar cualquier cheque robado, lo cual explicaba la desaparición de numerosos sacos postales en los centros de clasificación postal de Correos. A veces, los beneficiarios de los cheques robados eran sencillamente llamados "Señor Urssaffi" o "Tesoro publicidad". Los cientos de cheques del Sentier eran recolectados y luego enviados a Israel en vez de ser cobrados en los bancos franceses. Judíos jasídicos Jabad-Lubavitch[5], con vestidos tradicionales y poco susceptibles de ser registrados en el aeropuerto, se encargaban de pasar la frontera, las maletas repletas de cheques a la ida en Roissy y de dinero en efectivo a su regreso de Israel. Seis rabinos del movimiento Jabad-Lubavitch y más de una veintena de responsables asociativos estaban implicados. Ellos aprovisionaban los comerciantes del Sentier con maletas de dinero en efectivo.

La estafa de los falsos anuncios publicitarios, que había empezado en agosto del 2003, consistía en vender anuncios en publicaciones especializadas editadas por asociaciones de policías, gendarmes, bomberos y del ministerio de finanza. Los estafadores proponían estos anuncios a pequeños comerciantes haciéndoles creer que una publicidad insertada en una revista de la policía o en un anuario de Hacienda ayudaría a quitarles una multa o evitarles un ajuste fiscal. Los espacios publicitarios no existían, pero los cheques eran cambiados en Israel. En dieciocho meses, los estafadores habían amasado un botín de

---

[4]En Francia, las Uniones de Recaudación de Cotizaciones de la Seguridad Social y de Asignaciones Familiares (URSSAF) son organismos privados con una misión de servicio público que dependen de la rama "Recaudación" del régimen general de la Seguridad Social. (NdT).

[5] Sobre los judíos místicos, en particular los jasídicos Jabad Lubavitch, léase *Psicoanálisis del judaísmo (y Anexo V)*. (NdT).

55 millones de euros. Unas escuchas telefónicas habían permitido rastrear el cerebro de la operación: Samy Souied, el cual mantenía una relación empresarial con el responsable del banco Hapoalim en Israel. Tras este caso – como veremos- la estafa se hizo aún más grande, y Samy Souied volvió a dar de qué hablar.

En el mes de marzo del 2008, estalló otro escándalo. Una gigantesca red de fraude del IVA había sido desmantelada. Una quincena de individuos eran inculpados por haber sustraído 100 millones de euros al Estado. Un récord en Francia para este tipo de estafa. Tras dos años de investigación, el cerebro, Avi Rebibo, un franco-israelí de 38 años y su banda, habían sido acusados de estafa en banda organizada. De nuevo, desde 2008, este tipo de fraude a tomado unas proporciones gigantescas.

De la misma forma, la estafa de las "falsas transferencias", o "timo del presidente", que consistía en llamar por teléfono la dirección de un departamento financiero de una gran empresa haciéndose pasar por el presidente y exigir una transferencia bancaria adquirió una importancia considerable. El primer ejemplo de este tipo de timo se produjo en julio del 2005. Con su formidable descaro, Gilbert Chikli había manipulado por teléfono a una directora de agencia, persuadiéndola de entregar 23 millones de euros en efectivo en una maleta. Gilbert Chikli se había luego retirado en Israel, dejando tras de sí bastante adeptos e imitadores.

Todos estos casos, y algunos más antiguos, fueron evocados en detalle en nuestro libro del 2008 sobre la Mafia[6]. Vamos a ver a continuación que son más bien poca cosa, comparado con las enormes estafas acaecidas en Francia, Europa y Estados Unidos desde 2008.

---

[6] *La Mafia judía*. Véase también en *El Espejo del judaísmo* (2009) y en *Historia del antisemitismo* (2010).

1. El fraude del IVA

El fraude del IVA (impuesto sobre el valor añadido) ha sido poco mediatizado desde que estalló en el 2009 el escándalo del fraude de la tasa carbono (CO2). Miles de millones de euros se han volatilizado, o más bien – para hablar con claridad- han sido sustraídos del bolsillo de los contribuyentes por desaprensivos estafadores. Aunque otros casos de fraudes del IVA ya se habían producido antes de la gran estafa del CO2: especialmente con los teléfonos móviles, pero también de forma general con los productos caros y de pequeño tamaño, fáciles de transportar: ordenadores, microchips, videojuegos, sin mencionar el gas, la electricidad o las tarjetas telefónicas de prepago.

El funcionamiento de estos fraudes era muy simple. Tomemos un ejemplo: una sociedad A basada en Francia compra 100 000€ sin IVA de teléfonos móviles a una sociedad B ubicada en Bélgica. La empresa A no paga el IVA en Bélgica, ya que no existe el IVA sobre las ventas entre países intracomunitarios. Vende entonces los productos más barato a una empresa C cómplice, también francesa, la cual hace un buen negocio (90 000€, por ejemplo, sin IVA + 18 000€ de IVA, o sea 108 000€; tomamos aquí por ejemplo un IVA del 20%).

Una vez repercutido el IVA, la empresa A debería ser deficitaria puesto que ha pagado 100 000€ en la compra y vendido la mercancía por 108 000€ IVA incluido, a los que hay que restar los 18 000€ de IVA local sobre la venta: es decir una pérdida de 10 000€. Sin embargo, si la empresa no paga el IVA al Estado francés y desaparece, realiza un beneficio de 8000€. Es lo que se llama una empresa pantalla, o "taxi", o "defectuosa", o bien, en francés sefardita, "*petadora de IVA*". La sociedad C, por su parte, va a facturar el IVA al consumidor final. Así pues, ha comprado una mercancía más barata, lo cual le ha permitido rebajar su precio de coste y aprovecharse de una ventaja competitiva que le permite incrementar sus ventas y beneficios.

Lo que se denomina "carrusel del IVA" no es muy complicado. Imaginemos que la empresa C, en vez de revender las mercancías al consumidor final, las revende a la sociedad B en Bélgica – sin IVA, dado que es una venta intracomunitaria. En este caso, las mercancías regresan a su punto de partida, y están listas para circular de nuevo. Este fraude se apoda así "carrusel", en referencia al célebre tiovivo giratorio de jinetes de madera. En este caso, la pérdida del Estado es doble, puesto que primero no percibe el impuesto percibido por la empresa "defectuosa" A, y que luego pierde esa misma tasa de C, puesto que las mercancías han sido exportadas a un país de la Unión europea.

Varias sociedades pantallas pueden así intercalarse entre los distintos actores. La sociedad C, por ejemplo, en vez de revender los teléfonos directamente a la sociedad B en Bélgica, puede revenderlos a una sociedad D en Luxemburgo, que los revenderá a su vez a la sociedad B. Y el ciclo se reanuda de nuevo cuando la sociedad B los revenderá por 100 000€ a la sociedad francesa A. Cuando el entramado está perfectamente elaborado, las mercancías que han circulado por varios Estados miembros regresan a su punto de partida y retoman el mismo circuito. Y en vez de entregar la costosa y poco voluminosa mercancía, también se puede limitar a entregas ficticias.

Este sistema de IVA intracomunitario ha sido establecido en 1993 con el tratado de Maastricht, que suprimió las fronteras fiscales y por lo tanto también los controles aduaneros en las fronteras dentro de la Unión. Así pues, desde Maastricht, ya no se verifica si el contenido de un camión concuerda con la factura que le acompaña. ¿Para qué, entonces, entregar una mercancía cuando se sabe que de todas formas ésta volverá a su punto de partida?

En un informe publicado en abril del 2004, la Comisión europea parecía preocupada por el auge de este fraude, "*preocupante para muchos Estados miembros: puede representar hasta un 10% de sus ingresos netos de IVA.*" En Francia, las ganancias netas del IVA alcanzaban en el 2006[7] 127 mil millones de euros. Y para aquel año 2006, según un informe del Tribunal de Cuentas del 9 de marzo del 2012, la tasa de fraude era estimada en un 7%[8]. En el 2011, según un informe de la Comisión de Finanzas de la Asamblea nacional, el fraude al IVA en su totalidad alcanzaba 10 mil millones de euros al año, siendo

[7] El IVA representaba en ese momento el 51% de los ingresos fiscales totales.

[8] Este informe había sido seguido por una ley (art. 7 bis de la ley de finanza rectificativa 2012) que tenía como objetivo crear un dispositivo de autoliquidación del IVA para las entregas de gas natural, electricidad y comunicaciones electrónicas, "*realizadas por un proveedor establecido en Francia para fines ajenos al consumo o la utilización por el comprador sujeto al IVA en Francia.*"

que solamente un centenar de agentes de aduanas eran afectados a su vigilancia.

El diario económico *L'Expansion* había desvelado una enorme estafa a principio de noviembre del 2005. Charles-Emmanuel Haquet había titulado su artículo *La impunidad de los profesionales del timo del IVA*: "*Camiones fantasmas cargados de teléfonos móviles. Decenas de sociedades corruptas. Un jefe de banda escondido en Argentina. Un botín de 60 millones de euros...Hizo falta una investigación de cuatro años, de seguimiento y escuchas telefónicas por parte de las autoridades para poner fin, el pasado mes de agosto, a una de las mayores estafas al IVA del siglo.*" Pero sabemos desde hace décadas que los récords en la materia son regularmente pulverizados, como veremos a continuación.

"*¿Cuántas redes de este tipo operan en Francia?*", se preguntaba Gilles Duteil, experto judicial en Aix-en-Provence. "*En Francia, nadie es consciente de la magnitud del fenómeno. Sin embargo, es un delito grave. Más importante, en total, que la suma del tráfico de estupefacientes.*"

En aquel artículo era cuestión de "*mafias pakistaní e italiana*". No nos diran más sobre la cuestión... Los maleantes hacían "*circular la mercancía por varios países de Europa.*" Se trataba sobre todo de "*productos de gran valor añadido y poco voluminosos, como los teléfonos móviles o los componentes electrónicos.*" Nos informaban de que los productos a menudo hacían "*varias decenas de giras, siendo el récord absoluto un palé de cartuchos de tinta incautado por la policía belga tras haber sido vendido ¡seis cientas veces!*" Para los delincuentes, el beneficio es doble: roban sumas astronómicas a los Estados miembros, a la vez que venden la mercancía con pérdidas para poder deshacerse de ella más rápido.

La Dirección General de los impuestos, encargada desde 1993 de la recaudación del IVA intracomunitario, era muy discreta al respecto. Sólo se sabía que sus investigadores estaban desbordados por la envergadura de la tarea. "*Todos los meses, informamos de la aparición de nuevos carruseles a nuestros homólogos franceses, declaraba Yannick Hulot, coordinador fiscal dentro de la OCS (célula belga de lucha contra los carruseles). Nunca más oímos hablar de ello. Como si no tuvieran tiempo para tratar los expedientes.*"

Vincent Drezet, secretario nacional del Snui (Sindicato nacional unificado de impuestos), lo confirmaba: "*Hay en Francia 3,5 millones de empresas sujetas al IVA, sólo efectuamos 51 000 controles anuales. Nuestros medios son insuficientes.*" Los agentes fiscales no tenían un trabajo fácil, pues los procedimientos eran engorrosos: "*Para llevar a cabo un registro, el encargado del expediente debe aportar pruebas tangibles de la estafa, explicaba Vincent Drezet. Debe demostrar quienes son los cómplices, cuál es el esquema del fraude y cuáles son las sociedades que participan en el tráfico...Sólo entonces podrá enviar una carta certificada al sospechoso. No hace falta deciros que éste último ya puso pies en pólvora hace mucho tiempo.*"

Había pues que apresurarse para coger in fraganti a los delincuentes. "*Antes que nada los actores judiciales deberían conocer perfectamente esos esquemas de fraude. Rara vez es el caso. La investigación se ve por ello ralentizada*", lamentaba Gilles Duteil, fundador de un máster profesional en la Universidad de Aix-Marseille, titulado "Prevención y represión de la delincuencia financiera". Gilles Duteil estimaba que había que "*crear una plataforma multidisciplinaria*" para "*reunir competencias aduaneras, fiscales y judiciales.*"

En Francia, la lucha contra los carruseles es competencia exclusiva de Hacienda. Pero Bélgica, que ha creado ese tipo de estructura, ha logrado disminuir el fraude de un 80%. A finales del 2001, el Estado belga había efectivamente decretado "prioridad nacional" la lucha contra los fraudes al IVA. Una célula había sido creada. Esta reunía policías y fiscalistas, y había sido dotada con un programa informático que escaneaba día y noche bases de datos y alertaba cuando un esquema sospechoso era detectado. "*Donde antes necesitábamos dos años, hemos reducido el tiempo de intervención a tres meses.*" De suerte que los estafadores acabaron instalándose en los países limítrofes.

El caso Eurocanyon

En nuestro libro sobre la Mafia (2008), habíamos mencionado aquel caso del mes de marzo del 2008. Una gigantesca red de fraude al IVA había sido desmantelada, y una quincena de personas habían sido imputadas por haber sustraído 100 millones de euros al Estado. Era la mayor estafa de este tipo jamás vista en Francia. Tras dos años de investigación, el cerebro, Avi Rebibo, un "franco-israelí" de 38 años, y su banda, habían sido imputados por estafa en banda organizada.

Avi Rebibo gestionaba Eurocanyon, una sociedad luxemburguesa especializada en telefonía móvil. Compraba teléfonos móviles sin IVA en Inglaterra, y luego los revendía sin beneficio a sociedades pantallas (incluyendo el IVA) que liquidaban el material a un precio inferior al del mercado a unas cincuenta empresas que a su vez proponían los lotes de teléfonos a proveedores británicos. El dinero salía luego del sistema mediante un entramado de transferencias entre cuentas abiertas en el extranjero.

Avi Rebibo era acusado particularmente de haber manejado las sociedades "taxi". Su abogado, el letrado Sylvain Maier, rechazaba categóricamente esas acusaciones. Para él, Avi Rebibo había sido víctima de sus clientes que no habían declarado el IVA. Éste no había violado nunca la ley, pero *"dado que vivía en Israel, los gerentes de las sociedades encausadas le habían acusado a él"*, declaraba el abogado. Desde entonces, nunca se supo nada más de aquella enorme estafa. Sin noticias en todos los grandes medios...

El caso Rubens Lévy

En el mes de noviembre del 2009, el periódico *Le Télégramme* de Ille-et-Vilaine nos informaba de la apertura de un gran juicio en Rennes. Cuarenta y dos acusados venidos de toda Francia se enfrentaban a los cargos de estafa en banda organizada, complicidad, receptación, falsificación de documentos y uso de documentos falsos. La estafa, que había sido parcialmente evaluada en más de 20 millones de euros de prejuicios por la hacienda francesa, había sido denunciada por un jefe de empresa de Nantes. Fueron necesarios ocho años de investigación para descubrir esta estafa.

El mecanismo era simple: hacer creer a Hacienda que se exportaba mercancías desde Francia hacia países de la Unión europea para cobrar el IVA. Los estafadores realizaban ventas ficticias gracias a sociedades de importación-exportación reales o recién constituidas para el propósito; gracias además a un banco complaciente, y algunos cómplices en los puertos de Le Havre, Dunkerque, Nantes y Brest. Las empresas emitían falsas facturas a nombre de sociedades ficticias. En total, hallaron 1128 facturas después de varios años de investigación y mil audiencias de implicados.

Los encausados eran acusados de haber declarado a hacienda cientos de millones de francos de falsas exportaciones. Durante cuatro años, supuestos proveedores, cómplices de supuestos clientes, habían hecho circular facturas y títulos de transporte de transacciones ficticias que, una vez presentadas ante la administración fiscal, les había permitido cobrar un IVA del 20,6%. Las pérdidas para Hacienda, que no verificaban la realidad de las transacciones: 200 millones de francos sobre un volumen de ventas de 1000 millones de francos.

La investigación había permitido desvelar el tren de vida especialmente ostentoso de los principales acusados: coches de lujo, yates, joyas, obras de arte, palacios; sin embargo el dinero desviado hacia los paraísos fiscales no había sido recuperado.

El que había organizado toda la estafa se llamaba – perdón por la comunidad judía, pero se trata de uno de los suyos: Rubens Levy. Era un hombre de negocios de Le Havre. "*Éste reconocía haber participado en la trama, aunque siempre negó haber sido el inventor y principal beneficiario, explicaba su abogado. De hecho, durante la instrucción del caso, había voluntariamente venido de Israel, país del que no se puede ser extraditado, para dar explicaciones.*" Después de su detención, *Le Parisien* del 16 de junio del 2000 explicaba: "*Si bien reconoce haber reclutado empresas cómplices y haber hecho transitar dinero desde sus cuentas en Suiza y Portugal, alega que su papel se limita al de simple agente o corredor de negocios y apenas puede esbozar una descripción de sus patrocinadores.*" Levy, por lo visto, era un simple intermediario y no un comanditario.

Diez años, más tarde, el 10 de abril del 2010, un artículo de Frederic Berg publicado en *La Charente Libre*, daba cuenta del juicio de la víspera que había tenido lugar después de una deliberación de dos meses. Se trataba, al parecer, "*del más importante fraude del IVA desvelado hasta entonces en Francia*", lo cual, en realidad, no era el caso. Entre los encausados, figuraban jefes de empresa, hombres de negocios, jubilados. El pez gordo (¿o alma de cántaro?) era un tal Daniel Berthelot, 65 años, auditor de cuentas recientemente jubilado, residente en Cognac. Era el antiguo presidente de la Federación francesa de judo y sobre todo un hombre de gran influencia, miembro de la francmasonería, concretamente la GLNF (*Grande Loge nationale française*). En la época de los hechos, Daniel Berthelot dirigía tres auditorías, en Argenteuil, Cognac y en Guyane. Su hijo Julian, 36 años, también había sido imputado. Antiguo delegado de departamento de los jóvenes del RPR (antiguo partido liberal) en Charente, era el gerente de la sociedad Euro-consultant, basada en Cognac.

Todo el meollo de la cuestión radicaba en descubrir quién estaba al corriente de la estafa. Berthelot padre e hijo juraban que no sabían nada.

Julian Berthelot incluso había afirmado: "*Las sociedades interesadas percibían una comisión de 1,5 a 3%. Para nosotros, no había ningún embrollo. Teníamos además todas las facturas de las operaciones.*" El relato de un episodio jugaba a su favor: dos acusados habían preparado una cita con él en Londres para entregarle unos documentos para autentificar unas operaciones, y habían narrado en el tribunal la puesta en escena: oficina alquilada, falsa placa en la puerta, etc. "*Fui engañado*", había concluido el joven Berthelot.

Su padre Daniel Berthelot, que se declaraba "*destrozado*" por la repercusión mediática del caso, afirmaba él también "*desconocer todo*". Explicaba haber "*confiado plenamente*" en Georges Toledano, el hombre de negocios que le había presentado el sistema. "*Buscaba empresas que generaban IVA y que podrían estar interesadas en cobrar una comisión. Conocía algunas.*" Daniel Berthelot había servido solamente de intermediario: "*No percibía comisiones y pensaba que las operaciones eran legales. Me quedé pasmado.*"

Georges Toledano, 48 años en el momento de los hechos, y todavía sefardita, era el dueño de OCV, una agencia de viajes situada en la calle Blanche, en París. Esta sociedad había facturado durante mucho tiempo una impresionante serie de viajes a Xavier Dugoin, consejero general del Essone. Hasta el día en que Toledano fue preso de un irrefrenable deseo de exotismo: en el año 2000, había vendido su agencia para comprar una villa de 18 millones de francos en Florida.

Rubens Levy, en busca y captura desde el 6 de junio del 2000, había decidido entregarse después de un año de huida. Había aportado al juez un pesado expediente repleto de facturas y de fotocopias de cheques; éste explicaba así: "*Cuando el escándalo estalló, desconocía todavía su magnitud real. Tuve que huir para ver las cosas con perspectiva, reunir los expedientes y comprender.*" El diario *Le Parisien* del 16 de junio publicaba este diálogo:

-¿Cuál fue su papel en este caso? - "*He sido pagado por los organizadores de este fraude para captar empresas susceptibles de prestar su nombre a esas falsas exportaciones. El dinero también ha transitado a través de mis sociedades, en Portugal y en Suiza. A día de hoy, la justicia se ha parado en este punto y me designa como el principal responsable. Demostraré que ese dinero volvió a salir sin que yo lo tocara.*"

- Parece usted bastante ingenuo. Sin embargo, usted entró voluntariamente en el chanchullo... "*Esa gente me ha utilizado al igual que han manipulado muchas personas robándoles sus fotos de identidad para falsificar documentos, para abrir cuentas en Bélgica o en Suiza. A uno de mis allegados le pidieron dos fotos, supuestamente para ofrecerle un abono del PSG. Nunca vio su abono, pero su foto fue hallada en unos documentos falsos. Los jefes de este chanchullo son capaces de todo. Durante mi huida, hombres, que se hicieron pasar por policías, me han detenido comisión rogatoria en mano. Me han torturado y dejado por muerto. Le debo mi vida a un transeúnte que ha oído mis gritos y llamado a la puerta del garaje donde estaba encerrado."*

- Pero ¿quiénes son, en su opinión, los cerebros del fraude? Y Levy respondía: "*Creo que el caso empezó con un pequeño número de iniciados que detectaron el fallo en el sistema fiscal. El mundo de la francmasonería ha contribuido a hacerlo conocer entre algunos empresarios con la capacidad de financiar la inversión inicial. Un hombre como Georges Toledano me ha propuesto entrar directamente en una red y me ha presentado gente importante, altos funcionarios, abogados financieros. También había auténticos estafadores como Christophe Lebesque, un hombre de negocios de Le Havre, el cual he demostrado que había firmado de su mano numerosas transferencias de fondos, y Philippe Thomas, un tipo inteligente que ha logrado salir en televisión en el programa "Y'a pas photo" de TF1 para quejarse de haber sido víctima de una estafa. ¡El colmo! A parte de ese fanfarrón, la mayoría de los protagonistas de la estafa han conseguido interponer pantallas entre ellos y la justicia.*"

- ¿Cómo hacían para reclutar los cómplices? "*O bien se trataba de empresas reales que percibían una comisión, o bien montaban ellos mismos sociedades falsas para organizar las exportaciones ficticias. Hay decenas de ellas en los expedientes en Francia, en Inglaterra, en Alemania. También tenían cómplices en los transportistas y en las aduanas para conseguir los sellos necesarios a la declaración que era enviada a Hacienda.*"

Si bien Julian Berthelot fue exculpado, Daniel Berthelot fue condenado a veinticuatro meses de cárcel con seis meses en suspenso, y la incautación de los bienes que sirvieron a cometer la infracción. La suma que le habían condenado a reembolsar no había sido comunicada en detalle, pero los treinta y ocho condenados debían pagar en total al Estado la suma de 28,2 millones de euros.

Rubens Levy, el principal protagonista del caso, que había desbaratado la versión de Daniel Berthelot, fue condenado a seis años de prisión...pero sin mandato de depósito en la audiencia.

El otro principal acusado, Christophe Lebesque, fue condenado a tres años y medio de prisión, así como otros seis protagonistas[9]. Varios condenados habían manifestado su intención de apelar y reclamar un nuevo juicio, y puesto que ninguna ejecución provisoria había sido pronunciada, la apelación era por lo tanto suspensiva. Dicho de otra forma, Rubens Levy era libre de regresar a Israel.

El periódico *Ouest France* del 18 de febrero del 2013 nos informaba de que las penas habían sido confirmadas en apelación: "*Rubens Levy, 51 años, el cerebro de la estafa, condenado a seis años, ha visto su pena confirmada.*" Pero allá donde estuviera, esta noticia debió hacerle sonreír.

El gran fraude al dióxido de carbono (CO2)

El fraude del IVA (Impuesto sobre el Valor Añadido) en el mercado del dióxido de carbono (2008-2009) es probablemente el mayor fraude jamás perpetrado, la mayor estafa en banda organizada de todos los tiempos; el nuevo "robo del siglo". A pesar de ser cientos de veces más voluminosa que las estafas que eran noticias en los años treinta y que hacían salir decenas de miles de patriotas en las calles, el escándalo del "fraude del CO2" no indignó a nadie, o muy poca gente. Esto es debido, una vez más, a que los medios de comunicación dominantes permanecieron muy discretos sobre este asunto. La poca información de la que disponemos permite sin embargo comprender porque los periodistas y los poderes públicos mantuvieron un perfil bajo.

En Francia, un robo con violencia, aunque sólo sea por unos cientos de euros en un supermercado, incurre una pena de 15 años de prisión. En cambio, un robo de miles de millones a Hacienda os expone, en el peor de los caos, a cinco años de prisión. Y, de todas formas, los riesgos son bastante bajos, ya que, en última instancia, queda la posibilidad de huir al Estado de Israel, el cual no extradita sus ciudadanos. Por lo tanto, se puede decir que merece la pena probar suerte.

---

[9] Casi siempre figuran uno o varios goyim implicados en estos casos de estafa que ellos no dominan.

El principio del timo

La estafa se basaba en la existencia del nuevo mercado de los "derechos de contaminar o derechos de emisión" establecido por el "protocolo de Kioto", entrado en vigor a principio del 2005, pero cuyas imposiciones fueron aplicadas a partir del 2008. El objetivo de ese acuerdo internacional era instaurar un mecanismo que incitara a los industriales a reducir sus emisiones de dióxido de carbono (CO2), a fin de combatir el calentamiento climático. Se atribuyó gratuitamente a cada empresa un volumen de derechos de emisión. Si una empresa sólo consumía una parte, podía revender el saldo a empresas que habían sobrepasado su cuota. Las más virtuosas generaban un beneficio, mientras que las más contaminantes eran penalizadas. En la Unión Europea, 12 000 emplazamientos industriales fueron sujetos a esta imposición, esencialmente en los sectores de la electricidad, las cementeras, la siderurgia y las papeleras[10].

En Francia, las cuotas de emisión de carbono se negociaba como bonos en el "Bluenext", la principal bolsa de los derechos de emisión, cuyo accionista principal era una vieja institución financiera pública: la Caja de Depósitos y Consignaciones (*Caisse des Depôts et Consignations, CDC*), que gestionaba el registro de las emisiones a cuenta del ministerio de Medioambiente. En París, bastaba con tener una sociedad y presentar una fotocopia del documento de identidad para ser reconocido como corredor de bolsa en el Bluenext. El filtrado se hacía en base a la comisión de apertura de la cuenta, unos 1500 euros; y los 2500 que también había que abonar para los gastos de gestión. Pero el

---

[10]*"El acontecimiento más importante de estos últimos años para las materias primas ha sido el mercado de intercambio de cuotas de gas carbónico, uno de los instrumentos puestos en marcha en el marco del Protocolo de Kioto, cuyo objetivo es reducir las emisiones de CO2. ¿Su principio? Se asigna a cada empresa una cuota de emisión. Si la supera, está obligada a comprar créditos de emisión a otra empresa que dispone, por haber emitido menos de lo que su cuota le permitía, de un excedente para la venta al mercado. Éste se declina de diversas maneras: spot (día a día), a plazo o por transacciones de común acuerdo. La mayoría de las sociedades pasan por intermediarios, bancos y corredores especializados. Es un mercado normal de materias primas que existe ya en estado embrionario en Europa y que verá la luz en Estados Unidos bajo la denominación de cap and trade. Lo que está en juego es enorme: según la Administración Obama, tan sólo al otro lado del Atlántico, 646 000 millones de dólares de créditos de carbono serán puestos a subasta en los próximos siete años; una cifra que podría llegar a ser dos o tres veces más elevada. El valor de esta nueva bolsa del carbono podría superar el billón de dólares al año."* Marc Roche, *El Banco, cómo Goldman Sachs dirige el mundo*, Ediciones Deusto, Barcelona, 2011, p. 209. (NdT).

ministerio de Medioambiente, de común acuerdo con el ministerio de Finanzas, había decidido subvencionar la inscripción en el registro, liberando unos 450 000 euros para animar a los candidatos a venir a participar en el gran mercado del carbono. En cierto modo, el Estado animaba a los defraudadores a meter las manos en la caja. En el 2009, Bluenext contaba 1038 cuentas industriales sujetas a la tasa carbono, así como 240 cuentas de intermediarios clásicos...incluidos los defraudadores. Había micro-sociedades francesas, chinas, californianas, húngaras, y, curiosamente, una sobrerrepresentación de la ciudad de Marsella.

En Dinamarca, la inscripción en el registro del CO2 era todavía más simple: el mercado del carbono escandinavo era accesible con una simple inscripción por internet y el envío por correo de la fotocopia del carné de identidad. Figurar en un registro permitía comprar y vender derechos de emisión de CO2 en toda Europa. Numerosos ciudadanos franceses se habían así apuntado en el registro danés, ya que en ese país el IVA era el más elevado de Europa: 25%. Un verdadero efecto llamada para los profesionales del IVA, que utilizaron falsos documentos de identidad y correos electrónicos en Yahoo y en Gmail. La mayoría de las veces, los falsos carnés de identidad no eran ni siquiera necesarios: los defraudadores solían retirar una letra de su nombre o apellido. Cientos de estafadores habían logrado apuntarse en el registro danés. Los primeros de ellos tenían apellidos "*de origen sefardita, árabe o español.*" Detrás de estos, venían "*varios apellidos de origen pakistaní o emiratí*", y que remitían "*a direcciones británicas o de Dubái*[11]*.*"

Con un solo clic de ordenador, los estafadores, referenciados en la plataforma de intercambio de CO2 Bluenext, adquirían toneladas de CO2 antes de impuestos en la Unión Europea, y luego las revendían cobrando un IVA del 19,6%. La sociedad desaparecía a los pocos meses sin dejar rastro, antes de que Hacienda se diera cuenta de la operación.

En efecto, la administración europea de Bruselas había decidido someter las cuotas de CO2 al IVA, debido a su proximidad con las materias primas como el trigo, el petróleo o el níquel, por ejemplo. Pero esas materias primas son intercambiadas por agentes industriales conocidos, que no desaparecen de un día para otro sin dejar una dirección. Es por lo tanto casi imposible negociar entregas de cargamentos de trigo o de petróleo sin ser una empresa bien establecida

---

[11]Aline Robert, *Carbone Connexion,* Max Milo, 2012, p. 84

y reconocida. Normalmente, sólo los industriales o instituciones financieras tienen derecho a intervenir en un mercado organizado. Sea un mercado de acciones, de obligaciones, de petróleo, cinc o níquel, el mercado financiero está reservado a los expertos. Pero el mercado del carbono estaba abierto a todos, porque los ecologistas habían pensado en una apropiación global del mercado por los ciudadanos, y que, a medio-largo plazo, tendrían todos unos "derechos de emisión". Bluenext, la plataforma de intercambio de bonos de CO2 basada en París, estaba ampliamente abierta a todos, cuando en cambio un mercado de acciones requiere pasar por un corredor reconocido. Y una vez inscrita en el Bluenext, una sociedad no tenía que informar sobre el perfil de sus clientes, que vendían incluyendo el IVA.

Además, con el CO2, las entregas eran mucho más simples que con las verdaderas materias primas, ya que las cuotas de CO2 eran inmateriales, digamos que aire. Los defraudadores iban a poder por lo tanto vender, IVA incluido, y muy rápidamente, mercancías compradas 20% más baratas pocos minutos antes. Y el abono-entrega de los bonos podía realizarse en apenas quince minutos después de la operación, cuando en un mercado clásico se necesita tres días.

Es así como, a finales del 2007, un parisino había empezado a comprar, con su empresa francesa, y desde un cibercafé, 10 000 toneladas de CO2, es decir unos 10 000 bonos valorados en apenas 4,2 euros cada uno, en una pequeña plaza de mercado de Holanda. Los bonos fueron luego vendidos a unas sociedades cómplices también inscritas en el registro y autorizadas a operar con el carbono, a fin de borrar el rastro. El mismo día, tras cuatro intercambios diferentes, los bonos fueron vendidos de nuevo por la sociedad Monceau Trade en el mercado Powernext (que había precedido "Bluenext") a un precio de 4,1 euros – un poco menos, pues – pero con un IVA del 19,6%. La inversión de la mañana de 42 000 euros había generado unos 49 000 euros por la tarde. El beneficio fue inmediatamente transferido por la Caja de Depósitos y Consignaciones a una cuenta abierta para tal efecto en Hong-Kong. La prueba había sido un éxito rotundo. Sin embargo, al ser una venta a pérdida, existía un riesgo importante de ser sospechoso de blanqueo de dinero. A continuación, el estafador evitó los riesgos del cibercafé y pidió a su prima realizar las órdenes de compra y vente desde... Jerusalén. Cientos de miles de euros transitaron así cada día entre sus distintas cuentas bancarias.

Los zascandiles habían a continuación creado una sociedad en Luxemburgo. Contrariamente a muchos bancos europeos que indagan el origen de los fondos, los bancos del enclave luxemburgués son menos escrupulosos; además, la constitución de una sociedad de derecho estadounidense es posible. Esta sería la "Commodity Stock Market[12]". Para permanecer anónimos, los defraudadores pusieron a la cabeza de la sociedad un hombre de paja que serviría de tapadera. Más adelante, a cambio de unos miles de euros, repartidores de pizzas, drogadictos, jubilados o los parientes de los amigos serían colocados a la cabeza de sociedades cuyas direcciones remitían a apartados de correos creados por sociedades de domiciliación de empresas[13]. No era necesario inspirar confianza al banquero para abrir una cuenta: en caso de rechazo o negativa del banco – los estafadores lo saben muy bien – basta con pedir una "acta de denegación de apertura de cuenta" y remitirla al Banco de Francia, el cual designará entonces otro banco que deberá ejecutarla. Así, un tal Moktar, en Marsella, que casi no hablaba palabra de francés, pudo abrir una cuenta bancaria para su nueva empresa. El hombre de paja también puede ser alguien de la familia, cuya buena fe no puede ser fácilmente puesta en duda: una persona muy joven o muy mayor, una ama de casa, un pariente lejano. En Francia, el hombre de paja casi nunca es incriminado o imputado; y los estafadores lo saben perfectamente.

En el otoño del 2008, la Caja de Depósitos había recibido decenas de solicitudes de apertura de cuentas en el mercado del carbono provenientes de empresas que nada tenían que ver con el sector químico, las papeleras, la siderurgia o las cementeras. Eran corredurías recientemente creadas. Al igual que en el registro danés, los nombres de las sociedades, que eran bastante sobrios al principio, se hicieron cada vez más fantasiosos después. Aparecieron así en el registro nombres como "Tradewell" (comerciar bien), "Great Luck International" (Buena suerte internacional), "I Play Ltd" (Juego Ltd), "I Vanish" (Desaparezco), etc., cuyas direcciones de correo electrónico eran también ridículas, como por ejemplo "dancoco8@gmail.com".

---

[12]Los espíritus cosmopolitas usan a menudo nombres ingleses para sus negocios y sociedades, ostentando así sus convicciones mundialistas.

[13]Las sociedades de domiciliación de empresas ofrecen servicios muy útiles, adaptados principalmente a las empresas en proceso de constitución o de nueva creación o a las que disponen de un presupuesto reducido y no necesitan necesariamente un local comercial. Les permiten disponer de una dirección administrativa de forma rápida y barata. Pero no sólo eso: también ofrecen muchos otros servicios, como: recepción, servicios de secretaría, alquiler de espacios de trabajo, etc. (NdT).

Curiosamente, los intercambios iban sobre todo en un solo sentido: los actores vendían bonos en el Bluenext, pero compraban muy poco. Los expertos franceses se preguntaron entones: ¿Es posible que los industriales franceses hayan recibido demasiadas cuotas respecto a sus necesidades y por eso las revenden? Evidentemente, los enormes volúmenes vendidos iban a causar problemas a la tesorería de la pequeña sociedad Bluenext. Desde el mes de abril, las sumas de IVA anticipadas se habían disparado: de los 2607 euros del mes de marzo, el volumen había pasado a 663 723 euros en abril, 50 millones en agosto, y 181 millones en diciembre. Para una sociedad cuyo volumen de negocio no alcanzaba los 10 millones de euros, esas cantidades eran desmesuradas[14]. Con cada bono vendido, la plaza abonaba 20% más al vendedor-estafador (adelanto del IVA), el cual debía luego liquidar su propio IVA. Mientras tanto, el Estado reembolsaba Bluenext cada trimestre. El Estado adelantaba el IVA a través de Bluenext, por lo que no se trataba de un lucro cesante (pérdida de beneficio) sino directamente de claros recortes en el presupuesto. Afortunadamente, el nuevo accionista que cubría la tesorería de Bluenext era la Caja de Depósitos – lo que ningún banco haría jamás.

La red así constituida llegaría a contar 35 sociedades, haciendo que se evaporase varios miles de millones de euros. El colmo de la ironía era que la Caja de Depósitos y Consignaciones, accionista de Bluenext en un 40% que también gestionaba el registro de cuotas de CO2 para ésta, efectuaba directamente las trasferencias *offshore* de cantidades de hasta seis cifras hacia Letonia o Hong-Kong. Durante varios meses, esas enormes transacciones no hicieron que saltaran las alarmas, debido precisamente a la garantía de buena reputación que ofrecía la venerable institución financiera. Bluenext, una sociedad de una veintena de personas, se había convertido en pocas semanas en el primer deudor del Estado.

"En aquel momento, pensamos que el mercado había explotado debido a las nuevas normas y porque algunos países como Polonia habían tardado en poner sus cuotas en el mercado, explica Serge Harry, antiguo presidente de Bluenext. Al final, cuando nos dimos cuenta de la

---

[14]Aline Robert, *Carbone Connexion*, Max Milo, 2012, p. 62. Bluenext, que percibía un céntimo de comisión por cada tonelada de CO2 vendida o comprada, había realizado un beneficio de 15 millones de euros.

existencia de volúmenes recurrentes por parte de pequeñas empresas dimos la voz de alarma[15]."

Entre octubre del 2008 y junio del 2009, con eso y todo, el banco del Estado había transmitido a Tracfin[16] (el servicio de lucha contra el blanqueo de capitales) veintidós "declaraciones de sospecha" respecto de 80 sociedades. Las cuentas de una de las sociedades evidenciaban varias transferencias de fondos hacia Montenegro, Chipre y Georgia. Pero Tracfin prefirió esperar para recabar más informaciones y tardó en reaccionar. Cuatro meses habían pasado entre la fecha de declaración y la tramitación del expediente a la fiscalía de París, el 29 de abril del 2009; cuatro meses durante los cuales la sociedad en cuestión había realizado la mayoría de sus transacciones fraudulentas por valor de unos 200 millones de euros.

La impunidad de los enarcas[17]

El gabinete de Christine Lagarde, por entonces ministra de Economía, había sido alertado el 30 de enero del 2009 por un correo del director general de la Caja de Depósitos, Agustín de Romanet, que había detectado varias anomalías: muchos corredores revendían a pérdida grandes cantidades de CO2 - lo cual era lógico cuando se conocía la estafa. Valiéndose de un margen del 19,6%, éstos podían permitirse escatimar para revender más rápido y poner pies en pólvora. Pero fueron precisas varias reuniones entre la Caja de Depósitos, el gabinete de Eric Woerth, entonces ministro del Presupuesto, y el de la ministra de Economía, antes de reaccionar. La decisión de suprimir el impuesto fue tomada el 15 de mayo del 2009, pero tardaron otras tres semanas en hacerse efectiva a principio de junio. Una lamentable lentitud, ya que

---

[15] *La Provence*, 4 de enero de 2012.

[16] Tracfin (acrónimo de *Traitement du Renseignement et Action contre les Circuits Financiers clandestins*) es un servicio de inteligencia francés encargado de combatir el blanqueo de capitales, la financiación del terrorismo y también el fraude fiscal, social y aduanero. (NdT).

[17] Los *enarcas* son los diplomados de la prestigiosa Escuela Nacional de Administración (ENA). Fundada en 1945, era la escuela responsable de asegurar la selección y capacitación de los altos funcionarios estatales franceses. Fue disuelta en 2021 y reemplazada por el Instituto Nacional de Servicio Público. Con el paso de los años, la ENA se convirtió en el foco de las críticas, debido a su papel en la reproducción de las élites, la burocracia y la centralización excesiva del país. Muchos llegaron a considerar que una gran mayoría de *enarcas*, antiguos alumnos de la escuela, controla la vida política y económica en Francia. (NdT).

entre el 15 de mayo y el 9 de junio, fecha de la supresión efectiva del IVA, 1240 millones de tonelada de CO2 habían sido intercambiadas en el Bluenext.

En su informe anual del 2011, el Tribunal de Cuentas señalaba directamente la responsabilidad de la Caja de Depósitos (CDC). Cada titular de cuenta en el registro francés del carbono debía, en efecto, tener una cuenta bancaria en el CDC para poder comprar y vender bonos (cuotas); y en vez de transferir sus fondos hacia otra cuenta francesa, los timadores los sacaban directamente del país a través del banco del Estado. En cualquier otra agencia bancaria, cualquier transferencia de un país a otro de más de 10 000 euros habría sido objeto de una declaración de aduana. Pero el banco de Estado ofrecía una garantía insospechable. Las transferencias eran cuanto más sorprendentes que procedían de micro-sociedades con nombres personales, y que los destinos eran en país no sometidos a las limitaciones de emisión de CO2. Según el reglamento del registro, las sociedades inscritas tenían efectivamente derecho de hacer transferencias de dinero a cualquier parte del mundo, pero a condición de tener filiales domiciliadas con cuenta bancaria en el extranjero. En el mayor caso francés, instruido en Marsella, la sociedad RIDC tenía una sucursal en Panamá. 380 millones habían sido transferidos directamente allí, en varias veces. Decenas de millones de euros habían sido abonados a una sociedad bautizada Atlas Capital, en Montenegro, sin que ninguna alerta saltara…

Tras la repentina supresión del impuesto, a principio de junio 2009, los volúmenes intercambiados de cuotas pasaron de 20 millones de toneladas de CO2 por día a solamente dos o tres millones de toneladas. Se podía por lo tanto inferir que el 90% de los intercambios era debido a los defraudadores. Con un precio medio de 14,31 euros por tonelada de CO2 en el periodo considerado, las pérdidas para Hacienda sobrepasaban los 300 millones de euros, y esto en menos de tres semanas[18]. En total, entre el otoño del 2008 y septiembre del 2009, el fraude había permitido a los estafadores sacar 1800 millones de euros del bolsillo del Estado francés.

La periodista Aline Robert, que había publicado un libro sobre el tema titulado *Carbonne Connection*, afirmaba en una entrevista publicada en el mes de septiembre del 2012: "*La administración pública tardó en comprender. Incluso la Caja de Depósitos, que vio sorprendentes flujos*

[18]*La Tribune*.fr, 26 de noviembre del 2010.

de dinero producirse entre abril del 2008 y junio del 2009 hacia paraísos fiscales, no reaccionó. Habría podido bloquear las cuentas de los defraudadores y parar las transferencias de dinero. No lo hizo y se limitó a dar la alerta a Tracfin (organismo del ministerio de finanzas encargado de la lucha contra el blanqueo de capital[19])." Ninguna sanción recayó sobre el organismo público.

En Bercy (sede parisina del ministerio de finanzas, ndt), la Dirección General de las empresas, dentro de la Dirección de Impuestos, tampoco preguntó por los cientos de millones de euros que reembolsaba, cada mes, a un pequeño agente de mercado emergente, Bluenext, que se había convertido en unos pocos meses en el primer deudor del IVA del Estado. Los servicios de Bercy habían de nuevo mostrado cierta dejadez al esperar varios meses de instrucción del caso antes de constituirse como parte civil.

Ningún director de los servicios implicados había sido amonestado o destituido, fuera éste de la dirección de Tracfin, de la Dirección de Impuestos o de los gabinetes de los ministros del Presupuesto o de Finanzas. "*A las preguntas y requerimientos escritos por parte de los magistrados del Tribunal de cuentas, escribía Alina Robert, el ministerio de Finanzas no juzgó conveniente responder. La impunidad de los servicios del Estado es tal que ningún funcionario del ministerio asumió la responsabilidad del caso: ninguno fue sancionado en ese ministerio tan preciado por los enarcas y que se supone acoge la élite de la República*[20]."

A continuación, el fiscal reprochó a Bluenext de no haber verificado la fiabilidad, ya no de las sociedades inscritas, sino de sus clientes. Después de las negociaciones, Bluenext tuvo que pagar 31,8 millones. La Caja de Depósitos, por su parte, pagó su parte proporcional de la multa, es decir unos 12,8 millones de euros: unas cantidades ridículas comparado con las pérdidas del Estado[21].

A finales del 2009, Europol estimaba en 5000 millones de euros la magnitud del fraude a nivel de la Unión Europea. El Estado británico, que había sido igual de afectado que Francia por el fraude el IVA del carbono, estaba en busca de decenas de personas en la zona que va

---

[19] *Les Échos*.fr, 3 de septiembre del 2012.

[20] Aline Robert, *Carbone Connexion*, Max Milo, 2012, p. 72

[21] Bluenext cerró sus puertas en diciembre del 2012 y despidió sus veinticinco asalariados.

desde Malta hasta Pakistán, pasando por Dubái. La periodista Alina Robert escribía aquí que Pakistán desempeñó "*el mismo papel que Israel para los defraudadores franceses, el de refugio. En el caso de Israel, la inexistencia de acuerdos de extradición entre la mayoría de los países e Israel hace que los estafadores estén a salvo de la justicia*[22]."

En Inglaterra y en Alemania, los hombres que había sido detenidos eran al parecer sobre todo pakistaníes, pero ningún nombre había sido desvelado. Durante el juicio en 2012, el juez inglés había impuesto que todo el procedimiento se hiciera a puerta cerrada, de tal forma que ninguna información había trascendido de los interrogatorios. Se supo simplemente que tres hombres de origen "pakistaní" habían sido condenados a penas de entre 5 y 15 años de prisión. En Alemania, seis hombres de paja habían sido condenados en el 2011. Es bueno saber sobre este punto que los estafadores franceses también utilizaban ingleses de origen pakistaní como testaferros de sus sociedades. En Dinamarca, donde numerosos defraudadores se habían inscrito, sólo algunos hombres habían sido condenados, tres años después de los hechos. En París, las instrucciones de los casos se estaban llevando a cabo con el mayor secretismo.

El importe de la factura había aumentado posteriormente: si bien el fraude era de más de 2000 millones en el Reino Unido, y otros tantos en Francia, a los que había que añadir los 850 millones declarados por Alemania, el cálculo de Europol de 5000 millones resultaba por lo tanto muy por debajo de la realidad, explicaba Aline Robert. Italia, Países bajos, Bélgica y España también habían sido fuertemente afectados; Grecia, Austria, Hungría y Polonia también lo habían sido pero en menor medida. Según Marius Christian Frunza, antiguo empleado de la sociedad de corretaje Sagacarbon, el fraude se elevaba más bien a 10 000 millones de euros[23].

La policía y la justicia infiltradas

Cincos investigaciones judiciales habían sido abiertas en Francia. Fueron repartidas entre cuatro jueces del polo financiero, de los once integrantes que tenía. Tal era la magnitud del caso. El juez Jean-Marie d'Huy había asumido tres sumarios, mientras que el juez Renaud Van Ruymbeke estaba a cargo de una de las instrucciones. Los jueces Aude Buresi y Guillermo Daieff, del polo "lucha contra la delincuencia

---

[22] Aline Robert, *Carbone Connexion*, Max Milo, 2012, p. 77

[23] Aline Robert, *Carbone Connexion*, Max Milo, 2012, p. 205

organizada", creado en el 2009 y adscrito al polo financiero, estaban a cargo del sumario "Nathanael".

El trabajo de los investigadores había primero consistido en localizar los estafadores, cuyos nombres no aparecían por ningún lado. El nombre "Federico[24]", el estafador parisino, por ejemplo, no aparecía en los estatutos de su principal sociedad de derecho estadounidense basada en Luxemburgo, para los cuales había utilizado su tío. La estrategia de los investigadores de aduana iba a apoyarse en las escuchas telefónicas y el rastreo de correos electrónicos para identificar las direcciones IP de los ordenadores utilizados. Pero los listados de información les llevaron cada vez a cibercafés, Starbucks y demás MacDonald, donde los estafadores se conectaban vía Wifi. Los zascandiles quedaban así perfectamente anónimos y los datos eran inexplotables. Sólo al cabo de varias semanas pudieron topar una dirección fija...en Jerusalén. Allí operaba aquella que los estafadores llamaban la "Pitufa", que era la prima del principal protagonista. Ella ejecutaba las órdenes y respondía a los correos. Con pocos minutos de diferencia, la Pitufa se había conectado en su mensajería Gmail y en una cuenta de bonos de Bluenext perteneciente a una de sus sociedades. Esto era el principio de la pista que iba a conducir al desmantelamiento de la red. El dinero había transitado por Lituania, Chipre, Montenegro y Georgia. Esos países no eran paraísos fiscales, y debían en teoría colaborar con la justicia de los demás países. Pero en la práctica, las comisiones rogatorias internacionales lanzadas por los jueces franceses no llegaban nunca a buen puerto.

Un policía versallés también encontró una pista importante gracias un cheque dudoso. Revisando las cuentas de "Fabrice S[25]", se sorprendió del tren de vida de este comerciante del Sentier que conducía un lujoso Aston Martin y poseía un yate en Cannes. Para un hombre cuya actividad oficial era vender vaqueros en los mercados era algo exagerado. Hay que señalar que Fabrice S. se había especializado también en el blanqueo de dinero para "la comunidad". Junto a su amigo de Lyon, "Sebastian", poseía una sociedad de alquiler de coches de lujo: Hummer, Ferrari, Maserati, Aston Martin, etc, que eran alquilados en la

[24]En su libro, Aline Robert avisa de entrada al lector que ha modificado los nombres de los protagonistas. Sus nombres aparecen sin embargo aquí y allá, pero el lector tiene la impresión de estar ante un puzle. Hemos tenido que refundir todo el trabajo con las informaciones sacadas de la prensa.

[25]*La Tribune*. Fr del 26 de noviembre del 2010 no desvela el apellido del estafador.

Costa de Azur. En realidad, los alquileres eran sobre todo ficticios, y el dinero que entraba en efectivo era dinero sucio que salía limpio en las cuentas bancarias de la sociedad. Mediante un porcentaje del 3 o 4%, el dinero era luego transferido a la cuenta de los "amigos de la Comunidad". Fue ese amigo de Lyon el que implicó "Fabrice S." en la estafa del carbono.

Casado, padre de dos hijos y muy comprometido con la comunidad judía de las afueras de París, Fabrice Sakoun había efectivamente empezado a ostentar una llamativa fortuna a partir del año 2009. Sus negocios habían despegado demasiado rápido, según los investigadores que sospechaban el hombre de haberse enriquecido participando en el fraude del CO2. Sakoun fue entonces acusado de ser el administrador de la sociedad Nathanael, una sociedad de textil cuyas cuentas presentaban movimientos de fondos impresionantes: 263 millones, en dos meses, transferidos al extranjero. Entre marzo y junio del 2009, había privado hacienda de unos 43 millones de euros. Un cómplice suyo compraba por la mañana 100 000 euros de bonos en los Países Bajos, antes de impuestos, y los revendía en el Bluenext percibiendo unos 20 000 euros que eran inmediatamente transferidos al Reino Unido, y después a cuentas domiciliadas en China, Macao y Hong-Kong desde donde alimentaban unas horas después las cuentas en Israel.

El 8 de diciembre del 2009, un primer registro tuvo lugar en París, en un lujoso apartamento de la avenida de Iéna, en París, que "Federico" alquilaba 4000 euros al mes. "Federico" (según Aline Robert) – que se llamaba en realidad "Gregory Z", según el diario *La Tribune* - apenas tuvo tiempo para encerrarse en el baño y tirar la tarjeta SIM de su móvil en el váter, mientras que su pareja discutía con los aduaneros. Pero las tarjetas de crédito de algunas de sus sociedades (CO2 Limited, Crepúsculo) estaban aún en su cartera. Afortunadamente, ese día sólo había 20 000 euros en efectivo en el apartamento. Hijo de restaurador, divorciado, padre de tres hijos, Gregory Zaoui había empezado su carrera fraudulenta vendiendo pantalones vaqueros y teléfonos móviles. Se había enriquecido considerablemente y había fraguado algunas relaciones notables, puesto que había almorzado unos días antes con un gerifalte de la policía judicial. Por lo que no se esperaba aquel repentino registro, pues probablemente contaba con ser avisado a tiempo[26].

[26]Según Aline Robert, se trataba del número tres de la policía judicial parisina, el cual fue posteriormente degradado por oscuras razones. Aline Robert. *Carbone Connexion*, Max Milo, 2012, p. 133, 178

Gregory Zaoui, a quien la justicia reprochaba haber defraudado cerca de 200 millones de euros, estaba ahora entre rejas.

La instrucción del caso por parte del juez Jean-Marie d'Huy había permitido a los aduaneros registrar a su vez la casa de unos de sus socios, "Arthur" (según Aline Robert), 38 años, el cual vivía en un piso ultra seguro de Neuilly-Sur-Seine. "Arthur" se llamaba en realidad Kevin El Ghazouani, restaurador en Neuilly y traficante de órdenes de compra de coches de lujo.

Tres semanas después, el segundo caso pasaba a una segunda etapa. El 15 de enero del 2010, Fabrice Sakoun ("Rafael", según Aline Robert) era detenido en su domicilio. Él también hubiera tenido que haber sido avisado de la mala jugada, pero había desconectado su teléfono la noche anterior. Por la mañana, apenas tuvo tiempo de ocultar la SIM de su teléfono en el sostén de su mujer. Sus amigos y cómplices habían recibido el soplo durante la noche, y a falta de pruebas, documentos u ordenadores hallados en sus casas, apenas fueron molestados. Las filtraciones tuvieron como consecuencia que la investigación pasara del tribunal de Versalles a los servicios de la aduana judicial de Vincennes, bajo la batuta de la brigada financiera parisina.

En la cárcel de la Santé, en París, Gregory Zaoui había sido enviado al área VIP, y probablemente su estancia no fue difícil de sobrellevar. Tenía derecho a la visita de un rabino y a recibir alimentos casher, y, sobre todo, la administración penitenciaria le había adjuntado un compañero de celda: Fabrice Sakoun, el cual había sido detenido tres semanas después de él.

En la cárcel, el rabino les había facilitado teléfonos móviles; aunque, ciertamente, estos estaban pinchados por la policía y las conversaciones de los dos delincuentes podían resultar enigmáticas: "*¿Hablaste con el londinense? Tiene que dar caña, sino nos van a trincar.- Pues no, todavía no lo pillé...pero descuida, voy a pasar por el rubio, funcionará...- Y también tenemos que apretar con Bélgica...Y los espaguetis también*[27]."

El "Rubio", un tipo moreno de ojos azules en realidad, era "Sebastian" (según Aline Robert), el Lionés. Se trataba en verdad de un chulo llamado Esteban Alzraa. Desde su celda, los dos estafadores pasaban sus órdenes a distancia a Bélgica e Italia. En 2010, tras la supresión del

---

[27] Aline Robert. *Carbone Connexion*, Max Milo, 2012, p. 158

IVA sobre el carbono en Francia, el mercado italiano representaba el mejor lugar para vender IVA incluido. A falta de elementos probatorios, los investigadores no sumaron esos nuevos fraudes al debe de los estafadores, si bien las escuchas habían sido añadidas al sumario.

Tras un año de cohabitación, los detenidos fueron separados. Sakoun tuvo la fortuna de concebir un hijo dentro de la prisión[28]. Finalmente, salió al cabo de dos meses, antes del inicio de su juicio, en septiembre del 2011, debido a un extraño error de procedimiento: por lo visto, una de sus numerosas solicitudes de liberación no había sido examinada en su debido plazo. La administración penitenciaria no habría respetado el plazo de diez días requerido para examinar su solicitud, la cual había sido rechazada tardíamente el onceavo día. Los abogados de Fabrice Sakoun habían logrado de esta forma su liberación. Cabe decir que, en el mundo penitenciario, este tipo de retrasos es extremadamente raro.

Gregory Zaoui también había salido de prisión. Durante su detención preventiva en diciembre del 2009, éste había confesado todo. Pero más adelante, sus abogados habían conseguido anular las actas de declaraciones por el hecho de que el sospechoso no habría dispuesto de un abogado en aquel momento. Así pues, todas las menciones de sus declaraciones de custodia preventiva fueron borradas de su expediente. La fianza que se le reclamaba al principio era de dos millones de euros; pero la tarifa se había reducido, y había logrado salir a cambio de 150 000 euros. Poca cosa, al fin y al cabo, comparado con los 150 millones de euros robados del erario público francés (cuatro veces más que Sakoun). La instrucción de su caso todavía seguía en curso en el verano 2012, debido a una serie de comisiones rogatorias internacionales cuyas respuestas el juez aguardaba. Gregory Zaoui estaba bajo custodia judicial; pero en su apartamento de los Campos Eliseos, su vida era insoportable. Junto a su nueva pareja, solían privatizar la tienda Christian Dior, avenida Montaigne, para hacer sus compras más tranquilamente.

Fabrice Sakoun, ausente en el momento del veredicto

Una primera parte del caso fue juzgado en París en el mes de septiembre del 2011. La justicia francesa había preferido dividir el caso

---

[28]El periódico *Libération* procuraba no citar ningún apellido. Recordemos que este diario "de izquierda" estaba desde el 2005 en manos del accionista mayoritario Edouard de Rothschild.

en una decena de procedimientos penales distintos, privándose así de una visión de conjunto que hubiese permitido establecer pasarelas entre las distintas redes. Se evitaba así un juicio en masa con una centena de acusados, que a buen seguro habría sido denominado "Sentier III"[29], "*para evitar el riesgo de despertar el apetito de los antisemitas, pues la gran mayoría de los protagonistas eran judíos*", tal como lo escribía el periodista de *Libération*, en el número del 26 de enero del 2012. "*Y además los casos con muy diferentes los unos de los otros*", aseguraba el vice fiscal de París encargado del expediente carbono, Bruno Nataf[30].

El caso Nathanael fue el primero en ser juzgado en Francia, si bien una decena de instrucciones judiciales seguían en curso en París y en Marsella. La vertiente juzgada en París "*constaba de escenas que parecían salir directamente de la película La Vérité si je mens*[31]", escribía el periodista de *Libération*. Como aquella escena de un joven precipitándose a la ventana durante un registro: "*Si la policía te atrapa, tiras todos los papeles por la ventana y niegas que son tuyos*".

Diecisiete acusados debían comparecer; pero al igual que en los anteriores casos del Sentier, que hemos examinado en detalle en nuestro libro del 2008 sobre la *Mafia judía*, muchos protagonistas se habían refugiado en Israel donde casi disfrutaban de una total impunidad. Ante la Sala XI de lo Penal de París, el principal acusado, Fabrice Sakoun, había revestido su traje Christian Dior azul marino. Se le acusaba de "intento de estafa", "blanqueo de dinero en banda organizada" y "complicidad de extorsión de fondos"; la justicia lo sospechaba de haber robado 43 millones de euros en las arcas del Estado.

Se supo entonces un poco más sobre el modus operandi de los estafadores. Los timadores habían rápidamente olido el truco. Uno de los cómplices de Sakoun, David Illouz, había explicado a los investigadores que por la mañana compraba 200 000 euros de derechos de emisión (o bonos) de CO2 a una sociedad de los Países Bajos, que revendía por la tarde a través de la sociedad Voltalia, recuperando 220 000 euros. "*Es como si dejaras un Ferrari con las llaves puestas*

---

[29]El Sentier era el tradicional barrio judío parisino copado por el comercio textil y con un largo historial de escándalos financieros. Léase acerca de los casos Sentier I y Sentier II en Hervé Ryssen, *La Mafia judía*. (NdT).

[30]Aline Robert. *Carbone Connexion*, Max Milo, 2012, p. 145

[31]*La Vérité si je mens* (*La Verdad si miento*) es una película de finales de los años 90 sobre los judíos del barrio del Sentier. Fue una comedia muy popular en Francia. (NdT).

en La Courneuve. ¡No duraría ni una hora ahí! [32] ", decía metafóricamente David Illouz.

Taxistas, vendedores de ropa, secretarias que jamás habían realizado una transacción financiera se habían improvisados como corredores en CO2. Todos habían obtenido ante el tribunal de comercio un extracto Kbis[33] que enunciaba las características de sus empresas. Casi todo el mundo había podido ejercer de intermediario en el mercado del CO2.

La secretaria de Sakoun "Nadine", alias "la Pitufa", que pretendía aún ignorar todo del fraude, fue interpelada por el fiscal: "*Pero aun así, entre 2008 y 2009, usted firmó trece cheques de 200 000 euros, trece de 150 000 euros y unos cuarenta de 100 000 euros.*" Su abogado, pagado por Sakoun, le recomendaba mantener que no sabía nada al respecto.

Sin embargo, Sakoun no era el inventor de este fraude. "*Sakoun intervino tarde, en marzo del 2009, unos meses antes de este régimen fiscal fuera abandonado*", recordaba su abogada, Martine Malinbaum. En cuanto al importe de su fraude, 43 millones, "*sólo representa un 2,5% de la estafa cometida en prejuicio de Francia.*"

Los abogados de la defensa habían llamado a declarar en la barra el ministro del Presupuesto en el momento de los hechos, Eric Woerth. Este no se había presentado[34], pero, de forma sorprendente, uno de los testigos, Gregory Zaoui, causó sensación al poner en cuestión las modalidades del procedimiento en curso. Compañero de celda de Fabrice Sakoun durante su encarcelamiento en 2010, encausado en otro caso de estafa al IVA y sospechoso de haber defraudado 150 millones de euros, éste había puesto en duda el procedimiento judicial comparándolo con la instrucción en curso en Bélgica.

La sentencia fue dictada a mediados de enero del 2012. Penas de entre uno y cinco años de prisión incondicional y un millón de euros de multa fueron pronunciadas por la Sala de lo penal de París contra cinco acusados, que debían también reembolsar solidariamente el Estado francés los 43 millones de euros del IVA robados al Estado. Fabrice Sakoun fue condenado a la pena más alta: cinco años de cárcel y un

---

[32] *Libération*, 26 de enero del 2012

[33] El Kbis (o K bis) es un documento oficial que acredita la existencia legal de una empresa comercial o sociedad en Francia. El "extracto KBIS" consiste en un extracto del registro mercantil y de sociedades (llevado por el registro del tribunal de comercio); es el único "documento de identidad" oficial de la empresa. (NdT).

[34] Artículo de Aline Robert, en *La Tribune* del 28 de septiembre del 2011.

millón de euros de multa. "*No se ha dado cuenta en absoluto de la gravedad de las consecuencias de su comportamiento para el orden público económico, decía el veredicto, ya que lejos de asumir realmente su responsabilidad, la achaca constantemente a otros, ya sea el Estado, a la Caja de Depositos y Consignaciones (CDC), a las empresas Bluenext y Voltalia.*" Su Aston Martin y su yate de lujo fueron embargados, así como varios bienes inmobiliarios.

Pero Fabrice Sakoun estaba ausente en el momento del veredicto. El estafador, que comparecía libre, se había olido la dura sentencia que los jueces iban a dictar contra él, por lo que entre el final de las audiencias y la lectura de la deliberación se había esfumado. Había huido al refugio, en Israel, donde podía tranquilamente beber a sorbitos su zumo de sangre palestino al borde de su piscina. Aunque tampoco se había privado de apelar el fallo, ¿para qué?

De los 43 millones de euros del IVA reclamados a Fabrice Sakoun y sus cómplices, 23 habían sido rastreados hasta Israel, en cuentas bancarias pertenecientes a familiares cercanos y amigos: los de su mujer, sus hijos y uno de sus socios. Una parte del dinero (siete millones de euros) ya había sido invertido en la adquisición de un hotel y un terreno frente al mar en Tel-Aviv. Faltaban dieciséis millones que Hacienda había intentado repatriar sin éxito. El Estado hebreo, generalmente poco cooperativo en materia judicial, había aceptado bloquear sus cuentas bancarias con sus millones...pero no restituirlos a Francia. En su libro *Carbone Connexion*, Aline Robert se veía obligada a reconocerlo: "*Al negarse a cooperar en un caso tan claro, puesto que los flujos de dinero han sido fácilmente identificados, el país parece querer cerrar la puerta a cualquier restitución de los fondos en el futuro*[35]." Los veinte millones restantes estaban en paradero desconocido, probablemente en Dubái.

Los cuatro cómplices de Fabrice Sakoun también fueron condenados: Haroun Cohen a cuatro años de cárcel y un millón de euros de multa. Pero éste también se había fugado a Israel, siendo esta condena para él la ocasión para descorchar el champán. Siete edificios suyos en el distrito XIX y en la región parisina todavía tenían que ser embargados, pero la ejecución era compleja pues los edificios eran gestionados por

---

[35]Aline Robert. *Carbone Connexion*, Max Milo, 2012, p. 212. Es evidente que los judíos se sienten a menudo impunes en Francia. Un amigo aduanero nos asegura que en el aeropuerto de Roissy, las consignas tacitas son de no controlar mucho a los israelíes. En cambio, los libaneses deben ser controlados con frecuencia.

sociedades civiles inmobiliarias de las que Haroun Cohen no era el único propietario. Todo había sido planeado.

Elie Balouka fue condenado a 30 meses de prisión (6 condicionales) y 100 000 euros de multa. David Illouz fue condenado a tres años de prisión y 100 000 euros de multa y Sid Foudil a un año de prisión.

Las partes civiles, la correduría Voltalia, la bolsa del carbono Bluenext y la CDC, que era accionistas de Bluenext, recibieron un euro por el prejuicio moral. La abogada de Sakoun, Martine Malinbaum concluía con toda seriedad que la pena había sido "*particularmente severa, sobre todo las confiscaciones*[36]."

La policía de Lyon está en buenas manos

Al final del mes de septiembre del 2011, el lionés Esteban Alzraa, 31 años, era arrestado en su lujoso chalé de Cannes. Éste se había enredado en varios tráficos de droga, pero se le sospechaba sobre todo de estar involucrado en el fraude del CO2 a altura de 50 millones de euros. Una de sus sociedades, instalada calle Créqui, en el centro de Lyon, tenía una actividad por lo menos sorprendente: la producción y el comercio mayorista de electricidad. Evidentemente, sólo se trataba de fraude al IVA. La justicia había conseguido finalmente arrinconarlo.

En el 2009, Esteban Alzraa movía millones gracias a la tasa carbono. Creaba sociedades y las cerraba tras unos meses de actividad. De repente, sus amigos le vieron vivir a lo grande. "*Nadie sabía realmente lo que hacía. Pero ganaba mucho dinero y lo ostentaba*", reconocía uno de sus allegados. "*De hecho, era muy generoso y no dudaba en hacer bonitos regalos a sus amigos.*" En la *Presqu'île*[37], todo el mundo le conocía. Conducía por la ciudad en coches de lujo extraordinarios: Bentley, Rolls Royce, Aston Martin. "*En Lyon, no hay cincuenta tipos que puedan pagar ese tipo de coches. Supimos en seguida que era él*", explicaba un comerciante.

---

[36]En el mes de marzo del 2014, nos enterábamos (a través del periódico gratis *20 minutes* del jueves 13 de marzo de 2014) que una veintena de casos de fraude al IVA en el mercado del carbono estaban siendo instruidos en Francia, principalmente en París y en Lyon. Esto era dos veces más que dos años antes. El juicio del caso Nathanael se abría en ese momento ante el tribunal de apelación de París. Fuimos hasta allí en persona: no había nadie, ningún periodista, excepto un auténtico profesional: ¡William Molinié, del periódico gratis *20 minutes*!

[37]El barrio de *la península*, el centro de Lyon. (NdT).

Esteban Alzraa iba a menudo a Israel, donde varios defraudadores contaban con él. Además de una empresa de alquiler de coches de lujo en la Costa de Azur, destinada al blanqueo de dinero, también compartía un yate de 23 metros con Fabrice Sakoun. El barco estaba matriculado a nombre de una sociedad basada en Jersey que disimulaba los nombres de los accionistas. Esteban Alzraa y Fabrice Sakoun se reunían a menudo en un restaurante casher del distrito XVII de París, avenida Niel, que usaban como base de retaguardia para sus tráficos. El dinero de la droga pasaba por ahí para ser blanqueado. La propietaria del restaurante había sido detenida durante unos meses, pero había reabierto el restaurante – había logrado salir sin pagar toda la fianza – justo cuando la inhabilitación profesional suele ser la primera medida tomada por los jueces.

Esteban Azraa no ocultaba su repentino éxito, como si estuviera seguro de sí mismo y de su impunidad. "*Sabía que algunos estafadores judíos que se habían aprovechado de la tasa carbono iban a refugiarse a Israel, donde los acuerdos de extradición son inexistentes para ese tipo de delito, aunque no comprendía por qué él se quedaba en Francia. Hoy puede que haya comprendido...*", declaraba el corresponsal del diario *Lyon Capitale.*

Este interlocutor hacía alusión a los contactos que el estafador mantenía con la policía. Efectivamente, los investigadores de la IGS (Inspección General de los Servicios policiales) se habían preguntado por qué Esteban Alzraa no tenía registrado antecedentes penales a pesar de haber sido condenado a un año de prisión incondicional por estafa y fraude fiscal en junio del mismo año. Durante los interrogatorios, Esteban Azraa había finalmente confesado a los policías que el antiguo número 2 de la Policía Judicial (PJ) de Lyon, el comisario Neyret, era un "amigo". Fue finalmente enjuiciado por corrupción y tráfico de influencias, y encarcelado en la prisión de Fresnes.

Gilles Benichou, 41 años y primo hermano de Esteban Azraa, fue a su vez encausado por corrupción y tráfico de influencias sobre personas depositarias de la autoridad pública. Michel Zaragoza, 49 años, un antiguo atracador reconvertido en el negocio del automóvil, era a su vez perseguido por tráfico de estupefacientes, blanqueo de dinero y asociación de malhechores. Calificados de "estafadores de alto vuelo" por las fuentes policiales, estos tres – Alzraa, Benichou y Zaragoza – estaban vinculados con el "super poli" lionés Michel Neyret, el cual fue detenido y enjuiciado al mismo tiempo que ellos.

En Lyon, el comisario Neyret y Esteban Alzraa habían sido vistos varias veces juntos en los bares y las discotecas de la ciudad. El rufián, que alquilaba una villa de 12 000 euros al mes, en la Roquette-sur-Siagne, en el interior de la costa de Cannes, le había invitado varias veces a su casa y prestado coches deportivos de alta gama. También le había pagado dos viajes a Marruecos, a él y su esposa. Interrogado por los agentes de la IGS, el comisario había reconocido haber sido invitado en la Costa de Azur y de haber beneficiado de un viaje a Marrakech. Según él, no se trataba de corrupción, sino más bien "*de una abierta amistad*", y "*de intercambio de servicios*" para "*sus necesidades profesionales*". Todo ello a cambio de informaciones contenidas en las fichas de las personas investigadas.

Interrogado trece veces durante su detención preventiva, entre el 29 de septiembre y el 3 de octubre del 2011, el comisario Michel Neyret reconoció implícitamente la mayoría de los hechos. El comisario divisionario, caballero de la Legión de Honor, personaje clave del "*Who's Who* lionés", era sospechoso de corrupción pasiva, tráfico de influencias, asociación de malhechores y tráfico de estupefacientes. Fue enjuiciado y encarcelado el 3 de octubre en la prisión de la Santé, en París, justo cuando acababa de haber sido clasificado en el puesto 22 del "Top 100 de hombres más influyentes" de la revista *Lyon People*, con este comentario: "*Es el policía más mediático, pues está omnipresente en la lucha contra el crimen y también en todas las fiestas.*"

Gilles Benichou tenía "*un buen pedigrí en los archivos de narcóticos*" (parismatch.com). Había sido oficialmente reclutado como informador de la policía antes de ser eliminado de las listas en el año 2000, debido a su "falta de fiabilidad". Debía, en efecto, informar el número 2 de la PJ lionesa acerca del "entorno judío". Los dos individuos se habían conocido previamente: "*Conocí a Gilles a través de su hermano Albert, el cual todavía sigue siendo una fuente del servicio*", explicó el comisario Neyret. Rápidamente, Gilles Benichou y Michel Neyret se habían hecho amigos. Se veían dos o tres veces por semana y se llamaban casi todos los días. "*A veces nos vamos de vacaciones juntos*", indicó el comisario. La última vez, fue a finales de septiembre, en Essaouira, en Marruecos, una semana antes de su detención. Michel Neyret había en aquella ocasión acompañado Gilles Benichou "*a un peregrinaje judío*". El policía, que no ocultaba las dádivas de su "soplón", no le importaba lo más mínimo. Efectivamente, Gilles Benichou había regalado a su esposa un reloj Cartier en oro de un valor de 24 000 euros. "*Se la regaló por pura amistad, él es un verdadero amigo"*, aseguraba Michel Neyret. "*En mi opinión, ha sido el blanco del entorno de los estafadores judíos tunecinos, suspira uno de sus antiguos colegas policía...Con las estafas de la tasa carbono, éstos disponen de increíbles sumas de dinero que han reinvertido en el tráfico de estupefacientes tejiendo una red con traficantes de Marruecos.*"

Gilles Benichou le solicitaba cada vez más, de tal manera que la relación entre los dos hombres había tomado un cariz inesperado: ya no era el granuja el soplón del policía, sino más bien todo lo contrario. A finales del 2010, Gilles Benichou había presentado su primo Esteban Azraa a Michel Neyret. A partir de entonces, las peticiones de informaciones de los archivos ficheros nacionales o de Interpol se hicieron más frecuentes. Al menos en diez ocasiones, Michel Neyret había comunicado a sus amigos informaciones acerca de personas investigadas próximas a Esteban Alzraa. Así, en marzo del 2011, el comisario había desempolvado la ficha de Albert Benichou para averiguar si era investigado y bajo qué identidad. Algún tiempo después, había consultado la de los hermanos Chikli [38], unos conocidos delincuentes de la región de Lyon.

En noviembre del 2011, la revista semanal *Paris Match* nos informaba de que Michel Neyret había negociado a cambio de una retribución las siete fichas de Interpol que había extraído y entregado a Gilles Benichou. En total, Neyret había sacado 108 fichas de la PJ y 7 de Interpol. En una conversación telefónica con Michel Neyrat, Esteban Alzraa había pedido a éste que intentará informarle de por qué dos de sus cuentas bancarias en el extranjero habían sido bloqueadas. Había especificado a Neyret que se trataba de una cuenta en Portugal con 7 millones de euros depositados y una secunda en Italia con una suma que se elevaba a 4 millones.

Michel Neyret no había escatimado esfuerzos; y a cambio, sus amigos no fueron tacaños. En otra escucha telefónica, Esteban Azraa avisaba a un intermediario de que pronto iba a efectuar una transferencia desde un fondo de inversión indonesio hacia cinco cuentas bancarias, incluida una a su nombre. Las otras eran a nombre de Gilles Benichou, Daniel Kalfa (su hermanastro), Rudy Sitbon - otro encausado en un caso de tráfico de cocaína en Neuilly- y de ... Nicole Neyret[39].

---

[38]Los hermanos Chikli estuvieron implicados en una estafa en el 2005-2006 a costa de la *Banque Postale*. Sobre esta estafa léase en *Las Esperanzas planetarianas*.
[39] *Paris Match*, 11 de noviembre del 2011, artículo de Delphine Byrka.

Esteban Alzraa prestaba sus vehículos de gran cilindrada al comisario Neyret y le pagaba sus viajes. Michel Neyret había recibido además de parte de Gilles Benichou 40 000 euros en ropa. Nada era demasiado bueno para el" superpolicía" que andaba con los bolsillos llenos de dinero en efectivo.

El policía y su esposa Nicole habían sido invitados en abril a pasar una semana en *Los jardines de la Koutoubia,* un gran Riad de lujo de la medina de Marrakech. Fue allí, en un ambiente apacible y elegante, donde conoció Albert Benichou, el hermano mayor de Gilles[40]. De cincuenta años, Albert Benichou, nacido en 1961 en Oran, condenado hasta quince veces por casos de estafa, era además un importante traficante de droga. En noviembre del 2008, la fiscalía de Lyon había requerido contra él entre tres y cuatro años de prisión incondicional. El hombre, cuyo antecedentes penales cabían en ocho páginas, había estafado la *Banque Postale,* que estimaba haber perdido entre el 2001 y el 2002 más de 155 000 euros y la *Caisse d'Epargne* que por su parte había sufrido una pérdida de 130 000 euros[41].

En un video disponible en internet, el periodista de *Complément d'enquête,* que se había desplazado hasta la casa de la esposa del comisario Neyret, en la región de Lyon, afirmaba que ésta, preocupada por las nuevas relaciones de su marido, había repetido esta declaración del comisario: "*¡Espera un poco! Me hacen entrar. Dicen que es muy difícil entrar en la mafia judía.*"

El arresto y encarcelación del comisario Neyret fue muy sonado. Pero todo iba a volver a la normalidad. A finales de octubre del 2011, se nos informaba de que un nuevo comisario había sido nombrado al puesto de la dirección interregional de la Policía Judicial de Lyon. "*Se ha pasado página. La PJ de Lyon tiene nuestra plena confianza.*" El prefecto del Ródano, el Fiscal de la República en Lyon y el jefe de la

---

40 *Paris Match,* 12 de octubre del 2011.

41 En febrero del 2002, en un momento en que sus distintas sociedades estaban pasando por serios apuros, Jerôme Kuntz, 40 años, había conocido Albert Benichou, quién le propuso reconvertirse en la venta de teléfonos móviles. Sin fondos necesarios, Kuntz había pedido a su hermano, consejero financiero en la *Banque Postale,* que le girase unos cheques bancarios, tras lo cual Albert Benichou le regaló un Mercedes Clase A a su esposa y un Renault Scenic a su hermano. Kuntz se había luego instalado en Marruecos con su esposa Florence Kuntz, diputada europea y nueva esperanza de la derecha política de Lyon. (*Le Progrès de Lyon,* 15 noviembre del 2008; *Lyon Mag* del 6 de enero del 2009).

PJ francesa habían garantizado su "apoyo" total a... Francis Choukroun. La policía lionesa estaba de nuevo en buenas manos[42].

El "Flacucho": ¡el más grande de todos!

El mayor estafador era un francés instalado en Tel-Aviv, un tal Alex Khann. En el mundillo de los estafadores al IVA, Alex Khann se había convertido en una leyenda, a pesar de su apodo poco halagüeño: "el flacucho".

Alex Khann no era un novato. En Francia, donde todavía era conocido como Cyril Astruc, había comparecido en junio del 2009 con su cómplice Michel Bensoussan ante el tribunal correccional de Tolosa por un fraude al IVA de teléfonos móviles. Fue condenado a tres años de prisión...condicional, a pesar de que este fraude había supuesto para el Tesoro francés una pérdida de 15 millones de euros. Vaya usted a saber por qué...

Había luego continuado sus actividades desde Bélgica. El "carrusel del IVA" que la justicia belga le atribuía había funcionado a pleno rendimiento, entre el 16 de septiembre del 2009 y el 28 de noviembre del 2009, es decir un poco menos de tres meses. No había sobrepasado el trimestre de actividad a fin de evitar el control administrativo de no declaración trimestral del IVA. El nombre que había puesto a su sociedad era "*Groupe Energie One*" (GEO); con su debido hombre de paja a la cabeza. De hecho, no era más que un apartado de correos en la calle de la Presse de Bruselas - una domiciliación que albergaba muchas más empresas, a dos manzanas del Parlamento. GEO había comprado 350 millones de euros de bonos de CO2 en Bluenext. Dado que se trataba de una transacción intracomunitaria, GEO no había tenido que pagar el IVA del 21%. La sociedad los había vendido, IVA incluido, a una sociedad, IRM, que, a su vez, había buscado compradores a precios de saldo. La empresa Electrabel había desconfiado rápidamente de esos precios demasiado bajos, y había cortado los lazos con IRM. Pero en el banco Fortis, las señales de alarma no habían saltado hasta después de

---

[42]El comisario Neyret fue puesto en libertad en mayo del 2012, tras poco menos de ocho meses de detención provisional en la cárcel de la Santé en París. Fue expulsado de la policía en septiembre del 2012 por el ministro del Interior socialista Manuel Valls. En el 2014, el caso Neyret todavía estaba bajo instrucción en París. En junio del 2014, Esteban Azraa y su primo Gilles Benichou eran condenados respectivamente por el tribunal de Lyon a treinta meses y cuatro meses de prisión incondicional.

una decena de transacciones efectuadas por un importe que rondaba los 400 millones de euros. Cuando Fortis avisó por fin la justicia, ya era tarde, y 72 millones de IVA adeudados a Hacienda se habían esfumado en menos de tres meses[43].

"¿El Flacucho? En el negocio del carbono, ¡él es el más grande de todos!", bromeaba un experto. Alex Khann, que se vanagloriaba de haber ganado más de 1000 millones de euros con este fraude, había de hecho organizado una gran fiesta en Israel para celebrar su éxito. En su discoteca de Tel-Aviv, en frente de la playa, el champán corría a raudales y las prostitutas ucranianas se meneaban por todas las esquinas[44]. También disponía de yates en Marbella, en España, de un helicóptero, de aviones privados y de guardaespaldas armados hasta los dientes. Era muy irascible, a juzgar por este altercado sin graves consecuencias: mientras conducía su Ferrari acompañado de una persona poco recomendable, un transeúnte había tenido la desgracia de hacerle una foto al bólido. Alex Khann se había bajado del coche para darle una copiosa paliza, acabando posteriormente en prisión y en arresto domiciliario.

Su discoteca de moda servía también de guarida para algunos mafiosos judíos de la comunidad rusa. El lugar era especialmente frecuentado por el antiguo oligarca Michael Tchernoï, que se había hecho conocer en la guerra del aluminio en Rusia, tras el derrumbe del sistema soviético. Tchernoï había sido el comanditario de muchos asesinatos, antes de tener que huir cuando el presidente ruso Vladimir Putin empezó la gran limpieza. Este mafioso riquísimo pretendía reunir todos los oponentes a Putin. En Rusia, era un demócrata, partidario de una "Rusia abierta", tolerante y multicultural. Pero en Israel, en su país, era todo lo contrario: era próximo del ministro de asuntos exteriores de "extrema derecha", Avigdor Liberman. Este mafioso era activamente buscado por la justicia rusa, por el FBI estadounidense, y objeto de una orden de arresto internacional emitido por Interpol en un caso de blanqueo de capital en España. El juez de instrucción de Bruselas, Michel Claise, había a su

---

[43] *Lalibre.be*, 21 de enero del 2013.

[44] Miles de jóvenes mujeres rusas, ucranianas y moldavas fueron literalmente secuestradas en los años 90, después del derrumbe del imperio soviético, tras contestar a pequeños anuncios de trabajo falsos que prometían un empleo bien remunerado en Israel. Sobre este tema sensible, léase nuestro largo capítulo sobre la "trata de Blancas" en *La Mafia judía.*

vez lanzado una orden de arresto internacional contra él, pero el Estado de Israel se negaba a extraditarlo[45].

Alex Khann había sido entrevistado en noviembre del 2008 por *Global Vision*, un suplemento publicitario de la revista *Forbes*. Afirmaba su compromiso contra el sistema capitalista y los fondos especulativos. Explicaba al periodista africano, "*haber donado siempre dinero a organizaciones caritativas para ayudar el tercer mundo*", y "*haber deseado siempre hacer algo con sus propias manos*" para ayudar a los menos favorecidos[46].

En esa entrevista, realizada en su lujosa villa de Tel-Aviv, expresaba su admiración hacia Bob Marley, tras descubrir su música "*que llenaba el aire de promesas*". Explicaba además su respeto hacia Nelson Mandela, al que querría conocer para entregar un cheque para su fundación. "*Cuando era pequeño, tenía por costumbre compartir mis juguetes con los demás niños. En Francia, donde crecí, la sociedad está muy mezclada, y, por algún motivo, siempre me sentía próximo a los niños negros, queriendo especialmente compartir mis juguetes con ellos.*" Insistía además en la esperanza que suponía la elección de un presidente negro – Barack Obama- en Estados Unidos. Contaba finalmente que había regresado a Israel porque era judío y porque quería criar sus hijos en su ambiente y su religión[47].

El periodista de la *Libre Belgique* añadía maliciosamente: "*No está claro sin embargo que este hombre de 39 años, que se ha amparado en la "Ley del regreso" para adquirir la nacionalidad israelí y cambiar de apellido, haya desembarcado en la Tierra prometida únicamente por motivos religiosos. Podría haber algunos motivos judiciales.*"

El 10 de enero del 2014, Cyril Astruc, alias Alex Khann, de cuarenta años, llegaba curiosamente al aeropuerto de Roissy. Fue inmediatamente aprehendido, inculpado y encarcelado. Esta detención se producía después de poco más de dos meses tras el viaje de investigadores franceses en Israel. En esa ocasión, dos operaciones habían sido llevadas a cabo (del 9 de septiembre al 4 de octubre, y del 20 al 29 de octubre) por la aduana y la policía israelí, que había procedido a una cuarentena de interpelaciones y a una quincena de registros, especialmente en Herzliya Pituach, el barrio diplomático

---

[45] *Le Parisien,* 18 de noviembre del 2011. Sobre Tchernoï, *La Mafia judía.*
[46] Aline Robert, Carbonne Connexion, Max Milo, 2012, p. 91
[47] *Lalibre.de,* 21 de enero del 2013.

opulento al norte de Tel-Aviv donde vivían numerosos "franco-israelíes". Pero ello no explicaba el porqué de la llegada de Cyril Astruc al aeropuerto de Roissy, ya que sabía que sería detenido en caso de control. Había que comprender que la situación en Israel no era tan tranquila cómo lo había pensado. La víspera, el 9 de febrero del 2014, la explosión de un coche bomba en Tel-Aviv le había costado la vida a su chofer. Era el décimo asesinato de esa clase en Israel en poco más de tres meses, y cada vez, un vínculo había sido establecido con una de las grandes familias mafiosas del país, los Alperon, Domrani, Abergil, Abutbul, y sobre todo Amir Mulner, cuya reputación de número 1 del crimen organizado estaba bien establecida. Ahora bien, este Amir Mulner estaba estrechamente relacionado con Cyril Astruc. "*No es imposible que Astruc pensara que el ambiente se había vuelto malsano, y que estaría más seguro en una cárcel francesa que en Israel, apuntaba un policía francés para explicar la sorprendente decisión del interesado de viajar a Francia*[48]."

Pequeños ajustes de cuentas entre amigos

El "robo del siglo", titulaba en portada el diario *Libération* del 1 de junio del 2013. El gran fraude sobre la tasa carbono estaba de nuevo en primer plano de la escena jurídica con el juicio de Michel Keslassy, 49 años, que se inauguraba en el tribunal correccional de París. El hombre era inculpado por "estafa en banda organizada y blanqueo de dinero". Con su sociedad Ellease, había sustraído no menos de 65 millones de euros de IVA. Pero los chanchullos de su empresa Ellease no eran más que un eslabón de la cadena. Otros aspectos del caso estaban en curso de instrucción, de tal manera que, debido a sus numerosas ramificaciones, el caso trataba en realidad sobre 283 millones de euros, incluso más.

Michel Keslassy había sido detenido en Bélgica en abril del 2012. Afirmaba haber sido engañado por un hombre que había conocido en el 2008 en el aeropuerto de París Charles-De-Gaulle (fuera de broma), al que presentaba como uno de los principales instigadores de la estafa. En definitiva, según él no era más que un hombre de paja al que habían engañado. El cerebro del asunto era un tal Samy Souied. Éste no era un desconocido, ya que ya aparecía en otra investigación policial sobre la estafa del CO2, entre otras. Samy Souied habría prometido a Keslassy

---

[48] *Le Monde*, 11 de febrero del 2014.

un pequeño porcentaje sobre su propio beneficio a cambio de algunas facilidades concedidas por la empresa Ellease.

Michel Keslassy no estaba solo ante el tribunal. Había a su lado una joven mujer de 28 años, a quién había encomendado la gestión de su empresa puesto que él tenía prohibido la gestión de sociedades en Francia. Le había propuesto una ayuda financiera y acciones de la empresa a cambio de servicios de secretaría. Cuando la joven rompió a llorar, Keslassy declaró enfadado: "*Ella no tiene nada que ver con todo esto y no debería estar aquí.*" Sin embargo, la empresa estaba efectivamente registrada a su nombre. Además, había aceptado viajar dos veces al extranjero, a Chipre y Hong Kong, para abrir cuentas bancarias para Ellease.

Michel Keslassy fue condenado a tres años y medio de prisión y a pagar una indemnización al Estado de 65,5 millones de euros por daños y perjuicios. Su joven cómplice fue sencillamente puesta en libertad. En el mes de noviembre del 2013, debido a problemas de salud, el estafador fue puesto en libertad vigilado con brazalete electrónico. Ahora bien; al cabo de pocos días, el dispositivo había "*dejado de funcionar*". La fiscalía de París había entonces emitido una orden de detención, pero dondequiera que estuviera la cosa ya no tenía mucha importancia, pues a mediados de febrero del 2014 su juicio tuvo lugar en su ausencia. "*Según las fuentes contactadas por 20 Minutes, está actualmente en Israel.*" ¡Está era una información realmente sorprendente! "*Dice que se siente amenazado*", informaba una persona cercana al caso. Desde Israel, había escrito a los jueces a través del consulado. "*Otros individuos, con el mismo grado de implicación, nunca han sido aprehendidos o inquietados por este procedimiento judicial. Es muy desafortunado*", comentaba su abogado Philippe Ohayon[49].

Samy Souied personificaba bastante bien ese entorno judío, 45 años, padre de cuatro hijos, aparecía desde hacía más de 20 años en las investigaciones judiciales: estafas y fraudes con agravantes, falsificación de documentos, blanqueo de capitales. Ya había sido encausado por una gran estafa de falsos anuncios publicitarios. Con la ayuda del presidente de la asociación de jubilados de la policía, a principio de los años 2000, había vendido a grandes empresas como Peugeot, Renault y Casino espacios publicitarios a cambio de falsas

49Artículo de William Molinié en el diario *20 Minutes* del jueves 13 de marzo del 2014.

promesas de impunidad para las multas. El daño financiero había sido estimado en 50 millones de euros en dos años. Evidentemente, ninguna publicidad había sido publicada en las revistas especializadas de la policía. El dinero fluía hacia Israel a través de la oficina parisina del banco israelí Hapoalim, por lo demás sospechoso de participar en una red masiva de lavado de dinero. Los estafadores habían extorsionado la comunidad china amenazándola con una inminente inspección de los servicios de higiene. Una parte de ese dinero era blanqueado en carreras de caballos. Así es, Samy Souied había sido implicado más tarde en un caso de lavado de dinero relacionado con el mundo hípico [50]. Coqueteaba desde hacía tiempo con la maravillosa estafa al IVA, primero en el sector de la telefonía móvil, antes de descubrir el milagroso mundo del mercado del carbono.

Samy Souied fue asesinado el 14 de septiembre 2010. La escena tuvo lugar en la Porte Maillot de París a las 20h30. Esa noche, Souied tenía una cita con un amigo delante del Palacio de congreso, un lugar común para las citas. Dos hombres se habían acercado en un escúter blanco, uno de ellos blandió un arma con silenciador. Cinco casquillos de calibre 7,65 mm fueron hallados en el suelo. Impactado en el pecho y la clavícula, Sammy Souied había logrado refugiarse entre dos coches, mientras los motoristas huían en dirección de la Defense. Los asesinos, que habían cumplido el contrato, no habían tomado el dinero que transportaba la víctima: unos 300 000 euros en efectivo. Indudablemente, estos estaban bien informados, pues Samy Souied acababa de llegar de Israel y tenía que regresar esa misma noche. Michel Keslassy no corría muchos riesgos echándole la culpa de sus delitos a un muerto.

La estafa del CO2 era tan lucrativa que el reparto de las ganancias había terminado en un baño de sangre. El último hombre en haber hablado con Samy Souied era un antiguo yerno de un tal Claude Dray. Este individuo era un riquísimo hombre de negocios de 76 años que había hecho una fortuna en la hostelería y el sector inmobiliario. El multimillonario poseía hoteles de lujo en Saint-Tropez, Jerusalén y Miami, y amasaba obras de arte en su palacete de 1000 metros cuadrados situado en villa de Madrid, en el barrio elegante de Neuilly-

[50] Sobre Samy Souied y los hipódromos: *La Mafia judía* (2008).

sur-Seine. El hombre tenía la reputación de ser intratable en los negocios, aunque nunca había llamado la atención de la policía.

Sin embargo, Claude Dray fue encontrado muerto en su habitación. Había sido asesinado en la noche del 24 al 25 de octubre del 2011, con tres balas de 7,65 mm en el cuello. Aparentemente, nada podía conectar Claude Dray con los ajustes de cuenta derivados de la estafa del carbono. Pero su asesinato planteaba muchas preguntas, ya que la caja fuerte repleta de joyas no había sido forzada y nada había sido robado y tampoco se apreciaba ningún indicio de allanamiento.

Las víctimas no eran todas de origen judío sefardí. También hubo algunas "muertes periféricas". Amar Azzoug, por ejemplo, apodado "Amar ojos azules", era un delincuente de origen magrebí. Había sido liquidado el 30 de abril del 2010 en Saint-Mandé, otro barrio elegante de las afueras de París donde la comunidad judía era muy presente. La emboscada tuvo lugar en la avenida Alphand. Después de entrar en el bar-restaurante "*Au Bois doré*", dos individuos con pasamontañas se abalanzaron sobre él y balearon "Amar ojos azules". Antes de interesarse a los millones del CO2, Amar Azzoug era conocido de la policía como antiguo atracador y vendedor de cocaína en los barrios exclusivos de la capital, especialmente en los aledaños de los Campos Elíseos. Residía en un lujoso apartamento, frecuentaba los establecimientos nocturnos de moda y circulaba en un Porsche cabriolé. Antes de su muerte, había dejado constancia en el registro de la comisaría de Vincennes de varias amenazas de muerte contra él por parte de un tal… Samy Souied[51].

Tras la pista del CO2

Yannick Dacheville no estaba todavía muerto en 2014. Pero era activamente buscado por la policía en el caso de los 110 kilos de cocaína colombiana incautados en un piso de Neuilly-Sur-Seine en el mes de noviembre del 2010. "*Un perfil de estafador que invirtió su pasta en el tráfico de cocaína, apuntaba una fuente policial.*" Hacia las 22h, una decena de policías habían irrumpido brutalmente en la segunda planta de una lujosa residencia, en el apartamento vacío de una princesa saudí, donde hallaron cocaína y cientos de miles de euros en efectivo. Otros

---

[51]Artículo de William Molinié en el diario *20 Minutes* del jueves 13 de marzo del 2014.

registros fueron ejecutados, pero los principales traficantes habían logrado escapar de la policía. Y si lo lograron, es porque habían sido avisados. La Inspección General de los servicios de policía tomó inmediatamente cartas en el asunto. Después de investigar Yannick Dacheville, apodado "el Gordo" debido a la redondez de su cara, los policías parisinos habían puesto en evidencia sus vínculos con Gilles Benichou y Esteban Alzraa. Además, y gracias a las escuchas telefónicas aplicadas en este caso, los policías habían a su vez podido comprobar los vínculos del comisario Neyret con el hampa sefardita[52].

En el 2011, los agentes supieron que Yannick Dacheville había encargado a uno de sus amigos la misión de recuperar 300 000 dólares de un jugador de póquer en Las Vegas. El dinero había sido depositado en un banco de Los Ángeles. Su madre, Rosaria, y su amiga, Alejandra, habían ido a buscar el botín, pero las dos mujeres fueron arrestadas por el FBI y el dinero confiscado. Según las últimas informaciones, Yannick Dacheville pasaba su vida entre Miami, Israel, Panamá y los Emiratos árabes, donde había invertido en el sector inmobiliario.

En el mes de agosto del 2012, una figura importante de "entorno" sefardita había sido detenido en Barcelona. Se trataba de un tal "Manu" Dahan, sospechoso de "intento de extorsión de fondos y secuestro". Los policías españoles habían actuado en base a las informaciones de la Policía Judicial francesa que sabía que Manuel Dahan, refugiado en Israel, iba a llegar al aeropuerto de Barcelona. El hombre había sido arrestado en el marco de un procedimiento contra el crimen organizado que implicaba un individuo llamado Karim Maloum, encarcelado en París desde el mes de julio. Maloum y Dahan eran calificados de "*viejos caballos de vuelta de todo*" según una fuente próxima al sumario, pues los dos se acercaban a los sesenta años. Se habían dado a conocer en los años 1990 durante los atracos de furgones de transporte de fondos. Ya en aquella época habían huido a España, su base de repliegue, "*como numerosos bandidos de la misma calaña*[53]." Pero Manuel Dahan también estaba en la diana de varios servicios de policía, que veían su sombra cernirse en muchos casos de extorsión, ajustes de cuenta, y estafas a la tasa carbono. Dahan fue extraditado, pero ninguna otra información más trascendió sobre él.

---

[52]*Parid Match*, 11 de noviembre del 2011; artículo de Delphine Byrka.
[53]*Le Monde*, 29 de agosto del 2012

También podríamos buscar en los casos de blanqueamiento de capitales. En septiembre del 2008, se nos informaba de que la justicia belga había descubierto una importante red de blanqueo de dinero. Esta red bancaria en la sombra, que había funcionado durante ocho años, era una especie de banco clandestino para diversas organizaciones criminales. Cientos de "clientes" – estafadores, comerciantes, defraudadores de Hacienda y mafiosos – la usaban.

Un hombre que transportaba una importante suma de dinero en efectivo había sido arrestado unos meses antes en el aeropuerto de Bruselas. La investigación había permitido esclarecer el modus operandi de una organización transnacional dirigida por un hombre de negocios "belga", un tal Daniel Zalcberg que repartía sus actividades entre Bruselas, Francia e Israel[54]. Daniel Zalcberg había ayudado a cientos de personas a lavar su dinero sorteando el control de los bancos, gracias a un tráfico de falsas facturas y a cambio de una comisión del 3% sobre todas las transacciones. La organización había ampliado su actividad hasta China. El juez de instrucción y sus investigadores se habían desplazado a la región de Wenzhou, importante centro textil donde Daniel Zalcberg pagaba fabricantes locales con el dinero de sus clientes europeos. En esa ocasión, las autoridades chinas habían colaborado con la justicia belga – lo cual era la primera vez - permitiendo la incautación de 80 millones de euros.

Además de Daniel Zalcberg, los policías belgas habían a su vez detenido a Sissel Vielfreund, 61 años, domiciliado en Tel-Aviv; pero la investigación también ponía el foco sobre otros seis sospechosos. Zalcberg y Vielfreund, que habían confesado los delitos, habían sido sin embargo liberados, ¡"libertad condicional"!

Un periodista belga, Gilbert Dupont, había intentado entrevistar a Zalcberg que vivía entonces en Bruselas, en la "alameda de los Millonarios" – un camino privado situado en frente del bosque de La Cambre. Pero Daniel Zalcberg se había marchado de Bruselas para instalarse en París, en el 34 de la avenida de los Campos Elíseos. Esto escribía el periodista: "*Bruno es el conserje del número 34 de los Campos Elíseos: nos explica que en realidad el edificio sirve exclusivamente para oficinas y apartados de correos para 800 o 900 clientes. Un edifico en el que nadie vive. Ahora bien, Bruno es el portero del edificio desde hace veinte años, y el nombre y apellido de*

[54]*Le Monde*, 16 de septiembre del 2008

M. Zalcberg, nacido el 31 de julio de 1948, no le evoca ningún recuerdo[55]*.*"

Desde entonces, ninguna información era disponible sobre el susodicho. Si Daniel Zalcber huyó de la justicia, ¿dónde creen ustedes que se refugió?

En Marsella, el caso más importante instruido por los jueces franceses atañía a 400 millones de euros robados. El diario *La Provence*, con fecha del 4 de enero del 2012, había publicado un artículo insuperable sobre el tema: "*En primera línea de la estafa están varias familias marsellesas, hermanos y hermanas instalados actualmente en Israel.*"

Estas familias se habían amparado en la "ley de retorno", votada por la Knesset en 1950 (el parlamento israelí), que garantizaba a cualquier judío el derecho a emigrar a Israel y ponerse a salvo de las extradiciones. Los estafadores se habían instalado en Herliya, una estación balnearia distinguida, cerca de Tel-Aviv, más concretamente en el barrio de Pituach, considerado equivalente al "Neuilly" parisino. Llevaban, desde entonces, una vida feliz, con yates, desplazamientos en helicópteros, villas de 20 millones de séqueles (5 millones de dólares), viajes a Florida en aviones privados, etc. Un conocedor de la situación se entusiasmaba: "*Mejor que un atraco, fue como robar un banco cuya caja fuerte permanece abierta, visita tras visita, durante meses.*"

Pero los "marselleses" refugiados en Israel experimentaron algunos sin sabores con los mafiosos locales que codiciaban su botín; particularmente la poderosa mafia "rusa" instalada en el país que intentaba extorsionarlos[56]. En Herzliya, se veían antiguos militares que habían sido reclutados como guardaespaldas y que acompañaban los hijos a la escuela. De repente, la pequeña comunidad marsellesa se hizo más discreta; de hecho, es imposible recabar más informaciones sobre los protagonistas de este caso.

En el semanal de izquierda *Marianne* del 15 de enero del 2011, se podía leer estas líneas, bajo la pluma de Frédéric Plotin: "*Desde hace unos meses, el gansterismo judío vuelve a vivir tiempos convulsos. Secuestros, ajustes de cuentas, amenazas, maletas repletas de billetes*

---

[55]*Dh.be*, 3 de octubre del 2008

[56]El artículo de la *Tribune* era de "Fred Guilledoux", que sabía probablemente que estaba muy mal visto mencionar la "mafia judía". En la revista *L'Express* del 4 de octubre del 2013, toda referencia al estado de Israel y la judeidad de los protagonistas habían desaparecido.

con destino a Israel...Pareciera que hemos vuelto a los días esplendorosos de la epopeya de los hermanos Zemmour, aquellos pies negros originarios de Sétif que estaban en el candelero del hampa parisina en los años 70[57]*.*"

¿Cómo acallar el antisemitismo?

El artículo del diario marsellés *La Provence* del 4 de enero del 2012 había levantado ampollas. La comunidad judía, que produce ella sola todos los super-estafadores, se había sentido atacada. El título de la primera página rezaba así: "*Estos marselleses, reyes de la estafa del IVA. Cientos de millones de euros evadidos en el mercado de los bonos de derechos de emisión. Los sospechosos se han refugiado en Israel.*" Lo cual estaba plenamente justificado en este caso.

Después de la publicación de este artículo, Michèle Teboul, presidenta del CRIF [58] Marsella-Provence (Consejo Representativo de las Instituciones judías de Francia), había escrito al periódico una carta al director donde se podía leer estas lineas escritas en un tono bastante extraño. Reproducimos el texto íntegramente:

"*Seamos claros, si bien lamentamos y condenamos con fuerza comportamientos delictivos e inexcusables, por otra parte, sólo podemos sentirnos heridos por los prejuicios y las expresiones que emergen a lo largo de este artículo, rayando el desliz y el exceso. La estafa del IVA "especialidad judía": ¿A qué ambiente se hace referencia aquí [sic]? ¿Se trata de ambiente en el sentido de mafia o bien en el sentido de grupo étnico-religioso? La ambigüedad de esta frase nos llama la atención por la estigmatización que puede conllevar. Estigmatización que otros antes que los judíos han tenido que soportar últimamente. ¡El autor de este artículo se remonta a los tiempos de los hermanos Zemmour, al caso Sentier! ¿Tan rara y escasa es la delincuencia judía que se debe sacar a colación antigualla del crimen? ¿O bien se está procediendo [sic] aquí a establecer una especie de filiación o, peor aún, apuntar a una organización que se inscribe en el tiempo con su contraparte de ramificaciones, de conspiraciones? Siniestra evocación, reunir [sic] unos delincuentes y presentarlos como*

---

[57]Sobre los hermanos Zemmour, léase *La Mafia judía*, 2008.

[58]El CRIF es el poderoso lobby pro-israelí de la comunidad judía de Francia. Es la filial oficial francesa del Congreso Judío Mundial (CJM) - la organización mundial que agrupa a las comunidades judías- y del Congreso Judío Europeo. (NdT).

una "pequeña comunidad". Las palabras tienen un sentido y pueden tener efectos proyectivos que rechazamos. Evidentemente, los hechos son los hechos, pero el conjunto de los judíos marselleses y franceses no deben ser confundido con personas que deberán rendir cuentas ante la justicia. Los hombres y mujeres que conforman nuestra comunidad, como todas las demás, son trabajadores, empleados, jubilados, parados y todo el abanico del tejido social francés, ¡incluso sus desviaciones! ¡¡Humanos, tan humanos !!" Los lectores de nuestro libro *El Espejo del judaísmo* saben que se debe leer aquí: "*¡Judío, tan judío!*"

Philippe Minard, el director del periódico, escribió la siguiente respuesta: "*He leído con mucha atención vuestro texto después de nuestro artículo dedicado a la estafa del IVA. Desde luego, las palabras tienen un sentido, y jamás se nos ocurriría señalar tal o cual parte de la comunidad marsellesa para la vindicta pública. La redacción del periódico es especialmente atenta y sensible a la vida de todas las comunidades en general, la vuestra en particular. Al narrar este suceso poco corriente, no hemos mezclado toda vuestra comunidad con esos delincuentes profesionales. Hemos mencionado el "ambiente judío" como habríamos mencionado el "ambiente corso", el "ambiente parisino", el "ambiente ruso". El ambiente, como lo precisa el diccionario, es un conjunto de personas al margen de la ley, que viven de tráficos ilícitos*[59]*. De hecho, existe en ese sentido ambientes en todas las comunidades, ciertamente con algunas especialidades. Añado que el periodista que escribió este artículo siempre ha sido un ferviente defensor de los derechos cívicos y de la libertad, y vuestro Consejo ha podido comprobarlo en muchas ocasiones. Vuestro texto no puede, a mi entender, constituir una respuesta, en el sentido de que el hecho denunciado no ha sido demostrado. Podría ser una precisión después de la utilización de una palabra que hemos interpretado diferentemente. Pero me temo que esta precisión llame de forma desfavorable la*

---

[59]Esta acepción del significado de la palabra "*milieu*" en francés corresponde más bien al significado de hampa en español. Pero la palabra "*milieu*" en francés, si bien connota la mafia, tiene un carácter más suave y eufemístico que escribir directamente mafia o hampa. Usamos la palabra *ambiente* para traducir la palabra *milieu*, y no *hampa*, que no cuadraría con el sentido de la discusión de los protagonistas. Tampoco la palabra *medio*, que sería la traducción literal de *milieu* pero que no es tan pertinente como *ambiente*. La RAE proporciona esta definición para *ambiente*: "Conjunto de condiciones o circunstancias físicas, sociales, económicas, etc., de un lugar, una colectividad o una época; Grupo o círculo social en que alguien se desarrolla o vive". (NdT).

atención sobre un problema no percibido por la comunidad en su totalidad."

El viernes 6 de enero del 2012, el presidente del CRIF Richard Pasquier y Michèle Teboul enviaron el siguiente correo a Phileppe Minard[60]. En un principio, los judíos se hacen los indignados; el artículo, por lo visto, les escandalizó terriblemente. Entonces, pasan a la acusación: "¡Ustedes incitan al asesinato!, dicen en esencia. A continuación, advierten al culpable, diciéndole entre líneas que sus palabras, calificadas de "antisemitas", podrían ser objeto de una denuncia y de un juicio que podría costarle muy caro. Finalmente, se le hace comprender que una disculpa pública, de rodillas preferiblemente, podría arreglarlo todo. Escuchen esto:

"Su respuesta al texto que os ha sido enviado por la Presidenta del CRIF-Provence nos ha dejado perplejos. No sólo en Marsella el artículo ofensivo, por los términos utilizados, las ambigüedades y las insinuaciones que transmitía, conmocionó profundamente al "ambiente" judío. Vuestra búsqueda en el diccionario del significado de esta palabra fue muy parcial: ¿debemos suponer, cuando leemos la expresión "en el ambiente médico"[gremio, ndt], *que nos referimos únicamente a los médicos "que viven al margen de la ley"? Y cuando escribe en La Provence: "en los ambientes políticos..."*[círculos, ndt], *¿debemos concluir que sólo se refiere a los políticos investigados?*

Obviamente, no. Usted se refiere entonces a elementos representativos de todo un grupo de individuos. Por eso, al leer la expresión "ambiente judío", es toda la comunidad judía la que se siente señalada con el dedo y estigmatizada.

Pero esto no es todo. Usted escribe que evocar el ambiente judío es como evocar el ambiente corso, el ambiente parisino o el ambiente ruso. ¿Puede decirnos cuántos corsos, parisinos o rusos han sido agredidos, perseguidos o incluso asesinados en el pasado a causa de tales acusaciones?

Las acusaciones de comportamiento criminal contra los judíos han desembocado repetidamente en pogromos y asesinatos. No hace mucho, incluso en nuestro país, los periódicos se afanaban en describir la

---

[60] El CRIF organiza todos los años en Francia una gran cena a la que todos los ministros y personalidades políticas, tanto de derecha como de izquierda, tienen la obligación tácita de asistir.

"criminalidad judía". Ciertamente, ya no estamos en esa época, pero todavía no ha llegado el momento en que los chistes sobre judíos tengan el mismo encanto supuestamente folclórico que los chistes sobre los corsos o los belgas.

Si hubierais pensado dos veces antes de escribir, por ejemplo, que tal o cual violencia contra las mujeres es característica del "ambiente musulmán", usted habrías tenido mil veces razón en abstenerte de hacerlo. Porque cualquier estigmatización de un grupo basada en las acciones delictivas de algunos de sus miembros es una llamada al odio. En lo que concierne los judíos, esto se llama antisemitismo.

Sartre escribió que cuando uno es robado por un peletero que resulta ser judío y uno protesta diciendo que todos los judíos son ladrones, cuando uno podría haber dicho igualmente que todos los peleteros son ladrones, uno opta así por el antisemitismo. Su artículo, al incriminar al "ambiente judío", ha tomado esa dirección. Tal vez lo haya hecho sin querer, pero entonces merecería al menos una disculpa. Lamentablemente, no la hemos encontrado en su respuesta. Quizás no sea demasiado tarde."

El mensaje era muy claro: está terminantemente prohibido denunciar las acciones de la mafia judía. Y éste ha sido perfectamente recibido desde hace tiempo por todos los "periodistas" de la prensa, de la radio y de la televisión. De tal forma que la mayor estafa financiera jamás desvelada en Europa ha sido ocultada a la gran mayoría de la población. Estamos muy lejos de la época en que una estafa como la de Stavisky había provocado que miles de patriotas salieran a las calles de París[61].

Los lectores de nuestros anteriores libros saben que si los judíos son siempre inocentes es porque practican la inversión acusatoria cuando se trata de afrontar un tema "doloroso". En marzo del 2013, por ejemplo, el programa de la cadena Canal+, *Special Investigation* había programado un documental de Gad Charbit y Jean-Louis Perez titulado *CO2, el atraco del siglo* (un ejemplo típico de este fraude). Escuchen un extracto del mismo:

"París. Tenemos una cita con un hombre que ha participado en el atraco del siglo. Tardamos meses en convencerle para que testifique anónimamente. Le llamaremos "Cristóbal"." Podrían haberle

[61]Léase el resumen del caso Stavinsky en *La Mafia judía* (2008).

perfectamente atribuido un nombre judío, ya que el *jewrnalist*62 precisaba que éste *"había hecho sus pinitos aquí, en el barrio del Sentier."* Pero en el nombre "Cristóbal", figura "Cristo", lo que podía sugerir que los estafadores eran unos buenos católicos: inversión acusatoria evidente.

Dicho documental nos mostraba cómo en Dinamarca un periodista *"se había interesado por los estafadores de toda Europa. Trazó el mapa de todas las sociedades implicadas en la estafa. Había en todas partes; esencialmente en Alemania, en el Benelux, pero sobre todo en Inglaterra. Estaban principalmente en manos de la mafia pakistaní. Según una fuente judicial de Londres, la estafa del CO2 habría permitido financiar grupos terroristas islamistas."* ¡Otra inversión acusatoria!

Por eso los judíos son siempre inocentes: *"son acusados falsamente por los antisemitas, que culpan de sus problemas a un chivo expiatorio al que acusan de todos los males habidos y por haber."* ¡Ya conocemos la cantinela!

[62] El autor escribe el juego de palabra *"Jew-rnalist"* para *"Journaliste"*. (NdT).

2. El fraude de los anuncios publicitarios

En este tipo de estafa, los timadores se ponen en contacto con pequeños y medianos comerciantes y artesanos para convencerles de firmar un contrato para publicar anuncios publicitarios en supuestas revistas regionales o anuarios profesionales. Las víctimas piensan que están tratando con una empresa seria y abonan las cantidades solicitadas. Más adelante, los estafadores reclaman sumas cada vez más importantes.

Las 800 víctimas de los falsos gendarmes

En el mes de febrero del 2014, nos enterábamos de que unos canallas se habían hecho pasar por gendarmes para estafar 800 sociedades en la región de Tours. El caso había sido muy sonado en octubre del 2013 cuando los hechos habían sido revelados por el diario *Le Parisien*: un falso gendarme había vendido unos falsos anuncios publicitarios en nombre de la Asociación Gendarmes y Ciudadanos (AG & C), la cual en efecto existe realmente, y que preside el antiguo comandante domiciliado en el Vendômois, Christophe Contini.

El 9 de octubre del 2013, el estafador de 57 años había sido detenido junto a dos cómplices por los policías de la Brigada de Represión de la Delincuencia Astuta (BRDA). "*Residente la mayoría del tiempo en Israel, el encausado se hacía pasar por un gendarme y sondeaba numerosas empresas para venderles anuncios publicitarios en la revista mensual de la asociación*[63]." Él y sus cómplices afirmaban trabajar para una "Agencia central de publicaciones administrativas y sociales", especializada en la venta de espacios publicitarios. La investigación permitió hacer una lista de 800 sociedades estafadas por unas pérdidas totales de 1,5 millones de euros.

Un restaurador de Tours, Xavier Aubrun, contaba su caso: "*En el 2012, hice un cheque de 358,80 euros para una publicación en una revista*

[63]*La Nouvelle République*, 20 de febrero del 2014.

mensual a favor de los huérfanos de la gendarmería nacional. Me la jugaron bien. Qué le vamos a hacer... no le di más importancia..." Pero el restaurador había decidido contar más detalles de la estafa, pues, según él, otros granujas habían tomado el relevo. *"Recibí una decena de llamadas durante las últimas semanas de supuestos abogados que me reclamaban 3600 euros por una docena de anuncios impagados. Pero cuando les pedía más explicaciones colgaban el teléfono...Llamaban con números ocultos. Amenazaban con enviarme un agente judicial para embargarme. Supongo que llaman a personas que no denunciaron tras la primera estafa. Seguro que ese tipo de presiones funciona de vez en cuando. Espero que mi testimonio pueda servir a otras víctimas..."*

Xavier Aubrun, como buen goy, había consultado con su abogado, Abed Bendjador, y estaba considerando presentar una denuncia. El restaurador esperaba con pie firme el supuesto agente judicial que debía venir ejecutar el embargo cautelar.

Las víctimas del "Franco-Israelí"

En el mes de noviembre del 2011, tres estafadores eran encausados por un juez de instrucción del polo financiero de París. Habían organizado, entre el verano del 2009 y el final del mes de octubre 2011, una estafa similar. Los delincuentes, ocultos detrás de la sociedad Info Servicio Multimedia (ISM), se ponían en contacto con pequeños comerciantes, artesanos e incluso congregaciones religiosas, para proponerles anuncios publicitarios en un anuario profesional, a razón de 400 euros. Enviaban después por fax los documentos que remitir con el pago por cheque. En realidad, ningún anuncio era publicado, ni en la página web, ni en el anuario de papel que jamás había existido. Algún tiempo después, el servicio de contenciosos o contabilidad llamaba al cliente para explicarle que había cometido un error y que se había comprometido a pagar 20 000, 30 000 o 40 000 euros. Finalmente, un hombre presentándose como el director comercial de la sociedad llamaba y se mostraba benévolo con la situación. Entendía el malentendido del cliente y sólo reclamaba unos 10 000 euros. En general, el prejuicio por víctima rondaba los 500-1000 euros.

Los tres acusados habían así logrado engañar 500 pequeños comerciantes, artesanos y congregaciones religiosas en Francia y en Bélgica. El cura de un pueblo había abonado 40 000 euros de su bolsillo para publicar un anuncio destinado a movilizar sus parroquianos para las buenas obras. En total, el daño se estimaba en unos 700 000 euros.

El 27 de octubre del 2011, los policías irrumpían en las oficinas de la sociedad ISM en París XIX. El diario *Le Parisien*, con fecha del 1 de noviembre del 2011, informaba de que "*las operaciones eran dirigidas por un franco-israelí de 44 años.*"

Los gendarmes habían esperado que viniera a Francia a pasar sus vacaciones y lo detuvieron tras seguirlo desde el aeropuerto. Este "Franco-Israelí"- más judío que francés a pesar de todo – trabajaba con un teniente de 42 años y un sexagenario que servía de hombre de paja. Las dos terceras partes del botín habían sido "*transferidos a una cuenta en Israel*". Los dos cómplices fueron puestos en libertad condicional, con una importante fianza; tuvieron además la suerte de no ver sus nombres y apellidos difundidos en la prensa e internet.

Las 544 víctimas de Jonathan Zeitoun

Otra estafa del mismo tipo tuvo lugar entre julio del 2007 y marzo del 2009. Los estafadores estaban bien organizados: junto a jóvenes corredores atraídos por el dinero fácil, hombres de confianza se encargaban de las misiones más delicadas (recaudación de cheques, blanqueo). La mayoría de los estafadores ignoraban la identidad de sus acólitos, cada cual con su propio seudónimo – "Hugo", "Monk", "Meetic", etc. La dirección oficial de la sociedad ficticia estaba en los Campos Elíseos, y todos los teléfonos eran redirigidos hacia un número que empezaba por 01, una prueba de seriedad. Todo había sido cuidadosamente planeado para "pescar" a carniceros, dueños de campings, directores de autoescuelas, jardineros y demás artesanos de todas las provincias.

La primera fase consistía en localizar los gerentes recientemente instalados, y por lo tanto muy interesados en una publicidad que los diera a conocer rápidamente. Los corredores eran encargados del "*desembalaje*", un argumentario para convencer a las víctimas de firmar "una orden de inserción" en un anuario o en una guía ficticia. Las víctimas no se enteraban realmente a que se comprometían, pues en el fax que se les enviaba posteriormente los pasajes importantes venían en letra pequeña, con rayas y poco legibles.

Uno o dos meses después de una venta exitosa, un equipo de "contabilidad" entraba en escena, anunciando la factura total que solía ser diez, veinte, incluso treinta veces superior a los 900 euros acordados al principio. Convencidos de que su firma les obligaba, las víctimas recibían con alivio, tras un interminable acoso telefónico, el "descuento comercial": pagar 12 000 en vez de los 18 000 euros les llenaba de alivio. Los recalcitrantes eran amenazados de prosecuciones por parte de un supuesto "servicio de recobro", incluso a ser citados en un tribunal inexistente. Esta vez también, más de 500 comerciantes y artesanos cayeron en las garras de los estafadores. Algunos de ellos quebraron al no poder pagar sus deudas.

En menos de dos años, este fraude había generado un beneficio neto de más de 3,4 millones de euros. Cuentas bancarias fueron descubiertas en Suiza. Los investigadores de la Brigada de Represión de la Delincuencia Astuta (BRDA) habían encontrado un cheque de 600 000 euros durante uno de sus registros, elevando el total a 4 millones de euros. Pero probablemente debía haber mucho más.

De las 544 víctimas que habían sido robadas, 135 se habían constituido en parte civil, y no menos de 32 personas se habían presentado ante el tribunal de París acusadas de estafa e "intento de estafa en banda organizada". *Le Parisien* del 5 de mayo del 2010 resumía el caso de la siguiente manera: "*Tras una limpia en toda regla, las diferentes sociedades implantadas por Jonathan Zeitoun, la supuesta cabeza pensante de toda la red, recabaron cerca de 4 millones de euros.*"

Los hermanos Jonathan y Lior Zeitoun, encarcelados en la prisión de la Santé desde finales de 2009, sólo habían sido privados de unos meses de libertad. Habían sido liberados y puestos bajo control judicial. Desde entonces, no se disponía de más información sobre ellos[64].

[64]Este jueves 10 de abril 2014, me entero de que acabo de ser condenado por la sala de lo penal número 17 de Nanterre (presidenta: Claire Lafoix) a un mes de prisión – INCONDICIONAL - por poseer (simple tenencia) una bomba lacrimógena mientras pegaba unos carteles por la noche para una reunión pública (que tuvo lugar en París en el mes de septiembre del 2013). Esta pena de prisión se sumaba a otra de dos meses incondicional (también incondicional) por una simple broma acerca de las costumbres de Bertrand Delanoë, el alcalde de París [homosexual notorio, ndt], que había sido interpretada pérfidamente como una "amenaza de muerte". La diferencia de trato entre un delincuente cosmopolita y un patriota francés demuestra el grado de envilecimiento de los jueces de la República. [Nota de Hervé Ryssen, ndt].

Jacques Benayoun timaba los campesinos

En diciembre del 2008, el fiscal general de la República de Mont-de-Marsan declaraba que, en lo que iba de año, cientos de denuncias habían sido puestas en relación a una estafa de anuarios electrónicos. Los estafadores solicitaban por teléfono artesanos, comerciantes y asociaciones a fin de colocar anuncios publicitarios en falsos anuarios online. Tras un periodo de prueba gratis, las víctimas, que habían firmado un contrato enviado por fax difícilmente leíble, recibían unas facturas exorbitantes. Para cancelar el contrato, debían enviar un "cheque de garantía" de un importe variable. "*Un cheque de garantía de 2000 a 3000 euros era exigido y finalmente cobrado ilegalmente*", precisaba el fiscal[65].

La investigación había comenzado en diciembre del 2007 tras las denuncias de dos agricultores en Dax, en los Landes. La gendarmería de Pau se había encargado del caso y durante meses una célula de investigación compuesta por una decena de militares había tratado de localizar las víctimas. En total, se había listado unos 422 denunciantes, de los cuales solamente 12 en las Landes.

Todas las víctimas de la estafa tenían el mismo perfil: pequeños comerciantes, pequeños autónomos, artesanos, agricultores y comunidades religiosas. Los perjuicios, para cada uno de ellos, ascendían a entre 5000 y 47 000 euros. Habían sido estafados por varias empresas, como Net.com en Viry-Châtillon, Net.communication, en el Val d'Oise, Atout.com, Esperance Diffusion, etc. Los gendarmes habían rastreado la pista gracias a los números de teléfono indicados en los encabezados de los faxes.

En la parte inferior de los contratos figuraban, en letra pequeña a veces ilegibles, unas indemnizaciones onerosas. Las víctimas recibían después un correo que les reclamaba el pago de cantidades de 5000 a 9000 euros, para los contratos de un año. Tras lo cual seguían las llamadas de teléfono, los falsos abogados y falsos agentes judiciales para presionar todavía más. Los estafadores proponían eventualmente un pago fijo para la rescisión de contrato. Cientos de personas fueron estafadas así en toda Francia, aunque solamente 132 se habían constituido en parte civil.

---

[65] Diario *Sud-Ouest*, 12 de diciembre del 2008.

En abril del 2008, cinco hombres fueron detenidos en París. Dos de ellos habían sido presentados a la juez de instrucción de Dax y puestos en detención preventiva hasta agosto...antes de ser finalmente liberados (como de costumbre) y puestos bajo control judicial[66].

Gracias a una especie de rastreo de los fax emisores, los investigadores descubrieron posteriormente que la cima de la pirámide de esa organización no se situaba en Francia, sino en...Israel (¡sorprendentemente!). Los números franceses que figuraban en las telecopias eran efectivamente redirigidos hacia Ashdod, una ciudad balnearia israelí cerca de Tel-Aviv. Gracias a unos falsos documentos contables perfectamente creíble, los estafadores "franco-israelíes" lograban convencer a sus víctimas de que operaban desde el territorio francés.

Los gendarmes del polo de instrucción de las Landes contactaron entonces con las autoridades israelíes, y el 8 de diciembre del 2008, treinta personas fueron detenidas en Ashdod y Tel-Aviv. Durante los registros realizados, se incautaron 700 000 euros en efectivo, así como cuatro vehículos de lujo y varias joyas. En el marco de la comisión rogatoria internacional, dos gendarmes de la sección de investigación de Pau pudieron ir a Israel realizar varias audiencias e investigaciones. Por una vez, la colaboración franco-israelí había funcionado bien, y Jacques Benayoun, el jefe de la red, que tenía la doble nacionalidad francesa e israelí, pasó un año en los calabozos israelíes antes de ser transferido a la prisión de Fleury-Mérogis el 25 de diciembre del 2009.

El 4 de mayo del 2010, ante la sala de instrucción de la corte de apelación de Pau, "*se precisó una furgoneta entera para transportar todos los documentos del sumario instruido en Mont-de-Marsan – diez mil estimaciones, seis cientos víctimas, más de 130 partes civiles*[67]." Las víctimas habían empezado a denunciar en el 2007 en varios departamentos de Francia: en Lorena, después en Hérault y en los Landes. El caso había sido transferido al tribunal superior de lo civil de Mont-de-Marsan, mientras otra investigación judicial había sido abierta en Évry, en región parisina.

Jacques Benayoun, 62 años, había trabajado durante 40 años como representante en el textil. Negaba todo tajantemente: "*Es falso. Sólo me*

---

[66]El control judicial obliga la mayoría de las veces a quien está sometido a él a ir una vez por semana a la gendarmería o a la comisaría de su barrio.
[67]*La République des Pyrénées.fr,* 5 de mayo del 2010.

ocupaba del sistema financiero", declaraba por videoconferencia desde la cárcel de Fleury-Mérogis. *"La sociedad estaba dirigida por los corredores y la oficina de los comerciales."* Encarcelado en preventiva desde hacía diecisiete meses, reclamaba su puesta en libertad; en vano. De parte de la justicia republicana era algo inusual.

El juicio tuvo lugar en el tribunal correccional de Évry en octubre del 2010. Veintidós acusados comparecían ante 132 partes civiles por un daño valorado en 3,5 millones de euros. En la sala de audiencia, únicamente Xavier, 61 años, y su mujer, agricultores en el Aisne, habían tenido el coraje de enfrentarse a los estafadores. En marzo del 2006, habían recibido un fax de *"actualización del anuario profesional"* para ser inscritos como ganaderos. La agricultora había respondido a la *"oferta promocional"*. Pero unos días después, se le reclamaba más de 8000 euros. Las llamadas telefónicas se multiplicaban. *"Nos presionaron muchísimo, confesaba el agricultor. Logramos un acuerdo para pagar un mes y rescindir el contrato. Entonces fuimos a ver el sindicato agrícola. Fue en ese momento cuando nos dimos cuenta de que nos habían engañado. Otros como nosotros habían sido contactados por la misma red."* Xavier y su esposa esperaban recuperar lo adeudado y también una compensación por el perjuicio moral. *"Mi mujer se ha sentido culpable"*, contaba Xavier. Estaba *"al borde de la depresión"*.

Junto a Jacques Benayoun, su hijo Boris, 34 años, también había comparecido ante el tribunal. Mikael Estanque, de regreso de Israel, había subido al estrado, pero otros cuatro acusados seguían en paradero desconocido. Finalmente, dos inculpados fueron puestos en libertad. Los otros fueron condenados a penas de tres meses de prisión condicional y 500 euros de multa, a cinco años de prisión condicional y 200 000 euros de multa: unas penas ridículas, por lo tanto, comparado con el daño que habían causado. Para el letrado Kaminski, el abogado del estafador, *"la justicia fue equilibrada. El requerimiento en contra de mi cliente era de seis años de cárcel, cuatro incondicionales. Sólo fue condenado a un año en firme. Prueba que el sumario no estaba completo*[68]*."* Con las rebajas de pena, quedaría libre en unos pocos meses, suponiendo que fuera efectivamente a prisión.

A principio del mes de julio del 2014, el presidente del tribunal de Dax fue menos comprehensivo: Jacques Benayoun fue condenado a 8 años

[68] *Le Parisien*, 15 de septiembre del 2010.

de prisión incondicional y su hijo Boris a 7 años. Fueron encarcelados en la prisión de Mont-de-Marsan[69].

El libro de oro de la policía de Monte Carlo

El 30 de julio del 2008, unas penas de tres años de cárcel incondicional fueron requeridas contra un jefe de empresa y dos agentes comerciales de la sociedad IMS. Estos hombres eran acusados de haber extorsionado los fondos de varios comerciantes y empresas.

Unos años antes, en el 2002, la sociedad IMS (International Media SA) había firmado un contrato con una asociación de policías llamada "*Círculo de ayuda mutua y previsión de seguridad pública*", a fin de conseguir unos fondos para editar el libro de oro del centenario de la policía de Mónaco.

Los agentes comerciales, Eric Souied y Esteban Fitoussi, habían usado las tácticas de venta agresiva, dando claramente a entender que la policía se acordaría "*de quién da*" y "*de quién no da*". Ciertamente, a 15 000 euros la página, algunos comerciantes habían sido reacios. La fiscal Claire Dollman había denunciado sus métodos de prospección, que conjugaban "*las amenazas y los acosos*". Una comerciante evocaba una "*forma de chantaje de este tipo: "Con todo lo que la policía hace por usted...*"" En resumidas cuentas, para continuar a ser protegidos, había que comprar una página de publicidad. Los delincuentes presumían además de tener "*el beneplácito del palacio del príncipe*". La compañía argelina Khalifa Airways, por ejemplo, había enviado un cheque de más de 300 000 euros. IMS, situada en Ginebra, había de esta forma acumulado un botín de 1,8 millones de euros.

Un inspector del trabajo del principado que investigaba otras vertientes del caso había puesto una denuncia por amenazas de muerte, tras una llamada de teléfono anónima de un hombre que decía hablar "*en nombre de la policía*"; "*Haría bien en dejar de lado todo este caso, pues fuera del territorio monegasco nunca se sabe lo que le podría ocurrir.*"

Cuarenta y seis denuncias habían sido finalmente registradas en 2003, pero los dos hombres habían huido y una orden de arresto internacional había sido emitida contra ellos.

---

[69]La información fue divulgada por el periódico *Sud Ouest*, así como el portal internet, pero ningún otro medio se hizo eco de la noticia.

El jefe de IMS Mónaco, Jean-Dominique Ktorza – otro "franco-israelí" – permanecía sordo a las solicitudes de audiencia de la justicia: *"Ah, pero lo siento -contestaba el interesado desde Ginebra-, hasta la fecha no he sido convocado, y como somos una empresa suiza, tenemos que basarnos en las normas de la justicia internacional. Les daré respuestas tan claras que se preguntarán por qué han venido hasta aquí. Todo esto se desinflará como un globo."*

Jean-Dominique Ktorza aseguraba que los policías no habían participado en la prospección comercial, realizada por sus agentes de "*manera sana, sin ningún tipo de presiones*", añadiendo: "S*i dos clientes denunciaron, de un total de varios cientos, me gustaría entrevistarme con ellos y saber cuáles son sus quejas y agravios. Esto es pura calumnia.*" No trascendieron más informaciones sobre el juicio...En cuanto al jefe del Círculo de ayuda, Maurice Albertin, instigador del libro de oro, había reclamado su derecho a una justa pensión de jubilación[70].

[70]Cada vez que un caso de estafa sale en la prensa y que los nombres y apellidos de los delincuentes no aparecen o han sido modificado, pueden ustedes legítimamente albergar grandes sospechas sobre el origen hebraico-talmúdico de la estafa.

3. Las falsas órdenes de transferencias

Este tipo de estafa apareció por primera vez en el 2005, pero las denuncias se multiplicaron en el 2011 y los casos han explotado desde el año 2014[71]. Esta nueva forma de estafa, también conocida como los falsos órdenes de transferencia internacionales (Foti), es otra vez una especificidad "francesa".

"El fenómeno se ha desbocado: contamos varias docenas de intentos al día; nuestros servicios son solicitados por todas partes. Parece que han aparecido nuevas redes que utilizan un modus operandi idéntico, que funciona muy bien y causa daños importantes", explicaba Sophie Robert, comisaria de la policía de la Oficina central de la represión de la gran delincuencia financiera.

Los blancos son las filiales de grandes empresas: un estafador llama haciéndose pasar por el dirigente de la sociedad y consigue que un encargado de la dirección financiera o de contabilidad haga una transferencia bancaria hacia una cuenta en el extranjero, fuera de la Unión Europea.

"El discurso está muy bien elaborado y los estafadores tienen mucha labia. Son muy persuasivos y no dudan en explotar la ingenuidad de sus interlocutores. Además, son capaces de adaptarse a la situación y cambiar de guion muy rápidamente[72]", explicaba Sophie Robert.

Para tener éxito, obviamente hay que conocer muy bien la empresa objetivo. Antes de pasar a la acción, los estafadores llevan a cabo una minuciosa investigación en las redes sociales y la página internet de la empresa. Compran toda la información disponible "de fuente abierta" acerca de sus futuras víctimas, cuidándose muy bien de permanecer anónimos. Les basta con pagar con tarjetas de prepago, recargadas en efectivo y no asociadas a una cuenta bancaria, o con números de tarjetas de pago pirateadas. Pueden así acceder a sitios internet como *Infogreffe* o *Société.com* para conseguir datos como los estatutos de la empresa,

---

[71]Según la Oficina central de la represión de la gran delincuencia financiera (OCRGDF), 700 casos o intentos han sido registrados entre el año 2010 y 2014.

[72]*Les Échos Business*, 16 de marzo del 2014. Artículo de Cécile Desjardins.

las actas de las asambleas generales, los organigramas o las cuentas anuales de las empresas que tienen puestas en la mira, explicaba el director de la OCRGDF Jean Marc Souvira. También pueden hackear el sistema informático de la empresa para recabar más datos, enviando por ejemplo un correo electrónico anodino con un virus o troyano adjunto. Una vez instalado, el programa aspira la documentación de la sociedad y proporciona a los estafadores los horarios, los números directos, los correos electrónicos y todas las firmas de los empleados de la empresa.

Llegan hasta el punto de investigar la vida privada de los directivos de la empresa. "*Gracias a las redes sociales, Facebook o Twitter, pueden saber los nombres de los hijos o el cumpleaños de la secretaria*", revelaba Michèle Bruno, jefe de la brigada de represión de la delincuencia astuta[73].

A continuación, adquieren números de teléfonos con el prefijo del país donde está domiciliada la sociedad. Pues los estafadores lanzan sus ataques desde el extranjero – especialmente desde Israel, donde operan los especialistas de esta estafa- pero dando la sensación de que están en Francia. "*Si la empresa objetivo está en Francia, los números de teléfono y el fax adquiridos empezarán por el prefijo francés, a fin de infundir confianza en el interlocutor que recibirá la llamada*[74]." La experiencia demuestra que una llamada recibida con el prefijo del país donde se encuentra la sede de su empresa tumba la primera barrera psicológica de la víctima[75].

Este conocimiento perfecto de la estructura de la empresa permite que cualquier encargado financiero o de contabilidad confié potencialmente en el estafador. Una vez en posesión de todos estos elementos, los delincuentes solicitan hablar con los directores financieros de filiales de grandes grupos franceses, en Francia o en Europa, los llaman por su nombre de pila haciéndose pasar por el Presidente de la empresa. Exigen la mayor discreción y alegan que necesitan hacer una transferencia de fondos urgentemente para realizar una OPA[76] o evacuar parte de la tesorería para evitar un control fiscal.

---

[73]*Challenges*, 17 de mayo del 2012. Artículo de Thierry Fabre.
[74]*Challenges*, 17 de mayo del 2012. Artículo de Thierry Fabre.
[75]*Le Parisien*, 17 de noviembre del 2013. Artículo de Esteban Sellami.
[76]Una oferta pública de adquisición (OPA) de acciones u otros valores es una operación mercantil en la que una o varias sociedades (oferentes) realizan una oferta de compra

"Hola Juan, le habla el presidente de la empresa. Necesito su ayuda. Acabo de recibir un mail de la administración fiscal que nos insta a efectuar urgentemente una transferencia bancaria para regularizar nuestra situación, bajo pena de inminente rectificación fiscal. Os adjunto el dossier. Cuento, obviamente, con su mayor discreción." Los estafadores logran incluso imitar la voz del presidente.

Si el interlocutor se muestra reticente, usan las amenazas o bien crean una proximidad personal con sus víctimas indicando que sabrán cómo agradecérselo. El objetivo siempre es intentar aislar su interlocutor.

Los estafadores envían luego los fax con los encabezados de la empresa presentando las firmas falsificadas del PDG (Presidente Director General, ndt) y de su número 2, o bien correos electrónicos con la dirección usurpada del presidente (es posible hacerlo) a fin de validar la orden de transferencia. Y ya está hecha la jugada.

El periódico *Challenges* transcribía algunas grabaciones de la policía: "*Debe ejecutar esta transferencia excepcional hoy mismo. Recibirá los documentos mañana. Cuento con usted, es muy importante*", exigía un estafador de la contable de una filial de un gran grupo. "*Pero señor, necesito los documentos para una cantidad como esa*", había contestado la empleada. El estafador había fingido la irritación: "*Os acabo de decir que se trata de una transferencia excepcional, ¿Lo entiende o no? Usted puede hacerlo.*" Pero la contable había alertado a sus superiores jerárquicos. "*Ejercen una presión psicológica enorme invocando la urgencia de la situación, y a menudo amenazando con despedir a la persona*", explicaba la comisaria Michèle Bruno[77].

Muchas sociedades habían vacilado en denunciar, prefiriendo guardar el secreto para no empañar su reputación ante sus clientes, si bien las autoridades habían sin embargo identificado unas 360 víctimas, sólo en el año 2013. Filiales de grandes grupos habían sido engañadas, como Total, Vinci, LVMH, Accor, Sanofi, Essilor, Vallourec, Coca-Cola, Eurocopter, Hilton, Groupe Zannier, Valrhona, Virgin o Saint-Gobain.

Cientos de millones de euros habían sido "*transferidos hacia cuentas de particulares abiertas en bancos en China antes de ir a parar en Israel, base de retaguardia de la gran mayoría de esta nueva clase de*

---

de acciones a todos los accionistas de una sociedad admitida a cotización en un mercado oficial para, de esta forma, alcanzar una participación en el capital con derecho de voto de la sociedad. (NdT).

[77]*Challenges*, 17 de mayo del 2012. Artículo de Thierry Fabre.

defraudadores", explicaba el periodista Esteban Sellami, en *Le Parisien*. A partir de septiembre del 2013, los estafadores intensificaron notablemente sus actividades. "*Hemos notado un incremento significativo de las denuncias para ese tipo de estafas, confirmaba una fuente judicial. Desde principios de año, sólo en París, cerca de cien casos han sido registrados*[78]." La cosa llegó a tal punto que la Dirección central de inteligencia interior había incitados a sus delegaciones locales a que pusieran bajo aviso a las medianas empresas, que también estaban en la mira de los estafadores.

El primer caso databa del 31 de enero del 2011. Una empleada de una sociedad situada en Le Havre y especializada en el transporte de mercancías hacia el extranjero había recibido una llamada de una empresa llamada Avi. El hombre al teléfono le había pedido un certificado de titularidad bancaria de la sociedad para abonarle una importante factura. Unas minutos más tarde, un supuesto cliente de la sociedad de Le Havre llamada para solicitar a la empleada el número de teléfono personal de su jefe, pretextando una urgencia. El estafador había luego cancelado la línea, probablemente con alguna complicidad en el operador telefónico, para impedir la llamada de verificación del banco al Pdg. Acto seguido, había ordenado dos transferencias por correo electrónico (con su número de teléfono móvil adjunto) por un importe de 200 000 euros hacia una cuenta en China. Afortunadamente, la agencia bancaria de la sociedad había logrado contactar con el Pdg que anuló la operación. "*Una de cada diez veces, la estafa funciona y se descubre que el dinero transita por cuentas de China, especialmente Hong Kong, antes de regresar a Israel*[79]", informaba un investigador.

Pero los delincuentes habían cazado algunas presas espectaculares. La fábrica de producción Seretram, perteneciente al grupo "*Géant Vert*", había por ejemplo perdido cerca de 17 millones en cuatro días. El transportista Brittany Ferries había perdido un millón de euros. También estaba entre las víctimas el grupo BTP Vinci, que no quería "*hacer ningún comentario*"; o Robertet, uno de los líderes mundiales de los perfumes implantados en Grasse, en los Alpes-Marítimos, que había perdido unos 900 000 euros.

En quince meses, 180 ataques similares habían sido registrados por la Oficina central de represión de la gran delincuencia financiera

---

[78] *Le Parisien*, 17 de noviembre del 2013. Artículo de Esteban Sellami.
[79] *Le Parisien*, 21 de abril del 2011.

(OCRGDF). Las empresas Atreva, Scor, Quick o Nestlé, habían logrado desbaratar esas ofensivas, al igual que Michelin. Grandes PME (Pequeña y Medianas Empresas, ndt) también habían sido atacadas, como Valrhona, especialista del chocolate, o el casino de Trouville, en el Calvados, que se había librado por los pelos en marzo de una estafa de 400 000 euros.

En abril del 2011, los estafadores habían incluso intentado engañar el departamento financiero del Elíseo. Tras conseguir el número de cuenta bancaria, uno de los estafadores había telefoneado al banco de la presidencia de la República haciéndose pasar por el responsable del departamento financiero, y había ordenado una transferencia de dos millones de euros a una cuenta en el extranjero, que resultó ser en China. Intrigado, el banquero había hechos unas llamadas para verificar, frustrando así el intento de estafa. Según el semanal *Le Point*, que retomaba una noticia de la Agencia France-Presse, del 20 de abril del 2011, *"no se trata del primer intento de estos estafadores franceses establecidos en el extranjero"*. Lo que significaba, hablando en claro, que se trataba de *"estafadores judíos establecidos en Israel*[80]*."*

La sociedad Schneider Toshiba Inverter Europe SAS, implantada en Pacy-sur-Eure y especializada en la concepción de variadores de velocidad industrial había sido objeto de la misma estafa. Los estafadores se habían hecho pasar por un gabinete de abogados que trabajaba para la Autoridad de los mercados financieros (AMF). Tras convencer a una empleada del departamento de contabilidad que operaban en el marco de una oferta pública de adquisición (OPA) ultra confidencial, los delincuentes le habían indicado que recibiría un correo de confirmación del Pdg de Schneider Toshiba. La víctima había a continuación recibido los datos de cuentas bancarias situadas en Camboya, China, Chipre, Estonia y Hungría, a fin de transferir los fondos para ejecutar la supuesta OPA. La mujer había efectuado una decena de transferencia de dinero entre el mes de enero y febrero del 2014 antes de percatarse de la superchería. El importe del perjuicio se elevaba a más de 7 millones de euros.

---

[80]También existía una variante: la estafa del alquiler. Alguien se hace pasar por el arrendador que alquila los locales a la empresa objetivo comunicándole un cambio de domiciliación bancaria, tras una supuesta cesión. La nueva domiciliación supone una cuenta ubicada en el extranjero a la que debe abonarse las transferencias de alquiler. Esta no es una pequeña estafa, pues muchas empresas pagan grandes sumas a sus arrendadores.

Media Participations en París, el gigante de los cómics y tebeos (Dargaud, Dupuis, etc. – 20 millones de títulos vendidos cada año), casi estuvo a punto de pasar por el mismo aro. A finales de enero del 2012, la sede y varias filiales fueron atacadas por unos especialistas del "fraude de las falsas transferencias", renombrado a veces por los policías "estafa al presidente". La directora financiera de Dargaud Suiza había recibido una llamada de Vincent Montagne, el presidente del grupo, el cual le había exigido una transferencia urgente de un importe de 987 000 euros a una cuenta HSBC de Hong Kong, a fin de financiar una compra en Asia. El falso Vincent Montagne le había prohibido terminantemente avisar a su jefe de la filial suiza, pero la directora había contactado con sus homólogos parisinos, ya que el importe de la transferencia superaba el límite máximo autorizado. El descubrimiento de la usurpación de identidad había detenido la operación in extremis.

Pero el caso no terminó ahí: al día siguiente, Vincent Montagne (el verdadero) había recibido una llamada del comandante Girard de la brigada financiera: "*Sabemos que ha sido atacado. Haga la transferencia, eso nos permitirá cogerlos in fraganti*."

Prudente, Vincent Montagne verificó preguntando a sus contactos dentro de la policía...y resultó que ¡el "comandante Girard" no existía! Tras esto, le tocó el turno a la Société Générale – el banco de Media Participations- de recibir llamadas del falso Vincent Montagne, que afirmaba llamar desde la brigada financiera y ordenaba ejecutar la transferencia para lograr capturar los malhechores. La superchería fue de nuevo descubierta. En tres días, el editor había recibido por lo menos ¡30 ataques telefónicos! "*Los delincuentes habían planificado perfectamente su operación y adquirido un conocimiento muy detallado de nuestra organización*", reconocía Claude Saint Vincent, director general de Media Participations. "*Su capacidad para imitar la voz del presidente y ejercer una presión psicológica sobre sus víctimas es impresionante*[81]."

Los servicios secretos – la Dirección central de la inteligencia interior (DCRI) – habían lanzado una alerta general a las empresas en una circular sobre "la prevención de las estafas mediante transferencias internacionales", en la que se detallaba las técnicas de los estafadores. De tal forma que el 6 de marzo del 2012, el comisario divisionario Jean-

---

[81] *Challenges*, 17 de mayo del 2012. Artículo de Thierry Fabre. Sobre la plasticidad identitaria, léase nuestro largo capítulo en *Psicoanálisis del judaísmo*.

Marc Souvira, jefe de la OCRGDF, había reunido discretamente los directores financieros y de la seguridad de unos cuarenta grandes grupos empresariales en la sala de conferencia del Medef (patronal francesa, ndt) en París. *"Estaban muy interesados, pues muchos de ellos habían sido víctimas de ataques*[82]*."*

En una nota de la Dirección central de la policía judicial, leíamos que *"tres países aparecían regularmente en las estafas: Israel, donde los grupos criminales se especializaron, Francia, como país donde están las empresas objetivo y China como primer lugar de destino de las transferencias, antes de llegar a Israel."*

En septiembre del 2011, tres *"franco-israelíes"* especializados en las falsas transferencias habían sido detenidos en Lyon y en Cannes, en un palacio, durante una partida de póquer.

"A pesar de todo, son muchos en haber escapado de la justicia francesa refugiándose en Israel, entre Tel-Aviv y la estación balnearia de Netanya, muy apreciada de los franceses[83]*"*, escribía Thierry Fabre en el periódico *Challenges.*

"Las estafas en banda organizada son castigadas con 10 años de prisión y 1 millón de euros de multa, pero es difícil conseguir la extradición de los responsables", afirmaba la comisaria Sophie Robert, que debía rendirse ante la evidencia: *"Existe actualmente una forma de impunidad con este tipo de estafas*[84]*."*

Por lo visto, la justicia de la República francesa se muestra en general, y, de hecho, muy indulgente con estos estafadores, particularmente con aquellos que se benefician de complicidades dentro del Estado de Israel.

La desfachatez monstruosa de Gilbert Chikli

El precursor de este tipo de fraudes era un tal Gilbert Chikli que había estafado en el 2005 unos cuarenta bancos franceses haciéndose pasar por un agente secreto. Refugiado en Israel, tras haber sido encausado en el 2008 por la juez parisina Sylvie Gagnard, Gilbert Chikli había

---

[82] *Challenges,* 17 de mayo del 2012. Artículo de Thierry Fabre
[83] *Challenges,* 17 de mayo del 2012. Artículo de Thierry Fabre
[84] *Les Echos Business,* 16 de marzo del 2014. Artículo de Cécile Desjardins.

realizado uno de sus golpes más espectaculares con el Banco Postal[85]. El periódico *Libération* del 7 de octubre informó del caso:

El 25 de julio, justo después de los atentados mortales de Londres, la directora de una sucursal bancaria recibió una llamada de un hombre que se hacía pasar por el presidente del banco, Jean-Paul Bailly: "*La DGSE nos ha pedido colaborar, le dice éste. Unos terroristas preparan un atentado en París y van a sacar dinero en vuestra sucursal. Un agente de la DGSE os va a llamar. Haga todo lo que le pida.*"

Una hora después, "*Jean-Paul, de los servicios franceses*", telefonea a la jefa de la sucursal bancaria, le atribuye un nombre en clave, "*Martine*", exige la confidencialidad y envía la pobre Martine cumplir su primera misión: "*Vuestra línea telefónica no es segura. Tiene que conseguir un móvil que sólo servirá para nuestras comunicaciones. Este es un número que llamaréis para dar el vuestro.*" Martine corre comprarse un móvil, y luego deja su número en el contestador automático de Jean-Paul. Éste la vuelve a llamar: "*Pase lo que pase, debe mantener este móvil encendido día y noche*".

Según uno de los investigadores, Gilbert C[86]. bombardea Martine con continuas llamadas, unas cuarenta en dos días. La inunda de informaciones acerca del trabajo de la DGSE para hacer fracasar un atentado inminente. La llama a todas las horas, incluso por la noche, hasta tal punto que Martine ya no duerme. "*Si no contesta lo suficientemente rápido, le echa la bronca. Si ve que duda, la machaca. Le repite continuamente: "Sobre todo no hable con nadie de esto." La presiona al máximo. Martine está hecha polvo.*"

Una vez bien condicionada, Martine obedecerá a todo, persuadida de estar "*trabajando para la nación*". Jean-Paul le ordena entonces: "*Encienda el ordenador. Dígame los nombres de los cinco mayores clientes de vuestra sucursal.*" Martine obedece. Según las investigaciones, el estafador designa entonces uno de los cinco nombres al azar como el financiador de un atentado inminente y avisa que alguien va a sacar esa tarde 500 000 euros de esa cuenta. Pero la jefa de la sucursal le anuncia que sólo hay 350 000 euros. Jean-Paul se cabrea: "*Verdaderamente, ¡usted no es nada operativa!*" Martine llora, vacía

[85]Reproducimos a continuación nuestro resumen de *Psicoanálisis del judaísmo* (2006).
[86]El diario *Libération* no había divulgado el apellido del estafador.

todos los cajones y los cofres, y consigue finalmente 8000 euros más. Jean-Paul acaba por claudicar y acepta los 358 000 euros: "*Ahora, vaya a comprar una maleta. Os volveré a llamar.*" Luego de comprar la maleta, Martine recibe la llamada de Jean-Paul: "*Antes de entregarle el dinero al cliente, debemos magnetizar los billetes para rastrear todo el circuito del financiamiento del terrorismo y desbaratar toda la red. Coja un taxi...*" A continuación, le ordena bajarse en una cafetería de la Plaza de la Nación: "*¿Ve usted mis agentes? - No.*" Martine no ve nada. "*OK, están bien escondidos, trabajan bien. Siéntese en la terraza.*"

Unos minutos más tarde, vuelve a llamar: "*Baje al lavabo y enciérrese ahí.*" Martine baja al lavabo. La vuelve a llamar: "*Un agente golpeará tres veces la puerta del cuarto de baño, entréguele la maleta, vuelva a la terraza y espere diez minutos a que se la devolvamos.*" Toc toc toc. "*Martine, entregue la maleta*", dice Shirley, una cómplice de Gilbert C., que acaba llevándose así el botín.

Martine regresa entonces a la terraza del café y espera...Esperará varias horas antes de caer en la cuenta y admitir los hechos como son. Agotada, se presenta ese 28 de julio ante la Policía Judicial, tras tres días de "*terrible manipulación psicológica*". Las primeras pesquisas de la Policía Judicial que rastrearon el número de teléfono desembocaron en "*un número en Inglaterra redirigido a Israel*" y permitieron abortar una veintena de intentos de estafa similares en agosto del 2005 avisando a tiempo los banqueros.

Gilbert C. inventó entonces en septiembre una variante que le hizo ganar mucho más, logrando que los banqueros hicieran "transferencias internacionales" en cuentas supuestamente utilizadas por los terroristas. "*Con su labia fenomenal, escribía la periodista, y su manera de persuadir los banqueros de que servían a su país en la lucha contra Al-Qaeda, el "cerebro" Gilbert consiguió que se transfirieran millones en las cuentas de sociedades pantallas creadas en Hong-Kong por sus testaferros. El 28 de septiembre, un banco desembolsó así 2,5 millones de dólares en Suiza, y 2,72 millones en Hong-Kong. Alertada por un banquero desconfiado, la Policía Judicial bloqueó los fondos. En cambio, dos transferencias que sumaban 7,25 millones de euros fueron transferidos el 29 de septiembre en cuentas en Estonia e inmediatamente ingresados por la "banda de Gilbert".*"

Gilbert C., 40 años, y su hermano Simón, 38 años, los dos nacidos en París, viven hoy en día refugiados en Israel. Desde su escondite, Gilbert C. tuvo la desfachatez de mofarse de la Policía Judicial por teléfono: "*No voy a regresar, no me voy a rendir, estoy protegido por Israel*".

Después de leer el relato de esta estafa, todo el mundo estará de acuerdo en reconocer que la palabra "caradura", comúnmente usada, es ahora un poco suave para calificar estas actuaciones. A menos, claro, que sea otra forma del famoso humor judío. De hecho, los judíos son plenamente conscientes de esta desfachatez monstruosa, pues ellos mismo la denominan con la palabra *Chutzpah*[87].

Pero la principal afectada no se lo había tomado a risa. Tras el descubrimiento de la estafa, ésta había sido despedida de su trabajo y caído en depresión. "*Este delincuente no repara en los daños humanos que sus acciones han provocado*[88]", lamentaba la abogada de la desafortunada empleada de *La Poste.* Pues para Gilbert Chikli, todo esto era tanto una estafa como un juego. "*Interpreto una escena que me produce cierto placer, cierta adrenalina*", declaraba en el 2010 a la cadena de televisión pública France 2 que había contactado con él.

En enero del 2008, la prensa, que por fin había desvelado su apellido, nos informaba de que – por primera vez- el Estado de Israel había aceptado extraditar uno de sus ciudadanos. Pero por lo visto, el malhechor no había permanecido mucho tiempo en las cárceles francesas. En el programa de la cadena Canal +, *Investigación Especial*, titulado *CO2, el atraco del siglo*[89] (marzo 2013), le vemos tomando el sol en su lujosa residencia de Ashod al borde de su piscina. Gilbert Chikli confesaba entre líneas estar en contacto con los estafadores del CO2 y que lamentaba sinceramente no haber podido participar en el negocio, dado que estaba en prisión. ¿Cuánto tiempo había estado? Respuesta: menos de cinco años, quizás mucho menos.

Declaraba además haberse librado de un intento de asesinato en abril del 2012: "*Dos tipos*" habían surgido con "*una especia de ametralladora*" y habían acribillados a tiros la fachada de su casa. Una granada también había estallado delante de su casa, por lo que su residencia estaba muy protegida. "*A nosotros la mafia, por lo menos a mí personalmente, no nos da miedo.*"

Chikli estuvo detrás del intento de estafa del Palacio del Elíseo en abril del 2011. Después de hacerse con el número de cuenta bancaria del

---

87 También se escribe "*H'utzpah*", y se pronuncia como la J española, Jutzpah. (NdT).
88 *Challenges.fr*, 17 de mayo del 2012.
89 Programa de Gad Charbit y Jean-Louis Perez. El comisario Neyret (Caso CO2) había sacado para Gilles Bénichou la ficha de Gilbert Chikli. (*Paris-Match* del 31 de mayo del 2012).

Elíseo, había intentado sustraer dos millones de euros al palacio presidencial junto con dos cómplices, haciéndose pasar por empleados del servicio financiero. Acertadamente, el banquero había tenido el reflejo de llamar al Elíseo para verificación. El intento había fracasado, pero en cambio la Agencia Nacional de cheques vacacionales había caído en la trapa un mes antes, perdiendo un millón de euros a través del mismo modo operativo de los estafadores.

Todos los estafadores no son judíos, y todos los judíos no son estafadores. Pero como escribía Jacques Attali (2002): "*Pero, entre ellos, como siempre, las cosas no se hacen a medias: ya que son criminales, más vale ser los primeros*[90]." Y, de hecho, las mayores estafas son casi siempre únicamente perpetradas por judíos.

[90] Jacques Attali, *Los judíos, el mundo y el dinero,* Fondo de cultura económica, 2005, Buenos Aires, p. 410

4. Estafas diversas y variadas

El Caso Badache-Apollonia

El caso Apollonia fue una gigantesca estafa inmobiliaria de más de 1000 millones de euros. La empresa matriz de la estafa era una sociedad de asesoramiento financiero e inmobiliario llamada Apollonia y domiciliada en Aix-en-Provence. Era una estructura familiar dirigida por Jean Badache y su mujer Viviane, cuyo hijo Benjamin era oficialmente el Presidente.

Desde el 2003, los comerciales de Apollonia intentaban captar familias acomodadas con buenos ingresos, proponiéndoles inversiones que parecían un premio de lotería: convertirse en "arrendadores profesionales de piso amueblados", comprando habitaciones amuebladas en residencias vacacionales, estudios para estudiantes o personas mayores; lo que permitía unas reducciones fiscales ventajosas. Garantizaban que los alquileres cubrirían casi por completo los empréstitos, y que, unos años después, gracias al inexorable aumento de los precios inmobiliarios, los afortunados inversores podrían revender parte de los bienes y disfrutar de una cómoda jubilación gracias a los demás alquileres percibidos. "*Vuestro interés, decían los gerentes de Apollonia, es constituiros una sólida jubilación y un patrimonio para sus hijos.*"

La primera toma de contacto se hacía por teléfono. En la primera cita, el comercial llegaba siempre en una berlina de lujo. Decía a las ingenuas víctimas que los ingresos de los alquileres de los apartamentos cubrirían los pagos de la hipoteca. "*Os entregamos los documentos para conseguir las hipotecas, firmáis en blanco y nosotros lo hacemos todo. Nosotros rellenaremos los formularios y vosotros adquirís apartamentos muy bien situados y no os costará nada. Cobraréis cada mes los alquileres que os permitirán reembolsar las mensualidades de las hipotecas, así como los gastos de copropiedad y los impuestos sobre bienes inmuebles*[91]*.*"

Las futuras víctimas estaban a menudo demasiada ocupadas en sus propios trabajos para verificar los documentos que firmaban imprudentemente. "*Nos os preocupéis, nos encargamos de todo.*" Los comerciales, que se hacían llamar "asesores financieros", se cuidaban muy bien de no dejar a sus clientes ninguna prueba escrita, ni tan siquiera un folleto o un impreso. Los clientes firmaban un montón de documentos, contratos de venta, hipotecas, contratos de arrendamiento, diversos poderes, a menudo incompletos o sin fecha, "*para ahorrar tiempo*", decían. Las secretarias de Apollonia rellenaban los datos pendientes, especialmente las fechas para hacer creer que se respetaba los plazos legales de reflexión y desistimiento.

El día de la firma ante notario, solían producirse la última actuación prevista: "*Los de Apollonia iban en serio, pues hasta se permitían abroncar el notario cuando éste llegaba tarde. A toro pasado, uno no puede dejar de pensar que estaba todo programado*", relataba una víctima.

Todos los inversores se vieron rápidamente sobreendeudados, con unas mensualidades que sobrepasaban ampliamente los ingresos de alquiler. En realidad, los apartamentos habían sido sobrevalorados entre un 30 y 50%. Con un endeudamiento medio de 2 millones de euros por cliente, éstos se vieron estrangulados por sus hipotecas. Unos bancos embargaron los honorarios de una pareja de médicos que se vieron obligados a revender los apartamentos. Algunos vieron engullido el patrimonio que habían acumulado pacientemente durante toda su carrera. Un dentista jubilado tuvo que reabrir su consulta para reembolsar sus deudas y pedir prestado a sus hijos para comprar de nuevo el material necesario. Los burgueses habían confiado demasiado en el boca boca de la fórmula mágica de Apollonia, ¡podían darle las gracias a sus amigos por sus buenos consejos! Mientras tanto, los estafadores de Apollonia se atiborraban de comisiones en cada operación de venta, compra, de gestión de apartamentos, y ganaban cada uno de 50 a 100 000 euros por mes[92].

Una denuncia había sido interpuesta en septiembre del 2008 por el letrado Jacques Gobert, que representaba 151 familias. "*Hay cerca de*

[91]*Le Parisien,* 7 de febrero del 2010.
[92]*Nice matin,* 24 de febrero del 2009.

2000 víctimas que se han endeudado cada una entre 500 000 y 5 millones de euros para comprar residencias de turismo o de estudiantes y explotarlas en el marco del estatuto de arrendador profesional de bienes amueblados, a veces dentro del régimen Robien[93]", explicaba Jacques Robert. En total, 300 víctimas se habían constituido como parte civil, en una estafa que se elevaba a unos 1500 millones de euros de transacciones inmobiliarias.

"*Apollonia se encargaba de todo, nos aconsejaban no informar a nuestro abogado ni a nuestro contable porque supuestamente no sabían cómo iba el tema. No tuvimos ningún contacto directo con los bancos y no teníamos que pagar nada: fue lo que nos convenció*", contaba Isabel S., esposa de un médico que había comprado 11 apartamentos por 2,1 millones de euros.

"*Por mi parte, debo reembolsar 100 000 euros anualmente a los bancos. Los alquileres no me generan más que 45 000 euros. Ahora bien, gano 60 000 euros por año. Sólo me quedan 5000 euros para vivir con mis tres hijos a cargo*", explicaba un médico de urgencias de Marsella.

La investigación había desvelado que Apollonia falseaba las solicitudes de préstamo para que fuesen aceptadas. "*Además, nos vendieron los bienes un 40 o 50% por encima del valor real, con hipotecas superiores al 7%*", detallaba Claude Michel, un antiguo director de instituto que debía reembolsar 84 000 euros por año y presidente de la asociación Asdevilm, la cual federaba todas las víctimas del caso.

Jean-Marc B., médico de 52 años, residente en el Franco Condado, había sido captado por la red en el año 2006. No tendría que ocuparse de nada, le habían asegurado los de Apollonia. "*Venían siempre a casa y besaban los niños, para que vean la clase de relación que tenían con nosotros. Tras dos o tres visitas, nos dijeron: "Ahí está todo, ahora pensároslo bien, pero no demasiado. No dejen escapar esta*

[93]*Le Parisien*, 9 de mayo del 2009. [El régimen *Robien* fue una medida fiscal francesa en favor del alquiler creada por la ley del 2 de julio de 2003 sobre urbanismo y vivienda. El efecto del plan Robien (apellido del ministro) fue el aumento de la construcción nueva, en algunas ciudades de tamaño medio, muy por encima de las posibilidades de alquiler del mercado. Esta ley introdujo un régimen que regula los beneficios fiscales para los propietarios de viviendas alquiladas que cumplan determinadas condiciones. Este régimen llegó a su fin en el 2008 y fue sustituido por la ley Scellier. (wikipedia). (NdT)]

oportunidad"." La pareja había decidido lanzarse al agua. "*Tuvimos entonces una cita en un gran hotel con el jefe de Apollonia, Jean Badache. Pelo para atrás engominado, cadena de oro, anécdotas sobre las lujosas residencias, su avión...Este era el señor Jean Badache. En resumidas cuentas, nos dejó con la boca abierta. La discusión sobre el contrato apenas duró cinco minutos*[94]."

El médico había comprado diez apartamentos por 1,8 millones de euros. El montaje financiero hacía que el reembolso no empezase hasta dentro de veinticuatro meses. Así, el médico, que ganaba entre 3000 y 4000 euros al mes, no se dio cuenta hasta el 2008 cuando las cuotas mensuales sumaban unos 12 000 euros y los alquileres que supuestamente debían cubrirlas no representaban más que un tercio de esa cantidad. La quiebra era matemática. "*Hasta ese momento, no sabía exactamente de cuanto era el préstamo, ni la cantidad exacta de los ingresos de los alquileres. Parezco idiota, lo sé. Pero me habían sido recomendados por unos amigos, el boca a boca, uno confía...Estaban los bancos, los notarios, toda parecía cuadrar...y no soy el único al que engañaron.*"

Claude Michel, el presidente de la asociación de las víctimas de Apollonia, la Anvi-Asdevilm, había invertido 1,4 millones de euros. Una pareja de Isère había perdido 3,3 millones. El perjuicio más elevado para una víctima era de 8 millones. Y en cada transacción, Apollonia percibía entre un 12 y 15% de comisión. "*A día de hoy, estamos todos sobreendeudados, inscritos en los ficheros del Banco de Francia, precisaba Claude Michel, antiguo director de instituto. Los agentes judiciales vienen a nuestra casa, embargan nuestros bienes. Los apartamentos que hemos comprado estaban sobrevalorados de dos a seis veces su verdadero valor. Venderlos no cancelaría nuestras deudas*[95]."

Los establecimientos financieros también tenían su parte de responsabilidad al haber trabajado con Apollonia sin llevar a cabo las verificaciones necesarias. "*Los bancos, como el Crédit Mutuel, son responsables de haber concedidos préstamos sin ni tan siquiera hacer una llamada al prestatario*", acusaba el letrado Jacques Gobert. "*Con una sola llamada de los bancos se habría descubierto la verdad,*

---

[94]*Libération*, 25 de julio del 2012.
[95]*Libération*, 25 de julio del 2012.

declaraba Isabel, cuyo marido había comprado 12 viviendas por 2,1 millones de euros. Apollonia me hizo pedir préstamos en seis bancos diferentes. Ninguno me llamó. Ni siquiera recibí las ofertas de préstamo[96]." Unas actuaciones que le valieron a la agencia del *Crédit Mutuel* de Marignane un registro policial en toda regla en abril. Algunas víctimas estaban "*al borde del suicidio*". Un número de atención gratuito de apoyo psicológico había sido puesto a disposición de las víctimas de forma especial para este caso. (¿Alló, doctor Sapirstein?)

Algunos notarios no habían sido muy cuidadosos acerca de la legalidad de sus acciones. Muchos actos notariales habían sido redactados y firmados en un hotel parisino, otros en el aeropuerto de Tolosa, o en una cafetería en Tarbes o, peor aún, en una habitación de hospital de Briançon. Sin embargo, todo acto notarial debe firmarse en el despacho de un notario en su horario laboral. Tres de ellos fueron encausados y encarcelados. En detención provisional, un notario había tenido que responder a un acto supuestamente firmado por él en su despacho de Aix-en-Provence. Ahora bien, el cliente, el médico, estaba ese día en París.

El polo financiero del tribunal de Marsella había iniciado unas diligencias por "abuso de confianza y estafa en banda organizada" y encargadas a la juez...Catherine Lévy. Las investigaciones habían concluido con la inculpación y encarcelamiento de cinco personas en febrero del 2009: Jean y Viviane Badache, y tres comerciales, François Mélis, Jean-Luc Puig y Rémy Suchan, que ingresaron en la prisión de Baumettes, en Marsella, en detención provisional. Jean Badache, el jefe, seguía en detención, mientras que su esposa y sus colaboradores habían sido liberados previo pago de unas fianzas que alcanzaban 1,5 millones de euros.

Los investigadores siguieron el rastro: tras haber inculpado en febrero del 2009 al jefe de Apollonia, Jean Badache, seis gerentes y comerciales de la sociedad, empleados y secretarios de la sociedad de gestión de patrimonio de Apollonia, así como los notarios, por último trataban de encausar los que habían ayudado a financiar las víctimas.

En febrero del 2011, se produjo la decimosexta inculpación en la persona del responsable de Cafpi-Defiscalización para el sur de Francia,

---

[96] *Le Moniteur*, 27 de febrero del 2009.

William Elbaze, que fue puesto bajo control judicial[97]. En calidad de corredor de hipotecas inmobiliarias, tenía que haber estado en contacto directo con los clientes, tal como lo estipula el código monetario y financiero, y no simplemente de connivencia con Apollonia.

En julio del 2012, se nos informaba de la imputación de cinco bancos, de las cuales dos filiales de *Crédit mutuel mediterranéen*, por estafa en banda organizada, complicidad y encubrimiento.

Las víctimas no lo habían perdido todo, pues la fiscalía financiera de Marsella había ordenado la incautación total de los bienes de los condenados para reembolsarlas. La justicia había bloqueado las cuentas bancarias de los Badache en Suiza. Pero cuando el gerente Jean Badache fue auditado por la brigada financiera, éste fue incapaz de dar cuenta de la totalidad de sus bienes, pues tal era la cantidad de bienes que tenía diseminados por todo el mundo. El hecho es que la familia Badache había tenido éxito: un chalé en la elegante estación suiza de Crans-Montana, estimada en 7 millones de euros; un Riad en Marrakech, sin olvidar la mansión familiar de Cassis donde vivían: una villa de lujo de 1300 m^2 habitables equipada con una habitación secreta, tipo bunker. Pero Jean y Viviane Badache eran inocentes, había que creerlos. Su abogado había avisado con rotundidad: "*Demostraremos que no hubo estafa ni abuso de confianza. El señor Badache es un buen comercial que ha sabido, ciertamente, jugar con la codicia de sus clientes*98." He aquí, otra vez, una típica "inversión acusatoria".

El dinero malversado de las asociaciones caritativas

Los lectores de nuestro libro sobre la Mafia (2008) ya conocen a Jacques Crozemarie, el antiguo presidente de la asociación para la investigación contra el cáncer (ARC) que se enriquecía personalmente con el dinero de los donadores.

En el 2009, el periódico *Le Parisien* del 14 de octubre, informaba de que 17 asociaciones caritativas sin ánimo de lucro explotaban de la misma forma la generosidad y credulidad de los goyim. La fiscalía de París había lanzado en marzo unas diligencias contra X por "estafa agravada y abuso de confianza agravado". Dos jueces de instrucción del

---

[97]Recordamos que en general sólo se trata de presentarse una vez por semana ante la gendarmería o en la comisaría más cercana.
[98]*Le Moniteur*, 27 de febrero del 2009.

polo financiero del tribunal de París habían sido designados para conducir las investigaciones e intentar esclarecer el destino real de los millones de euros colectados por esas asociaciones durante años. Los magistrados y los policías de la brigada de represión de la delincuencia astuta (BRDA) se interesaron en los fundadores y dirigentes de esas asociaciones domiciliadas la mayor parte de ellas en Estados Unidos. Muchas sólo tenían en Francia una dirección que correspondía a una domiciliación de empresa. La mayoría parecían un duplicado de un mismo modelo único. En los estatutos, únicamente el objeto social o la misión habían sido modificados.

La investigación abierta por el fiscal de la República se centraba en estas asociaciones: Asociación Madre Teresa para la infancia (Amte); Asociación para la investigación contra el diabetes (ARD); Asociación para la investigación contra la degeneración macular senil (ARDMLA); Asociación internacional para la investigación contra la enfermedad de Alzheimer (Airma); Liga europea contra la enfermedad de Alzheimer (Lecma); Misión de ayuda mundial (MAM); Misión médica internacional (MMI); Cáncer y resiliencia (CER); Fonde de investigación y de apoyo para el cáncer de mama (FRSCS); *Doctor with a Mission* (Dwam); Operación salvamento infancia (OSE); Acción para los niños del mundo (AEM); Aldea global para la infancia (VMPE); Pan y agua para África (PEA); *Hopegivers France*, rebautizada Luz de esperanza; *World asistencia.*

Los empleados eran probablemente de buena fe. Como Jeanette, la responsable francesa de la Asociación Madre teresa para la infancia (Amte), que explicaba que "*no gestionaba los cheques*[99]" Así pues, ¿dónde habían ido a parar los millones de euros sustraídos a los simple goyim? Un sin fin de sociedades intermediarias, encargadas por ejemplo de la redacción de los correos a los donadores, que estaban igualmente domiciliadas en Estados Unidos constituían el entramado de esta estafa internacional. Pero en abril del 2014, cinco años después, los súper policías por lo visto no habían descubierto nada. Quizás se habían topado con un nido de sefarditas, o bien un enjambre de asquenazíes, a los que más valía dejar en paz para evitar las picaduras. Vaya usted a saber...

Los responsables de verdaderas asociaciones caritativas pudieron sentirse legítimamente asqueados por esta noticia, tal como lo

[99]*Le Parisien*, 14 de octubre del 2009

expresaba este pasaje de un artículo de la revista de la asociación *Infancia-Sol*:

"*Cuando se trabaja de forma benévola 10 horas al día, en una pequeña asociación para ayudar a los niños que tienen hambre, construir a duras penas pequeñas escuelas, ayudar a los campesinos a vivir de su trabajo, aportar un poco de justicia en este mundo trágicamente desigual, y que uno lee en la prensa que grandes asociaciones, que manejan millones de euros, no son más que ladrones que utilizan el estatuto de asociación para su beneficio personal, uno siente que recibe un mazazo en la cabeza.*"

Había más motivos para sentirse asqueado. Lean por ejemplo lo siguiente: El 8 de julio del 2009, un artículo del *Canard Enchaîné* ponía en tela de juicio *Ayuda y Acción*, una ONG (organización no gubernamental) presente en 24 países, esencialmente en África y en el Caribe, y especializada en la ayuda a la educación de los niños. Por lo visto, la asociación había simple y llanamente perdido 600 000 euros en bolsa, debido a una inversión "*desafortunada*".

¡He aquí donde había ido a parar el dinero de los donadores! Y esta ONG había firmado una carta que prohibía este tipo de prácticas. "*Cuando se sabe que, en los países más pobres, como Haití, se puede transformar un edificio abandonado en escuela por unos pocos miles de euros (véase nuestra página internet www.enfants-soleil.org) uno comprende la amplitud del desastre y el desaliento de las personas íntegras.*"

Buscando un poco más en internet, descubríamos que el presidente de *Ayuda y Acción* (*Aide et Action*) era un tal Frédéric Naquet, y que presentaba algunas similitudes con Jacques Crozemarie, Albert Bénichou y Francis Choukroun[100]. La asociación estaba deslocalizada en Suiza, cuando el 80% de sus donaciones provenían de Francia. En cinco años, los gastos de gestión se habían multiplicado por cuatro, alcanzando los 8,2 millones. La directora general, Claire Calosci, percibía un salario mensual de 12 000 euros. El artículo subrayaba también que los billetes de avión pagados por la asociación eran para los viajes a Dubái y Marrakech de la esposa de Frédéric Naquet.

[100]Naquet es un apellido que forma parte de la onomástica sefardita. Cf. Alfred Naquet, *Las Esperanzas planetarianas*.

"Demasiadas asociaciones y organismos recaudadores de fondos se han convertido en sacacuartos fuera de todo control", se indignaba la directriz de comunicación de *Infancia-Sol*, quejándose de la miseria del mundo: *"Hace dos años, 850 millones de personas padecían el hambre en el mundo, actualmente son cerca de un millardo, ¡de los cuales cientos de millones de niños!"* Dorine Bregman creía que era más útil ayudar las *"pequeñas asociaciones"* como la suya... ¡Envíen sus donaciones a la señora Bregman pues!

Recordemos aquí el testimonio del muy cosmopolita Guy Sorman[101]: *"El donante medio, una viuda de Montargis, ignora que cuando dona cien francos a una buena causa, sólo algunos francos irán al niño suplicante que vio en el prospecto del buzón o en el cartel concebido para darle mala conciencia."* Al menos la mitad de su dinero habrá servido para pagar la campaña publicitaria de culpabilización de los goyim, y la otra mitad para pagar los gastos de la asociación y los salarios del personal, que son *"en general, comparables a los de las empresas privadas*[102]*"*.

El tráfico de números de tarjetas bancarias

El 7 de agosto del 2010, un joven de 27 años era detenido en el aeropuerto de Niza antes de subirse en un vuelo con destino a Moscú. Era sospechoso de ser el creador de una red de números de tarjeta bancarias hackeadas. Vladislav Anatolievitch Horohorine, alias "BadB", era objeto desde noviembre del 2009 de una orden de detención internacional emitida por Estados Unidos. El joven hombre, de nacionalidad ucraniana e israelí, había organizado el pirateo de cientos de miles de datos bancarios a través de varias webs localizadas en Rusia o en los paraísos fiscales del Caribe: *carderplanet.com*, abierto en el 2002 y cerrado por las autoridades estadounidenses en 2004, luego *badb.biz* y *carder.su*, entre otras. Estas webs, presentadas irónicamente como foros para *"ayudar a los negocios online de comercio electrónico...a comprender sus vulnerabilidades"*, eran en realidad verdaderos supermercados de la cibercriminalidad. Tras mostrar unas credenciales – *carder.su* reclamaba el patrocinio de dos miembros – el "*carder*" (falseador de tarjetas) recopilaba todo: números de tarjetas bancarias (llamadas *"dumps"*), datos personales (apellido, lugar de

---

[101] *El Fanatismo judío* (2007)

[102] Guy Sorman, *Le Bonheur français*, Fayard, 1995, p. 88

residencia, código secreto) y con qué fabricar, falsificar y recodificar las tarjetas bancarias. También existía la posibilidad de contactar con "mulas", es decir personas dispuestas a arriesgarse – contra 30 a 50% del botín – a utilizar las falsas tarjetas bancarias en los cajeros automáticos. Finalmente, la red permitía blanquear el dinero[103].

"Desde hace 3-4 años, observamos una profesionalización en este ámbito", notaba Damien Bancal, periodista especializado en la cibercriminalidad. *"Existe en el mundo una veintena de webs como carder.su, sin contar las que son invisibles. Algunas cuentan con más de 10 000 miembros que intercambien lotes de cientos de miles de datos bancarios robados."*

Vladislav Anatolievitch Horohorine era el mayor traficante de tarjetas bancarias del mundo, según el diario *France Soir*. Los Estados Unidos lo habían clasificado entre los cinco cibercriminales más buscados. Unos agentes secretos estadounidenses habían logrado emboscarlo haciéndose pasar por compradores potenciales. Fue acusado de robo agravado de identidad y de fraude y falsificación con tarjetas bancarias; unas acusaciones que podían acarrearle una condena de 12 años de prisión y 500 000 dólares de multa en Estados Unidos.

Los mercachifles del mercado

Existen algunas técnicas comerciales que permiten vender productos caros y de mala calidad a gente sin dinero y que no los necesitan. A falta de ser ilegales, estos métodos falaces son profundamente deshonestos. Los estafadores lo saben perfectamente, pues nunca permanecen mucho tiempo en la misma región. Vendedores ambulantes y demás comerciantes mercachifles desaparecen generalmente muy rápido, una vez que todos los papanatas de la zona han sido desplumados. Los vemos en los mercados, o en los almacenes de las zonas comerciales de las afueras, alquilados por unos meses en "arrendamientos precarios".

En una página internet titulada simplemente "estafas en el mercado", se puede leer los testimonios de cientos de víctimas que se quejan de haber sido timados por mercachifles sin escrúpulos. Escuchemos algunos:

---

103 Las mayores redes de lavado de dinero son los diamantistas de Nueva York, Amberes y Tel-Aviv. Léase nuestro libro sobre la mafia.

El 27 de septiembre del 2012, "Alain" publicaba este mensaje, correctamente escrito: "*Buenos días. Me gustaría contaros lo que nos ocurrió en el mercado de Dignes-les-Bains el sábado 7 de julio del 2012. Deambulábamos tranquilamente por el mercado cuando una mujer se nos acercó invitándonos a su puesto para ofrecernos unos regalos gratis.*" En el puesto, un hombre repartía pequeños regalos de poco valor, hasta que se juntaron ahí una decena de familias. Se iba a producir el sorteo de dos magnificas sartenes de aluminio, cada una de un precio de 650 euros, así como placas de cocción vitrocerámicas de un precio de 990 euros. Podía "valer la pena" quedarse. Pero antes del sorteo, el timador pidió la atención de la asistencia durante cinco minutos para promocionar una batería de cocina en aluminio, garantizada de por vida, de la marca "La Mesa de los Chefs", fabricada por "*artesanos franceses*", y valorada en 2990 euros (lo cual es un poco caro para unas cacerolas). "*Persuade a la gente que se trata del precio adecuado y nos pregunta cuál sería el descuento si por casualidad hubiese una oferta comercial. Cada cual dice su porcentaje y finalmente el hombre propone la batería por 1495 euros, o sea un 50% de descuento, con la sartén o la placa de regalo. Tres familias se dejan embaucar, incluido nosotros...Entregamos tres cheques, uno a cobrar ahora, y los dos otros dentro de dos meses.*" De regreso a casa, Alain tiene dudas y verifica el número CIF de la sociedad, el cual no existe. Las cacerolas, evidentemente, habían sido fabricadas en China.

Alain no es ni de lejos el único en lamentarse. Los mensajes son a menudo breves, pero algunos dan más detalles. El 9 de agosto del 2009, en el mercadillo de Pau, la estafa era la misma: "*Varios regalos, tan inútiles como sin valor... Y finalmente, tras una hora de cameleo, aparece el magnífico mantel bordado que ha requerido cuatro años de duro trabajo... ¡por 4000 euros! Pero esto es un mercadillo, así que el mantel sale a sólo 2000 euros... ¡qué buen negocio! Además, el buen filántropo lo incluía todo con unas preciosas cacerolas inoxidables, una cubertería de 72 piezas de 1200 euros, una maleta de cuchillos de 800 euros, una olla al vapor de 450 euros, etc., ¡todo por 2000 euros! Y el charlatán insistía en la fabricación "artesanal" de los productos. Nos os lo creáis, esas hermosas cacerolas brillantes provienen evidentemente de China.*"

Este era el testimonio de Patricia, quien escribía el 11 de julio del 2009: "*Hace tres días en el mercado de Chinaillon, en el Grand Bornand, casi nos timan con lo mismo: una jarra de vino, 6 vasos de cristal, una batería de cocina, un colchón revolucionario; todo por 1800 euros. Menos mal que ante de firmar la factura tuvimos dudas y nos marchamos, pero otras tres parejas firmaban cheques a estos camelistas. ¿Cómo es posible que tales personajes puedan perpetrar libremente sus estafas en los mercados? Es incompremsibe. Y sobre todo las personas mayores que no ven venir nada. Esta gente se aprovecha del sufrimiento de la gente haciéndoles creer que el super colchón es la solución milagrosa para sus problemas de salud. Es realmente lamentable dejar actuar a estos charlatanes.*"

Los camelistas eligen siempre muy bien su público: mujeres solas, parejas de cierta edad...sobre todo evitan las personas jóvenes para evitar escándalos. Y aquellos que no compran nada y muestran públicamente sus dudas son invitados a marcharse y tratados con desprecio.

El 22 de julio del 2009, "JP Henry" escribía: "*Me he dejado engañar en el mercado de Barcares al comprar una batería de cocina por 1200 euros, pagable en 6 plazos, esto es 6 cheques de 200 euros. Intenté cancelar los cheques, pero mi banco me confirmó que era imposible. Envié un correo certificado a la dirección indicada pero dudo que sea real. ¿Tienen algún consejo? Gracias.*"

Indudablemente, no sólo los judíos utilizan a día de hoy estas artimañas de venta, pero desde tiempos inmemoriales estos métodos deshonestos son sin lugar a dudas la marca de los comerciantes judíos. Y desde siempre, los comerciantes cristianos se quejaban de esta competencia desleal.

En las organizaciones corporativas de antaño, bajo el Antiguo Régimen, estaba prohibido disuadir o apartar los clientes de un vecino. "*La "caza de los clientes" estaba rigurosamente prohibida. Era una acción "anticristiana", inmoral, quitar los clientes de su vecino*", escribía Werner Sombart en su libro *Los Judíos y la vida económica*. Las ordenanzas sajonas sobre el comercio de los años 1672, 1682, 1692 estipulaban (art. 18.): "*Ningún comerciante debe disuadir los compradores de la tienda de su vecino. Está igualmente prohibido impedir a la gente, mediante signos o gestos, hacer sus compras donde mejor les parezca o de dirigirlos hacia otros comerciantes, en resumidas, influir en ellos de alguna manera*[104]." Vemos perfectamente lo que distinguía los comerciantes judíos de los comerciantes cristianos.

---

[104] Werner Sombart, *Les Juifs et la vie économique*, 1911, Payot, 1923, p. 168

Desde hace siglos, escribía además Werner Sombart, el comercio judío era *"esencialmente un comercio de importación*[105]". Aquí los vemos vender chatarra de baja calidad importada de China haciéndola pasar por productos fabricados en Francia, alentando el sentimiento patriótico de sus víctimas. Veamos este ejemplo instructivo:

La pequeña ciudad de Laguiole, en la Rouergue, es, como todo el mundo sabe, una de las capitales de la cuchillería. Desde principio de siglo XIX, alberga una decena de talleres y fabricantes que fraguaron su reputación en el mundo entero. Los cuchillos "Laguiole" son muy característicos, con un diseño muy especial que no se parece a ningún otro. Ahora bien, en 1993, un hombre de negocios espabilado y sin escrúpulos registro la marca "Laguiole". Desde entonces, comercializó no solamente los cuchillos, sino además toda una gama de productos derivados – desde mecheros a prendas de vestir – importados mayoritariamente de Asia. A cambio de regalías, otorga licencias a empresas francesas y extranjeras que pueden así comercializar bajo el nombre de Laguiole productos de importación. Gilbert Szajner reconocía haber embolsado entre el 5 y 10% del volumen de negocio de 22 empresas. Sus mercados de predilección eran Alemania, Japón y Estados Unidos. En 1997, la justicia había dado razón a la municipalidad de Laguiole condenando Gilbert Szajner por falsificación. Pero dos años después, el tribunal de apelación había revocado la decisión argumentando que el nombre Laguiole era una manera genérica de designar una forma particular de cuchillos. En Laguiole, esta "*inepcia jurídica*" fue percibida como un duro golpe a la economía local. "*Los Chinos pueden utilizar el nombre de nuestro pueblo en toda legalidad cuando somos nosotros los que vivimos aquí y desarrollamos nuestro saber hacer desde décadas*", se indignaba un comerciante. "*Quería lanzar un nuevo producto relacionado con las artes de la mesa con el sello Laguiole y no puedo porque cometería una infracción*[106]", denunciaba Thierry Moysset, dueño de la fragua de Laguiole. "*Parasitismo*": "*Es de locos que los habitantes de Laguiole estemos condenados a pagarle a un tipo para que se enriquezca con la notoriedad de nuestros ancestros. ¡Gilbert Szajner sólo ha generado empleo en China o en Pakistán*[107]*!*" En la pequeña ciudad de 1300 habitantes, Gilbert Szajner era apodado "*el vampiro de Laguiole*".

---

[105] Werner Sombart, *Les Juifs et la vie économique*, 1911, Payot, 1923, p. 183

[106] *Le Figaro*, 19 de septiembre del 2012

[107] Léase el artículo del semanal *Le Point* del 23 de abril del 2014.

En una revista judía titulada *L'Écho des Carrières* – así se llamaba a los guetos en la región del Condado Venaissin (Aviñón, Carpentras)- hallamos un testimonio muy antiguo acerca de esos comerciantes judíos. Se trata de un extracto del testimonio de Thomas Platter, hacia finales del siglo XVI[108].Thomas Platter (junior) era oriundo de una familia protestante de Basilea y había estudiado en Montpellier. Durante su estancia en el Condado de Venaissin, bajo la autoridad del papado de Roma, había observado las costumbres de aquellos "judíos del Papa". Estos tenían la obligación de llevar un sombrero amarillo. Las mujeres por su parte debían adornarlo con una cinta de seda amarilla. Estamos en 1596, en la buena villa de Aviñon:

"Después del almuerzo de medio día, fuimos a la calle de los Judíos: se puede cerrar, si es necesario, en sus dos extremidades. Los Judíos residen todos en esa zona, y son siempre en cualquier época unas quinientas almas. Comercian con toda clase de vestidos y ropajes, joyas, pañería y tapicería, armaduras y armas, lencería y ropa de cama, etc. En pocas palabras, todo lo que atañe al cuerpo humano y sobre todo a su vestimenta [...] Venden lo viejo por nuevo. Y es que sus tiendas están situadas en la planta baja de las casas, por lo que en cuanto se refiere a la luz natural del día, recibe más bien poca desde el tejado. Está tan oscuro que no se puede juzgar correctamente sus mercancías. Además, cuando se sale con ellas a la calle, uno sigue estando a oscuras porque las casa son altas, estrechas y muy juntas, de tal forma que en total es difícil pasar por sus manos sin ser estafado o hurtado. Sin embargo, ocurre que de vez en cuando se pueda hacerles una buena compra, pues estos comerciantes del barrio judío suelen guardar objetos encontrados en sus tiendas que no tienen propietario conocido, o bien artículos empeñados a cambio de un préstamo de unos duros hecho al depositante, de tal manera que más tarde el prestamista pueda venderos esos objetos a buen precio."

"Es difícil pasar por sus manos sin ser estafado o hurtado." Los judíos tienen probablemente la fama que merecen. Notemos que los comerciantes judíos de hoy en día se han acomodado de la luz artificial. Imagínese por ejemplo que quiere comprar una chaqueta de cuero, y

[108] Testimonio traducido del viejo alemán en francés moderno por el historiador Emmanuel Le Roy Ladurie en su libro *Le Voyage de Thomas Platter (1595-1599)*, en *L'Écho des Carrières,* le "Bulletin de l'Association culturelle des Juifs du Pape", (Boletín de la Asociación cultural de los Judíos del Papa), numero 27, troisième trimestre 2001.

que comete el error de ir al mercado del Temple, cerca de la plaza de la República (París). Entra en la tienda, y en un principio se asusta al ver los precios en las etiquetas (2000 euros por ejemplo). *"No os preocupéis por el precio"*, os asegura el comerciante. Probadla primero, luego veremos. Entonces probáis la chaqueta sin mucha ilusión... ¡de manera que la chaqueta os queda de maravilla! Entonces, agradable sorpresa, el vendedor os hace un descuento del 40% que os hace pensar que vais hacer un buen trato. Os miráis de nuevo en el espejo, y dado que todavía dudáis un poco, el comerciante os concede una nueva rebaja ya que le resultáis realmente, pero realmente simpático. Vamos, que no se puede resistir y salís con una chaqueta de 2000 euros comprada por solo 800 euros. ¡El día ha sido provechoso! Sólo que ignoráis que el valor real de la prenda, fabricada no se sabe dónde, no sobrepasa los 200 euros y es sobre todo el comerciante él que ha hecho un buen negocio con su credulidad de pobre goy.

Los buenos negocios del rey Salomon

Muchas empresas tienen prácticas igualmente agresivas. El sector del amueblamiento, por ejemplo, está minado por estos parásitos. En general, los granujas instalan sus almacenes en las periferias de las ciudades o en medio del campo, con "arrendamientos precarios" muy cortos. Esto permite a sus directivos marcharse tan repentinamente como llegaron. En el mes de agosto del 2007, la Unión Federal de los consumidores ("*UFC Que Choisir*") de Senlis nos advertía: "*El método es simple. Se instalan por un tiempo muy corto (arrendamiento precario de 2 o 3 meses) en una zona comercial. Al final del periodo, desaparecen, para reaparecer en otra parte, después de haber desplumado un máximo de consumidores.*"

En un primer momento, los sefarditas engatusan el goy por teléfono, con una invitación a una tómbola y regalos para los dos – pues es importante que vengan en pareja. Una vez en la tienda, comprobáis que los precios son astronómicos; un sofá de 10 000 euros, por ejemplo. Pero el vendedor os va a consentir unas rebajas del 60, 70, incluso 80%; porque es usted. La mayoría de las veces, una tercera persona interviene para ofreceros un nuevo descuento, con una proposición de envío gratis el mismo día. Al final, el cliente tiene la impresión de estar cerrando un trato de oro. "*Sus precios publicados están inflados artificialmente*", indicaba la Fnaem (Federación nacional del Amueblamiento y Equipamiento para la Casa). Por 2000 euros, ese canapé os parece ahora un excelente negocio. Naturalmente, podéis retractaros en siete días, incluso si el envío ya se ha realizado. En efecto, las normas de la venta a domicilio que protegen el consumidor se aplican desde el momento en que hubo una invitación a la tienda para llevarse un regalo o beneficiarse de una ventaja o promoción. Para evitar que os lo penséis mucho, se os ofrece la posibilidad de entrega inmediata y con una solicitud de un crédito (la cual también os da derecho a un plazo de retractación de siete días). Pero una vez que los muebles están en su casa, será difícil dar marcha atrás, y a fin de cuentas será usted quien se sienta culpable…

En la web de la asociación *"60 millones de consumidores"*, se podía leer el resumen de un caso que había sido noticia en el 2011: *"Atraen a parejas engatusándolas con regalos antes de venderles canapés o sofás a precios prohibitivos mediante una estrategia comercial insidiosa."* Se trataba de la sociedad "Espíritu Relax". La señora y el señor Leray, habitantes de Bretaña, habían sido invitados a una tómbola, y habían mordido al anzuelo. Una vez en la tienda, fueron inundados por las palabras de un vendedor bastante hábil como para hacerles creer que eran los únicos ganadores de un vale – para canjear el mismo día- de compra de un salón. Como por casualidad, era precisamente el salón al que habían echado el ojo unos minutos antes. Finalmente, la pareja firmó la compra de un canapé de 2500 euros, ¡con un crédito usurario del 12%! Tras unos días de reflexión, el matrimonio Leray quiso retractarse, pero "Espíritu relax", había, por lo visto, proferido *"amenazas"*. *Relax*, ¡pero no muy *cool* finalmente! Contactado por *60 millones de consumidores*, la empresa no se había dignado responder.

Un sitio internet de la región de Besançon (*besac.com*) relataba otro caso que databa de noviembre del 2004. El rótulo *"Cuero más cuero"* había aparecido semanas atrás encima de un hangar del municipio de Champagney. Pronto las prácticas comerciales de la tienda especializada en salones de cuero dieron de qué hablar en la región. *"Parecía un hormiguero, los vendedores se activaban de un lado para otro. Unos hablando por teléfono móvil, otros pasando con notas de pedido en mano, animadas discusiones entre dos vendedores mientras otro entabla negociaciones con una pareja de futuros clientes. Delante de la tienda, un camión de alquiler está listo para cargar un salón de cuero. Para ser un miércoles por la tarde, el ambiente está bastante animado en esta tienda de muebles perdida en medio del campo...Hasta aquí, nada demasiado anormal, a parte del afán y nerviosismo aparente de los empleados."*

No se veía ninguna publicidad de esta tienda en los periódicos locales. Sin embargo, los clientes acudían en tropel todos los fines de semana. De hecho, "*Cuero más cuero*" sólo contactaba por teléfono, con regalos promocionales para atraer las almas de cántaro: cafetera para la dama o taladradora para el caballero. Una vez la pareja in situ, ésta era atendida por un primer vendedor, luego un segundo. Los precios astronómicos podían echar para atrás (más de 14 000 euros para un salón canapé de 2 y 3 plazas en cuero). Afortunadamente, los pringados habían ganado la tómbola. "*Según su número de regalo, sigue teniendo derecho a un descuento de x cien euros.*" También podían ofrecer comprar su antiguo salón por una suma importante. Al final, el goy tenía la impresión de beneficiar de una reducción vertiginosa, aun cuando estaba a punto de ser desplumado pagando su salón unos 5000 euros. Ciertamente, era dos veces menos que el precio de partida, pero por lo menos dos veces más que el valor real de la mercancía. El etiquetado, la calidad de los cueros, todo parecía conforme cuando se visitaba la tienda. Pero este tipo de prácticas, que se sitúan en el límite de la legalidad, son obra de personas deshonestas.

La Represión de Fraudes califica estos procedimientos de "publicidad engañosa", ya que el precio reclamado nunca es el precio publicitado y porque los descuentos son puramente ficticios. En el 2010, la administración encargada del consumo y de la represión de los fraudes (La DGCCRF) había constatado anomalías en 126 de las 261 tiendas de amueblamiento inspeccionadas, y había abierto 52 procedimientos contenciosos. Según un experto, las técnicas para borrar el rastro eran en todas partes idénticas: "*Bombardeo publicitario por teléfono y correo, cambio de gerente y de número de identificación fiscal de la empresa...*" La Federación nacional del Amueblamiento atacaba en justicia ella también estos estafadores, pues consideraba que se desprestigiaba su imagen de marca como organización de los comerciantes respetables[109]. Pero los fiscales no siempre persiguen a los dueños, de tal forma que la mayoría nunca son molestados y pueden seguir mudándose de una provincia a otra.

Aunque por lo menos uno había sido cazado: "*Después de la fuerte condena de King Salón, en el 2007, hubo un notable reflujo del fenómeno*", explicaba el director de la Federación, Jean-Charles Vogley. "*Pero desde 2009, hay un recrudecimiento de estos puntos de venta que*

[109]Actuaba, a fin de cuentas, como las corporaciones de oficios de antaño, antes de la revolución francesa, que no aceptaban los judíos.

permanecen raramente más de dos meses en el mismo sitio." El fundador de King Salón era un tal Daniel Cohen, el cual poseía una veinte de tiendas. A principio del 2007, era condenado por el tribunal correccional de Burdeos a seis meses de cárcel condicional (contra ocho meses incondicionales reclamados por la fiscalía). Una pena ridícula, a tenor de los daños que había causado. Los gerentes de las tiendas fueron condenados a simple multas de 2000 euros, y de 20 000 euros para las sociedades. "*Desde el punto de vista formal, hubo infracción, comentaba Pierre Sirgue, el abogado de dos gerentes. Pero pensábamos que habría cierta tolerancia porque estas prácticas son comunes a todos los profesionales del amueblamiento.*" Digamos más bien que esta práctica es común a "algunos" profesionales del amueblamiento; ¡no todos! En todo caso, en lo que respecta a "King Salón", ningún antisemita se habría dejado engañar: era evidente que "King Salón" ocultaba el mítico "King Salomon". ¡La justicia francesa estaba bajo el hechizo de ese gran rey justiciero!

También existen gracias a internet técnicas mucho más simples para timar, a condición de disponer de una buena basa de repliegue: por ejemplo, un pequeño país de Medio Oriente que no extradita nunca sus criminales y estafadores. Basta con proponer muebles a la venta, y no entregarlos, tan simple como eso. La sociedad *Usine Déco*, por ejemplo, quería por lo visto imponerse en el mercado del amueblamiento y decoración online: del canapé a las luminarias, pasando por la ropa de cama. Creada en 2011, *Usinedeco.com* había concluido 25 000 ventas en el año 2012, para un volumen de negocio de 10 millones de euros. Pero desde el principio, los clientes empezaron a quejarse, y el 18 de julio 2013 la sociedad *Usine Déco* se declaró en liquidación judicial. En internet, sin embargo, todavía se siguen escuchando las voces quejumbrosas de cientos de víctimas:

"*He pedido un canapé el 3 de abril. Me cobraron al día siguiente...He esperado hasta el 15 de abril para llamarlos. Después de 20 intentos, logro hablar con ellos y me informan de que el transportista me llamará dentro de una semana para la entrega. Desde entonces, no tuve más noticia y es imposible contactarlos, bien sea por teléfono o correo electrónico.*"

He aquí otro testimonio: "*Pedí un mueble de sala de baño de 641 euros en octubre del 2012. La entrega nunca se produjo, siempre aplazada. Anulé el pedido. Me dijeron "le reembolsamos en 30 días", y desde entonces nada, y estamos en junio del 2013.*"

"¡Bienvenido al club de los estafados! El 21 de abril del 2013, pedí un canapé cuyo importe con los gastos de envío se elevaba a 336,99 euros. Me pasaron el cobro en la tarjeta inmediatamente. La entrega debía producirse entre el 9 y el 16 de mayo del 2013, pero desde entonces nada. Telefoneo sin parar. Cuando consigo hablar con ellos, siempre me dicen lo mismo: "No se preocupe, nos ocuparemos de su pedido y nos pondremos en contacto con usted". Y por supuesto sin noticias. Envío mensajes, sin respuesta. No aguanto más. Esta mañana les he llamado por teléfono y, para mi suerte, la respuesta es: "Lo siento, pero tenemos problemas informáticos". Para una vez que conseguía tenerlos al teléfono, mala suerte, el ordenador se estropea, ¡nos toman realmente por gilipollas!"

"Hola. Como muchos de vosotros estoy teniendo problemas con Usine Déco, pues todavía no me han entregado el sofá que les encargué a principios de febrero. Se suponía que me lo entregarían entre el 15 y el 22 de febrero, pero todavía no he recibido nada, salvo un número increíble de excusas, cada una más falsa que la otra. Empezó con "tenemos un fallo informático y la fecha de entrega que le dijeron no era la correcta". Luego. "Nos hemos quedado sin existencias y su sofá no llegará hasta el 1 de marzo". Luego: "Su pedido estará en nuestro almacén el 21 de marzo". Luego: "Señora, su pedido está listo y un transportista se pondrá en contacto con usted". A pesar de una llamada por semana (en la que me paso una hora peleando al teléfono antes de contactar con ellos), la situación no ha cambiado mucho, ¡excepto que la culpa es del transportista que tiene problemas logísticos! Mala suerte para ellos, un asesor me dio por error el nombre del transportista, al que llamé... y ¡resulta que éste no tiene problemas logísticos!"

El estafador en jefe era un tal Guy-David Gharbi, al que de hecho veíamos en un video promocional jactar los méritos de la empresa con un aire muy seguro de sí mismo. En internet, este individuo provocaba también algunas reacciones viriles por parte de sus clientes. El mensaje de este Cyril Liotta, por ejemplo, era todo menos ambiguo. Hemos conservado su contundente ortografía tal cual: "*Hola a todos. Como todos vosotros me ha jodido bien. He subido a París para cepillarme a esa zorra de Guy-David Gharbi, el director. Y qué es lo que me encuentro en la dirección de Usine déco: ¡una jodida clínica! ¡Una dirección falsa! Si alguien sabe dónde puedo encontrar cuscús*

Gharbi[110] *que me lo diga, tengo que darle por el culo a ese cabrón. Si voy a la cárcel, cuento con vosotros hermanos y hermanas míos.*" ¡Lo menos que podemos decir es que Guy-David Gharbi no dejaba indiferentes a sus clientes!

Los falsarios

Los judíos siempre han jugado un papel importante en la falsificación de documentos de identidad, lo cual es perfectamente lógico por poco que se conozca el espíritu judío y la plasticidad de la identidad judía[111]. En Europa del Este, antes de la Segunda Guerra mundial, vivían apartados del resto de la población, relacionándose sólo entre ellos, ajenos a las fronteras que separaban Polonia, Rusia, Austria-Hungría y Rumanía.

Esta identidad transparentaba bastante bien en una novela del célebre novelista Stefan Zweig titulada *Mendel, el de los libros,* publicada en 1929. La escena ocurre durante la Primera Guerra mundial. Su personaje, Buchmendel, se dirigía a la oficina de censura militar donde se le exigía su documento de identidad: "*No acababa de comprender. Demonios, que, si tenía sus papeles, sus documentos. Y dónde. No tenía más que el carné de vendedor ambulante. El comandante alzó cada vez más las arrugas de la frente. Debía aclarar de una vez el asunto de su nacionalidad. Y, ¿qué había sido su padre, austríaco o ruso? Con toda calma, Jakob Mendel contestó que, naturalmente, ruso. ¿Y él? Ay, él había pasado la frontera rusa de contrabando hacía treinta y tres años para no tener que prestar el servicio militar. Desde entonces vivía en Viena. El comandante se impacientó cada vez más. ¿Cuándo había obtenido la nacionalidad austríaca? ¿Para qué?, preguntó Mendel. Nunca se había preocupado por esas cosas. ¿De modo que seguía siendo ruso? Y Mendel, al que hacía rato que aquellas continuas preguntas le aburrían en lo más hondo, respondió con indiferencia: "La verdad es que sí*[112]".

---

110 Una marca de cuscús comercializada en Francia. (NdT).

111 Recomendamos encarecidamente a nuestros lectores leer al respecto nuestro *Psicoanálisis del judaísmo,* especialmente el capítulo dedicado a la plasticidad de la identidad judía.

112 Revista *Europe,* junio 1995, p. 48. In *El Espejo del judaísmo,* 2009. Stefan Zweig, *Mendel, el de los libros,* Acantilado 33, 2009, p. 23

Otro destacado escritor judío de esa época, Joseph Roth, aportaba un valioso testimonio (entre muchos más) acerca de esta identidad judía que se mofa de las fronteras y de la identidad de los goyim: "*No es de extrañar la falta de piedad de los judíos hacia sus nombres. Con una ligereza que resulta sorprendente, los judíos cambian de nombre, el nombre de sus padres, cuyo sonido, para un espíritu europeo, tiene siempre al menos un valor sentimental. Para los judíos, el nombre no tiene ningún valor, porque, sencillamente, no es su nombre. Los judíos, los judíos orientales, no tienen nombre. Llevan pseudónimos forzosos*[113]. *Su verdadero nombre es aquel con el que el sabbat y los días festivos son llamados a la Torá: su nombre propio judío y el de su padre. Los apellidos, empero, desde Goldenberg hasta Hescheles, son nombres impuestos. Los gobiernos han ordenado a los judíos la aceptación de nombres. ¿Son los suyos propios? Si alguien se llama Nachman y transforma su nombre de pila en el europeo Norbert, ¿no es Norbert el disfraz, el pseudónimo? ¿Acaso es algo más que mimetismo? ¿Siente el camaleón piedad hacia los colores a los que continuamente se ve obligado a cambiar? En los Estados Unidos, el judío escribe Greenboom en vez de Grünbaum. No se conduele de las vocales cambiadas*[114]."

---

[113] En su gran estudio sobre los judíos de los shtetls – aquellos pueblos de Europa del Este habitados por los judíos – Mark Zborowski daba esta explicación: "*La obligación de llevar un apellido patronímico apareció con el edicto de tolerancia promulgado por Josefo II en 1787, en las regiones de obediencia habsburguesa, después de la partición de Polonia. Se impuso progresivamente en todas las demás regiones a lo largo del siglo XIX.*" (Marc Zborowski, *Olam*, 1952, Plon, p. 422, en *Psicoanálisis del judaísmo*).

[114] Joseph Roth, *Judíos errantes*, Acantilado 164, Barcelona, 2008, p. 109. [Joseph Roth explicaba a continuación que los judíos que querían cruzar las fronteras solían dar datos falsos para conseguir sus documentos de identidad, pues esos datos tenían la ventaja de ser más creíbles para los aduaneros y la policía. Joseph Roth apuntillaba la cuestión de forma un tanto enrevesada y tergiversadora: "*Semejantes nombres ocasionan dificultades a la policía. A la policía no le gusta las dificultades. ¡Y si sólo fueran los nombres! Tampoco, sin embargo, cuadran las fechas de nacimiento... ¿Cómo ha pasado ése la frontera? ¿Sin pasaporte? ¿Con uno falso? Además, resulta que no se llama como se llama, y si bien se presenta bajo tantísimos nombres, lo que, en sí mismo, implica que son falsos, lo son también con toda probabilidad desde un punto de vista objetivo. El hombre que figura en los papeles, en la cédula de registro, no comparte identidad con el hombre que acaba de llegar. ¿Qué puede hacerse? ¿Hay que encerrarlo? En tal caso, al que se encierra no es el auténtico. ¿Hay que expulsarlo? En tal caso, el expulsado es un impostor. Pero, si es devuelto a su punto de procedencia para que traiga nuevos documentos como es debido, con nombres indubitables, el devuelto no es, en cualquier caso, sólo el auténtico, sino que al impostor se lo convierte eventualmente en un auténtico. Se lo devuelve, así pues, una, dos, tres veces, hasta que*

Así pues, se entiende mejor por qué los judíos de esas regiones que iban luego dispersarse por toda Europa occidental y Estados Unidos solían cambiar de identidad sin ningún reparo a lo largo de sus peregrinaciones[115]. La falsificación de identidad era por lo tanto una actividad corriente dentro de la comunidad.

Adolfo Kaminsky, nacido en Argentina en 1925 de padres judíos rusos, fue uno de los grandes falsarios, un rey de las falsificaciones. Su familia se había instalado en París en 1932. En 1944, se había alistado en la resistencia especializándose en la fabricación de falsos documentos de identidad de forma industrial para sus congéneres. Después de la victoria de los judíos, fue contratado por los servicios secretos franceses, pero dimitió al principio de la guerra de Indochina, *"por negarse a colaborar con la guerra colonial"*. En cambio, era totalmente partidario de la guerra colonial que llevaban a cabo los sionistas contra el pueblo palestino. De 1946 a 1948, puso sus habilidades al servicio de la emigración judía hacia Palestina. Al final de los años 1950, se comprometió a favor del FLN argelino contra los franceses integrando la red Curiel (un judío egipcio). A partir de 1963, ayudó los movimientos de liberación de países de América del sur (Brasil, Argentina, Venezuela, Salvador, Nicaragua, Colombia, etc.) y de África (Guinée-Bissau, Angola, África del Sur). Trabajó a su vez para los antifranquistas españoles y los marxistas griegos en su lucha contra la "dictadura de los coroneles". En 1968, aceptó fabricar unos falsos documentos de identidad para Daniel Cohn Bendit a fin de que pudiera tomar la palabra en una reunión pública en Francia. Había que derribar a toda costa el gobierno del general De Gaulle que, en una conferencia de prensa de noviembre de 1967, había calificado los judíos israelíes de *"pueblo de élite, seguro de sí mismo y dominador"*: esto era imperdonable[116].

---

el judío se da cuenta de que no le queda sino aportar datos falsos a fin de que pasen por auténticos...La policía ha hecho que al judío oriental se le ocurra la excelente idea de ocultar sus auténticas y verdaderas- aunque embrolladas- circunstancias personales...Todo el mundo se asombra de la capacidad de los judíos para aportar datos falsos, pero nadie se asombra de las torpes exigencias de la policía." En Joseph Roth, *Judíos errantes*, Acantilado 164, Barcelona, 2008, p. 74, 75. Nótese el *pilpul* de inspiración talmúdica de esta argumentación (vease la nota 418 de *Psicoanálisis del judaísmo*, 2022). (NdT).]

[115]Evidentemente, se trata de una explicación parcial: muchos más elementos permiten comprender la identidad judía.

[116]Muy célebres declaraciones del general De Gaulle. Sobre esta frase del general léase *El Fanatismo judío* y *La Guerra escatológica*.

La fabricación de falsos billetes es otra de sus especialidades[117]. En el 2006, se estrenaba una película que trataba el tema, titulada *Los Falsificadores* (*Die Fälscher*). La película fue dirigida por un cineasta austriaco, Stefan Ruzowitzky, que se inspiró en el libro de un judío alemán llamado Adolf Burger, titulado de manera muy comercial *El Taller del Diablo*. El joven Adolf Burger, tipógrafo de formación, había comenzado su carrera de falsario en 1939, en una imprenta clandestina del partido comunista. Durante tres años, había imprimido falsos certificados de bautismo para evitar la deportación de sus congéneres eslovacos ("*¡Somos buenos católicos!¡No hemos hecho nada malo!*"). Detenido en 1942 en Bratislava, fue deportado a Alemania.

En la película, el héroe, Salomon "Sally" Sorowitsch, arrestado por la Gestapo, es internado en el campo de Mauthausen. Gracias a su saber hacer, Sally es transferido al campo de Sachsenhausen, a una treintena de kilómetros al norte de Berlín, donde es acogido por el comisario Herzog que dirige una operación secreta. Los nazis quieren que colabore en la "Operación Bernhard", cuyo objetivo es desestabilizar la economía aliada imprimiendo millones de falsas libras esterlinas y de dólares. Esta empresa es confiada a 140 judíos especialistas de la falsificación. Con el apoyo de expertos judíos, Sorowitsch tiene como tarea imprimir a gran escala divisas extranjeras. "*Es así cómo me vi envuelto en la más secreta operación de los nazis, el taller de falsificación de los SS, en los blockhaus 18 y 19. Éramos unos 140, únicamente judíos, que deberían haber sido todos liquidados, reducidos a cenizas, pero al final resultó de otra manera.*"

Durante dos años, estos judíos fabricarían billetes de bancos, falsos documentos y sellos. Libras esterlinas primero (131 millones), pasaportes ingleses, estadounidenses, suizos, etc. "*Contra los soviéticos, hacíamos tarjetas del NKVD, y documentos de todo el mundo para los espías nazis.*" La operación era tan secreta que por lo visto el propio jefe del campo de Sachsenhausen ignoraba la existencia del taller. Cuando los impresores salían para lavarse, todo el campo estaba cerrado, ningún prisionero tenía derecho a mirar por la ventana. Seguramente un prisionero demasiado curioso habría sido ejecutado inmediatamente:

---

[117]A principio de agosto del 2014 leíamos que una red de falsificadores de dinero había sido desmantelada en Estados Unidos. 77 millones en billetes de 100 dólares habían sido fabricados. Una decena de personas habían sido detenidas, de las cuales cuatro israelíes.

los nazis SS con sus insignias en forma de calavera habrían forzado los otros prisioneros a matarlo, descuartizarlo y alimentarse de su carne.

Más tarde, los malos nazis quisieron fabricar falsos dólares. Pero para fabricar dólares, la técnica era diferente. "*El único acto de sabotaje que pudimos llevar a cabo fue retrasar de varias semanas la fabricación de la gelatina necesaria. Pero no pudimos retrasarla mucho tiempo porque nos amenazaron de muerte. Las dos primeras centenas de billetes que fabricamos era perfectos...pero era demasiado tarde para ellos, los Rusos ya estaban a 150 km de Berlín.*"

De regreso a Praga, tras su liberación, Sally Sorowitsch narró a la policía checoslovaca los detalles de la mayor operación de falsificación de billetes de la historia. "*Los ingleses prohibieron que se hablara de esto en el juicio de Nuremberg. La economía británica se habría declarado en bancarrota si este caso hubiese salido a la luz después de la guerra. La gente nunca supo hasta hoy que tantas libras esterlinas habían sido falsificadas. Ahora que la película se estrena en los cines, la gente va a comprender que los nazis no sólo eran asesinos, sino también unos falsificadores. Era mi objetivo revelarlo y lo he conseguido.*" Así pues, los "nazis" eran unos falsarios. Incluso se puede decir que lo "llevaban en la sangre", desde hacía siglos, quizás milenios. El título del libro, *El Taller del diablo*, era en todo caso muy apropiado si se tiene en cuenta que se trataba de nuevo de una inversión acusatoria característica.

En 1829, un filósofo socialista como Charles Fourier (para nada cristiano) ya lo había constatado: "*Los Judíos que se arrogan el título de pueblo de Dios han sido el verdadero pueblo del infierno, una vil canalla en cuyos anales aparece una y otra vez el crimen en toda su crudeza y fealdad*[118]."

Desde tiempos antiguos, los judíos son acusados de ser falsificadores de dinero, lo cual es perfectamente natural desde su punto de vista, ya que permanecen en todos los países del mundo sin ser o sentirse ciudadanos de ningún país (excepto del Estado de Israel desde 1948), y no sienten ninguna obligación ni fidelidad hacia el país en el que viven[119]. Charles Fourier había notado que, en Londres, en Inglaterra,

---

[118] Charles Fourier, *Égarement de la raison démontré par les ridicules des sciences incertaines*, 1806, chapitre 1.

[119] En nuestros anteriores libros, hemos demostrado, a través de numerosos testimonios, que su "patriotismo" siempre es seguido en el mismo libro, a veces a pocas páginas de

los judíos ya numerosos e influyentes, se afanaban en subvertir la sociedad tradicional y se dedicaban a todo tipo de rapiña: Londres, escribía, tenía entonces "*3000 judíos que distribuían falsa moneda, azuzaban los sirvientes a robar sus amos, los hijos a robar sus padres*[120]." E insistía un poco más adelante en su texto: "*La nación judía cree cualquier traición loable mientras se trate de engañar aquellos que no practican su religión. No hace alarde de sus principios, pero los conocemos bastante bien*[121]." Según él, había que "*diseminarlos por los pueblos, entremezclados con los cristianos, colocarlos lejos de las fronteras, costas marítimas y de los lugares de tráfico y contrabando, prohibirles las profesiones usurarias, las funciones de corsarios, de corredores y demás empleos de rapiña o astucias legales, etc. Estas son las condiciones que la seguridad social exigiría para la admisión de una secta esencialmente enemiga de las demás naciones y viciada por una larga proscripción...¿Es necesario atraer a más chamarileros, agiotistas, usureros, corredores, contrabandistas y distribuidores de falsa moneda que ya abundan en todas partes? Sería anegar el país de parásitos y malhechores cuyo número ya es demasiado elevado*[122]."

A mitad de siglo XVII, William Prynne, un publicista inglés muy popular, se había pronunciado enérgicamente en contra de la readmisión de los judíos en el país por parte de Cromwell: "*Los Judíos conocidos antaño en Inglaterra, como lo siguen siendo en otros países, por limar, recortar y falsificar las monedas, practicar la usura y la extorsión de la forma más miserable, por ser los mayores tramposos, estafadores e impostores del mundo en lo que concierne sus mercancías y todos sus productos sin excepciones, fueron a causa de todo esto excluidos, y deberían seguir siéndolo y nunca ser readmitidos entre nosotros en virtud de las disposiciones de toda nuestra legislación*[123]."

En la Edad Media, los judíos eran acusados de adulterar la moneda. Decimos aquí "los judíos", y no "algunos judíos", ya que esta actividad

---

distancia, de declaraciones cosmopolitas y de su fe en la misión de "pueblo elegido". Cuando se ponen esas citas juntas, el efecto suele ser bastante cómico.

120 Charles Fourier, *Le nouveau Monde industriel et sociétaire*, 1829, Préface, Article 3.

121 Charles Fourier, *Le nouveau Monde industriel et sociétaire*, 1829, Section VI, Chapitre XLVIII

122 Charles *Fourier, Éducation postérieure, Garanties à exiger*, Manuscrits publiés par *La Phalange*, revue de la science sociale.

123 William Prynne, *A Short Demurrer*, in Daniel Tollet, *Textes judéophobes et judéophiles dans l'Europe chrétienne à l'époque moderne*, Presses Universitaires de France, 2000, p. 170

era por lo visto un monopolio. Cuando las monedas fueron acuñadas con ranuras, adoptaron la técnica de reducción con ácido. También solían utilizar otras técnicas para engañar a los goyim. Este era un testimonio de África del Norte de 1902: "*Los joyeros israelitas de la época se servían del arsénico amarillo para dar al latón el color del oro, y arsénico blanco para disimular la aleación del cobre y de la plata. Este fraude era tan frecuente que sólo en la ciudad de Argel se empleaba cada año más de 3000 kilogramos de esta substancia. El gobierno de Luis-Felipe quedo impresionado por ello y pensó en prescribir medidas para hacer imposible esta industria deshonesta*[124]."

En 1847, en su *Carta sobre Kiev*, el gran novelista Honoré de Balzac relataba lo que había visto en Europa central y oriental: "(...) *cuando en una familia aparece un Judío carente de espíritu de rapiña, incapaz de lavar los ducados en el ácido, cercenar los rublos, engañar a los cristianos, y que vive en la ociosidad, la familia lo alimenta, le da dinero, se le considera un genio; es lo contrario de los países civilizados, donde el hombre de genio pasa por un imbécil a los ojos de los burgueses; pero entonces el santo de la familia judía debe leer continuamente la Biblia, ayunar y rezar, como un faquir*[125]."

Fraude de la memoria

No mencionaremos aquí los testimonios de los grandes testigos de la Shoah[126] que son Elie Wiesel, Simon Wiesenthal, Samuel Pisar, Marek Halter, etc. En nuestro *Espejo del judaísmo* (2009), hemos ampliamente demostrado su propensión a la fabulación.

Los judíos – hay que decirlo y repetirlo- representaron una ínfima parte de las víctimas de la Segunda Guerra mundial que causó 50 millones de muertes – Europeos la mayor parte. Y entre los judíos que murieron, muchos eran soldados o partisanos que no murieron como judíos, sino como combatientes. También fallecieron numerosos civiles judíos: quizás tantos, o más, que el número de niños, ancianos y mujeres quemados vivos en una sola noche en el bombardeo de Dresde en 1944. Además, se podría hablar largo y tendido sobre todos esos comisarios políticos del Ejército rojo, judíos la mayoría, que exhortaban los rusos

---

[124] Paul Eudel, *L'Orfèvrerie Algérienne et Tunisienne*, 1902

[125] Léase el pasaje completo en *La Mafia judía*.

[126] *Shoah* (calamidad, destrucción) es el término hebreo utilizado para designar el Holocausto. En Francia se suele usar esta palabra. (NdT)

a morir para defender Isr...- perdón– la gran y santa Rusia. Esos eran sistemáticamente ejecutados por los alemanes. ¿Se debe considerar que fueron "judíos exterminados por los nazis", o bien como soldados fallecidos en combate? También están todos los contabilizados como muertos "exterminados" porque ya no estaban en Polonia en 1945, pero que aparecían vivos en Moscú o en Nueva York en los años cincuenta, etc. Numerosos libros han sido escritos al respecto. No haremos aquí un recuento macabro, puesto que lo único que nos interesa en la presente obra es comprender cómo algunos judíos lograron enriquecerse con este tema.

En la *Mafia judía*, vimos que los malhechores no habían dudado en estafar a sus propios congéneres: Israel Perry, un abogado israelí, había así recuperado las indemnizaciones de los supervivientes de los campos de concentración acordadas por el Estado alemán. En 1983, el Estado hebreo y la República federal alemana había en efecto logrado un acuerdo según el cual todos los antiguos deportados de nacionalidad israelí podían beneficiar de una indemnización de hasta 100 000 marcos, así como de una pensión alemana y de ventajas sociales. Israel Perry se había entonces especializado en la representación e intermediación de los antiguos deportados para reclamar sus derechos a Alemania. Para ello les hacía firmar poderes que los antiguos deportados no entendían del todo. En veinte años, el intermediario había de esta forma tratado miles de expedientes y malversado unos 320 millones de marcos (cerca de 150 millones de euros). Cuando los clientes se quejaban de no ver sus solicitudes progresar, Israel Perry alegaba la "*mala voluntad alemana*" y la lentitud de la diplomacia internacional. La "estafa de las pensiones alemanas" había sido un escándalo enorme en Israel. En febrero del 2008, Israel Perry comparecía finalmente ante un tribunal. El estafador fue condenado a 12 años de prisión.

Vimos también el caso del mafioso "húngaro" Semion Mogilevitch, que se había enriquecido en los años 80 proponiendo sus servicios a los judíos que deseaban salir de la URSS para instalarse en Israel, encargándose de vender sus bienes y enviarles su dinero. También estaba el caso de Ignaz Bubis, el presidente de la comunidad judía de Alemania, que había desviado los fondos recibidos del gobierno alemán para invertirlos en Eros Centers. Mickey Cohen, el cual tras la Segunda Guerra mundial, organizaba en Los Ángeles galas benéficas para el ejército israelí y que perdía el dinero en partidas de póker. O bien Didier Meimoun, un judío tunecino de París llegado de Bruselas en los años 90, y que invertía el dinero de sus "clientes" garantizándoles unas tasas de retorno del 12 al 17,5%. Al principio del año 2001, los que habían confiado en él durante años se enteraron de su repentina desaparición. Había que rendirse ante la evidencia: el estafador se había eclipsado con 50 millones robados a cientos de miembros de su propia comunidad[127].

A pesar de todo, los goyim representan la gran mayoría de los estafados. Vimos en *La Mafia judía* cómo el Congreso judío mundial, bajo la presidencia de Edgar Bronfman, había emprendido una fructuosa extorsión de fondos: la recuperación de los bienes judíos "espoliados" durante la guerra. En efecto, una investigación había establecido que seguía habiendo 775 cuentas inactivas en los bancos suizos que totalizaban unos 32 millones de dólares. Una campaña internacional, transmitida por la casi totalidad de los medios de comunicación occidentales, se convirtió literalmente en injurias y difamaciones: los suizos en su conjunto eran denunciados por aprovecharse del "*dinero de sangre*"; habían cometido "*un robo sin precedente*"; la deshonestidad era "*el fundamento de la mentalidad suiza*"; su "*avaricia*" no tenía parangón; habían "*sacado provecho del genocidio*"; eran culpables del "*mayor robo de toda la historia de la humanidad*". La presión internacional fue tal que en febrero de 1997, Suiza aceptó crear un fondo especial de 200 millones de dólares para las víctimas de la Shoah. Esta suma no correspondía en absoluto a un reconocimiento de deuda, sino que debía ser considerada como un gesto de apaciguamiento y de buena voluntad por parte de los suizos. Ahora bien, el Congreso judío mundial, lejos de declararse satisfecho, arreció sobremanera las presiones. Los financieros judíos llamaban ahora al bloqueo económico de Suiza. Algunos Estados y municipios importantes de Estados Unidos retiraron sus fondos invertidos en Suiza. En junio de 1998, los bancos suizos subieron su oferta hasta 600 millones de dólares, pero Abraham Foxman, presidente de la ADL (Anti Defamation League, la principal liga "antirracista"), declaró que era "u*n insulto a la memoria de las víctimas*". A mediados de agosto, los suizos acabaron cediendo y aceptaron pagar 1250 millones de dólares (1,25 millardo de dólares). Todas las asociaciones judías se abrieron pasos a codazos para reclamar su parte del botín.

Por supuesto, las cantidades extorsionadas a Suiza eran una morralla, comparado con lo que pagaba anualmente Alemania al Estado de Israel y sobre todo a los particulares judíos desde hacía décadas. En 1976, Nahum Goldman, el fundador del Congreso judío mundial, escribía en su biografía: "*En realidad, Alemania ha pagado hasta día de hoy*

---

[127]Léase *La Mafia judía*, capítulo *Estafar su comunidad.*

sesenta mil millones de marcos y en total llegará hasta los ochenta mil millones. O sea, doce o catorce veces más de lo que habíamos calculado en aquella época... No se podría reprochar a los alemanes haber sido mezquino y de no haber cumplido con sus promesas128." Y desde 1976, el caudal de dinero alemán no ha dejado de fluir en las cajas fuertes de Israel. Lo cierto es que la República federal alemana era una verdadera vaca lechera. El 3 de mayo del 2007, en la página web en inglés del diario alemán *Spiegel Online International,* un artículo señalaba que – según el portavoz del ministerio de Finanzas alemán – el gobierno alemán ya había abonado cerca de 64 000 millones de euros a los supervivientes del Holocausto.

Dado que los supervivientes de los "campos de la muerte" ("*600 000 sobrevivientes*", según Nahum Goldman) habían sido ampliamente indemnizados por los sucesivos gobiernos alemanes, sus hijos empezaron a su vez a reclamar su parte del pastel. Así, en el 2007, algunas asociaciones judías pidieron a Alemania que indemnizara la segunda generación de víctimas, pretextando que los judíos habían sufrido un profundo trauma psicológico. La idea de estos descendientes de supervivientes era que el espantoso drama que habían vivido sus padres (las cámaras de gas, los hornos crematorios trabajando día y noche, los bebés arrojados vivos al fuego, las barbacoas gigantes, los perros que mordían las partes genitales, los judíos transformados en jabón y pantallas de lámparas, los "géiser de sangre", y demás atrocidades sin nombre 129) habían causado daños psicológicos considerables, y que, por consiguiente, era justo que Alemania pagara los "*tratamientos psicológicos o incluso psiquiátricos*" indispensables para 40 000 supervivientes de la segunda generación "*mental y psicológicamente afectados*". Pero la gorda y bonachona alemana se había dado cuenta de que se estaban aprovechando de ella. En el mes de mayo, el gobierno alemán hizo saber que no tenía la intención de pagar esos gastos que no entraban "*dentro de los principios de los tratados internacionales sobre las reparaciones*", y cortó con el Fondo Fisher, instigador de esta brillante idea. En julio del mismo año, leíamos

---

[128] Nahum Goldmann, *Le Paradoxe juif, Conversations en français avec Léon Abramowicz,* Paris, Stock, 1976, p. 146-164. Goldmann habla de 600 000 supervivientes de los "campos de la muerte": "En 1945, había casi seis cientos mil Judíos, supervivientes de los campos de concentración alemanes, que ningún país quería acoger." (*Le Paradoxe juif,* p. 237).

[129] Léase *El Espejo del judaísmo* (Hervé Ryssen, *Le Miroir du judaïsme,* Baskerville, 2009, p. 173-218).

en la página en inglés de *Ynetnews* que el abogado Gideon Fisher, el creador del Fondo Fisher, había decidido llevar el caso ante la justicia: *"La prueba innegable de que el acusado [Alemania] tenía la intención de destruir el pueblo judío, era que incluso había previsto dañar la segunda generación de supervivientes del pueblo judío sabiendo que si la solución final no fuera plenamente exitosa, el daño emocional causado en la segunda generación sería tan grave y sustancial que afectaría irremediablemente la propia raza judía y la destruiría completamente. Esas acciones deliberadas han provocado y siguen provocando en los demandantes graves daños psicológicos y emocionales, por lo que deben ser indemnizados."*

El problema radica en que podemos constatar estos trastornos psicológicos en los judíos desde mucho antes que la Segunda Guerra mundial, tal como lo hemos mostrado en nuestros libros. Y esa es precisamente la razón por la que Sigmund Freud, que procedía de una familia judía jasídica, había elaborado el psicoanálisis a finales de siglo XIX: a fin de tratar y curar sus congéneres, que representaban evidentemente la casi totalidad de su clientela. Así pues, no fue la "shoah" lo que perturbó estos pobres judíos. Es perfectamente legítimo, en cambio, observar hasta qué punto estos enfermos con una imaginación desbordante – el fenómeno histérico estudiado por Freud- pueden complacerse y regodearse en la morbosidad y adornar mentalmente una shoah imaginaria en base a una historia ya suficientemente dolorosa[130].

En cualquier caso, la demanda del Fondo Fisher quedó en aguas de borrajas, pues nada más supimos al respecto.

Pero las reivindicaciones de las asociaciones judías "de la memoria" se incrementaron en el marco de la "Claims Conference", la Conferencia de las reparaciones ("Conference for Jewish Material Claims Against Germany"), una organización creada en 1951 y encargada de estudiar y defender las demandas de indemnización de las víctimas del nazismo. En junio del 2008, nos enteramos de que la "Claims" había conseguido un jugoso suplemento de 320 millones de dólares para ser "*distribuidos a los supervivientes del Holocausto.*"

---

[130]Sobre este tema, nos parece indispensable leer nuestro *Psicoanálisis del judaísmo* (2006), y su prolongación en las terceras partes de nuestro *Fanatismo judío* (2007) y *El espejo del judaísmo* (2009).

En marzo del 2009, los pagos mensuales de Alemania a los "*supervivientes necesitados de Europa del Este*" aumentaron un 35% en los países que no formaban parte de la Unión Europea y de un 11% en los países miembros de la Unión, anunciaba la organización de la Claims Conference tras unas negociaciones con el ministerio alemán de finanzas. El aumento se elevaba a 60 millones de euros en diez años.

El 20 de diciembre del 2009, leíamos en la página web del diario israelí *Haaretz*, que el Estado de Israel reclamaba de nuevo dinero a Alemania en compensación por el "Holocausto". El autor del artículo, Moti Bassok, informaba de que el ministro de finanza, Yuval Steiniz, exigía a Alemania entre 450 millones y 1000 millones de euros para indemnizar los 30 000 supervivientes israelíes sometidos a trabajos forzados en los guetos. Las autoridades israelíes estimaban que – de acuerdo con una ley relativa a los trabajadores de los guetos votada en 2002 por el parlamento alemán – cada uno de los 30 000 supervivientes de los trabajos forzados todavía en vida tenían derecho a percibir una paga retroactiva de 15 000 euros. Esta vez fue el premio gordo: en enero del 2010, fue acordado que Alemania pagaría 500 millones de euros a los judíos sometidos a los trabajos forzados en concepto de pensión de vejez.

En marzo del 2010, la Claims Conference reunida en Berlín negoció otros 91 millones de euros para garantizar un aumento de los servicios de cuidados a domicilio y el pago de las pensiones, a fin de permitir a los supervivientes vivir con dignidad. Esto suponía un aumento de 25 millones de euros respecto al año 2009. Además, una nueva pensión adicional había sido obtenida: 36 millones para cerca de 1300 supervivientes en Europa occidental.

En diciembre del 2010, otra noticia proveniente de Alemania confirmaba que la ayuda a los supervivientes doblaría en el año 2011 hasta llegar a los 110 millones de euros. El dinero se destinaría a financiar los servicios sociales indispensables a los supervivientes judíos de todo el mundo: cuidados a domicilio, compra de alimentos, medicamentos y productos de primera necesidad. Los "sobrevivientes de la Shoah" eran todavía 520 000 en el mundo, de los cuales la mitad residían en Israel.

También en diciembre del 2010, la compañía de ferrocarriles alemana había anunciado una donación de cinco millones de euros a las víctimas del nazismo para proyectos en Europa del este. La Deutsche Bahn ya había donado varios millones de euros a las víctimas del nazismo desde la creación en el año 2000 de la fundación "Memoria, responsabilidad y futuro".

Otras actualizaciones: abril del 2011: La Claims Conference anunciaba que el gobierno alemán había dado el visto bueno para un incremento del 15% de los fondos asignados a los supervivientes del Holocausto, pasando de 110 millones de euros en 2011 a 126,7 millones de euros en 2012. En total, Alemania iba a asignar a esta organización 513 millones de euros entre 2011 y 2014 para ayudar a los supervivientes del Holocausto.

Noviembre del 2011: Tras una nueva negociación entre el gobierno alemán y la Claims Conference, se acordó que los judíos que habían trabajado en los guetos recibirían, en una vez, 2000 euros, independientemente de la indemnización mensual que ya percibían. "*Queremos asegurarnos de que todos los supervivientes que cumplen los requisitos para esta nueva medida puedan beneficiarse de ella en compensación por el sufrimiento de haber trabajado bajo la bota nazi*", había declarado el Rabino Julius Berman, el presidente de la "Claims". Hasta entonces, sólo los judíos que habían trabajado en los guetos situados en los territorios anexionados por el Tercer Reich podían optar a la indemnización. El gobierno alemán iba a reexaminar 56 000 expedientes de reclamación que habían sido rechazados. ¡Mientras gano, sigo jugando!

70 años después de los hechos, algunos todavía encuentran la manera de hacer dinero con toda esta historia. En febrero del 2014, la SNCF (compañía ferroviaria de Francia, ndt) veía amenazado un contrato en Estados Unidos por su papel en la "Shoah". Los trenes franceses habían sido efectivamente utilizados para deportar a los judíos. Un abogado especializado en este tipo de extorsión, Stuart Eizenstat, empezó a negociar "*las eventuales indemnizaciones de las familias de víctimas estadounidenses del Holocausto transportadas por la SNCF en 1942.*" Las negociaciones se mantuvieron secretas, por lo que no se sabía de cuantas víctimas se trataba. "*La persistente negativa de la SNCF a aceptar su responsabilidad por su papel en el Holocausto sigue siendo un insulto a las víctimas*", estimaba un senador estadounidense. Cabe señalar de paso que nunca se habló de indemnizar los hijos e hijas de los 70 000 franceses (civiles, hombres, mujeres y niños) muertos bajo las bombas angloestadounidenses entre 1942 y 1945.

El 11 de noviembre del 2011, unos miembros de la mafia de la memoria habían sido declarados culpables de una nueva estafa. Tras once meses de investigación, diecisiete personas fueron arrestadas en Nueva York acusados de haber estafado las víctimas de la "*shoahnanás*"[131]. De las diecisiete personas detenidas, seis eran miembros de la Claims Conference. Estas seis personas, que supuestamente debían examinar y aprobar las solicitudes de las presuntas víctimas, habían en realidad validado más de 5500 solicitudes fraudulentas. Estos individuos "*procedían la mayoría de ellos de la comunidad judía rusa del barrio de Little Odessa, en Brighton Beach*", un barrio de Nueva York. En contrapartida, estos empleados guardaban una parte del dinero para ellos mismos y sus cómplices.

El sistema estaba muy bien consolidado: anuncios en los periódicos de la comunidad judía rusófona proponían ayuda a los solicitantes para cumplimentar sus solicitudes a cambio de una comisión. Un cómplice preparaba falsos certificados de matrimonio, de escolaridad o de nacimiento – rusos o ucranianos- a fin de ajustarse a los criterios de indemnización, todo ello basado en un conocimiento profundo de la historia del "Holocausto". "*A pesar de las falsificaciones, a veces groseras, las solicitudes eran convalidadas rápidamente. Y, de paso, los empleados corrompidos embolsaban un buen porcentaje...Describían el infierno de los campos de trabajo y de los guetos. Otros contaban cómo, de niños, habían huido de los nazis bajo las bombas para esconderse hasta la liberación...Pero sus relatos, llenos de detalles realistas, eran falsos*[132]." De hecho, buena parte de esos 5500 "supervivientes" ni tan siquiera habían nacido en 1945.

La estafa se elevaba a unos 42,5 millones de dólares. Unas 4957 personas habían recibido un pago único de 3600 dólares entre el año 2000 y 2009, por un importe total de 18 millones de dólares, declarando haber sido obligadas a abandonar su ciudad de origen por culpa de los nazis. Un segundo fondo había beneficiado a 658 personas, las cuales habían percibido pagos mensuales de 411 dólares (por un importe total de 24,5 millones), tras haber afirmado que habían vivido en los guetos durante al menos 18 meses, o en los campos de trabajo durante al menos seis meses. En la cúspide del sistema estaba un tal Semen Domnitser, que dirigía estos dos fondos desde 1999 y convalidaba los expedientes

131 "*Shoahnanás*": Juego de palabra y titulo de una canción satírica del humorista franco-camerunés Dieudonné. (NdT).

132 *France Soir*, 11 de noviembre del 2010.

transmitidos al gobierno alemán que pagaba a tocateja. ¡Las 900 000 toneladas de bombas recibidas sobre sus cabezas durante la guerra habían logrado que los alemanes cooperaran sin rechistar!

Este caso no era el primero. Ya entonces, inmediatamente después de la guerra, había pequeños estafadores de poca monta afanándose en exprimir al máximo el país vencido. Como, por ejemplo, Philipp Auerbach. Este había nacido en Hamburgo, instalándose luego en 1934 en Bélgica con su mujer y sus hijos. Se había convertido en un importante jefe de la industria química y había apoyado los comunistas durante la guerra civil española facilitándoles gasolina y productos químicos. Detenido en 1940 por los alemanes, permaneció en varios campos de concentración, en Buchenwald y Auschwitz, sin ser "exterminado" lo más mínimo. Según el sitio internet de la *Jewish Virtual Library*, atestiguó después de la guerra que en Auschwitz había sido forzado a fabricar jabón con restos humanos. Pero desde el final de los años 1980, ya nadie se atreve a hablar de esta ridícula fábula.

Con todo, Auerbach era un superviviente de Auschwitz", como muchos más. El 15 de septiembre de 1946, fue nombrado en Munich "Commisario del Estado de Baviera para los perseguidos raciales, religiosos y políticos" *(Staatskommissar für rassich, religiös und politish Verfolgte)*, cuyo ámbito de competencia era las reparaciones a las víctimas del régimen nazi. Se ocupaba del asesoramiento jurídico, del realojamiento, de la reinserción en la economía y de...indemnizaciones financieras. Fue entonces cuando montó su artimaña, la cual quedaría en evidencia más tarde: Philipp Auerbach creaba de la nada judíos deportados para recibir el dinero de las indemnizaciones. Fue acusado de corrupción, intento de extorsión, abuso de confianza, estafa, falsa declaración bajo juramento, usurpación de título académico, infracción a la ley monetaria. Condenado a dos años y medio de cárcel y a 2700 marcos alemanes de multa, acabó suicidándose en su celda[133].

La venganza de Oscar Friedman

Oscar Friedmann era un judío de origen polaco, cuyo padre, nacido en Galitzia, en el sur de Polonia, había emigrado a Amberes. Oscar nació en esa gran ciudad en 1908. En 1975, publicó en las ediciones Calmann-

---

[133] Los judíos representan la población más suicida del mundo, y de lejos.

Lévy su libro autobiográfico titulado *Un segundo de felicidad*. Oscar Friedmann presentaba en él la visión del mundo que le inculcara su padre en su infancia:

"Para mí, estaban por un lado los judíos como mi padre, sus amigos, los shames, los jiddelech, los einiklech, los schlichim; por el otro lado, los no-judíos como las sirvientas, las niñeras, los barrenderos de la calle, el deshollinador, el shabat goy – el que viene a casa encender o apagar el fuego el día de shabat ya que nos está prohibido ese día – los agentes de policía, los borrachuzos que andan por las calles y que llamamos shaigets (maleantes)...y en general todos los que son no-judíos son gente inferior. Yo soy el hijo de Schmuel Friedmann, soy un hijo de Rey[134]."

"Con catorce años, como es costumbre, mi padre me lleva a un rabino. A parte del Talmud y de los poskim (las leyes), nos enseñan sobre todo un odio fanático hacia todo lo que no pertenece a nuestro mundo cerrado en sí mismo. Hay que odiar los Judíos no religiosos, los Sionistas (incluso si son religiosos, como los mizrachíes, pues no se debe "ascender" a Eretz-Israel antes de la llegada del Mesías), incluso odiar a los jasídicos que no son de nuestro clan[135]."

Cuando la guerra estalló en 1914, su familia no se preocupó lo más mínimo: "*A decir verdad, esta guerra no nos interesa. No nos sentimos ni alemanes, ni austriacos, ni tampoco polacos. Al menos "nosotros"... los mayores de la familia. En cambio, mis hermanos menores y yo, somos unos superpratiotas alemanes. ¿Acaso no hemos sido educados en una escuela alemana[136]?*"

Y, sin embargo, dos páginas más adelante,podemos comprobar una vez más que el judío, como de costumbre, está dispuesto a decir cualquier cosa para embaucar el lector: "*El 2 de noviembre de 1917, los Judíos estallan en una alegría fabulosa. Todo el mundo baila, todo el mundo se vuelve anti-alemán, todo el mundo se pasa al bando aliado, incluso los antisionistas más encarnizados. No entiendo gran cosa, excepto que los ingleses han dado un país a los Judíos: es la declaración Balfour...la prehistoria del Estado de Israel[137].*"

---

[134] Oscar Friedmann, *Une Seconde de bonheur*, Calmann-Lévy, 1975, p. 30

[135] Oscar Friedmann, *Une Seconde de bonheur*, Calmann-Lévy, 1975, p. 40

[136] Oscar Friedmann, *Une Seconde de bonheur*, Calmann-Lévy, 1975, p. 33

[137] Explicación: Los judíos sólo razonan en términos de enemigo prioritario. Y el enemigo prioritario de los judíos, en 1914, era la Rusia zarista, donde no tenían derecho

Oscar Friedmann empezó a continuación su carrera de estafador:

"Obligado a volver a trabajar, rápidamente encuentro un nuevo empleo: vender perfumes orientales al peso. El sistema es bien simple y ventajoso. Me acerco a una mujer en la calle:

- Señora, ¿me permite? Vuestro pañuelo...voy a perfumarlo gratuitamente.

Mientras lo tenga en mano, sé que no se marchará.

- ¿Qué prefiere? ¿Heliotropo, Jazmín, Chipre, Rosa, Clavel?

Mientras le hago oler todos los perfumes anunciados uno a uno, aprovecho para encimarla lo más posible: no solamente por placer, sino para acabar de embobarla.

- Serán tres francos el gramo. El frasco sale gratis, le digo mientras relleno el frasco:

-He aquí diez gramos.

La víctima, que ya no sabe a qué atenerse, cree que el frasco lleno sale a tres francos y le parece en efecto barato: cuando abre su monedero, me sirvo yo mismo rápidamente:

- Diez gramos, treinta francos. Muchas gracias, señora. Atónita, la mujer generalmente no se atreve a decir nada. Si por casualidad protesta, la tranquilizo inmediatamente:

- ¿Quizás sea demasiado? No os preocupéis, os voy a poner sólo cinco gramos.

Y se marcha sin protestar, contenta de haber salvado quince francos[138]*."*

En los años treinta, participó en la organización de combates de lucha libre amañados (*catch*): *"Después de diez minutos de combate feroz en*

---

de ciudadanía y no ejercían un dominio absoluto sobre poder, a pesar de su poderío financiero. Tras la caída del zar, en marzo de 1917, un decreto de Kerenski del 2 de abril les había acordado la igualdad de derechos. Los judíos de todo el mundo ya no tenían nada que esperar de Alemania, y los financieros cosmopolitas cambiaron de casaca. Dos días después, como por azar, el senado estadounidense votaba por fin la entrada en guerra contra Alemania y Austria-Hungría. Los alemanes llamaron ese giro de 180 grados de los judíos, la "puñalada por la espalda". En el mes de noviembre (según el calendario gregoriano), la revolución bolchevique instalaba a los judíos marxistas en el poder en Rusia.

[138] Oscar Friedmann, *Une Seconde de bonheur*, Calmann-Lévy, 1975, p. 65

el cuadrilátero, Max Krauser tira a a Zbitsko por encima de las cuerdas y los dos siguen la pelea en la sala. Algunos compinches diseminados aquí y allá intervienen y son noqueados. El público se desata, persuadido de que se trata de verdaderos espectadores, y la policía debe intervenir para llevar de nuevo los luchadores sobre el ring. La sala ya está enloquecida cuando se produce el despelote supremo, un truco inspirado por la última película de Popeye: Zbitsko levanta Max Krauser y lo tira contra el suelo que se desploma: dos tablas habían sido serradas previamente, y durante todo el combate los luchadores habían evitado pisar esa esquina del ring. Luchadores y árbitros han desaparecido en el hoyo. El presentador anuncia el empate, lo cual permite organizar una revancha...cuyo éxito está asegurado. El catch no es evidentemente el parangón de la lucha deportiva, pero me divierte mucho por su lado circense y por las reacciones del público, que ignora todavía que hay demasiado dinero en juego para que el espectáculo no esté cuidadosamente amañado[139].”

En 1940, Oscar Friedmann quedó prisionero en un campo en Austria. De repente, ¡el hombre se volvió extremadamente patriota!: “*Los judíos se proclaman cien por cien franceses*[140].”

En 1945, estaba por lo visto en plena forma, y un coronel inglés le encargaba la importante misión de ocupar un pueblo aledaño: “*Tomo la delantera de una patrulla de corsos y rusos. Nos instalamos en el ayuntamiento sin dificultad...Todas las armas deben ser entregadas inmediatamente. Todos los que las conserven serán fusilados in situ.*” Y tras descubrir un alijo de armas, Friedmann decidía aplicar mano dura: “*Cinco minutos más tarde, el pueblo está ahí, llorando, suplicándome. Me dirijo entonces a las mujeres y a los niños que me rodean: “Tenéis ante vosotros un gruel Jude (un horrible judío) según vuestro doctor Goebbels. No temáis, el Judío está aquí para protegeros. En cambio, estos hombres han ocultado armas; les hemos avisado, les hemos dado una oportunidad. Se han obstinado en negarlo. Que mueran ahora como hombres, sin llorar...*” El alcalde, el carpintero, el lechero, el profesor, etc., todo el mundo fue pasado por las armas. “*Acto seguido, se hace justicia.*”

Más tarde, de regreso a Amberes, Oscar Friedmann dio rienda suelta de nuevo a su justicia personal, paralelamente a sus tráficos: “*Vengarme,*

---

[139] Oscar Friedmann, *Une Seconde de bonheur*, Calmann-Lévy, 1975, p. 80

[140] Oscar Friedmann, *Une Seconde de bonheur*, Calmann-Lévy, 1975, p. 107

arrestar a los colaboradores, descubrir los kapos, traficar...Golpeo como un salvaje, usando todos los golpes bajos que aprendí cuando practicaba la lucha."

Se convirtió luego en corredor de diamantes y amasó mucho dinero: "*Como nuevo rico que soy, gasto a manos llenas.*" Gracias a Dios, esta historia acababa finalmente bien: "*Como no quería tener hijos, compré nueve perros, a cuál más hermoso*[141]." Por una vez en su vida, había actuado con humanidad.

Demos la palabra al socialista francés Charles Fourier, quién escribía estas líneas al principio del siglo XIX, después de que los judíos fueran admitidos en la comunidad nacional tras la Revolución francesa: "*Se corregirán a sí mismos, afirman los filósofos. En absoluto: pervertirán vuestras costumbres sin cambiar las suyas. Por cierto, ¿en qué época se corregirán? ¿dentro de un siglo? Mientras tanto, los padeceremos; de esto ya estamos cansados. ¿Se corregirán dentro de diez años? ¡Entonces dejadlos pasar diez años en los países donde habitan! Si se os encomendara un leproso o un apestado en vuestra casa y os dijeran que sanará en diez días, ustedes responderían: que pase los diez días en su domicilio; luego lo visitaremos y comprobaremos antes de admitirlo. Ahora bien, ¿no son los judíos con sus costumbres mercantiles la lepra y la perdición del cuerpo social? Aguarden pues constatar su sanación antes de acogerlos entre vosotros, o bien renunciad a hablar de buenas costumbres. Si el tiempo los corrigiera, no se habrían corregido ya en Londres, donde fueron admitidos hace mucho tiempo y donde corren las calles, animando los hijos de familias a robar, etc....Dejen los Judíos en Francia durante un siglo, organizarán su secta en cada ciudad, tratando sólo con sus semejantes; se convertirán en Francia en lo que son en Polonia, y acabarán por sustraer la industria comercial de los nacionales que la ejercieron muy bien hasta ahora sin los judíos. Así ocurre en Alemania, donde los honestos comerciantes se ven abocados a abandonar sus negocios por causa de no poder competir con los Judíos. Dondequiera que brillen, sólo es a expensas de los nacionales. Vean en Génova y Livorno, puertos cuya situación es igual de favorable y cuyo comercio es parecido. Si los Judíos no fueran admitidos en Livorno, este puerto estaría copado por negociantes toscanos en vez de estar poblado por Judíos...En resumidas cuentas, los Judíos, en política, son una secta parasita que tiende a invadir el comercio de los Estados a expensas de*

---

[141] Oscar Friedmann, *Une Seconde de bonheur*, Calmann-Lévy, 1975, p. 199, 201, 202

los nacionales, sin identificarse con la suerte de la patria. Lejos de corregirse en Francia, es más que probable que propaguen su infame moral, pues ya se quejan amargamente de ellos en Lorena y en el Franco Condado, donde se introdujeron en grandes cantidades desde la Revolución. Practican en las villas mil tretas y canalladas que eran desconocidas para estos pueblos aún bastante francos[142]*.*"

El Talmud y la mentalidad judía

El Talmud es el libro más sagrado de los judíos. Este libro, que contiene las enseñanzas de los rabinos de los primeros siglos de nuestra era, tiene más autoridad para los judíos que la propia Torá (la Biblia, el Antiguo Testamento de los cristianos). Transcribe o resume las discusiones tormentosas que tuvieron lugar en las distintas academias de Palestina y de Babilonia. Un maestro enunciaba un problema, su discípulo proponía una solución, que era contestada a su vez por el discípulo del discípulo, y la siguiente generación lo resolvía así. Varias generaciones de maestros y de alumnos proseguían una y otra vez con el mismo debate del que el Talmud daba cuenta en un breve pasaje o en un simple párrafo[143].

Las cosas más simples eran objeto de discusión y argucias. Los rabinos buscaban misterios en las frases más claras o insignificantes de la Torá, entregándose a las conjeturas más extravagantes. Llegaban incluso a argumentar que cada pasaje de la Biblia tenía potencialmente sesenta e incluso seiscientas mil explicaciones.

Un filósofo judío de la Ilustración del siglo XVIII, Salomón Maimón, que residía en Polonia, se burlaba con gracia de algunas elucubraciones talmúdicas: "*Por ejemplo, ¿cuántos pelos blancos puede tener la vaca pelirroja para que siga considerándose pelirroja?*" o "*¿Está permitido matar un piojo o una pulga el día del sabbat?*" Pero es cierto que Salomón Maimón estaba algo enemistado con su propia comunidad.

Bernard Lazare, un socialista anarquizante y defensor de Dreyfus[144], dejó un libro bastante esclarecedor al respecto. Bernard Lazare publicó

---

[142] Charles Fourier, *Publications des manuscrits de Charles Fourier*, 1835-1856, *Du commerce et des commeçants*, Librairie Phalanstérienne.

[143] Elie Wiesel, *Célébrations talmudiques*, Seuil, 1991, p. 275

[144] El caso Dreyfus tuvo como origen una sentencia judicial de corte supuestamente antisemita, sobre un trasfondo de espionaje y antisemitismo, en el que el acusado fue el capitán Alfred Dreyfus de origen judío alsaciano, y que, durante doce años, de 1894 a

en 1894 un libro que pretendía ser la respuesta a *La Francia judía* de Edouardo Drumont cuyo éxito había sido rotundo. El pasaje que sigue aporta una visión de lo que puede ser esa "Ley" judía y su carácter universal en el judaísmo: "*Pero el judío tenía algo mejor que su dios: tenía su Thora – su ley – y es ella la que lo conservó. Esta ley, no sólo no la perdió al perder el territorio ancestral, sino que por el contrario reforzó su autoridad: la desarrolló y aumentó su poderío y también su virtud. Cuando, Jerusalén hubo sido destruida, fue la ley la que se convirtió en el vínculo de Israel: vivió para su ley y por su ley. Ahora bien: esta ley era minuciosa y formalista, era la manifestación más perfecta de la religión ritual en la cual se había convertido la religión judía bajo la influencia de los doctores, influencia ésta que se puede oponer al espiritualismo de los profetas cuya tradición Jesús continuó. Estos ritos que preveían cada acto de la vida y que los talmudistas complicaron hasta el infinito, estos ritos moldearon el cerebro del judío y, en todas partes – en todos los países – lo moldearon del mismo modo. Los judíos, aunque dispersos, pensaban de la misma manera en Sevilla y en Nueva York, en Ancona y en Ratisbona, en Troye y en Praga. Tenían sobre los seres y las cosas los mismos sentimientos y las mismas ideas. Miraban con las mismas lentes. Juzgaban según principios semejantes de los que no podían apartarse, pues no había en la ley obligaciones graves y menores: todas tenían un idéntico valor porque todas dimanaban de Dios. Todos aquellos a quienes los judíos atraían a sí estaban aprisionados en este terrible engranaje que trituraba las mentes y las moldeaba de un modo uniforme*[145]."

Esto era también lo que escribía Mark Zborowski en su gran estudio antropológico sobre los judíos de Europa del Este: "*Una página del Talmud presenta el mismo aspecto que hace cien años, y el mismo aspecto en Vilna y en Shangai. En todo el mundo, los alumnos meditan sobre la misma Torá, el mismo Talmud, el mismo comentario de Rachi. Los niños salmodian con su voz aflautada el mismo texto que abre la Michná...Allí donde le lleven sus pasos, y a poco que sea en una comunidad tradicional, el erudito del shtetl encontrará los mismos estudios, los mismos debates llevados a cabo con ardor y celo.*"

1906, conmocionó a la sociedad francesa de la época, marcando un hito en la historia del antisemitismo. (NdT).

[145]Bernard Lazare, *El Antisemitismo, su historia y sus causas, (1894).* Ediciones La Bastilla, Edición digital, 2011 p. 120, 121

Si los judíos reaccionan tan vivamente cuando uno de los suyos es denunciado por estafador, es porque saben que la imagen de toda la comunidad queda empañada. Hallamos esta misma uniformidad y atavismo en los escritos de los intelectuales judíos de hoy en día como de antaño. *"En las enseñanzas del judaísmo tradicional, las barreras del tiempo son confusas y borrosas, escribía Zborowski. La costumbre de referirse a textos antiguos para regir el presente y a textos modernos para esclarecer el pasado ha forjado entre el pasado y el presente una cadena indestructible a la que cada erudito añade un eslabón...Ese silencioso desdén hacia las divisiones occidentales del tiempo y del espacio afirma que la unidad de la tradición es más sólida que las rupturas de la continuidad física y temporal*[146]." Esto es precisamente lo que algunos llamaron "el judío eterno" (*Der ewige Jude*).

El Talmud contiene todo y su contrario[147]. Algunos rabinos predican la tolerancia, mientras que otros la condenan; algunos aprueban la usura, pero otros la rechazan, etc. Pero la verdad es que toda la obra contiene muchos pasajes muy ofensivos e insultantes contra los no-judíos, y sobre todo para con los cristianos. En la primera mitad del siglo XIII, Nicolas Donin había sido el primero en denunciar los horrores contenidos en el Talmud. Y lo sabía de primera mano, puesto que era el mismo un antiguo judío que había abandonado la secta. A continuación, en el siglo XVI, eruditos cristianos hebraizantes habían seguido estudiando el Talmud y confirmado lo que todo el mundo sospechaba. He aquí algunos preceptos sacados de ese "libro santo":

Los cristianos son idolatras, no te relaciones con ellos (Hilkhoth Maakhaloth); los cristianos son impuros porque comen alimentos impuros (Shabbath, 145b); las mujeres judías son contaminadas por el mero encuentro con cristianos (Iore Dea, 198); los judíos son humanos, los cristianos no, son bestias (Keritot, 6b); los cristianos han sido creados para servir a los judíos (Midrash Talpiyot, 225); No se debe tener más compasión por los cristianos que por los cerdos cuando éstos están enfermos de las tripas (Orach Chayim, 57, 6a); la simiente de los goyim es como la de las bestias (Yevamot, 98a); los esclavos cristianos

---

[146]Mark Zborowski, *Olam*, 1952, Plon, 1992, p. 107, 108.

[147]La Guemará es la parte del Talmud que recoge las discusiones y comentarios sin fin de los rabinos. Los rabinos practican el *Midrash* (comentario, explicación, interpolación). Léase la larga nota sobre el *Midrash* en *Psicoanálisis del Judaísmo*. (NdT).

muertos deben reemplazarse como el ganado (Iore Dea, 377); los judíos deben ser llamados hombres, no los cristianos (Yevamot, 61a); golpear un judío es como abofetear Dios en la cara (Sanedrín, 58b); un judío siempre es considerado bueno, a pesar de los pecados que pueda cometer. Siempre es la cáscara la que se ensucia, nunca su fondo (Chagigah, 15b); se debe tirar el vino si ha sido tocado por un cristiano (Avodah Zarah, 72a, b); la vasija comprada a un cristiano debe ser tirada o purificada (Iore Dea. 120, 1); etc.

Y en cuanto a la forma de comerciar con los cristianos, los sabios del Talmud dicen lo siguiente: la propiedad de un cristiano o un gentil es en balde, pertenece al primer judío que la reclame (Baba Batra, 54b); si un cristiano devuelve por error demasiado dinero, hay que guardarlo (Choschen Ham, 183); los judíos pueden quedarse con las pertenencias de un cristiano sin preocuparse por ello (Choschen Ham, 226); está permitido perjurar y engañar en corte a los cristianos (Baba Kamma, 113a, b); judíos que engañan un cristiano deben repartirse el beneficio equitativamente (Choschen Ham, 183); la usura está permitida con los cristianos y los apóstatas (Iore Dea, 159); etc.

Además, pueden mentir, si es en interés de uno de los suyos y de la comunidad. Los judíos pueden jurar falsamente usando frases con doble sentido, o mediante cualquier subterfugio (Schabbouth Hag., 6d y Kol Nidré).

Está permitido matar indirectamente un cristiano, por ejemplo, si alguien que no cree en la Torá cae en un pozo, hay que retirar la escalera (Choschen Ham, 425). Y muchas más citas que podrían parecer poco creíbles a los neófitas, ya que resultan realmente insultantes para los goyim.

Nicolas Donin había reunido varios extractos del Talmud, seguido de treinta y cinco cargos como base de acusación.

A raíz de su trabajo, el 9 de junio de 1239, el Papa Gregorio IX había enviado una carta a todos los obispos de Francia, Inglaterra, Castilla, Aragon y Portugal ordenándoles confiscar todos los ejemplares del Talmud y entregarlos a los monjes dominicos y franciscanos. Los soberanos de esos países debían ayudar a los obispos, mientras que los priores de los dominicos y franciscanos eran encargados de abrir diligencias contra el Talmud y quemar todos los ejemplares.

Nuestros antepasados europeos habían comprendido que la naturaleza profunda del judaísmo se nutría de los preceptos contenidos en ese libro. El rey San-Luis, preocupado por ello, había ordenado un juicio, que tuvo lugar el 12 de junio de 1240 en el Palacio de justicia de París, bajo la presidencia de su madre Blanca de Castilla. Tras muchos debates, fue decidido destruir el libro, y el 6 de junio de 1242, veinticuatro carros con 1200 ejemplares del Talmud fueron quemados en la Plaza de Grève. A continuación, en toda Europa, numerosos Papas siguieron advirtiendo los cristianos contra los horrores escritos en las páginas del Talmud[148].

[148]Léase más en detalle en Hervé Ryssen, *Historia del antisemitismo*, Baskerville, 2010.

SEGUNDA PARTE

LOS TIBURONES DE LA FINANZA

Los grandes brujos y manitus de la finanza internacional no son todos judíos; ni mucho menos. Pero los miembros de esta comunidad siempre han ejercido una gran influencia en esta actividad. Cuando salen a la luz nuevos fraudes, uno puede estar casi seguro de que aparecerá algún hijo del "pueblo elegido", de nuevo copando la primera plana de las noticias de los medios de comunicación[149].

1. El fraude piramidal

El fraude piramidal es el gran clásico intemporal de la estafa financiera, comúnmente llamado "pirámide de Ponzi"("Ponzi scheme" dicen los norteamericanos), del nombre del estafador que había hecho estragos en Boston en 1921. Los periodistas suelen repetir esta expresión para evitar hablar de "pirámide de Goldstein", o de "Cohen scheme". Pero desde diciembre del 2008, este tipo de fraude será asociado, y por mucho tiempo, al nombre de Bernard Madoff, quién pulverizó todos los récords en la materia. Este fraude consiste para un financiero ambicioso en recoger el dinero de sus clientes prometiéndoles intereses superiores a lo normal. Cuando un cliente pide recuperar su dinero con los

[149] A finales del 2022 era noticia Sam Bankman-Fried, el último genio financiero de la comunidad judía implicado en el fraude multimillonario de la plataforma de intercambio de criptomonedas FTX. Sus conexiones con el financiamiento del partido Demócrata estadounidense y del gobierno en guerra de Ucrania dan una idea de la magnitud del escándalo. En contraste con la gravedad del asunto, la presentación de la estafa y de la figura caricaturesca y ridícula del estrafalario personaje y sus colaboradores casi parecía una parodia humorística antisemita. (NdT).

intereses acordados, en su totalidad o en parte, el inversor le entrega el dinero depositado por los otros clientes que entraron más recientemente.

Imaginemos que A logra convencer el individuo o la sociedad B de entregarle 100 euros, prometiendo devolverle 150 euros al cabo de un año. Al año siguiente, A devuelve a B los 100 euros más los intereses que han sido sustraídos de las aportaciones de los nuevos inversores, C y D. Dado que B está satisfecho de esta inversión, decide invertir de nuevo una suma mucho más importante y, naturalmente, a través del boca a boca, persuade a todos sus amigos entrar en este buen negocio. Este esquema se reproduce mientras nuevos inversores depositan su dinero y haya más personas entrando en el sistema que saliendo.

Al principio, los clientes acuden en masa atraídos por las promesas financieras, más aún cuando los primeros inversores quedan satisfechos y dan una gran publicidad a la inversión. Pero tarde o temprano, el estafador no consigue captar suficientes nuevos inversores para remunerar los antiguos. Los iniciadores y los primeros en llegar han amortizado con creces su inversión inicial, mientras que los últimos en llegar lo pierden todo.

Bernard Madoff, el campeón absoluto

Bernard Madoff era un financiero muy conocido en Wall Street. Salido de la nada, se había consolidado como una de las figuras más importantes del mundo de los negocios. Al principio de los años 1990, había logrado convertirse en el presidente del Nasdaq, el mercado bursátil de los valores de alta tecnología en Nueva York. Pero su fama se fraguó sobre todo con su fondo de inversión, el "Bernard Madoff Investissement Securities" (BMIS). Garantizaba a sus clientes una rentabilidad razonable de 6 o 7% anual, cuando el mercado sólo ofrecía un 5%. Daba la impresión de ser muy hábil, pues nunca disminuía los rendimientos distribuidos a sus clientes, independientemente de las fluctuaciones del mercado bursátil. Considerado como un inversor prudente, todo el mundo confiaba en él. Sus inversiones eran consideradas igual de seguras que los bonos del Tesoro estadounidense.

Bernard Madoff estaba también muy involucrado en numerosas organizaciones benéficas y culturales, por lo que era venerado por la comunidad judía y hasta apodado por los agentes de Wall Street el "bono del Tesoro judío". Con la ayuda del boca a boca, los inversores se apresuraban a entregar su dinero en las manos del prodigioso hombre de negocios.

Su imperio era en realidad un negocio familiar. Dirigía la casa con su hermano Peter, el número 2 de la sociedad. Tras acabar sus estudios, sus dos hijos, Mark y Andrew, no lo dudaron ni un momento y entraron directamente en el negocio familiar. Pero Bernard Madoff amaba trabajar solo. Su correduría bursátil ocupaba todo el piso 17 del Lipstick Building, ese edifico en forma de pintalabios en la tercera avenida de Nueva York. Era su santuario; nadie penetraba ahí y controlaba sus actividades. Quienes se extrañaban de cómo era posible generar esos intereses tanto tiempo, con esa regularidad, y se preguntaban cual podía ser el secreto del financiero, Madoff respondía sonriendo: "*Don't ask, don't tell*" (No hagan preguntas). Un gerente de fondo que había querido realizar una auditoría de la firma recibió como respuesta: "*Sólo el cuñado de Madoff está autorizado a auditar las cuentas, para mantener en secreto la estrategia de Madoff y evitar que pueda ser copiada.*"

"Bernie" Madoff tenía una apariencia reservada. No pretendía en absoluto impresionar su entorno ni mostrase de forma ostentatoria. Era un hombre discreto. La mayoría de las veces, se negaba simplemente a conocer inversores potenciales. Madoff no solicitaba los eventuales inversores, sino que, al contrario, eran éstos los que debían insistir para entrar en ese supuesto club muy cerrado y depositar su dinero. Ejercía una especie de magnética atracción, como si invertir en sus fondos era un privilegio inestimable. El simple hecho de tener una cita con el hombre de negocios podía llevar varios meses, incluso años, de modo que cuando el inversor por fin lo lograba, éste se presentaba a la cita con un solo y claro objetivo: ser aceptado como cliente, sin reservas. Al principio, Madoff insistía para que los nuevos inversores depositaran poco dinero, a fin de que no sospecharan. Lograba así infundir confianza para que más adelante invirtieran sumas mucho más importantes.

Estos nuevos inversores eran absolutamente necesarios al buen funcionamiento de su empresa. En efecto, su dinero remuneraba los antiguos clientes que deseaban recuperar el principal más los intereses, y no las lucrativas inversiones que se suponía realizaba Madoff. La captación de nuevos inversores era por lo tanto indispensable, si bien debía hacerse de manera mundana. Su esposa Ruth recordaba todas esas cenas, partidas de golf, galas, todas estas relaciones que había que mantener continuamente. Mientras tanto, "Bernie" seguía sus equipos de *Macher* (palabra yiddish que designa un personaje que tiene contactos) – sus prospectores- que contaban en círculos influyentes cómo su dinero estaba tan bien invertido con Madoff. Cuando la persona engatusada preguntaba, el *Macher* respondía invariablemente:

"No puede dirigirse a él directamente sin ser presentado. Pero tal vez pueda hacer algo por usted."

Después de haber escogido los más ricos de Nueva York, Madoff había hecho lo mismo en Florida a partir de 1996. Pasaba la mayor parte de su tiempo en Palm Beach, el paraíso de los millonarios que recibe los dueños de grandes empresas, escritores de superventas, deportistas famosos y ricos filántropos. Era un habitual del muy selecto Palm Beach Country Club, uno de sus 300 miembros exclusivos - todos procedentes de la comunidad judía. Todos confiaban ciegamente en este gran filántropo que regaba las asociaciones benéficas judías. Madoff era uno de los suyos.

Pero con la caída de los mercados financieros a finales del 2008, como consecuencia de la quiebra de Lehman Brothers en septiembre, numerosos clientes habían preferido retirar sus fondos por miedo a perder su dinero, de tal forma que en diciembre Madoff tuvo que hacer frente a reintegros de 7000 millones de dólares. Toda la pirámide se derrumbó. El 10 de diciembre, Madoff reunió a sus hijos, que por lo visto (pero nadie tiene por qué creerse la versión del estafador) ignoraban el fraude, para anunciarles la catástrofe. Ellos avisaron las autoridades. El 12 de diciembre del 2008, Bernard Madoff, 70 años, fue arrestado en su domicilio de Manhattan por la policía federal.

De los veintiún mil millones de dólares que le habían entregado en veinte años, no quedaba nada. Contando los intereses devengados que quedaron sin pagar, los inversores habían perdido no menos de ¡65 000 millones de dólares! (49 100 millones de euros). Era la mayor estafa piramidal de la historia de la humanidad. Y este gigantesco fraude, que había durado veinte años, había sido perpetrado por un hombre venerado como una celebridad de Wall Street.

Una shoah financiera

Las consecuencias de la estafa repercutieron en miles de inversores y ahorradores en todo el mundo. Algunos ahorradores habían entregado directamente su dinero a la sociedad de Bernard Madoff, mientras que otros habían colocado su dinero indirectamente a través de fondos de inversión que trabajaban con el financiero.

Los bancos franceses se habían visto relativamente poco afectados. Natixis había perdido cerca de 450 millones y la BNP Paribas otros 300 millones. El banco británico HSBC, tercer banco mundial en capitalización, reconocía por su parte unas pérdidas de casi 1000 millones de dólares; el banco suizo UCB declaraba unos 850 millones de dólares. El banco español Santander había sido duramente afectado con 2330 millones de euros, especialmente los clientes de su fondo Optimal[150].

Si bien la mayoría de los inversores estafados habían pasado por intermediarios bancarios, los inversores de Palm Beach, en cambio, eran a menudo gente muy próxima a Madoff. Los miembros del Palm Beach Country Club estaban en estado de choc, tenían la sensación de haber sido traicionados por un amigo. "*La comunidad está en estado de choc. Nadie se imaginaba que alguien como él pudiera hacer eso a sus amigos*", explicaba Carlos Carraca, un habitante de la isla. "*Muchas familias fueron arruinadas, algunas lo perdieron todo, millones.*"

Algunas celebridades también habían sufrido pérdidas en la estafa. Una fundación del cineasta Steven Spielberg había depositado una parte significativa de sus recursos entre las manos del antiguo presidente del Nasdaq. El magnate estadounidense del mercado inmobiliario y de los medios de comunicación, Mort Zuckerman – propietario del *New York Daily* y *US News & World Report* – no se había librado tampoco. En cuanto a la fundación "Elie Wiesel para la Humanidad", que había entregado en septiembre su premio anual al presidente Nicolas Sarkozy, ésta había publicado el siguiente comunicado: "*Con profunda pena y tristeza, les informamos de que hemos sido, junto a muchos más, víctimas de uno de los mayores fraudes financieros de la Historia. La Fundación poseía unos 15,2 millones de dólares gestionados por el Fondo de inversión de Bernard Madoff, es decir casi la totalidad de sus activos.*"

Las organizaciones caritativas judías también habían sido duramente afectadas. Según Gary Tobin, presidente del Instituto de investigación comunitario de San Francisco, las donaciones realizadas a diversas asociaciones judías estadounidenses con fines caritativos se elevaban a 5000 millones de dólares anuales (de los cuales el 20% iban a parar a organizaciones israelíes). El diario *Le Monde* del 28 de diciembre del 2008, que retomaba esta información, señalaba que, en relación con esa enorme cantidad de dinero, "*se desconocía la parte gestionada por Madoff, pero debía ser considerable*". "*Se trata de un acontecimiento*

150 https://www.elmundo.es/mundodinero/2008/12/14/economia/1229282291.html (15/12/2008). (NdT).

catastrófico para la comunidad judía[151]", comentaba Rob Eshman, redactor en jefe del semanal *Jewish Journal*, publicado en Los Ángeles. En Boston, la Fundación Lappin, que financiaba viajes para los jóvenes judíos a Israel, había tenido que despedir todo su personal y anunciar su cierre. En cuanto a la Chais Family Foundation, que donaba cada año en torno a 12,5 millones de dólares a las buenas obras judías, ésta también había cerrado sus puertas y despedido su personal. "*La totalidad del fondo ha sido invertido a través del intermediario de Bernard Madoff y, por consiguiente, el fondo se ha perdido por completo*", había declarado su presidente Avraham Infeld. Así pues, el presidente Vladimir Putin, a quién los responsables de la comunidad elegida atribuían la "*mayor expoliación de intereses judíos desde los años treinta*[152]", acababa de encontrar un serio competidor.

Entre negligencias y complicidades

Algunas víctimas se habían constituido en asociación. "*¿Dónde está mi dinero? ¡Eso es todo lo que quiero saber hoy!*", clamaba Phillys Moltchatsky, una señora de 62 años que temblaba de rabia. "*Es la enfermedad de Parkinson, confesaba avergonzada. Ha empeorado por culpa de Madoff, he perdido 1,7 millón*[153]." La sexagenaria formaba parte de un grupo de trescientas víctimas que atacaban en justicia por negligencia la SEC (Securities and Exchange Commission), el gendarme de la bolsa neoyorquina. En junio del 2009, la denuncia conjunta había sido desestimada en primera instancia. De hecho, nadie había ganado nunca un juicio contra la SEC.

Helen Chaitman, 67 años, tuvo que volver a trabajar después de haberlo perdido todo con Madoff. "*Afortunadamente*", era abogada especialista en fraudes bancarios. Dedicaba toda su energía, junto con las demás víctimas, para demostrar la negligencia de la SEC. "*La SEC ha llevado a cabo siete investigaciones sobre Madoff en once años, con veintisiete personas. No solamente le dejo operar su esquema Ponzi durante veinte años, sino que lo aprobó oficialmente*[154]", decía con una voz pausada que disimulaba mal su enfado.

---

[151] *Le Monde*, 28 d diciembre del 2008.
[152] Léase la primera parte de *La Mafia judía*.
[153] *Le Figaro*, 29 de junio del 2009.
[154] *Le Figaro*, 29 de junio del 2009.

En realidad, el fraude piramidal creado por el financiero estadounidense pudo haber sido desvelado en 1992, dieciséis años antes, como lo revelaba un informe de septiembre del 2009 de 400 páginas redactado por David Kotz, el inspector general de la SEC[155]. Según David Kotz, la SEC había pasado por alto numerosas señales de alarma. Entre junio de 1992 y diciembre del 2002, no menos de seis denuncias de particulares o responsables financieros habían llegado a la SEC, pero las investigaciones habían sido superficiales. "*A pesar de realizarse tres exámenes y dos inspecciones, ninguna inspección minuciosa y competente había sido nunca realmente realizada*", reconocía. El inspector general achacaba sobre todo la culpa de todo a "*la relativa inexperiencia*" y la falta de preparación del personal encargado de examinar esas operaciones.

Ante esta bochornosa narración, la presidenta de la SEC, Mary Schapiro, tuvo que hacer su *mea culpa*. "*Es un fracaso que seguimos lamentando*", había declarado, reconociendo todas las oportunidades pérdidas de desenmascarar Bernard Madoff. También había añadido que, desde entonces, el organismo que tutela los mercados bursátiles había efectuado numerosos cambios a fin de detectar mejor las infracciones financieras.

Los goyim podían sin embargo ver las cosas de otra forma. El senador republicano Charles Grassley, por ejemplo, consideraba por su parte que las disfuncionalidades puestas en evidencia por el informe Kotz eran "*una prueba más de la cultura de deferencia en uso en la SEC respecto de las élites de Wall Street.*" Uno podía legítimamente hacer preguntas acerca del director adjunto de la SEC en la época en que Madoff estaba en la cima de su gloria, un tal Eric Swanson, casado con Shana Madoff, una sobrina de Bernard Madoff. Pero para David Kotz, el inspector general, nada podía demostrar la menor connivencia con el estafador. Y teníamos que creerle.

La justicia estadounidense había nombrado un liquidador, Irving Picard[156], al que se le encomendó la tarea de recuperar el dinero de las víctimas. Irving Picard persiguió sin descanso todos los cómplices y

---

[155] *Le Figaro*, 3 de septiembre del 2009.

[156] Irving H. Picard (1941) es socio del bufete de abogados BakerHostetler. Es conocido por la recuperación de fondos del escándalo de inversiones Madoff. Irving Picard es judío. (NdT).

supuestos beneficiarios de la estafa. Acusó en primer lugar ciertos bancos que, según él, habían animado o por lo menos no habían disuadido a sus clientes de colocar su dinero en los fondos Madoff a sabiendas de los riesgos y cobrando de paso sus comisiones. Según los investigadores, los intermediarios no podían ignorar el fraude, puesto que los rendimientos eran irreales. Sobre todo, sus reintegros habían sido demasiado cuantiosos para ser honestos: 12 000 millones de dólares habían sido retirados del fondo Madoff en 2008, 6000 millones tres meses antes de la debacle[157].

En diciembre del 2010, Irving Picard reclamaba no menos de 9000 millones de dólares al banco británico HSBC, del que se pensaba en un principio que había sido una víctima de la estafa. Pero según el funcionario, HSBC había *"creado, promocionado y alimentado una red internacional de una docena de fondos abastecedores domiciliados en Europa, el Caribe y en América central."* El banco lo negaba tajantemente.

Irving Picard acusaba también de complicidad el banco estadounidense JP Morgan, el principal banco del fondo "Bernard Madoff Investissement Securities" (BMIS), y reclamaba 6400 millones de dólares. El banco había deliberadamente ignorado varias señales de alarma que indicaban que el dinero provenía de operaciones fraudulentas. *"JP Morgan ha cerrado conscientemente los ojos ante el fraude, incluso después de haber sido avisado varias veces en contra de Madoff."* El banco había respondido que esa acusación era *"irresponsable y exagerada"*.

Irving Picard reclamaba además 555 millones de dólares al banco suizo UBS, acusado de haber recuperado las cantidades robadas por Madoff a los inversores en dos de sus fondos. UBS se defendió contra tales acusaciones, argumentando que *"no eran responsables hacia esos inversores de las consecuencias desafortunadas del escándalo Madoff."* Un recurso había sido presentado contra los bancos Natixis y Citigroup, a los que el liquidador reclamaba respectivamente 400 y 425 millones de dólares. Los otros bancos señalados eran el belga Fortis (grupo BNP Paribas), el holandés ABN Amro, el español Banco Bilbao Vizcaya Argentaria, el japonés Nomura y el estadounidense Merrill Lynch.

---

[157] *Le Figaro*, 29 de junio del 2009.

Irving Picard también había iniciado procedimientos contra miembros de la familia de Madoff, empezando por su hermano Peter y sus hijos Mark y Andrew, recuperando así unos 80 millones. Acusaba a los tres hombres de no haber detectado la estafa y no haber sospechado el origen del dinero que financiaba su tren de vida. La denuncia acusaba especialmente el hijo mayor, Mark Madoff, de haber gastado indebidamente 66 millones de dólares (49,8 millones de euros) para hacerse con un patrimonio inmobiliario compuesto de prestigiosas propiedades en Nueva York, en el Estado de Conecticut y en Nantucket. En diciembre del 2010, Mark Madoff, 46 años, era descubierto muerto en su domicilio de Nueva York. Se había ahorcado en su apartamento del barrio Soho, en Manhattan.

Bernard Madoff había sido juzgado rápidamente, pocos meses después del escándalo. El 12 de marzo del 2009, decidía declararse culpable, lo que le permitía evitar un juicio ante un jurado pero también una instrucción que sin duda habría levantado el velo sobre varios misterios. El 29 de junio del 2009, la antigua gloria de Wall Street era condenada a 150 años de prisión, el máximo previsto por la ley. El juez se había asegurado así que terminaría su vida entre rejas. Madoff no recurrió la sentencia.

Desde el fondo de su celda de Butner, en Carolina del Norte, Bernard Madoff se negaba sin embargo a ser el chivo expiatorio. En una entrevista al *Financial Times* a finales de marzo del 2011 y publicada el 9 de abril, Madoff señalaba el banco JP Morgan: "*No soy banquero, pero sé que unos millardos de dólares entrando y saliendo de una cuenta bancaria deberían alertar...Hay gente dentro del banco que sabía.*" Estas acusaciones habían provocado una gran indignación. El banco JP Morgan respondía escuetamente que las declaraciones de Madoff eran "*falsas*".

En su anterior entrevista, en febrero del 2011, ya había proferido acusaciones parecidas. Acusaba también de incompetencia a los reguladores, en primer lugar la SEC (Securities and Exchange Commission): "*En 50 años, he tenido probablemente 50 controles de la SEC, y mi empresa siempre fue considerada modélica.*"

Las supuestas víctimas eran en realidad sus cómplices

Con el paso del tiempo, y a medida que la investigación progresaba, se hizo cada vez más claro que los grandes titulares de cuentas en Madoff que se habían presentado como víctimas, habían sido previamente grandes beneficiarios de la estafa. Algunos inversores que habían mantenido fondos en las cuentas Madoff, albergando la esperanza de una última ganancia, fueron efectivamente "víctimas" en diciembre del 2008. Pero esto era sin tener en cuenta las ganancias realizadas los años anteriores. Era lo que denunciaba un columnista del *New York Times*, Joe Nocera, quien había titulado su artículo: "*Claro que Bernie tenía cómplices: ¡sus víctimas*[158]*!*"

En una entrevista concedida a la agencia de periodismo *Politico*, y publicada en el diario israelí *The Times of Israel* el 21 de marzo del 2014, Bernard Madoff había confesado que las asociaciones benéficas judías habían ganado más dinero del que habían perdido, de hecho probablemente mucho más: "*La religión no tiene nada que ver con esto*", puntualizaba Madoff, quien añadía: "*No creo haber traicionado a los Judíos, he traicionado a personas. He traicionado personas que confiaban en mí- algunas eran de la comunidad judía. He ganado más dinero para los judíos y sus organizaciones benéficas de lo que he perdido.*"

Irving Picard calculó el número de individuos o empresas que habían ganado dinero retirando su apuesta a tiempo gracias a Madoff en 2000; cerca de un millar eran acusadas de haberse aprovechado indebidamente del sistema o de haber participado como cómplices del estafador. "*Las personas que ganaron dinero lo hicieron a costa de los que lo perdieron todo*[159]", había declarado. Y estaba decidido a hacerlos ceder. Para ello, había amenazado con invocar el "*claw back*", un procedimiento judicial que permite reclamar los capitales indebidamente retirados. En efecto, Irving Picard y el fiscal federal del Estado de Nueva York, Preet Bharara, consideraban que aquellos que pretendían haber sido estafados – riquísimos inversores, banqueros, grandes fundaciones, etc. que habían gozado previamente de rendimientos indecentes- debían devolver lo que habían percibido.

El administrador judicial los había conminado seriamente: o devolvéis vuestros beneficios hasta el último centavo, o bien presentamos una denuncia y un tribunal decidirá. Había adoptado especialmente esta actitud con todos aquellos que habían tenido suficientemente olfato o el oído bastante informado para retirar el dinero poco antes de la caída. Hay que repetirlo: 12 000 millones de dólares fueron retirados del

---

[158] *Le Monde*, 21 de diciembre del 2010.
[159] *Les Échos*, 28 de julio del 2010.

BMIS en los diez meses anteriores al colapso, la mitad de ellos en los últimos tres meses. Irving Picard había sencillamente denegado el estatuto de víctima a aquellos que habían retirado más dinero del que habían depositado en el fondo Madoff. Únicamente los verdaderos perdedores serían indemnizados.

En la entrevista concedida al *Financial Times* al final del mes de marzo del 2011, Madoff acusaba de manera confusa sus cuatro principales "clientes": Jeffry Picower, Stanley Chais, Norman Levy y Carl Shapiro. *"Ellos sabían que algo no andaba bien. Eran cómplices"*, aseguraba. De sus cuatro antiguos principales clientes que le habían ayudado a abastecer el fondo con dinero fresco - todos miembros de la comunidad judía- tres habían fallecido. Pero sus herederos, y sobre todo sus abogados, habían saltado a la palestra para denunciar las mentiras de la antigua "estrella" de Wall Street. El viejo Carl Shapiro, el último todavía en vida, afirmaba que Madoff era un mentiroso. *"Sus últimas declaraciones no son más creíbles que todas las demás mentiras proferidas durante décadas*[160]*."*

En su libro del 2011 sobre el ascenso y la caída de Bernard Madoff, la famosa periodista estadounidense, Diane Henriques, que trabajó en el *New York Times* hasta el 2011, subrayaba el papel clave desempeñado por los cuatro *"ricos empresarios judíos"* en la carrera de Madoff, apostando por él a finales de los años 1970[161]. Otros nombres circulaban: Robert Jaffe (el nieto de Carl Shapiro), Noel Levine, Ezra Merkin en Nueva York, todos financieros judíos de alto nivel. Pero todos clamaban su inocencia, aduciendo que habían perdido mucho dinero. Sin duda, habían perdido mucho en diciembre del 2008, ¿pero ¿cuánto habían ganado los años anteriores? Los investigadores trataban de establecer su nivel de responsabilidad, desenmarañando su obcecación culpable y complicidad activa.

Por su parte, la SEC, que había dejado pasar la gigantesca estafa, había presentado su primer recurso en junio del 2009 contra el fondo Cohmad (Cohn-Madoff) que arrendaba oficinas al estafador, justo en frente de las suyos. La "Cohmad Securities" había sido fundada en 1985 por Bernard Madoff y Maurice Cohn, un amigo de Madoff y antiguo vecino. Su actividad principal consistía en orientar inversores hacia los fondos

---

160 *Le Point*, 11 de abril del 2011.

161 Léase el artículo *The jewish Roots of Madoff's Crime*, en la página web del periódico judío *The Jewish Daily Forwards*, 10 de mayo del 2011.

Madoff a cambio de comisiones sobre las cantidades invertidas. El vicepresidente de la Cohmad era Robert Jaffre, casado con Ellen Shapiro, la hija de Carl Shapiro. Robert Jaffe, que trabajaba en Palm Beach, había traído 150 cuentas por un importe total de 1000 millones de dólares en el fondo de inversión de Madoff.

El viejo Carl Shapiro había construido su fortuna con la confección textil y estaba muy ligado a Madoff, al que consideraba un poco como su hijo. Pero en diciembre del 2008, cuando la casa Madoff cayó, perdió, según lo que se decía, unos 545 millones de dólares; una pérdida que podía enfriar cualquier amistad. Sin embargo, dos años más tarde, tras unas investigaciones llevadas a cabo por Irving Picard, nos enterábamos de que en realidad Carl Shapiro se había forrado. Había invertido cientos de millones con Madoff, y había regularmente percibidos los frutos de sus inversiones los años anteriores, probablemente con la complicidad de su viejo amigo. Pero con su avanzada edad de 97 años, éste afirmaba no saber nada de la estafa. En diciembre del 2010, Carl Shapiro aceptaba sin embargo reembolsar 625 millones de dólares, justo en el momento en que la justicia estadounidense estaba a punto de embargar su cuenta de la JP Morgan. Nos enterábamos entonces de que la fundación Shapiro, "*The Carl and Ruth Shapiro Family Foundation*", solía contribuir con generosas donaciones al "*Beth Israel Deaconess Medical Center*", pero que por culpa del escándalo, decía el interesado, no podría seguir siendo tan generoso. Las asociaciones judías iban a hundirse en la miseria más horrible, ¡sin lugar a duda!

Norman Levy, un magnate del sector inmobiliario, era también un viejo amigo de Madoff. Decía además de Madoff que era su "*hijo adoptivo*". Fue él quien presentó el estafador a los mayores inversores. Sus oficinas estaban situadas justo debajo de las de la sociedad de Madoff, en la planta inferior. Los investigadores de Nueva York afirmaron que se había producido miles de millones de idas y venidas de cheques entre Madoff y él. Y él también tenía una fundación, la "*Fondation Betty and Norman F. Levy*", que había, por lo visto, perdido mucho dinero en diciembre del 2008. Pero Norman Levy no tuvo que llorar mucho estas pérdidas, ya que había fallecido en el 2005, a la edad de 93 años. Antes de su muerte, Levy había nombrado Madoff albacea testamentario de su sucesión, y éste había transferido 250 millones de dólares a su fondo de inversión.

Stanley Chais, un próspero hombre de negocios y respetado filántropo, servía de gancho a Madoff en Hollywood. Él también persuadía a los incautos invertir. En mayo del 2009, Irving Picard había emprendido acciones legales contra él, acusándole de haber sido cómplice suyo puesto que sus inversiones con Madoff eran remuneradas con un 40% de media, incluso alguna vez en un 300%, es decir unas ganancias equivalentes a más de 1000 millones de dólares desde 1995. Cuando el imperio Madoff se derrumbó en el 2008, las cuentas de Chais que habían sido intervenidas demostraron que sus clientes habían invertido más de 900 millones de dólares en el fondo del estafador. En junio, la SEC presentó a su vez una denuncia contra el controvertido hombre de negocios que finalmente murió en el 2010 a los 84 años de una enfermedad de la sangre. Su fundación, la "*Chais Family Fondation*", que donaba mucho dinero a decenas de asociaciones judías e israelíes, así como a la Universidad hebraica de Jerusalén, había echado el cierre en diciembre del 2008, dejando miles de niños judíos en la miseria.

Uno de los mayores beneficiarios de la estafa era Jeffry Picower, otro "filántropo", especialista de la "desfiscalización" e inversor profesional que operaba en Palm Beach, en Florida, dentro de los cenáculos más distinguidos. Jeffry Picower estaba en estrecha relación con "Bernie" desde hacía treinta años, y poseía en el BMIS una veintena de cuentas. Abogado y contable de formación, había hecho fortuna con los bienes raíces y jugosas inversiones. Junto con Madoff, había realizado ganancias tan extravagantes que en el 2008 había entrado en el Top 400 de Forbes de los hombres más ricos de Estados Unidos; en la posición 371. El liquidador Irving Picard había constatado que la rentabilidad de algunas de sus cuentas con Madoff alcanzaba a veces del 100 al 500% anual – ¡incluso 1000% en una de ellas! - Un ejemplo: el 18 de abril del 2006, Jeffry Picower había ingresado 125 millones en una cuenta. Ocho meses después, los intereses le habían reportado 81 millones. Justo antes del desmoronamiento de la pirámide de Madoff, había retirado no menos de 500 millones de dólares, por lo que era evidente que conocía la estafa. Jeffry Picower había amasado miles de millones. El 25 de octubre del 2009, once meses después del colapso del fondo Madoff, su esposa lo encontró muerto en su piscina de Palm Beach, en Florida. Crisis cardíaca, concluía la autopsia. Tenía 67 años. Después de su fallecimiento, la cadena de televisión ABC insinuó que Picower había sido el cerebro de la estafa: "*Muchos inversores creían que él era el cerebro de la estafa masiva de Madoff.*" Efectivamente, durante las tres décadas que duró la estafa Picower había acumulados más beneficios que el propio Bernie.

Irving Picard reclamaba exactamente 7200 millones de dólares a la viuda Picower, aunque tuvo que batallar un largo año para llegar a un acuerdo. En diciembre del 2010, finalmente, la mujer aceptó restituir esa enorme masa de dinero a cambio de la promesa del liquidador, así como del fiscal federal del Estado de Nueva York, Preet Bharara, de renunciar a todo procedimiento judicial; además, se admitiría que su esposo no estaba voluntariamente implicado en la estafa piramidal[162]. Era la suma más imponente jamás saldada por un particular tras una demanda judicial, pero el honor estaba a salvo. Después de eso, Barbara Picower había entonces declarado que estaba "*absolutamente convencida de que su esposo no era cómplice de Madoff.*" Su abogado dio la siguiente explicación: "*No es por culpabilidad. Mi clienta cree en el principio de que cualquiera que se beneficie de un fraude debe restituir la suma a sus propietarios de pleno derecho. Es un principio moral.*" Y, como todo el mundo sabe, en el judaísmo, ¡no se juega con los principios morales!

Las asociaciones benéficas judías tampoco lo habían perdido todo, como habían intentado hacernos creer al principio. Varias asociaciones declaradas como deficitarias al principio del escándalo figuraban en realidad entre los clientes beneficiarios perseguidos por Irving Picard: "*The America Israel Cultural Foundation*" debía unos 5,32 millones de dólares; "*The American Committee for Shaare Zedek Medical Center*", debía 7 millones de dólares; "*The United Congregations Mesorah*", una asociación religiosa, debía unos 16 millones de dólares; "*Hadassah*", la organización de mujeres sionistas, había anunciado en diciembre del 2010 estar dispuesta a devolver 45 millones de dólares, etc. Todas estas asociaciones se habían beneficiado ampliamente de las donaciones de los "filántropos" o bien invertido en el fondo Madoff con conocimiento de causa.

"*Last but not least*", la banquera Sonja Kohn formaba parte de las mayores beneficiarios de la estafa. Era la presidenta fundadora y principal accionista del pequeño banco austriaco Medici (que empleaba sólo 16 personas). Sonja Kohn poseía el 75%; el resto pertenecía al Banco Austria, una filial de UniCredit, el mayor banco italiano, lo cual otorgaba a Medici cierta credibilidad. En diciembre del 2008, Sonja Kohn, 60 años, había asegurado ser una de las principales víctimas de Madoff al perder 2100 millones de dólares. En enero del 2009, había enviado un correo a la redacción de Bloomberg presentándose como "*una víctima*" de esta historia y negando haber sido "*una amiga de Bernard Madoff*".

---

[162] *Le Monde*, 21 de diciembre del 2010

En abril, interrogada durante seis horas por un fiscal de Viena, auditada por dos agentes de la SEC e investigadores austriacos, había defendido una vez más su inocencia: "*No soy culpable. Soy madre de cinco hijos y 24 nietos*[163]*.*"

Pero en diciembre del 2010, en el informe de 160 páginas de Irving Picard ponía seriamente en entredicho su versión. Era acusada de haber invertido durante 23 años 9100 millones de dólares en el fondo Madoff, es decir casi la mitad de los 19600 millones de dólares (14800 millones de euros) esfumados. Se sabía, además, que en noviembre del 2008, justo antes del estallido del escándalo, Sonja Kohn había recuperado 536 millones de dólares del fondo.

En realidad, captaba el dinero de sus clientes a favor de Madoff, y a cambio cobraba secretamente. "*Madoff encontró en Sonja Kohn una alma gemela criminal, cuya codicia e inventiva deshonesta igualaban las suyas*[164]", había declarado Irving Picard. Seis miembros de la familia de Sonja Kohn estaban también en el punto de mira. "*Ningún esquema de Ponzi puede durar sin un flujo constante de capitales frescos, y la empresa de la señora Kohn se encargó de proveer ese flujo de dinero continuo para Madoff*", explicaba Irving Picard.

Antes de la confesión de Bernard Madoff en diciembre del 2008, el banco Medici había empezado a diversificar sus fuentes de ingresos para distanciarse así de su principal socio, que representaba entonces el 90% de sus actividades financieras. Pero sin éxito; aquello no había sido suficiente y el banco fue intervenido y puesto bajo control judicial en enero del 2009, quedando inhabilitado en mayo del mismo año.

Sonja Kohn, nacida en Blau, había crecido en la pequeña comunidad judía de la capital austriaca antes de casarse con un banquero, Erwin Kohn. En 1984, había creado el banco Medici en Viena. Un año después, se instalaba a unos cuarenta kilómetros al norte de Nueva York, en una comunidad judía ortodoxa de Monsey. Llevaba una peluca encima de su cabeza rapada, tal como lo imponía su tradición religiosa. En 1985, Sonja Kohn era presentada a Bernard Madoff por un dirigente de la Cohmad Securities, instalándose a continuación de nuevo en Viena en

---

[163]*Newsweek*, 20 de febrero del 2011. "*Resumen de la reunión obtenido por Newsweek y traducido del alemán.*"

[164]*Le Figaro*, 11 de diciembre del 2010. A parte de este pequeño artículo del *Figaro*, y otro en *France24.com*, ningún artículo ha trascendido en la prensa francesa sobre esta banquera judía, lo cual es bastante sintomático del control de nuestros medios.

1990 para encontrar ricos inversores europeos. Se había convertido así en la mano derecha europea de Madoff en Europa. Disponía también de un chalé en el barrio de Nahlaot de Jerusalén, donde viajaba varias veces al año para ver su hijo, el rabino Avraham Zeev Kahana, el director de la escuela talmúdica *Las puertas de la halajá.* Ella financiaba la escuela. En más de 20 años, este banco austriaco había aportado a su cómplice estadounidense 9100 millones de dólares, sin jamás informar sus clientes del destino final de los fondos.

El informe de Irving Picard mencionaba que ella y su marido habían previsto instalarse en Suiza en los meses que habían precedido el derrumbe de la pirámide de Madoff. Desde hacía varios años, en efecto, Sonja Kohn pasaba allí mucho tiempo, especialmente en los aledaños de un coto de caza para multimillonarios[165]. Fue en Suiza donde empezó a frecuentar algunos de esos famosos oligarcas "rusos" que habían saqueado Rusia en los años 1990, tras la caída del imperio soviético. La banquera había colocado parte de sus ahorros en el fondo Madoff, tanto que, al parecer, algunos de ellos querían arrancarle el pellejo. Sea como fuere, es lo que había alegado para desaparecer con su marido a principio del 2009[166]. En diciembre del 2010, Sonja Kohn estaba todavía refugiada en paradero desconocido. Un periódico judío, el *The Jewish Daily Forward,* titulaba así: "*¿Pero dónde se oculta Sonja Kohn?*" El autor del artículo, Debra Nussbaum Cohen, se preguntaba legítimamente si no estaba escondida en la comunidad judía ortodoxa de Jerusalén, en Bnei Brak[167].

Indemnizar a las víctimas

En el mes de diciembre del 2010, una buena noticia por fin llegaba a los oídos de las víctimas: el banco ginebrés UBP había decidido reembolsar cerca de 500 millones de dólares al "Fideicomisario"(*Trustee*), la autoridad estadounidense que administraba la quiebra de los fondos controlados por Bernard Madoff[168]. Se trataba del primer acuerdo internacional de semejante

---

[165] Hay en Davos una importante comunidad judía jasídica, con sus caftanes y sus schtreimels, esos gorros de piel tan característicos. [Sobre el judaísmo jasídico (esotérico y cabalista), léase *Psicoanálisis del judaísmo.* (NdT)].

[166] Ninguna información disponible al respecto desde entonces.

[167] *The Jewish Daily Forward,* 16 de diciembre del 2010.

[168] Fideicomisario (o administrador del fideicomiso) es un término legal que puede referirse, en su sentido más amplio, a cualquier persona que tenga propiedad, autoridad,

magnitud. Perseguido por una cantidad de más de 2000 millones de dólares, el banco, fundado por Edgar de Picciotto, era todavía dirigido por su familia de origen de la pequeña comunidad judía del Líbano.

Hasta la fecha, Irving Picard había recuperado 9600 millones de dólares de los bancos, fundaciones privadas y numerosas asociaciones "caritativas", de los veinte mil millones perdidos, de modo que muchas víctimas reales de Bernard Madoff recibieron las primeras indemnizaciones a principio del año 2011. El liquidador sólo había tomado en cuenta las cantidades invertidas sin los intereses. En septiembre del 2012, Irving Picard había anunciado el envío de cheques de indemnización a 1230 víctimas, por un importe total de 2500 millones de dólares. El importe de los cheques iban desde los 1784 dólares hasta 526,8 millones, siendo el pago medio de 2 millones de dólares.

En diciembre del 2013, se anunciaba la constitución de un fondo de indemnización de las víctimas del fraude Madoff (*Madoff Victim Fund*) de unos 2350 millones de dólares, reservado a las víctimas que no habían sido reembolsadas de sus inversión inicial, siendo que los inversores indirectos tenían cierta prioridad respecto de los inversores directos. Esta iniciativa debía permitir indemnizar parcialmente a las miles de víctimas censadas. El 14 de mayo del 2014, el fondo (MVF) creado por de departamento de Justicia para registrar las reclamaciones había recibido 51 700 denuncias provenientes de 119 países. Esto era tres veces más que el número de denuncias registradas durante el procedimiento judicial. Cerca del 58% de las denuncias provenían de Estados Unidos. A principio del 2014, el banco estadounidense JP Morgan Chase desde el que operaba la cuenta de Bernard Madoff durante dos décadas, se comprometía finalmente a pagar 2600 millones de dólares a este fondo. Este acuerdo permitía al primer banco estadounidense librarse de un procesamiento penal. Los reproches que se hacían a JP Morgan no eran por lo tanto de haber cometido fraude, sino de haber cerrado los ojos acerca de la estafa. Sin embargo, era bastante claro que la dirección del banco estaba al corriente de la estafa. En el 2011, en una entrevista hecha desde la cárcel, el propio Madoff decía: "*Hay personas en el banco que sabían lo que hacía.*" Jamie

---

o posición de confianza o responsabilidad de los bienes de otra persona. Un fideicomisario puede ser una persona a quien se le permite hacer tareas sin lucrarse de estas. (NdT).

Dimon, el presidente de JP Morgan[169], había preferido no avisar los reguladores norteamericanos y seguir con sus relaciones tan lucrativas con el estafador. Pero mientras Madoff había sido condenado a 150 años de prisión, Jamie Dimon estaba en libertad.

La muerte del goy

En Francia, muchos se habían dejado engañar: grandes empresarios jubilados, ricos cuadros superiores, estrellas del mundo del espectáculo, herederos de viejas dinastías industriales, etc. Cuando el escándalo Madoff estalló, sus nombres se rumoreaban en los elegantes despachos de reputados abogados parisinos. Un gran apellido del Cognac había, según se decía, perdido 280 millones de euros en la estafa. También se hablaba de los Racamier (herederos de la fortuna Vuitton), de los Guerrand-Hermès, de los herederos de una parte de la familia Bouygues, del marido de una antigua estrella de cine, etc. Nadie había querido confirmar los rumores. Miles de ahorradores anónimos se habían visto atrapados en la trampa después de invertir con los ojos cerrados en sicavs y fondos de inversión, que a su vez invertían en fondos relacionados con Madoff. Algunos habían invertido decenas de miles de euros, otros cientos de millones. Cuarenta y cinco instituciones financieras parisinas (BNP Paribas, Natixis, Meeschaert, Aforge, La Compagnie Financière Edmond de Rothschild, etc.) habían conducido sus inversores, directa o indirectamente, hacia los productos Madoff, a veces incluso sin saberlo.

El sistema Madoff se cimentaba ante todo en las relaciones de confianza y de amistad. Bernard de la Villehuchet, el hermano del inversor Thierry de la Villehuchet, daba algunas explicaciones: *"El boca a boca ha funcionado a pleno rendimiento. Todo el mundo quería entrar en Madoff, que ofrecía unos rendimientos del 6 al 7% cuando la bolsa caía en picado."* El éxito se había vuelto tan grande, sobre todo desde la crisis financiera de septiembre del 2008 (la crisis de los *subprimes*), que toda la jet set y los empresarios soñaban con invertir en ese fondo milagro cuyo acceso era presentado como un privilegio. Entrar en Madoff, era como entrar en un club "hiperselecto": había que ser cooptado, y la tarjeta de miembro costaba varios millones de euros. Un abogado parisino contaba la anécdota siguiente: *"A uno de mis*

---

[169] Jamie Dimon era el descendiente de un banquero "griego".

clientes le dijeron: "No puedo meterte en Madoff. Con 5 millones de euros, no te aceptarán. Necesitas más[170]".

El hombre que había sondeado los inversores franceses provenía de una vieja familia aristocrática. Se trataba de Thierry Magon de La Villehuchet (René-Thierry Magon de La Villehuchet). Era un bretón originario de Saint-Malo, con una reputación de hombre íntegro. Instalado en Nueva York, donde, curiosamente, había entablado amistad con Madoff a lo largo de los años, convirtiéndose en uno de sus intermediarios más importantes. Como presidente de una sociedad de inversión, captaba las cabezas coronadas y grandes fortunas europeas para el rey de Wall Street. Con su socio Patrick Littaye, había desempeñado un papel clave para seducir la flor y nata europea. De los 3000 millones de dólares que su sociedad había invertido para sus clientes, 2250 millones habían ido a parar al fondo Madoff. Por lo que se vio, al estallar el escándalo en diciembre del 2008, el hombre no había sido informado de nada, pues no había tenido tiempo de retirar el dinero de sus clientes. El 23 de diciembre, la víspera de navidad, Thierry de La Villehuchet se suicidaba a los 65 años de edad cortándose las venas en su oficina de Madison Avenue.

"Era el hombre más honesto del mundo, un auténtico caballero del medioevo", recordaba Marie-Monique Steckel, directora de la Alianza francesa de Nueva York y amiga de toda la vida[171]. Era más bien el goy en todo su esplendor. Cada cual pueda sacar sus conclusiones. Si hubiera sido un buen católico, no hubiera frecuentado esos ambientes de fenicios.

Siete siglos atrás, el gran teólogo italiano Santo Tomás de Aquino (1225-1274) nos lo había advertido expresamente en su *Suma Teológica*: *"No los frecuentéis más que en caso de necesidad, y si, de hecho, sois firmes en la fe. Evitad tratos de familiaridad con ellos si vuestra fe es vacilante y nada os obliga a verlos*[172]."

---

[170] *Le Figaro*, 20 de febrero del 2009.
[171] *Le Figaro*, 30 de junio del 2009.
[172] Santo Tomás de Aquino, *Suma teológica, II-IIa, c. 10, art. 10*: *"Si se trata, efectivamente, de cristianos firmes en la fe, hasta el punto de que de su comunicación con los infieles se pueda esperar más bien la conversión de éstos que el alejamiento de aquéllos de la fe, no debe impedírseles el comunicar con los infieles que nunca recibieron la fe, es decir, con los paganos y judíos, sobre todo cuando la necesidad apremia. Si, por el contrario, se trata de fieles sencillos y débiles en la fe, cuya perversión se pueda temer como probable, se les debe prohibir el trato con los infieles;*

Los pequeños Madoff

Bernard Madoff es de lejos el mayor estafador del fraude piramidal. Pero en realidad, las estafas del tipo "pirámide de Madoff" son bastante frecuentes, a juzgar por el número de escándalos que estallaron estos últimos años; y notamos al respecto que los judíos no son los únicos en liza. Un tal Allen Stanford, por ejemplo, arrestado en el 2009 en Estados Unidos, habían recabado el dinero de miles de inversores, unos 7000 millones de dólares: una sentencia de 110 año de prisión para él en marzo del 2012. En abril del 2010, Thomas Petters era condenado a 50 años de prisión por una pirámide de 3600 millones de dólares. Los demás eran peces más pequeños[173].

En el 2007, Serguei Mavrodi, apodado el "Madoff ruso" (probablemente judío), era condenado en Moscú por una pequeña estafa de 4,3 millones de dólares. En Francia, tuvimos por ejemplo el caso de Sylviane Hamon, una antigua empleada de banco de 49 años en la región de Tours. Desde su despido, afirmaba trabajar a cuenta de una sociedad crediticia y prometía rendimientos extraordinarios (hasta un 30%) gracias a sus contactos en el mundo bancario. Proponía sus servicios a amigos, vecinos, incluso a miembros de su familia política. Es así cómo había sustraído cerca de tres millones de euros a decenas de víctimas. Fue detenida en diciembre del 2011.

En enero del 2014, tuvimos también un "Madoff de l'Indre". La estafa de Roland Bernard –un asegurador- se elevaba a siete millones de euros. Había engañado unas sesenta personas. Estos pequeños Madoff eran quizás personas con buenas intenciones al principio, pero se veían rápidamente atrapadas en un engranaje del que no sabían salir, más que en una huida hacia delante.

Scott Rothstein y su millardo

En noviembre del 2009, una nota del FBI informaba de que el célebre abogado de negocios y verdadera estrella de Florida, Scott Rothstein, había sido detenido. Este hombre de 47 años había montado una pirámide de Madoff. Ciertamente, comparada con la gigantesca estafa

---

sobre todo se les debe prohibir que tengan con ellos una familiaridad excesiva y una comunicación innecesaria." (NdT).

173 Véase la página web estadounidense *ponzitracker.com* (¡Cazador de Ponzi!).

de Madoff, la suya era muy pequeña. Pero aun así, según el *Wall Street Journal*, ésta alcanzaba los mil millones de dólares, colocando el personaje bastante arriba en el *hit parade* de los mayores estafadores de la historia. Era cinco veces más, por ejemplo, que el enorme escándalo del Sentier que había sido noticia en Francia a finales de los años 90[174].

Rothstein, que dirigía una sociedad de 70 abogados y 150 empleados (Despacho "Rothstein Rosenfeld & Adler"), se había lanzado en las inversiones financieras en el 2005, ofreciendo rendimientos de dos cifras. Era además bastante original, pues también proponía a sus "clientes" venderles participaciones en acciones judiciales emprendidas contra empresas estadounidenses supuestamente denunciadas por acoso sexual o fraude fiscal, por ejemplo.

El caso estalló en octubre del 2009, cuando los inversores se habían quejado de no ser pagados. Un solo fondo, Banyon Investments, situado en Florida, declaraba haber invertido a pérdida 775 millones. Banyon tuvo incluso que declarase en quiebra, perdiendo de paso las fortunas de sus propios clientes.

En junio del 2010, Rothstein fue condenado a 50 años de prisión por el tribunal de Fort Lauderdale, en el norte de Miami. Este judío muy piadoso iba a tener todo el tiempo para rezar a Yaweh, el dios de los estafadores[175]. "*Tengo una fe profunda en el judaísmo, del que saco mi fuerza*", declaraba. "*Poner las tefilín es una manera de conectarme con Dios*[176]."

Rothstein había sido un gran benefactor de la sinagoga de Las Olas Boulevard, afiliada al movimiento jasídico "Jabad-Lubavitch". Los judíos del lugar habían incluso puesto una placa con su nombre en la fachada del edificio.

Todos sus bienes habían sido confiscados: sus dieciocho propiedades en Estados Unidos (en Florida y en Manhattan), su jet privado, su yate de cinco millones de dólares, su garaje de coches deportivos, incluido

---

174 Sobre el caso Sentier, léase *La Mafia judía*.
175 Según el Talmud, el libro santo del judaísmo, estafar a los goyim está permitido, e incluso considerado como una mitzvá (mandamiento), una "bendición", cuando se trata de favorecer la comunidad. Léase nuestra *Historia del antisemitismo*, 2010.
176 Se le ha dedicado un libro: *The Scott Rothstein story*, 2013. Las tifilín son unas filacterias, unas pequeñas envolturas o cajitas de cuero donde se encuentran o guardan pasajes de las Escrituras que los judíos piadosos enrollan en su brazo izquierdo y en la frente para rezar.

su Lamborghini blanco y su Ferrari Spider, así como cientos de joyas valiosas. El total sumaba unos 100 millones de dólares[177].

Con todo ese dinero, este judío practicante hacía lo que hacen todos los multimillonarios judíos: apoyaba financieramente el partido republicano. Aunque bien podría haber financiado el partido demócrata. De hecho algunos financian los dos.

Bruce Friedman, un Madoff californiano

El 13 de septiembre del 2010, las autoridades francesas, solicitadas por el FBI, arrestaban Bruce Fred Friedman delante de su hotel de Cannes. Este hombre de 60 años, que vivía en el sur de California, había huido de los Estados Unidos en medio de unas diligencias abiertas contra él por un fraude estimado en cientos de millones de dólares. Entre el 2004 y el 2009, Friedman había organizado un montaje "tipo Madoff", ofreciendo a sus clientes invertir su dinero en propiedades para alquilar. Pero embolsaba los millones y llevaba una vida de pacha, acumulando propiedades y automóviles de lujo. A finales de diciembre del 2011, Friedman seguía en la cárcel de Cannes sin ser extraditado. Sus cientos de víctimas reclamaban todavía los 228 millones que habían desaparecido.

Sus antiguos clientes le guardaban un gran rencor: "*Quiero verlo en la peor cárcel del mundo, para el resto de sus días*", decía Patricia Hank, que había invertido 300 000 dólares de su pensión. "*Me gustaría que fuera juzgado aquí, en Los Ángeles, para mirarle fijamente a los ojos y decirle lo que pienso de él.*" Pero en marzo del 2012, nos enterábamos de que el estafador, en espera de extradición, había fallecido.

Eliyahu Weinstein estafaba su comunidad

En agosto del 2010, una noticia informaba que la comunidad judía ortodoxa de Nueva Jersey, al lado de Nueva York, había sido víctima de una estafa de 200 millones de dólares. Eliyahu Weisntein, 35 años, había utilizado sus contactos dentro de la comunidad judía de Lakewood para ganarse la confianza de inversores potenciales.

---

177 *La Tribune de Genève*, 8 de enero del 2010.

Weinstein prometía a las futuras víctimas jugosas ganancias invirtiendo con él en la compraventa de residencias.

"Siempre es chocante ver cómo alguien roba a los demás para financiar su lujoso tren de vida, pero es especialmente exasperante ver esta persona explotar su propia comunidad", había declarado Paul Fishman, el fiscal general de Nueva Jersey. El acusado había reunido así una colección impresionante de joyas y relojes de lujo valorados en más de 200 millones de dólares.

Tzvi Erez, el pequeño Madoff "canadiense"

En el mismo género, tenemos el caso de Tzvi Erez. En enero del 2010, se oía hablar de un "Madoff canadiense". Pero se trataba una vez más – y es horrible decirlo – de un miembro del "pueblo elegido". Tzvi Erez, 42 años, era un miembro destacado de la comunidad judía de Toronto y dirigía una pequeña imprenta. En el 2007, había empezado una actividad más lucrativa que consistía en drenar los ahorros de los miembros de su comunidad. Afirmaba que negociaba importantes contratos para clientes de primera, exigiendo adelantos en efectivo. A cambio, garantizaba intereses anuales del 30%. De este modo, entre enero del 2007 y febrero del 2009, Erez había cosechado 27 millones de dólares.

Nevin Shapiro se relaja en Miami

En abril del 2010, un hombre de negocios estadounidense, Nevin K. Shapiro, era perseguido por la SEC, el regulador de la bolsa neoyorquina, por un fraude piramidal de 900 millones de dólares[178]. Nevin Shapiro, fundador del "Capitol Investments", era acusado de haber vendido desde el año 2005 unos títulos financieros a inversores que, según él, eran sin riesgo y permitían una tasa de rendimiento anual del 26%. La SEC acusaba también el hombre de negocios de haber malversado 38 millones de dólares aportados por los inversores para su beneficio personal, concretamente comprando una casa en Miami de 5 millones de dólares, un yate de un millón de dólares y varios autos de lujo. Riquísimo y gran aficionado de los Hurricanes de la Universidad de Miami, ofrecía regularmente a los jugadores del equipo servicios de

---

[178] *Le Monde*, 21 de abril del 2010.

prostitución, viajes, veladas y cenas en restaurantes y discotecas de moda.

Philip Barry y el porno business

En el mes de septiembre del 2009, la SEC anunciaba haber denunciado un gerente de fondos neoyorquinos por un fraude piramidal de 40 millones de dólares. Philip Barry había prometido a 800 inversores altos rendimientos con inversiones seguras. Se vanagloriaba de tener una estrategia que permitía "*rendimientos de al menos 21% por año*". Sólo que estas inversiones seguras no se hacían en los mercados financieros, sino que eran invertidas en el sector inmobiliario y en sus negocios de venta de pornografía por correspondencia: Barry Publications.

Barry Tannenbaum: un Madoff sudafricano

Un hombre llamado Howard L., contable de profesión había entregado 90 000 euros a un amigo suyo, Barry Tannenbaum, que le había garantizado poder fructificar su dinero. "*No niego que el beneficio que me garantizaba era muy elevado, pero no tenía ningún motivo para preocuparme, era un buen amigo, un buen tipo con una buena reputación*". Confesó más tarde sentirse "*muy decepcionado*". Cuando su banco le llamó el 29 de mayo del 2009, lo comprendió todo. "*No podían cobrar el cheque enviado por su amigo*".

Howard L. formaba parte de las víctimas del hombre de negocios sudafricano Barry Tannenbaum, que era "*el autor de la mayor estafa de la historia del país*[179]". Desvelada por la prensa local, esta estafa se elevaba a entre 10 y 15 000 millones de rand (entre 900 y 1300 millones de euros). Aproximadamente 400 personas habían caído en la red en África del Sur, pero también en Estados Unidos, en Australia y en Europa.

Barry Tannenbaum, que era el hijo fundador de una gran empresa farmacéutica nacional, importaba compuestos farmacéuticos del extranjero para revenderlos a fabricantes de medicamentos genéricos locales, principalmente antirretrovirales destinados a los enfermos del sida. En vez de pedir préstamos a los bancos, este hombre de 43 años recurría a inversores privados prometiéndoles pagos de intereses del 15

---

[179] *Le Monde,* 19 de junio del 2009.

al 20% al cabo de tres meses. Al vencimiento, el prestamista podía elegir entre recuperar su ganancia o reinvertirla. Era en realidad un esquema Ponzi (que habría que rebautizar ahora "Madoff"), cuyo principio consiste en desvestir a un santo para vestir a otro. La sociedad de Tannenbaum era real, pero había falsificado los pedidos de las empresas farmacéuticas para inflarlos. Tranquilizaba así los inversores acerca de la viabilidad del proyecto cuando se producían retrasos de pagos. La burbuja había finalmente estallado cuando la mayoría de los prestamistas, afectados por la crisis, habían preferido retirar sus inversiones.

Ezri Namvar, el Madoff de la costa oeste

En el mes de diciembre del 2008, una noticia nos informaba de que la comunidad judía iraní de Los Ángeles tenía en su seno un estafador de altos vuelos. Más de 500 millones de dólares habían desaparecido sin dejar rastro, según un informe de la justicia. En el centro del escándalo estaba un tal Ezri Namvar, un inmigrante judío iraní, banquero y agente inmobiliario, que había esquilmado todos los ahorros de cientos de familias con un montaje "tipo Madoff". Su sociedad "*Namco Financial Exchange*" tenía como objetivo facilitar las operaciones de desfiscalización para los vendedores de bienes inmobiliarios. Descritos por sus detractores como "el Bernie Madoff de la Costa Oeste", Ezri Namvar, 60 años, fue condenado en octubre del 2011 a siete años de prisión[180]. Numerosos inversores engañados eran (por lo visto) judíos de la comunidad iraní que vivía en Beverly Hills y sus aledaños.

Dos Madoff se suicidan

En enero del 2009, Arthur Nadel, un hombre de 75 años, residente en Sarasota en Florida, estaba en paradero desconocido con unos 350 millones de dólares de los que era responsable. Su desaparición había sido comunicada a la policía por su esposa, según el periódico *Sarasota Herald Tribune*. "*Me siento engañado, abatido, ya no sé a quién fiarme*", declaraba uno de sus clientes, que evaluaba su pérdida en 730 000 dólares. Antes de desaparecer, M. Nadel había dejado una carta

---

180 *Los Angeles Business Journal*, 11 de octubre del 2011.

en la que explicaba que iba a suicidarse, aunque quizás su intención fuera hacer creer a un falso suicidio[181].

En la misma línea de sucesos, teníamos a Samuel Israel, el cual había intentado hacer creer a su suicidio en el 2008. Había abandonado su vehículo en el puente del Hudson River, a unos cuarenta kilómetros de Nueva York. Había dejado una nota, pero los policías no le daban mucho crédito, pues no hallaron su cuerpo. Samuel Israel había sido condenado a veinte años de cárcel por el tribunal federal en el caso de una estafa de 450 millones de dólares robados a los ahorradores de un fondo de inversión.

Seymour Jacobson: un suizo que amaba Bélgica

En septiembre del 2008, una primera denuncia fue presentada en Suiza ante el ministerio fiscal de Basilea contra la *Compagnie d'Escompte financier* (CFE). Belgas, suizos y franceses – pero sobre todo belgas- se arrepentían de haber invertido casi 2000 millones de euros en diez años. Era una *"de las mayores estafas financieras internacionales de los últimos diez años*[182]*."* CFE era la sociedad de Seymour Jacobson, un financiero de 71 años, cuya hija, Delphine Jacobson, se había casado en 1993 con el escritor Paul-Loup Sulitzer. En el 2008, Seymour Jacobson y sus hijos, miembros del consejo de administración, habían decidido sin la mayoría necesaria transferir la sede de la sociedad helvética a Belice, un paraíso fiscal británico de centro-América, al sur de México. Los fondos fueron transferidos a una sociedad llamada *Argentom Trust*, que fue a posteriori liquidada. Los ahorradores lo perdieron todo.

Claire Arfi, una "Madoff en falda"

Claire Arfi, vestida de Dior y Gucci, era la directriz general de una sociedad de gestión de patrimonios, *Etna Finance*. La vida le sonreía. Circulaba en coches de lujo, vivía con su marido y sus hijos en un magnífico apartamento parisino, disponía de tres personas a su servicio y frecuentaba la élite de los círculos financieros de París.

Su marido, Ricaldo Zavala, había sido implicado y luego liberado en el caso Pechiney, un sonado delito de iniciados cometido durante la

---

[181] *LePoint.fr*, 18 de enro del 2009.
[182] *RTL info*, 4 de septiembre del 2008.

compra de la sociedad Triangle por el grupo francés en 1988. Condenado en aquel escándalo de Estado, el hombre de negocios Samir Traboulsi seguía yendo a cenar a su casa regularmente. Ricaldo Zavala era un achulado derrochador. Se le veía al volante de su Bentley azul, asientos interiores en cuero blanco, o bien de su 4×4 Mercedes. "*Hablaba siete idiomas, pasando del hebreo al rumano, del alemán al italiano y al francés*[183]." Tenía con su mujer un apartamento de 350 metros cuadrados en el Trocadero, decorado con esculturas de Botero y de Niki de Saint-Phalle. Director de una sociedad en Bolsa con una libreta de contactos bien provista, Ricaldo Zavala se definía a sí mismo como un facilitador de negocios, y embolsaba comisiones de paso, claro. Cada verano, alquilaba dos suites en el Beach Hotel de Mónaco, con una tienda particular en la playa. De nacionalidad estadounidense, nacido en Suiza, Zavala tenía gusto por los viajes: Mónaco, Israel, Las Antillas…

Dentro del grupo Etna Finance, Claire Arfi, reclutada en 1999, se ocupaba de las carteras de sus clientes con total independencia y les comunicaba regularmente los informes de situación. Cometió sus primeros deslices en el año 2000. Tras los atentados del 11 de septiembre del 2001, que conmocionaron los Estados Unidos e hicieron caer la Bolsa, todas las inversiones de la intrépida gestora de carteras se tambalearon peligrosamente. Pero Claire Arfi ocultaba cuidadosamente la situación y seguía prometiendo a sus inversores rendimientos fantasiosos. Fue una huida hacia delante de libro.

A los clientes preocupados por sus activos, ella respondía en esencia: "*Contrariamente a los que lo perdieron todo con el 11 de septiembre, yo aposté al revés, ¡así que hemos ganado dinero!*" Algunos clientes, encantados por su gestora especialmente genial, le entregaron más ahorros para invertir. Pero ignoraban que para tapar los agujeros, Claire Arfi extraía de unas cuentas para abonar las otras.

Claire Arfi había empezado a especular en los mercados de alto riesgo, comprando y vendiendo en el mismo día. "*Confiábamos en ella, éramos amigos o conocidos; decía que había creado un modelo matemático específico. Pero era pura apariencia. En realidad apostaba como en el casino*", contaba una de las víctimas, un director de empresa.

Algunos clientes dejaron de recibir los extractos de cuentas. En el 2002, un cliente quedó atónito cuando se enteró de que su banco había

183 *Le Point*, 14 de marzo del 2003.

recibido una carta suya firmada "*pidiendo que no se enviara más los extractos a su domicilio si no directamente a Etna. Yo no firmé esa carta. ¿Quién firmó entonces en mi lugar?*"

En el mismo momento, su *bróker* de marido era atrapado por la justicia. Imputado el día 17 de enero del 2002, se le reclamaba una fianza de 1,2 millones de euros (reducida más tarde a 300 000 euros). Se le exigía explicaciones acerca de sus prácticas bursátiles: con su pequeño grupo de *brókeres*, amañaban los precios de las obligaciones con los intermediarios: compraban los títulos más caros para sus clientes siendo retribuidos bajo mano. Zavala fue inculpado por "estafa en banda organizada y abuso de confianza con agravante". Según la investigación llevada a cabo por la Brigada financiera, 281 operaciones concluidas por la banda de *brókeres* entre 1993 y 1997 eran altamente sospechosas y suponían un perjuicio de 35 millones de euros.

Mientras Zavala tenía estos líos con la justicia, Claire Arfi había continuado durante todo el año 2002 a gestionar su cartera de clientes. Hasta el momento en que, en septiembre, dos clientes reclamaron sus activos (unos 4 millones de euros), y descubierto con estupor que sus cuentas estaban vacías. Después, otro inversor se manifestó, quejándose también de no recibir extractos de su cuenta. Fue el toque de alarma general. El jefe de Etna Finance, Éric Parent ordenó una investigación interna. En enero del 2013, la jueza de instrucción Françoise Desset intentaba arrojar luz en un agujero de 15 a 23 millones de euros. Claire Arfi, la directora general despareció entonces varias semanas. Había huido, completamente despavorida.

Varias decenas de ricos clientes, todos amigos de Claire Arfi, habían quedado arruinados. El presidente de una empresa de consultoría en alta tecnología había perdido cinco millones. Importantes presidentes de empresa, hombres de negocios de la distribución, así como uno de los dueños del grupo Carat habían perdido toda su fortuna.

Claire Arfi había regresado a París en noviembre, pero había cancelado la línea de su teléfono fijo. Utilizaba un teléfono móvil extranjero y consultaba con abogados para intentar una negociación. Mientras tanto, Etna Finance había declarado el siniestro a su aseguradora y presentado una denuncia por "abuso de confianza, falsificación y uso de documentos falsos", así como por desfalco de cheques. En febrero del 2003, Etna Finance, condenada a devolver las cantidades perdidas, entraba en quiebra.

Claire Arfi, por su parte, no fue juzgada hasta abril del 2010. Con 49 años, era condenada a cuatro años de cárcel, dos incondicionales. Pero había recurrido. Enfadada con sus antiguos amigos, se había mudado a otro apartamento que había comprado Ricaldo Zavala en la avenida Víctor Hugo. En total, la doble "indelicadeza" de los Bonnie and Clyde de la finanza se había saldado en 50 a 60 millones de euros. En el mes de marzo del 2012, se nos informaba de que Michèle Elmaleh, alias "Claire Arfi", había sido condenada en apelación a tres años de prisión, uno incondicional que probablemente ni tan siquiera cumpliría. Había sido presentada por el fiscal como *"una seductora, calculadora y manipuladora sin escrúpulos."* Definitivamente, la justicia francesa es muy indulgente con los estafadores.

Dinero rápido, fácil y efectivo

Un fraude masivo ocurrió en Colombia. ¡Este fue un caso de manual! Escuchen la historia: creada en septiembre del 2007 en Pasto, en el sur de Colombia, la sociedad DRFE había atraído sus primeros clientes ofreciendo inversiones en un fondo de rentabilidad muy elevada. La entrada de nuevos clientes había permitido a la sociedad pagar los intereses devengados a los primeros en haber entrado. Todos felices, éstos se habían apresurado a contar su experiencia a sus allegados, muchos de los cuales fueron a depositar todos sus ahorros. El flujo constante de nuevos ahorradores había alimentado sobremanera la base de la pirámide. En un año, DRFE había de este modo atraído más de dos millones de clientes, mayoritariamente gente humilde. En noviembre del 2008, la sociedad anunciaba en un escueto comunicado que se veía obligada a reducir los tipos de interés al 70%, en vez de los 100 a 150% ofrecidos al principio, por culpa de la *"crisis económica mundial"*. Pero el rumor de la huida del director de DRFE al extranjero había provocado una ola de pánico entre los ahorradores que se abalanzaron sobre las agencias. Delante de las oficinas, los más instruidos pudieron leer un insólito letrero – si bien los que no sabían leer pudieron también descifrar rápidamente el mensaje, que rezaba así: *"Puesto que sois unos estúpidos y que creéis en la magia, tendréis que trabajar mucho para recuperar vuestro dinero*[184]*."* Los dueños de la sociedad se mofaban abiertamente de los bobos que habían engañado.

---

184 *Le Figaro*, 21 de noviembre del 2008. [*Crisis de las pirámides en Colombia,* fuente wikipedia. (NdT)]

Cabe mencionar que el nombre de la empresa, DRFE, significaba simplemente en español: "Dinero, Rápido, Fácil y Efectivo"

Dos millones de colombianos, la mayoría de las clases populares, habían perdido todos sus ahorros. Algunos habían empeñado sus casas, automóviles, con la esperanza de unas ganancias rápidas. Los más audaces se habían endeudado en otros bancos. Ante la amplitud de la catástrofe, el presidente Álvaro Uribe había decretado el estado de emergencia, que le permitía legislar por decreto durante treinta días prorrogables. El jefe de Estado presentó unas disculpas a la población por haber tardado tanto en reaccionar y anunció un endurecimiento de las penas para los responsables de este fraude y prometió la devolución del dinero a los ahorradores robados. Carlos Suárez, el joven empresario dueño de DRFE, era desde entonces perseguido por Interpol. En febrero del 2009, el hombre se entregaba en la embajada de Colombia de Sao Paulo en Brasil[185].

[185] La crisis de las pirámides de Colombia fue otro caso particularmente ejemplar, si bien el origen comunitario del delincuente no es seguro ni confirmado. Sin embargo, los lectores de *La Mafia judía* (capítulo sobre la esclavitud y la industria azucarera) saben que numerosos judíos habían huido de la inquisición española y portuguesa en el siglo XVII y se habían refugiado en el Caribe y América del Sur. Solían cambiar muy a menudo de apellidos y se declaraban buenos católicos e iban a misa los domingos.

2. Los grandes fraudes bursátiles

En el mes de agosto del 2013, seis estadounidenses eran arrestados e inculpados por su participación en una red internacional de fraude bursátil estimado en 140 millones de dólares. Eran acusados de haber inflado los precios de miles de millones de acciones que no valían más que unos céntimos y de haberlas distribuidas a inversores en más de 35 países, en América del Norte, en Europa y en Asia. Encontramos este tipo de fraudes relatados en varios casos clamorosos.

Lamentablemente, Abraham Hochman ha fallecido

El 21 de enero del 2009, seis hombres de 56 a 76 años de edad eran detenidos en Madrid y en Barcelona en el marco de un fraude bursátil en el Stock Exchange de Londres, aunque liberados luego bajo fianza. Cinco españoles y un argentino eran acusados de haber proporcionado falsos informes a la bolsa británica. Uno de ellos, Mariusz Rybak había creado una sociedad de inversión en España, *Langbar International*, domiciliada en las Bermudas y que gestionaba desde Monte Carlo. El precio de las acciones de Langbar en la bolsa de Londres estaban infladas artificialmente por la publicación de falsos documentos y de falsos anuncios en la prensa especializada. La sociedad había supuestamente conseguido más de 600 millones de dólares en contratos en Argentina en la gestión de residuos de construcción. Otra vez, Langbar había anunciado que iba a invertir en una mina de oro que sería sin lugar a duda "*una de las más importantes del mundo*". Langbar pretendía poseer unas reservas de tesorería de 633 millones de dólares, depositados en el Banco do Brasil. Esto había convencido algunas prestigiosas firmas como Gartmore y el banco Merrill Lynch para invertir en el negocio.

Falsos contratos y certificados de depósito eran intercambiados entre Langbar y su principal accionista, *Lambert Investment Financial*. Esta sociedad financiera, domiciliada también en las Islas Bermudas, había sido creada por un individuo llamado Abraham Arad Hochman, 53 años, y antiguo agente del Mossad – los servicios secretos israelíes – que gestionaba desde Barcelona el dinero de cerca de 2000 judíos acaudalados de Hispanoamérica e Israel.

La justicia inglesa había abierto diligencias en noviembre del 2005 después de que la sociedad Langbar publicara una declaración en la que anunciaba que no podía *"establecer o confirmar la existencia"* de cerca de 370 millones de libras (unos 632,7 millones de dólares) en sus cuentas bancarias holandesas y brasileñas. El diario inglés *The Guardian* nos informaba de que, el 24 de junio del 2011, Abraham Hochman había fallecido de un paro cardíaco, y que la justicia británica había archivado el caso.

Pero ¿estaba realmente muerto? El periodista añadía que muchos, al enterarse de la noticia, *"descorcharían el champán ese fin de semana en alguna parte en Europa."* A menos que fuera en Israel...

Michael Milken y los "junk bonds"

El caso Michael Milken no es propiamente un fraude bursátil, pero permite comprender la locura financiera de los años 80 – la era de los "chicos de oro" ("*golden boys*")- que vio nacer delincuentes rematados como ese Jordan Belfort, llevado a las pantallas de cine en la película de Martin Scorsese, *El Lobo de Wall Street.*

En los años 80, Michael Milken se había convertido en el rey indiscutible de la finanza mundial. Era objeto de una verdadera devoción, era alabado por la prensa y todos los medios de comunicación porque había logrado convencer a los inversores para que invirtieran dinero en empresas medianas con un nuevo instrumento financiero: los *junk bonds* ("bonos de alto rendimiento" o "bonos basura"). Gracias a los *junk bonds* y el talento de persuasión de Michael Milken alias *junk bonds king,* esas empresas pudieron acceder directamente al financiamiento de los mercados de capitales y ya no a través de los bancos, pues anteriormente sólo las grandes empresas solventes tenían la posibilidad de captar capitales en el mercado. La inversión conllevaba un cierto riesgo, por lo que los tipos de intereses para los inversores eran mucho más elevados que la media186.

---

[186] En finanzas, un bono de alto rendimiento o bono basura es un título de renta fija que tiene un alto riesgo de impago y que en contraprestación tiene que pagar un tipo de interés más alto. Generalmente, es emitido por un entidad poco conocida o de mala recomendación. Son bonos de grado especulativo, bonos de baja calificación crediticia

En 1977, Michael Milken trabajaba como encargado de inversiones en el banco Drexel Burnham Lambert, una firma de segunda categoría por aquel entonces dirigida por un tal Dennis Levine. Gracias a sus estrechas relaciones con la industria, el banco de Milken solía tener acceso a informaciones internas, de modo que cuando negociaba *junk bonds*, disponía de informaciones de primera mano sobre las empresas. Si bien es ilegal negociar acciones en base a informaciones internas de la empresa (es lo que se llama un "delito de iniciados" o "abuso de información privilegiada", como veremos más adelante), en cambio no existe ninguna ley del mismo tipo para las obligaciones[187]. Milken decía en esencia a sus prestamistas: "*Hacerse una enorme cartera de valores con bonos basura y no importa si unos cuantos salen rana – el mayor ingreso de los ganadores compensa con creces las pérdidas de los perdedores-. Drexel estaba preparada para jugar con las compañías, explicaba Milken a los inversores institucionales. Únanse a nosotros. Inviertan en el futuro de Norteamérica, en las pequeñas compañías que nos harán grandes*[188]."

El mercado de los *junk bonds* tuvo un éxito rotundo: "*Desde prácticamente cero en 1970, la nueva emisión de bonos basura creció de 839 millones en 1981 a 8500 millones de dólares en 1985 y a 12 000 millones en 1987. Para entonces, los bonos basura constituían el 25 por ciento del mercado de bonos de empresas [industriales]. Entre 1980 y 1987, … entraron en el mercado 53 000 millones de dólares en bonos basura*[189]." Muchas sociedades, en todos los sectores, habían emitido *junk bonds*. Nuevas liquideces estaban ahora disponibles, inundando de dinero fresco las empresas. Si la empresa prestataria generaba suficientes beneficios para reembolsar, los bonos subían, y cuando perdía dinero, los bonos bajaban en previsión de una suspensión de pagos.

---

que están clasificados por debajo del denominado grado de inversión. Estos bonos tienen un alto riesgo de suspensión de pagos u otros eventos crediticios adversos, pero suelen pagar un cupón más lucrativo que los bonos de mejor calidad para hacerlos atractivos a los inversores. (wikipedia. NdT).

[187]Una obligación o bono es un valor mobiliario que constituye un título de deuda representativo de un préstamo. La obligación es cesible y puede por lo tanto ser objeto de una cotización en Bolsa. (NdT).

[188] Michael Lewis, *El Póquer del mentiroso*, (1989), Booket (Grupo Planeta), Barcelona, 2019, p. 332-333

[189] Michael Lewis, *El Póquer del mentiroso*, (1989), Booket (Grupo Planeta), Barcelona, 2019, p. 336

En 1985, después de atraer decenas de millones de dólares en su nuevo mercado especulativo, Michael Milken tenía tanto dinero que no sabía dónde invertirlo. No lograba encontrar suficientes empresas interesantes, a pesar de su débil crecimiento, para absorber todas esas liquideces. Con sus colegas del banco Drexel, encontró una solución: iban a utilizar los *junk bonds* para financiar OPAs (Oferta de Adquisición Pública) de empresas subvaloradas, ofreciendo sus activos en garantía a los compradores de bonos. Esto era como si se hipotecaran las empresas.

Gracias a su sentido de los negocios, su buena libreta de contactos y la confianza de la que gozaba con los inversores, Milken era capaz de recaudar sumas de dinero fenomenales. Gracias a él, sociedades de inversión depredadoras empezaron a lanzar OPA hostiles sobre empresas poco competitivas. Comprar una sociedad con fondos prestados se convirtió entonces en una práctica corriente. Este mecanismo se denominó LBO: *leveraged buy-out*: con efecto palanca (gracias a los fondos prestados)190. Los LBO financiados por Milken y el banco Drexel eran sumamente agresivos, rápidos y rentables. Los inversores ("*raiders*[191]") se hacían con la mayoría de las acciones, y una vez que se deshacían de los gestores molestos, recortaban los salarios y beneficios laborales de los empleados, se repartían primas colosales y saqueaban lo que quedaba desmantelando la empresa y revendiéndola a trozos[192].

A través de los *junk bonds*, los dueños de empresas, incluso respaldados por el consejo de administración, se veían encima de un asiento eyectable. Porque poseer la deuda de una empresa en dificultades significa en realidad tomar el control de ésta. De hecho, si la empresa no cumple con el pago de los intereses adeudados, el tenedor de bonos puede exigir su embargo y liquidación. "*¿Y eso cómo puede ser, si yo poseo un cuarenta por ciento de las acciones? Nosotros tenemos cien*

---

[190] Una compra apalancada o compra financiada por terceros (en inglés *Leveraged buyout*) consiste en la adquisición de una empresa, en la que los fondos utilizados para financiar la operación son en su mayoría instrumentos de deuda. Este tipo de operaciones son llevadas a cabo habitualmente por fondos de capital riesgo. (NdT).

[191] Del inglés, invasor, ladrón, saqueador, pirata. (NdT).

[192] Es muy recomendable visionar la película de Oliver Stone, *Wall Street* (1987), basada en parte en la biografía de Michael Milken. Michael Douglas encarna el personaje principal (Gordon Gekko), aunque nada transparenta de la judeidad del tiburón de la finanza– ¡ni del propio actor! El judío no existe; es una invención de los antisemitas, como diría Jean-Paul Sartre.

millones de dólares de sus bonos, y si deja de pagar una sola vez, nos quedamos con la compañía[193]", explicaba Milken.

El banco Drexel hizo una fortuna inmensa durante este periodo dorado de la Bolsa. Fue la era de los *golden boys* como Ronald Perelman (duodécima sexta fortuna de Estados Unidos en 2012), Carl Icahn (fortuna estimada en 20 000 millones) – dos multimillonarios judíos. "*Milken hizo realidad los sueños de todos los renombrados tiburones de empresas: Ronald Perelman, Boone Pickens, Carl Icahn, Marvin Davis, Irwin Jacobs, sir James Goldsmith, Nelson Peltz, Samuel Heyman, Saul Steinberg y Asher Edelman*[194]." También estaban Carl Lindner, Victor Posner, Meshuam Riklis, Laurence Tisch, etc. Todos estos individuos forman parte de la secta. Todos había tomado prestado a Milken para comprar y desmantelar empresas[195].

Pero pronto los "*raiders*" se percataron de que ni siquiera era preciso comprar una empresa para desmantelarla y revenderla: bastaba simplemente amenazarla para que los dirigentes – deseosos de librarse de los *raiders*- recompraran las acciones del *raider* a precio de oro. Así nació el "chantaje de la OPA".

Estas prácticas provocaron una epidemia de "delitos de iniciados" o "delito de abuso de información privilegiada". Ivan Boesky, un corredor de bolsa de Drexel Burnham, había tejido una red de informadores a los que sobornaba generosamente. Cuando tenía acceso a una interesante información interna de una empresa, Boesky recaudaba inmediatamente fondos a través de Milken, compraba acciones y las revendía a los *raiders* una vez la compra lanzada. Se enriqueció indecentemente de esta forma.

Esta próspera época duró hasta la crisis de 1987 – la crisis de las Cajas de Ahorro estadounidenses. Al principio de la década, las 3000 Cajas de Ahorro (Saving and Loan Associations) disponían de alrededor de

---

[193] Michael Lewis, *El Póquer del mentiroso,* (1989), Booket (Grupo Planeta), Barcelona, 2019, p. 332

[194] Michael Lewis, *El Póquer del mentiroso,* (1989), Booket (Grupo Planeta), Barcelona, 2019, p. 337

[195] "*Milken es judío, y Drexel, cuando él se incorporó, era, según su opinión, un banco de inversiones en la vieja línea dirigido por jóvenes blancos y protestantes con una vena antisemita.*" Michael Lewis, *El Póquer del mentiroso,* (1989), Booket (Grupo Planeta), Barcelona, 2019, p. 326

1300 millones de dólares de activos, es decir el 30% del total de activos poseídos por las instituciones financieras de depósito. Tradicionalmente, pedían prestado y prestaban a largo plazo a un tipo de interés moderado para la clase media y humilde que quería invertir en el sector inmobiliario para adquirir una vivienda. El gobierno federal adjudicaba a las Cajas fondos a tipos de intereses preferentes y garantizaba los depósitos de dinero de los ahorradores, pero sus inversiones estaban sujetas a restricciones. Todo cambió radicalmente en los años 80, con el encarecimiento del precio del dinero que desestabilizó los "Saving and Loan". ¿Cómo remunerar depósitos al 15% mientras se sigue percibiendo sólo el 10% por los préstamos a largo plazo ya concedidos? Para salir de esta situación, la administración del presidente Reagan (derecha liberal) emprendió un programa de desregulación del sector. Así, en 1981, el Congreso estadounidense decidió autorizar a las Cajas de Ahorro especular. De ahora en adelante, un solo accionista podría controlar una Caja de Ahorro, con derecho a crear un número ilimitado de filiales en múltiples sectores de actividad. Esto había abierto el apetito de los depredadores.

Milken había reclutado estafadores dueños de empresas como Charles Keating (un católico), David Paul e Ivan Boesky, para adquirir las Cajas de Ahorro bajo control del Estado: éstas compraban a Drexel grandes cantidades de bonos y servían a Milken de "sociedades cautivas" con las que el banco "batía" las cuentas (efectuaba transacciones rápidas y repetidamente). Estas dos técnicas maximizaban los ingresos de Drexel a base de comisiones. Michael Milken y sus amigos habían de esta forma financiado Charles Keating para la compra de "Lincoln Savings"; Keating no tuvo que poner un solo céntimo de su bolsillo. Incluso Drexel le había financiado de más: la operación requería 51 millones de dólares, pero Drexel había emitido más de 125 millones de dólares en bonos basura de American Continental Corp (ACC), el holding utilizado por Keating para realizar la compra. Los inversores habían respondido a la llamada.

Milken podía hacer que sus sociedades cautivas compraran todos los bonos basura que el mercado se negaba a comprar. Los *junk bonds* eran así sobrevalorados. Y poco importaba que esto hiciera que Lincoln Saving o Cen Trust fueran aún más solventes, ya que su quiebra era segura. En caso de impago, el seguro federal absorbía las perdidas ya que los depósitos estaban garantizados por el Estado. Fue así cómo Michael Milken vendió indirectamente sus *junk bonds* al contribuyente estadounidense. Sabemos por Ivan Boesky y Charles Keating cómo Milken había lanzado la idea. Éste se jactaba de que una Caja de Ahorro desregulada, bajo el paraguas institucional estatal, haría de ellos unos ““*príncipes mercader*[196]””

Lincoln Saving había sido a su vez iniciada al “chantaje de la OPA”. La Caja había comprado una gran cantidad de acciones de Gulf Broadcasting por encima del precio de mercado. Esta inversión era imprudente y temeraria para una Caja de Ahorro que tenía muy poco capital, dado que esta operación podría haber hecho Lincoln insolvente si el precio de las acciones hubiese caído, incluso ligeramente. Gulf Broadcasting había finalmente recomprado a precio de oro las acciones de Lincoln.

Las Cajas de Ahorros se endeudaron hasta las cejas en busca de inversiones especulativas y de fondos en bolsa para financiarlas. La “Columbia Savings and Loan”, de Tom Spiegel, se había convertido en el mayor cliente de Drexel, pasando sus activos de 370 millones a 10 000 millones de dólares, invertidos en parte en *junk bons*. Un tal Charles Knapp había inflado los activos de una Caja de Ahorro californiana pasando de 1700 a decenas de miles de millones de dólares.

Benjamin Stein, autor del libro *License to steal* (Licencia para robar), escribía: “*La máquina Drexel chupaba la sangre de las Cajas de Ahorro cautivas como un vampiro, drenando los fondos de los ahorradores hasta desecarlos*[197].”

Las liquideces de los mercados financieros representaban entonces el 80% de los nuevos depósitos de las Cajas de Ahorro. Los gerentes habían financiado colosales proyectos inmobiliarios, animados por un régimen fiscal favorable. Se formó una vorágine frenética de inversiones puramente especulativas. Las Cajas se lanzaron en préstamos dudosos en hoteles, centros comerciales, restaurantes. Grandes torres de oficinas desocupadas aparecían como setas en las grandes ciudades.

Cuando el régimen fiscal favorable para la inversión inmobiliaria desapareció con el Tax Reform Act de 1986, la burbuja se desinfló. A principio de 1985, 515 Cajas era insolventes, una sexta parte de los activos del sector; pero la debacle hubiera sido peor si el gobierno

---

[196] William Black, *Une Fraude presque parfaite, Le pillage des caisses d’épargne américaines par leurs dirigeants,* Éditions Charles Léopold Mayer, 2012, p. 128. (*The Best Way to Rob a Bank is to Own One: How Corporate Executives and Politicians Looted the S&L Industry).*

[197] Jean-François Gayraud, *La grande Fraude,* Odile Jacob, 2011, p. 173

hubiese tardado más en actuar. Con eso y todo, se produjo uno de los mayores escándalos financieros de la historia de los Estados Unidos.

En Texas y California las quiebras fueron las más estrepitosas y costosas. De hecho, la desregulación en esos dos Estados había sido la más permisiva, ya que cualquiera podía adquirir una Caja de Ahorro e invertir en casi cualquier cosa[198].

Los bonos basura no eran la causa principal: en efecto, se evaluaba en 10 000 millones de dólares las pérdidas de las Cajas de Ahorro debido a los *junk bonds,* pero en cambio las pérdidas debidas al mercado inmobiliario eran de 300 000 millones. Las Cajas de Ahorro no habían tenido en sus balances más de 10% de bonos basura, en general mucho menos pues en realidad el 90% de ese volumen estaba en manos de una docena de Cajas que habían quebrado[199]. El sector de las Cajas de Ahorro no eran un gran comprador de bonos basura, pero sí el grupo más importante de Cajas "cautivas" de Milken que habían tenido un papel crucial en la sobrevaloración de los *junk bonds.*

En 1989, Michael Milken fue acusado de 98 cargos, entre ellos uso de información privilegiada, asociación ilícita, extorsión y fraude fiscal. Milken se declaró culpable de seis cargos y fue condenado a diez años de prisión. La dureza de la sentencia se debía al vínculo establecido con el pillaje de las Cajas de Ahorro[200].

En el mes de marzo de 1992, tras un acuerdo con las autoridades, Milken y su familia habían aceptado pagar otros 500 millones de dólares que se sumaban a los 400 millones que ya había abonado a la SEC (Securities and Exchange Commission). Entre tanto, el banco

---

198 Según William Black, "*había más de 300 Cajas de Ahorro controladas por defraudadores.*" (p. 121). "*Juntos, California y Texas englobaban más de la mitad de las Cajas fraudulentas y acumulaban más de la mitad de las pérdidas totales.*"

199 William Black, *Une Fraude presque parfaite, Le pillage des caisses d'épargne américaines par leurs dirigeants*, Éditions Charles Léopold Mayer, 2012, p. 128

200 La debacle de las *Savings and Loan Associations* se había acabado con las condenas a penas de prisión incondicional de más de 800 responsables de Cajas de Ahorro (dirigentes y cuadros superiores). La más larga recayó en Woody Lemons, el presidente de la Vernon Saving and Loan Association, con 30 años de prisión. Charles Keating, el presidente de la Lincoln Savings, fue declarado culpable de fraude, asociación ilícita y extorsión. Condenado a 10 años de prisión, fue liberado a los 4 años y medio debido a un vicio de procedimiento. Cuando se celebró de nuevo su juicio, decidió declarase culpable, lo que le permitió ser condenado a 4 años de cárcel, pena que ya había cumplido. William Black, *Une Fraude presque parfaite*, p. 443

Drexel había quebrado...y Milken ya había salido de prisión, en la que sólo había permanecido 22 meses, es decir menos de dos años.

Con este escándalo se terminaba la primera gran crisis financiera de la gran era de la desregulación. El frenesí de los bonos basura, de las adquisiciones apalancadas y del chantaje de las OPA que caracterizó los años 1980 marcó *"un hito en la metamorfosis de Wall Street de club exclusivo dominado por la tradición a casino ilegal, ebrio de dinero y cocaína*[201]*."*

Jordan Belfort: un Leonardo DiCaprio con kipá

Jordan Ross Belfort se crío en Queens, un barrio de Nueva York. Como muchos de sus congéneres, le movía la codicia y la voluntad irreprimible de "hacer dinero" que se observa tan frecuentemente en su comunidad. Al principio del mes de mayo de 1987, a los 23 años, Belfort se había incorporado al prestigioso banco L.F. Rothschild en el escalafón más bajo (como "bróker" principiante, es decir simple ejecutante de las órdenes de los clientes) y descubierto el frenético mundo de Wall Street. Pero cinco meses después, el 19 de octubre, el día en que empezaba su primer día como corredor confirmado, la bolsa se desplomaba. Ese día quedó para los anales como el famoso "lunes negro". El índice Dow Jones de la bolsa de Nueva York había caído un 22%, llevando L.F. Rothschild a la bancarrota[202].

El joven Jordan Belfort aceptó entonces un trabajo en las afueras de la ciudad y descubrió un pequeño mercado donde corredores sin ordenadores de trabajo ganaban algunos dólares vendiendo acciones de pequeñas empresas fuera del mercado de cotizaciones oficiales. En seguida dejó estupefacto a sus nuevos colaboradores por su facilidad al teléfono. Siendo la comisión del 50% y no del 1%, Belfort amasó 7000 dólares en su primer mes. Algún tiempo después, su Jaguar amarillo llamó la atención de su vecino, Danny Porush, que dimitió de su trabajo para seguirle en sus nuevos proyectos.

---

[201] Charles Ferguson, *Inside Job, la crisis financiera...* Ediciones Deusto, Barcelona, 2012, p. 58

[202] Contrariamente a Martin Scorsese, el director de la película *El Lobo de Wall Street* basada en el libro de Belfort, uno no está obligado a creerse todas las coincidencias e historias extraordinarias que cuenta el estafador. Cuando se ha leído los testimonios de Elie Wiesel o de Simón Wiesenthal, uno ha aprendido a descifrar las declaraciones de estos fabuladores.

Jordan Belfort creó a continuación su propia empresa que instaló en un garaje con algunos amigos de Danny Porush. En 1989, la llamó Stratton Oakmont, la cual se convirtió en pocos años en una de las mayores correduría de la costa este. Gracias a su determinación e insolencia, Belfort había logrado atraer cientos de jóvenes corredores de todo el país. Belfort se había convertido en el "Lobo de Wall Street[203]". En su apogeo, la firma Stratton Oakmont empleaba unos mil jóvenes corredores, y los que pasaban de los treinta años se contaban sobre los dedos de la mano. Todos repetían en bucle el argumentario que el propio Belfort había inventado para vender a los inversores acciones ultra-especulativas a 1 o 2 dólares. Chillaba por teléfono como un poseso, con el único objetivo de que no le colgaran jamás el teléfono hasta haber convencido al cliente.

Stratton Oakmont compraba acciones a bajo precio de sociedades que no cotizaban en bolsa, en el mercado OTC, y luego las revendía en su propia sala de negocio[204]. Había que, escribía Belfort en su libro, "*identificar compañías nuevas con potencial para el crecimiento y tan desesperadas por dinero que estuviesen dispuestas a venderme una porción considerable de sus acciones a cambio de que las financiara...el proceso de comprar participaciones en empresas privadas para luego vender una parte de mi inversión original (y recuperar mi dinero) era lo que había hecho que Stratton fuera como*

---

[203] En realidad, nadie le llamó nunca así. Es el apodo que se daba a sí mismo en su libro.

[204]Un mercado extrabursátil, mercado *over-the-counter* en inglés (OTC) es un mercado paralelo no organizado donde se negocian acciones, bonos y otros instrumentos financieros como los derivados de crédito. En los Estados Unidos la negociación OTC se realiza a través de intermediarios que usan servicios como *OTC Bulletin Board* (OTCBB) y *Pink Sheets*. El mercado OTC se monitorea desde el NASD (National Association of Securities Dealers). Ya que no se negocia en ninguna bolsa importante y se hace poca investigación, estas negociaciones se consideran arriesgadas. Como la negociación en ese mercado es muy poco frecuente, la diferencia entre precios obtenidos y solicitados es muy grande. Stratton Oakmont, Inc. fue una casa de corredores de valores del mercado extrabursátil (OTC, *over-the-counter*), con sede en Long Island. Stratton Oakmont organizó en ese mercado paralelo de acciones esquemas de *pump-and-dump*, una forma de fraude con acciones de empresas de baja capitalización que consiste en inflar artificialmente el precio de una acción propia a través de declaraciones positivas falsas y engañosas para "endosarlas" (*pump*) a inversores, con el fin de vender esas acciones, compradas a bajo precio, a un precio más alto. Una vez que los operadores del esquema "desechan" sus acciones sobrevaloradas (*dump*), el precio cae y los inversores pierden su dinero. Stratton Oakmont también trataba de mantener el precio de una acción negándose a aceptar o procesar órdenes de venta de la misma. (NdT).

una imprenta de acciones. Y, al emplear el poder de la sala de negocios para lanzar al mercado mis propias empresas, mis ingresos netos subían y subían. En Wall Street, ese proceso se conoce como ingeniería financiera[205]*.*" Hacía subir artificialmente la cotización de las empresas que introducía en la bolsa, tras haber él mismo comprado personalmente grandes cantidades de acciones, pero también mediante empresas pantallas o mandatarios domiciliados en paraísos fiscales. Eludía así la ley que obligaba un inversor que compraba más del 5% de las acciones de una empresa a divulgar sus intenciones. Una vez la empresa introducida en la bolsa por él, y después de que la acción hubiera subido sustancialmente, revendía las suyas provocando de paso la caída de la cotización y la ruina de los otros inversores.

En su libro titulado *El Lobo de Wall Street*, publicado en el 2007, Jordan Belfort escribía: "*Una emisión típica de Stratton consistía en dos millones de unidades que se ofrecían a cuatro dólares cada una, lo cual, en sí, no era demasiado espectacular. Pero con un campo de fútbol lleno de jóvenes strattonitas que sonreían, llamaban por teléfono y le arrancaban los ojos a la gente, la demanda no tardaba en hacerse espectacularmente mayor que la oferta...por cada unidad que se le daba al precio de oferta pública inicial, debía comprar diez veces la cantidad recibida cuando la emisión comenzara a negociarse en el mercado secundario*[206]*.*"

Belfort también daba algunas explicaciones sobre lo que él llamaba sus "ratoneras", que eran sus empresas pantallas: "*De los dos millones que se lanzaban al mercado, la mitad iría a las cuentas de mis ratoneras. Yo se los compraría a ellos a unos cinco o seis dólares por acción y las depositaría en la cuenta de mi empresa. Luego, usaría el poder de la sala de negocio, las inmensas compras que generaría ese encuentro para hacer subir el precio a veinte dólares por unidad, lo que nos aseguraría unas ganancias de catorce a quince millones en los papeles*[207]*.*"

De este modo, Belfort logró amasar en poco tiempo una fortuna considerable. A principio de 1993, estaba en el punto álgido de su gloria.

---

[205]Jordan Belfort, *El Lobo de Wall Street* (2007), Booket (Grupo Planeta), Barcelona, 2015, p. 88, 77-78

[206]Jordan Belfort, *El Lobo de Wall Street* (2007), Booket (Grupo Planeta), Barcelona, 2015, p. 116

[207]Jordan Belfort, *El Lobo de Wall Street* (2007), Booket (Grupo Planeta), Barcelona, 2015, p. 121

Acababa de batir su propio récord de beneficio introduciendo en bolsa al fabricante de calzado Steve Madden del que había adquirido el 80% de las acciones. La operación le había hecho ganar 12,5 millones de dólares en tres minutos. "*De ahí que, para controlar a Steve, yo debía tener la capacidad de manejar el precio de sus acciones una vez que salieran al mercado. Dado que Stratton sería su principal operador, prácticamente todas las compras y ventas tendrían lugar entre las cuatro paredes de nuestra sala de negocios, lo que me daría ocasión de hacer subir y bajar el precio de los títulos como mejor me pareciera. Así, si Steve no se comportaba como debía, yo podía hundir el precio de sus acciones hasta reducirlo a meros céntimos. De hecho, precisamente ésa era la espada de Damocles que pendía sobre los clientes del sector de inversiones bancarias de Stratton Oakmont. Y yo la empleaba para asegurarme de que se mantuvieran leales a la causa de Stratton, lo que implicaba que emitieran para mí acciones por debajo de su valor de mercado, de modo que yo, recurriendo al poder de mi sala de negocios, pudiese venderlas y obtener inmensas ganancias*[208]."

Su principal ratonera era un tal Elliot Lavigne, presidente de Perry Ellis, uno de los mayores fabricantes de ropa de Estados Unidos: "*Además de ser un adicto de primera al juego y a las drogas, Elliot también era un obsesionado del sexo y un adúltero compulsivo. Le robaba millones de dólares al año a Perry Ellis. Tenía acuerdos secretos con sus factorías del extranjero, que cobraban a la empresa uno o dos dólares de más por cada prenda que confeccionaban. Elliot recibía un porcentaje de esa sobrefacturación. Se trataba de cifras millonarias. Cuando yo le hacía ganar con mis emisiones de títulos, él me daba mi parte recurriendo al dinero en efectivo que recibía de sus fábricas del exterior. Era un intercambio perfecto que no dejaba rastro...Me había pagado más de cinco millones de dólares en efectivo, que estaban a buen recaudo en cajas de seguridad de distintos bancos de Estados Unidos. Aún no estaba seguro de cómo haría para transferir todo ese dinero a Suiza, pero tenía algunas ideas*[209]."

Embriagado por este rápido ascenso que le había convertido en un hombre inmensamente rico, Belfort se entregó a todo tipo de locuras:

---

[208] Jordan Belfort, *El Lobo de Wall Street* (2007), Booket (Grupo Planeta), Barcelona, 2015, p. 94

[209] Jordan Belfort, *El Lobo de Wall Street* (2007), Booket (Grupo Planeta), Barcelona, 2015, p.179-180

casa con veinticuatro habitaciones, desplazamientos en helicóptero – que pilotaba él mismo – autos de lujo (Lamborghini blanco, Aston Martin, limusinas con chofer), viajes con su yate *Nadine* de 37 metros de largo; pero también prostitutas de lujo y drogas, muchas drogas, toda clase de drogas: Mandrax, Xanax, Valium, Qualuuds (Metacualona), MDMA, Marihuana, Cocaína, etc.

La película *El Lobo de Wall Street*, estrenada en noviembre del 2013 en Estados Unidos y dirigida por el célebre Martin Scorsese, adaptó de forma bastante fidedigna la biografía de Belfort. La mayoría de las entradas de Leonardo DiCaprio (en el papel de Belfort) provienen del libro, al igual que la mayoría de las peripecias, a veces difíciles de creer: el aterrizaje en helicóptero en su propiedad estando totalmente colocado; el naufragio rocambolesco de su yate en una tempestad en las costas italianas, etc. Pero la película de Scorsese es sobre todo una vulgar sucesión de escenas de desenfreno de mal gusto. Se esnifa cocaína sobre las nalgas de una prostituta, por ejemplo. Durante casi tres horas, las escenas de sexo y drogadicción alternan con la ostentación de la riqueza del "héroe". La vulgaridad aparece en todas las esquinas; la palabra "*fuck*" es pronunciada 569 veces[210].

Ciertamente, se nos había advertido desde el principio. Vemos efectivamente, al principio de la película, al joven Jordan escuchar los sabios consejos de un jefe de corredores de la casa Rothschild. Mark Hanna (interpretado por el excelente Matthew McConaughey) le desvelaba la regla de oro de Wall Street: "*Meter el dinero de los clientes en tu bolsillo. No creamos nada, no construimos nada; no sabemos si la bolsa subirá o no. Siempre hay que reinvertir los beneficios de los clientes... ¡Y nosotros de paso nos forramos!*[211]" Mark Hanna incitaba además el joven Jordan a tomar cocaína para rendir más: "*De esto se trata Wall Street. De esto, y de putas...¡Pero te aseguro que la cocaína ayuda a soportar este trabajo! Esto de ser corredor de Bolsa es una locura. Digo, no me interpretes mal, lo del dinero y todo eso está muy bien, pero no estás creando nada, no construyes nada. De modo que, al*

---

210 Martin Scorsese se inspiró también de la película *Boiler Room*, de Ben Younger (EE. UU., 2000).

211 Jordan Belfort, *Le Loup de Wall Street*, Le Livre de Poche, 2017, p. 23. [pasaje incluido por divergencias de traducción con la versión Booket. (NdT)]

cabo de un tiempo se vuelve monótono...Lo cierto es que no somos más que vendedores deshonestos[212]*.*"

El único aspecto que no aparece – ni en el libro, ni en la película – son las miles de víctimas del estafador y sus secuaces. Otro elemento que brilla por su ausencia es la judeidad de los protagonistas que el cineasta Martin Scorses se guardó de mostrar a los espectadores. En efecto, el actor principal, Leonardo DiCaprio es un goy de rostro nórdico. Ciertamente, el propio Belfort no tiene unos rasgos específicamente judíos y se parece más bien a cualquier individuo europeo, si bien su moral está muy alejada de la moral de un cristiano católico o de un musulmán, y sus prácticas financieras y su materialismo obsceno no forman parte de las costumbres tradicionales de las poblaciones europeas. Una vez más, pues, el goy debe cargar con todas las vilezas del Hebreo, especialmente su pasión por el lucro, su sed insaciable de bienes materiales, tan característico del espíritu judío y que Jordan Belfort pone en evidencia en muchos pasajes de su biografía. Nos enteramos así que ganaba, en la cúspide de su gloria, un millón de dólares por semana. Exhibe su riqueza ante el lector repetidas veces: sus "*espectaculares botas de vaquero negras de piel de cocodrilo...habían costado dos mil cuatrocientos dólares y las adoraba*" y cómo "*lucía un delgado y sobrio reloj de oro Bulgari de dieciocho mil dólares*" (página 52); su "*limusina, un burdel sobre ruedas de noventa y seis mil dólares*" (página 63), su compra de "*un Aston Martin Virage verde por doscientos cincuenta mil dólares*" (página 297) y "*el flamante Ferrari Testarossa blanco perla de doce cilindros y cuatrocientos cincuenta caballos*" (página 450). O las botellas de vino de 3000 dólares, las cuentas de restaurante de 10 000 dólares; "*Chocamos las copas y bebimos vino por valor de quinientos dólares en menos de un segundo*" (página 255), su "*colcha de seda blanca de doce mil dólares*" (página 342), las "*bolsas de compra que contenían ropa de mujer por valor de ciento cincuenta mil dólares*" y el reloj de su esposa, un "*flamante Cartier de cuarenta mil dólares constelado de diamantes*" (página 452). Cuando nació su hijo en el "*Hospital Judío de Long Island, a menos de dos kilómetros de Stratton Oakmont*", Belfort cuenta cómo se paseó "*por la unidad de maternidad repartiendo relojes de oro*" (página 440).

---

[212]Jordan Belfort, *El Lobo de Wall Street* (2007), Booket (Grupo Planeta), Barcelona, 2015, p. 22-23

En un discurso ante sus corredores de bolsa (que vemos al final de la película), mencionaba públicamente los inicios de una de las primeras colaboradoras de Stratton, "Carrie": "*Cuando pensamos en Carrie, la imaginamos como es hoy: una bella mujer que conduce un flamante Mercedes, vive en el mejor barrio de Long Island, viste trajes de Chanel de tres mil dólares y vestidos de Dolce & Gabana de seis mil, que pasa las vacaciones en invierno en las Bahamas y las de verano en los Hamptons...y todos sabéis que Carrie es una de las ejecutivas mejor pagadas de Long Island, ¡y que va camino de ganar más de un millón y medio este año!*" (página 334). Todos los corredores aplaudían este discurso frenéticamente. En otra escena, vemos cómo Belfort exhorta sus hombres a sacar el dinero de los clientes. Los jóvenes brókeres reaccionan con furia, triunfantes, apretando los puños y gritando de forma histérica.

Estamos aquí a años luz del alma del hombre Latino, Celta, Germano o Eslavo, aunque hay que reconocer que el espíritu judaico[213], por contagio, ha logrado impregnar en profundidad el espíritu de muchos Europeos, especialmente entre los protestantes anglo-sajones. En su libro, Belfort mencionaba el reclutamiento de sus brókeres: "*La mayor parte de mis cien primeros strattonitas provenían del seno de esos guetos de la clase media alta judía...los judíos más salvajes de Long Island que habitaban en los vecindarios de Jericho y Syosset*[214]*.*"

He aquí cómo describía Belfort en su libro a su amigo y principal colaborador Danny Porush, interpretado en la película por el personaje llamado "Donnie Azoff": "*Danny Porush era un judío de la variedad ultra salvaje. Era de altura y contextura medianas, más o menos un metro setenta y ocho y setenta y cinco kilos, y no tenía rasgo identificatorio alguno que lo delatase como integrante de la Tribu. Ni siquiera sus ojos azules acero, que generaban aproximadamente tanto calor como un témpano, tenían nada judaico*[215]*.*"

Todos los demás cómplices de Belfort eran judíos, sobre todo los amigos de Danny Porush que estuvieron presentes en la creación de la

---

[213]Creemos que se puede resumir en "comprar barato y vender caro". (NdT).

[214]Jordan Belfort, *El Lobo de Wall Street* (2007), Booket (Grupo Planeta), Barcelona, 2015, p. 138

[215]Jordan Belfort, *El Lobo de Wall Street* (2007), Booket (Grupo Planeta), Barcelona, 2015, p. 80. "*También me explicó que se había casado con su prima hermana, Nancy*" p. 81. Sobre la consanguinidad dentro de la comunidad judía, léase *Psicoanálisis del Judaísmo.*

sociedad Stratton Oakmont. Estaba "Brad", un delincuente vendedor de productos dopantes deportivos, Nicky Koskoff, Kenny Greene, Chester y Robbie Feinberg. Andy Greene, un amigo de infancia de Belfort era el abogado de la empresa. Es muy reconocible en la película debido a su peluca. "*Choza y yo nos conocíamos desde la escuela primaria. Por entonces, él tenía la más espectacular cabellera rubia que pueda imaginarse, suave como barbas de maíz. Pero cuando llegó su cumpleaños número diecisiete, esa maravillosa cabellera ya era un lejano recuerdo*[216]." Belfort lo describía como "*un vulgar judío de cincuenta años de edad, con unas pocas crines y una prodigiosa barriga*", remarcando además "*su cráneo judío en forma de huevo*[217]."

Todd Garret era otro viejo conocido, un chaval del barrio donde había crecido Jordan Belfort. Todd había entrado muy pronto en el negocio de la droga. "*Tenía veintipocos años y ganaba cientos de miles de dólares al año. Pasaba los veranos en el sur de Francia y en la Riviera italiana, y los inviernos en las gloriosas playas de Río de Janeiro*[218]." Era "*el mayor traficante de qualuuds de Estados Unidos.*" En la película le vemos con una letra hebraica en su largo collar, con su esposa de origen eslovena y ciudadana suiza, llegando los dos al aeropuerto de Ginebra con cientos de miles de dólares pegados al cuerpo.

El único no-judío de la banda era de origen chino: "*Víctor Chang era chino de nacimiento y judío adoptivo, dado que se había criado entre los judíos más salvajes de Long Island*[219]." En su libro, Belfort expresa mucho desprecio y hostilidad hacia él. Pero en realidad, todos eso judíos albergaban un profundo desprecio hacia todos los goyim en general. Belfort da rienda suelta a sus sentimientos de odio hacia los WASP (White anglo-saxon protestants) a lo largo de toda su biografía: "*los WASP de sangre azul y los caballos demasiado caros*"; "*En lo personal detesto a ambos*" (páginas 31-32); "*sir Max, un refinado caballero de modales impecables y un acento que hedía a aristocracia británica*" (página 109); "*sus hijos e hijas idiotas*" (página 223); "*los WASP hijos de puta*" (página 252); Thurston Howell III "*era un WASP estúpido. Al típico modo WASP, se había casado con una hembra de su especie...una*

---

[216] Vemos aquí la tendencia de Belfort a exagerar.
[217] Jordan Belfort, *El Lobo de Wall Street* (2007), Booket (Grupo Planeta), Barcelona, 2015, p. 86-87
[218] Jordan Belfort, *El Lobo de Wall Street* (2007), Booket (Grupo Planeta), Barcelona, 2015, p. 243
[219] Jordan Belfort, *El Lobo de Wall Street* (2007), Booket (Grupo Planeta), Barcelona, 2015, p. 138

atroz rubia tan imbécil como él" (página 337); "*un viejo WASP hijo de puta con un coeficiente intelectual de sesenta y cinco y un problema de incontinencia*" (página 338). Imagínense ahora que un novelista escribiera un libro para el gran público en general con estas expresiones: "*Era un cabrón de judío que apestaba a estafa y a alta finanza internacional*".

Parecía que por fin los judíos iban a conseguir su venganza: "*El Brookville Country Club no era el único que restringía el ingreso a los judíos. ¡No, no y no! Todos los clubes de la zona estaban prohibidos para los judíos y para cualquiera que no fuera un WASP hijo de puta de sangre azul...Sin embargo, con el tiempo me di cuenta de que el momento de los WASP ya había pasado, que eran una especie en extinción, como el dodo o el búho moteado. Y si bien era cierto que aún tenían sus pequeños clubes de golf y cotos de caza a modo de últimos bastiones de resistencia frente a las hordas del shtetl que los invadían, éstos no eran más que Little Big Horns del siglo XX, a punto de caer bajo los judíos salvajes que, como yo, habían hecho fortuna en Wall Street*[220]."

Pero Jordan Belfort no sería un auténtico judío si no tratara de una forma u otra culpabilizar sus lectores goyim. Escúchenlo quejarse sobre el antisemitismo y el sufrimiento padecido por los pobres judíos cuando "*Hitler había asolado Europa y exterminado a seis millones de judíos en las cámaras de gas*[221]": hay que recordar que "*esos suizos hijos de puta*" habían guardado el dinero que los judíos exterminados tenían en sus cuentas bancarias. "*Hasta el día de hoy, miles y miles de millones de dólares siguen sin ser reclamados...Todo ese dinero judío se había perdido para siempre, absorbido por el sistema bancario suizo...Yo miraba por la ventanilla, sin ver más que los fantasmas de unos pocos millones de judíos asesinados. Seguían buscando su dinero*[222]."

---

[220]Jordan Belfort, *El Lobo de Wall Street* (2007), Booket (Grupo Planeta), Barcelona, 2015, p. 64. Los Shtetls eran los pequeños pueblos y ciudades habitados por los judíos en Europa oriental antes de la segunda guerra mundial. Jordan Belfort tenía en efecto grandes aspiraciones y modelos que imitar: "*Mi oficina quedaba al otro extremo de la sala de negocios y mientras me abría paso por entre ese agitado mar humano, me sentía Moisés con botas de vaquero. Los corredores me iban abriendo paso a medida que avanzaba.*" p. 69-70.

[221] Jordan Belfort, *El Lobo de Wall Street* (2007), Booket (Grupo Planeta), Barcelona, 2015, p. 177

[222] Jordan Belfort, *El Lobo de Wall Street* (2007), Booket (Grupo Planeta), Barcelona, 2015, p. 177-178.

En resumidas cuentas, su motivación principal, profesionalmente hablando, podía resumirse en esta simple pregunta: ¿"Cómo sacar el máximo de dinero de los bolsillos de esos estúpidos WASPs? De hecho, él mismo desvelaba su mentalidad, tomando su caso como algo general: "*Al fin y al cabo, que todos estafen a todos es la naturaleza del capitalismo del siglo XX, y el que estafa a más gente era, en última instancia, el que ganaba el juego. En ese sentido, yo era el campeón mundial invicto*[223]."

Con una moral como la suya, Jordan Belfort podría al menos haber comprendido una de las numerosas causas del antisemitismo. Pero es cierto que este delincuente nunca menciona en su libro sus innumerables víctimas que no parecen importarle lo más mínimo.

Para estimular su combatividad y su voluntad de vencer, Belfort necesitaba drogas, muchísimas drogas. Tomaba de media cada día unas dieciocho píldoras qualuuds (metacualona), su "*droga favorita*[224]", además de sus copiosas rayas de cocaína de acompañamiento.

Sin embargo, no fue por culpa de su consumo de drogas que Jordan Belfort fue perseguido en un principio. En 1992, la SEC (el gendarme de Wall Street) había presentado una primera denuncia contra Stratton Oakmont, "*acusándo(le) de manipulación de acciones y empleo de tácticas de venta de alta presión*[225]."

---

[223] Jordan Belfort, *El Lobo de Wall Street* (2007), Booket (Grupo Planeta), Barcelona, 2015, p. 49

[224] Tan favorita que Belfort se extasiaba ante una marca especialmente estimuladora: "*Los genios de Farmacoquímica Lemmon comercializaban sus qualuuds bajo la marca Lemmon 714...Eran legendarios, no sólo por su potencia sino por su capacidad de transformar vírgenes de escuela católica en reinas de la felación. De allí se originaba su mote de "abrepiernas". - ¡Los quiero todos! - ladré.*" *El Lobo de Wall Street*, p. 341-342. (NdT).

[225] Jordan Belfort, *El Lobo de Wall Street* (2007), Booket (Grupo Planeta), Barcelona, 2015, p. 274. [Como ya hemos visto, la táctica principal de la estafa de Belfort era el *Pump and dump* ("inflar y tirar"). Una forma de fraude bursátil que involucra al tenedor de una acción, sabedor de su escaso potencial futuro. El agente utiliza campañas de desinformación para sobrevalorar dicho activo o su influencia en los medios para atraer nuevos inversores que eleven artificialmente su precio. La sala de negocio de Belfort, con sus brókers, creaba la demanda artificial para elevar el precio de las acciones. Una vez que el dirigente del esquema "*Pump and dump*" logra inflar el precio de sus acciones muy por encima de su valor racional, vende masivamente sus acciones, el precio cae, reajustándose al real o incluso cayendo por debajo mientras los inversores pierden su dinero. Las acciones que son víctimas de este esquema son conocidas como: *chop stocks.*

El FBI comenzó a interesarse directamente por él. Sintiéndose espiado, aquejado de paranoia, Belfort se entregó al consumo de cualquier producto que pudiera aportarle algún tipo de serenidad: la morfina "*contra el dolor*", píldoras de Soma "*para relajar mis músculos*", Xanax "*para la ansiedad*", Prozac "para *la depresión*", Paxil "para *los ataques de pánico*", Zofran "para *las náuseas*", Valium "*para relajar mis nervios*"... y "*medio litro de escocés Macallan de pura malta, para pasar todo lo demás*[226]*.*"

Pero de nada sirvió. En 1994, tuvo que abandonar la presidencia de Stratton; tras lo cual fue arrestado y obligado a pagar una fianza de diez millones de dólares. No pudo salir del paso más que vendiendo sus bienes y aceptando colaborar con el FBI. En 1996, Stratton era intervenida y cerrada por los organismos reguladores, por "*manipulación de acciones e infracción de las prácticas comerciales*" Su sociedad había durado ocho años.

Belfort no fue condenado hasta el año 2003: cuatro años de prisión por fraude sobre acciones y blanqueo de capital. Según el juez John Gleeson, de la Corte federal del distrito de Brooklyn, Belfort debía devolver 110 millones de dólares a los 3000 inversores que habían sido engañados y robados. Al salir de prisión, tendría que ingresar el 50% de sus ingresos mensuales a un fondo de indemnización para todas sus víctimas. El estafador apenas estuvo dos años en la cárcel (22 meses), saliendo libre en abril del 2006. Belfort tuvo la idea de escribir su biografía en prisión, siendo asesorado en ese proyecto por su agente literario Joel Gotler e Irwyn Appelbaum, el director de la editorial, los cuales vieron una buena oportunidad para ganar más dinero a costa de los goyim. El libro se publicó en el 2007.

El estafador daba ahora conferencias sobre estrategias de venta por la módica cantidad de 30 000 dólares por exposición. Vivía en una casa del barrio residencial de Manhattan Beach, diciendose arrepentido, aunque seguía contando sus hazañas pasadas con regocijo. El estreno de la película, en diciembre del 2013, le llenaba de satisfacción, a pesar de sólo haber reembolsado 11,6 millones de los 110 adeudados a las víctimas.

Esta táctica está muy bien expuesta en la película *Boiler Room*, de Ben Younger (EE. UU., 2000), inspirada en el caso Stratton Oakmont. (NdT).]

[226] Jordan Belfort, *El Lobo de Wall Street* (2007), Booket (Grupo Planeta), Barcelona, 2015, p. 465

Jordan Belfort afirmaba sólo *"haber estafado a los ricos"*. Un artículo de Susan Antilla, publicado en el *New York Times* del 19 de diciembre del 2013, demostraba al contrario que sus numerosas víctimas formaban parte de la clase media. Peter Springsteel, un arquitecto residente en Mystic, en el Connecticut, declaraba que acababa de lanzar su empresa cuando fue contactado por un corredor de Stratton a principio de los años 1990, haciéndole perder la mitad de sus ahorros. *"Mi padre perdió casi un cuarto de millón de dólares"*, declaraba Louis Dequine, un veterinario de Oak Creek, en el Colorado. Diane Nygaard, una abogada que defendía algunas de las víctimas, señalaba que *"Jordan Belfort había arruinado muchos ciudadanos de la clase media, jubilados y pequeñas empresas."* Según ella, Belfort no era sincero en su arrepentimiento o cuando pretendía haber cambiado y *"encontrado Dios en su camino"*. De hecho, ninguna de sus miles de víctimas aparecía ni tan siquiera mencionadas en su libro. Scorsese había además realizado la proeza de ocultar la judeidad del "héroe" y su banda.

En un artículo de la prensa judía estadounidense, titulado *El Lobo y el problema judío (The Wolf and the jewish problem),* el escritor judío Ron Eshman se declaraba sin embargo un poco decepcionado de que Scorsese borrara la judeidad de los protagonistas: *"Lo entiendo: hacer lo contrario podría dar la imagen de una película antisemita. Scorsese se siente mucho más cómodo retratando la italianidad de gánsteres violentos que la judeidad de estafadores judíos."*

También se interrogaba sobre el hecho de que los grandes estafadores siempre fuesen judíos: *"La pregunta que me hago y que me atormenta es si hay algo malo en la vasta zona gris que les lleva a cruzar esta línea. ¿Son los Belfort y los Madoff mutaciones antinaturales, o son la consecuencia inevitable de actitudes profundamente arraigadas en nuestra comunidad[227]?"* Buena pregunta.

La estafa de la burbuja puntocom

Las tácticas de la estafa de Jordan Belfort se replicaron en la gran estafa de la burbuja internet de 1999: sociedades que no eran más que simple ideas fueron introducidas en bolsa; y gracias a una buena promoción por parte de los medios de comunicación fueron vendidas por valor de

---

[227] *Jewish Journal*, 31 de diciembre del 2013. La respuesta a esta angustiosa pregunta se encuentra en nuestro *Psicoanálisis del judaísmo*, 2006.

miles de millones al público. Los analistas del banco Goldman Sachs inflaban artificialmente las acciones, pregonando a bombo y platillo que la acción *pedazodegoy.com* valía 100 dólares.

En un artículo publicado en el número de julio del 2009 de la revista *Rolling Stone*, el periodista Matt Taibbi utilizaba esta metáfora original para describir la situación: "*Fue como si los bancos, incluido Goldman Sachs, hubieran envuelto unas sandías en un bonito papel de regalo y las tiraran de la quincuagésima planta a la vez que llamaban por teléfono para ponerlas en venta en el mercado. En este juego, usted sólo podía ganar si recuperaba su dinero antes de que las sandías estallaran en la acera.*"

Matt Taibbi aportaba algunas explicaciones: Desde la Gran Depresión de 1929, existía unas reglas estrictas que Wall Street respetaba durante una introducción en bolsa. La sociedad debía existir desde al menos cinco años y tenía que haber generado un beneficio durante al menos tres años consecutivos. Pero estas reglas fueron poco a poco suprimidas. Luego ya era suficiente con un solo año beneficiario, hasta un único trimestre. Durante el tiempo de la burbuja Internet, los bancos ni tan siquiera pedían una previsión de rentabilidad.

En 1996, tras haber introducido en bolsa la sociedad Yahoo, por entonces muy poco conocida, el banco Goldman Sachs se había convertido en especialista de este tipo de operaciones. Pero de las veinticuatro sociedades que el banco introdujo en bolsa en 1997, un tercio eran deficitarias. En 1999, en lo más alto de la burbuja, el banco había introducido 47 sociedades en bolsa, entre las cuales sociedades zombis como *Webcam* e *eToys*. Ese año, las acciones de esas sociedades subieron un 281% por encima de su valor de entrada, comparado a una media de 181% para todos los índices de Wall Street. En los cuatro primeros meses del año siguiente, Goldman introdujo en bolsa otras 18 sociedades, de las cuales 14 eran deficitarias en ese preciso momento.

Par manipular las cotizaciones, Goldman utilizaba una táctica llamada el *laddering*: una sociedad solicitaba a Goldman una introducción en bolsa. El banco se ponía de acuerdo con la sociedad *pedazodegoy.com* en el número de acciones a ofrecer al público, las comisiones (digamos un 6 o 7% del capital recaudado) y los acuerdos con los potenciales grandes inversores. Goldman proponía después a sus mejores clientes el derecho de adquirir grandes paquetes de acciones al precio de introducción a cambio del compromiso de compra de acciones suplementarias más tarde, en el mercado. Estos acuerdos permitían asegurarse de que el precio subiría, ya que estos grandes inversores que habían comprado acciones de salida a 15 dólares, por ejemplo, iban a tener que comprar más por 20 o 25 dólares en una fecha posterior ya acordada, garantizando así que el precio subiera hasta más de 25 dólares. De esta manera, Goldman había podido inflar artificialmente el precio de las acciones y percibir una comisión del 6% sobre cientos de millones de dólares.

El banco Goldman Sachs fue perseguido varias veces por accionistas por esta práctica, el *laddering*. Estas maniobras fraudulentas habían llamado la atención de Nicholas Maier, gerente de Cramer & Co., un fondo especulativo dirigido en aquel momento por Jim Cramer, él mismo antiguo empleado de Goldman Sachs, reconvertido luego en un célebre presentador de televisión. Maier había declarado a la SEC que cuando trabajaba para Cramer, entre 1996 y 1998, había sido obligado varias veces a participar en operaciones de *laddering* para introducciones en bolsa de Goldman. En el 2005, Goldman aceptó pagar 40 millones de dólares por sus fraudes – una multa ridícula comparada a los gigantescos benéficos que el banco había embolsado.

El banco Goldman Sachs también se había dedicado durante la burbuja puntocom al *spinning*. Ofrecía a los mandos dirigentes de la sociedad introducida en bolsa acciones preferentes, a cambio de futuros clientes. El precio inicial de salida en bolsa era voluntariamente infravalorado, con el acuerdo del dirigente de la sociedad. En vez de fijar la acción de *pedazodegoy.com* en 20 dólares, la establecía en 18 dólares y compraba un millón de acciones a cuenta del presidente de la empresa, y no de la propia sociedad. Goldman había ofrecido de esta forma varios millones de dólares al presidente de eBay, Meg Whitman, a cambio de la clientela futura de eBay. Whitman se incorporó luego al consejo de administración de Goldman.

Tales prácticas habían contribuido a hacer de la burbuja Internet un verdadero timo. Cuando los inversores perdieron la confianza y el pánico se desencadenó, 5000 millones se esfumaron sólo en el índice Nasdaq (la bolsa de los valores tecnológicos). Pero el dinero no se había perdido para todos. Entre 1999 y 2002, el banco Goldman Sachs había repartido 28 500 millones de dólares a sus brókeres, es decir unos 350 000 dólares anuales de media para cada uno. En el 2002, tras el derrumbe de la burbuja puntocom, un informe de la Cámara de representantes acusaba el banco Goldman Sachs de haber realizado esas ofertas preferentes a los directivos de 21 sociedades introducidas en bolsa por él. Goldman denunció vehementemente el informe, antes de pagar finalmente 110 millones de dólares para finiquitar la investigación lanzada por el Estado de Nueva York. Para un banco que pagaba 7000 millones de dólares en salarios, una multa de 110 millones a pagar en 5 años no parecía muy disuasoria. Jon Corzine, que había dirigido Goldman de 1994 hasta 1999, negaba cualquier fraude por parte de la directiva del banco. A la pregunta de un periodista durante una entrevista, había respondido: "*¡Nunca había escuchado ese término de laddering hasta el día de hoy!*"

El delito de información privilegiada

Este es un delito que consiste en utilizar o transmitir información privilegiada no conocida del público cuando en caso contrario hubiera tenido un impacto positivo o negativo sobre el valor de los títulos cotizados en bolsa. El iniciado, por ejemplo, puede comprar un título poco antes de una OPA (Oferta Pública de Adquisición) que sabe inminente para revenderlo luego con una plusvalía importante. Veamos un ejemplo:

En el 2001, David Zilkha trabajaba en Microsoft pero estaba a punto de dejar la empresa para ingresar en el "*hedge fund*" (fondo especulativo) Pequot Capital. Dos semanas antes del final de su contrato en Microsoft, Arthur Samberg, presidente de Pequot Capital, le había enviado un correo electrónico preocupado por los resultados de Microsoft, empresa de la que el fondo poseía acciones. Después de preguntar por correo interno a sus colegas, David Zilkha tranquilizó su futuro jefe: las cifras próximamente publicadas por el gigante informático no serían decepcionantes. Éste compró entonces acciones de Microsoft cuya cotización subió un euro al día siguiente, cuando los resultados de la sociedad fueron publicados. La plusvalía generada gracias a la información se elevaba a 14,8 millones de dólares. La Securities and Exchange Commission (SEC) no tenía suficientes pruebas para condenar a David Zilkha por "delito de iniciado". Pero, en el 2009, su antigua esposa encontró sus correos comprometedores y los entregó a la SEC, embolsando de paso un 10% de la multa, es decir un millón de dólares.

Ivan Boesky: la referencia en este terreno

Ivan Boesky había creado en 1975 su sociedad de negocios en Nueva York. En 1986, ya había amasado una fortuna de más de 200 millones de dólares. Boesky había ganado 65 millones de dólares en 1984 cuando la sociedad Chevron había comprado Golfe y cuando Texaco había comprado Getty. También había ganado cerca de 50 millones de dólares en 1985 cuando Philip Morris había adquirido General Foods. Ivan Boesky compraba en realidad miles de acciones de la sociedad que iba a ser comprada para revenderlas a un precio muy alto unos días antes de que una sociedad anunciara una OPA (Oferta Pública de Adquisición).

Esto era evidentemente un abuso de información privilegiada. Boesky era cómplice de Dennis Levine, el director del banco Drexel Burnham. Dennis Levine, a su vez inculpado, había denunciado Boesky, y los dos fueron detenidos en 1986 por este delito. En el mes de septiembre, Boesky decidió finalmente cooperar con la SEC para salvar su pellejo y proporcionó a los investigadores federales muchas informaciones valiosas sobre el fraude en el sector bursátil. Fue él, quién denunció Michael Milken. Gracias a escuchas telefónicas y a las grabaciones, los investigadores pudieron encausar catorce personas, lo que valió a Boesky el honor de figurar en la portada de la revista *Times* del 1 de diciembre de 1986. Dennis Levine, en calidad de presidente del banco Drexel, fue condenado por la SEC a pagar 1100 millones de dólares de multa, pero el banco fue llevado a la quiebra. Boesky tuvo que pagar una multa de 100 millones de dólares. En diciembre de 1987, a los 50 años de edad, era condenado a tres años de prisión. Fue liberado dos años más tarde, con la prohibición de ejercer en los mercados de valores bursátil.

Ivan Boesky era un gran donador de la asociación benéfica mundial judía CJA. Su ficha "wikipedia" contenía una buena dosis de humor. Escuchen: "*Más tarde, Boesky comenzó a practicar el judaísmo y asistió a clases en el Seminario Teológico Judío de América, del que había sido uno de los principales donantes*." Debemos comprender que no era judío cuando delinquía, pero que al descubrir sus raíces judías se había redimido y convertido en un hombre honesto y en un filántropo. Es inútil intentar averiguar quién redactó dicha ficha. De todos modos, ha quedado para la posteridad parte del famoso discurso de Ivan Boesky pronunciado en Berkeley en 1986, la Universidad de California: "*Creo que la codicia es sana. Puedes ser codicioso y seguir sintiéndote bien contigo mismo*".

Steven Cohen: "Coméis lo que matáis"

En el mes de enero del 2014, otro caso de este tipo era juzgado en Estados Unidos. Un corredor de un fondo de inversión llamado SAC Capital era sospechoso de haber beneficiado de información confidencial. En el 2008, habría sido informado por un médico que un fármaco contra la enfermedad de alzheimer desarrollado por dos filiales del laboratorio estadounidense Pfizer[228] - las sociedades Elan y Wyeth – no iba a recibir la autorización de la FDA (la Administración de Alimentos y Medicamentos estadounidense). El día siguiente, el fondo de inversión SAC Capital había vendido todos sus títulos en esas dos empresas, evitando así unas pérdidas importantes, vendiendo en corto cerca de 1000 millones de dólares en acciones de Elan y Wyeth antes de la publicación oficial del informe de la agencia, generando unas ganancias de 276 millones de dólares[229]. Se trataba de "*la operación más lucrativa de información privilegiada de toda la historia*", según el fiscal de Manhattan Preet Bharara, quién añadía que la magnitud del delito no tenía "*precedente histórico*"

El fiscal Preet Bharara contaba con una lista de éxitos impresionante, pues ya había instruido 78 casos de delitos de información privilegiada sin perder ni uno. Desde el 2009, había pescado a nueve empleados de SAC Capital. Un mes antes, había obtenido la inculpación de Michael Steinberg, acusado de abuso de información privilegiada, enfrentándose a una condena de 80 años de prisión. Seis de ellos habían sido condenados tras declarase culpables, y cuatro habían aceptado cooperar con las autoridades.

El presidente de SAC Capital era un multimillonario, una figura a la vez legendaria y controvertida de Wall Street: Steven Cohen. Desde hacía una década, la justicia estadounidense intentaba acorralarle.

---

[228]Entre 1995 y 2009, se llevaron a los tribunales 40 casos por malas prácticas y fraude. Pfizer pagó un total de 6171 millones de dólares en multas.

[229] Artículo de *France24.com*, con fecha del 7 de enero del 2014. Se puede apostar al alza de una acción, una obligación o una materia prima comprándolas. Pero también se puede apostar a la baja, vendiendo lo que no se posee (el activo en cuestión puede ser adquirido para su venta mediante un préstamo de títulos), con una promesa de comprarlo más tarde. Es lo que se llama venta corta, o posición corta. El que realiza la operación espera obtener un beneficio económico en la medida que el valor del título haya bajado porque lo vende a un precio superior (momento inicial) que cuando los compra (momento posterior). Si por el contrario los valores subieran, sufriría una pérdida.

Según los investigadores, el uso ilegal de información sensible y no pública obtenida gracias a una gran red de amistades – principalmente médicos – era su gran fondo de comercio.

En marzo del 2013, dos filiales de SAC Capital habían aceptado abonar 600 millones de dólares para terminar con las acciones judiciales en contra de este delito. Se trataba de la mayor suma jamás pagada en este tipo de casos en Estados Unidos. A primera vista, Steven Cohen parecía haberse librado, pero dicha multa no ponía fin a las pesquisas iniciadas por las autoridades federales. Steven Cohen, 56 años, trigésimo quinta fortuna de Estados Unidos, y cuyos fondos gestionaban unos 14 000 millones de dólares, todavía no había sido encausado personalmente.

En noviembre del 2013, sin embargo, tras meses de investigación, Steven Cohen era finalmente acusado de abuso de información privilegiada y aceptaba pagar 1200 millones de dólares para zanjar el proceso penal, además de los 616 millones pagados en marzo en el marco del procedimiento civil. Con sus rendimientos anuales de más del 25% durante 20 años, SAC Capital se veía obligado a renunciar a su estatuto de "*hedge fund*" para convertirse en simple "*family office*": Steven Cohen tendría que limitarse a gestionar los 9000 millones que le pertenecían a él y sus próximos colaboradores.

Podía seguir ocupando su villa de 3251 m² en Connecticut donde se había constituido una impresionante colección de obras de arte contemporáneo. Un artículo del semanal *Le Point* del 9 de febrero del 2006 titulado "Steven Cohen, el Mandamás de Wall Street" lo describía así: "*El verdadero jefe de Wall Street no vive en Manhattan, sino recluido en una casa de Greenwich (Connecticut) cercada por un muro de cuatro metros de altura. Steven Cohen, 49 años, no se muestra casi nunca...En 2005, embolsó 500 millones de dólares. ¿Cuál es su secreto? Saber todo antes que nadie. Con los ojos clavados en las pantallas de control, analiza miles de datos y se enfurece cuando los analistas de Wall Street no le dan la primicia de una información. Los inversores que le confían su dinero (4 mil millones de dólares) le pagan muy caro sus servicios: Cohen percibe un 3% de las sumas como gastos de gestión (contra el 1,44% de media) y un 35 % de las ganancias (contra el 19,2% de media)." Cohen "profesa un capitalismo total:" Coméis lo que matáis", dice a sus brókeres, remunerados en base a sus competencias y rendimiento*[230]*.*"

---

230 En *Psicoanálisis del judaísmo (2006)* y *El Fanatismo judío (2007).*

3. El atraco de la Reserva Federal

A principio del mes de octubre del 2008, el gobierno estadounidense había recibido la autorización de los senadores y de los representantes para rescatar los bancos en dificultades. No menos de 700 000 millones de dólares fueron sustraídos de los bolsillos del contribuyente estadounidense.

Todo había empezado con una crisis inmobiliaria: la famosa crisis de los *subprimes*[231]. Los "préstamos depredadores" que sostenían la base de la pirámide habían sido concedidos por instituciones crediticias a millones de hogares a los que se les había prometido un futuro radiante. Durante años, los banqueros se habían lucrado inmensamente, pero cuando hubo que pagar la cuenta de la fiesta, el gobierno estadounidense sólo había encontrado el contribuyente para registrar y vaciarle los bolsillos.

Los economistas habían entonces privilegiado las explicaciones de los ciclos económicos, y hubo que esperar unos años antes de que analistas más concienzudos hicieran la demostración de que esta crisis era de origen criminal. En su libro *El gran Fraude* (*La grande Fraude*, 2011), Jean-François Gayraud denunciaba la tesis según la cual la crisis habría sido una fatalidad de los ciclos económicos. La explicación dominante de los ciclos económicos era efectivamente "*muy cómoda para los actores financieros*", puesto que así "*todos y nadie son realmente responsables*[232]." Al ser el sistema falible, los hombres eran víctimas de fenómenos que les sobrepasaba. El enfoque de la fatalidad de los ciclos es muy cómodo porque permite eludir las preguntas molestas sobre las verdaderas causas de las crisis financieras. "*En realidad, escribía Jean-*

---

[231]Sobre esta crisis se puede visionar la interesante película, *La Gran apuesta* (*The Big Short*, 2015). Se basa en el libro homónimo de Michael Lewis, sobre la crisis financiera del 2007 al 2010 por la acumulación de viviendas y la burbuja económica. El libro destaca la naturaleza excéntrica del tipo de persona que apuesta contra el mercado o va contra la corriente. Esto queda reflejado en la adaptación cinematográfica, aunque, gracias a Dios (YHWH), la voz de la conciencia moral universal se alza en el desierto a través del personaje que interpreta un gerente judío de fondos de cobertura para condenar la locura de los hombres y del mercado. (NdT).

[232] Jean-François Gayraud, *La grande Fraude*, Odile Jacob, 2011, p. 15

François Gayraud, las crisis financieras son tragedias humanas, y no catástrofes naturales[233]*.*"

Jean-François Gayraud insistía en la dimensión criminal de la crisis, al igual que el periodista William Black había hecho para la crisis de las Cajas de Ahorro en los años 1980. William Black – un especialista de la delincuencia financiera que denunciaba los "*directivos -estafadores*" - hacía apología de los autores George Akerlof y de Paul Romer que habían escrito conjuntamente un artículo que iba al fondo de la cuestión: "*Sólo un pequeño porcentaje de los estudios universitarios y de los libros de economía sobre la crisis actual mencionan este texto fundamental, o consideran el fraude como una fuerza motriz de la crisis*", escribía William Black.

George Akerlof había recibido el premio Nobel en el 2001, en gran parte por su trabajo sobre otra forma de fraude empresarial, y Paul Romer era también un economista muy respetado. "*El gremio de los economistas sigue negándose a analizar el fraude empresarial o a interesarse por los estudios criminológicos sobre las estafas que están en el origen de nuestras recurrentes, y cada vez más graves, crisis financieras: esto no honra a la disciplina. Por lo demás, ignorar a un premio Nobel en una de sus principales áreas de especialización evidencia un temerario desprecio por la verdad*[234]*.*"

La dimensión criminal de la crisis de los *subprimes* es a día de hoy absolutamente evidente. Los premios Nobel de economía Paul Krugman y Joseph Stiglitz denunciaron los abusos generados por la desregulación. En el 2010, en su libro *La gran apuesta*, Michael Lewis apuntaba directamente a los "*directivos estafadores*". Pero aún más el periodista Charles Ferguson, quién sacó a la luz todo el fenómeno. Charles Ferguson obtuvo el Oscar al mejor documental en el 2011 por su *Inside Job*, que exponía la crisis financiera del 2008. En el 2012, en su libro homónimo *Inside Job*, Ferguson ampliaba su investigación. Al principio del libro, se sorprendía que todavía ningún protagonista estuviera entre rejas. "*A comienzo de 2012 siguen sin presentarse*

---

[233] Jean-François Gayraud, *La grande Fraude*, Odile Jacob, 2011, p. 16

[234] "*Una de las comprobaciones más pertinente que puede hacer un lector antes de comprar (o no) un libro de economía sobre la crisis consiste en verificar si el autor cita el artículo de 1993 de George A. Akerlof y Paul M. Romer:*"*Looting: the Economic Underworld of Bankruptcy for Profit*"*.*" (William Black, *Une Fraude presque parfaite, Le pillage des caisses d'épargne américaines par leurs dirigeants*, Éditions Charles Léopold Mayer, 2012, p. 440).

cargos penales contra ningún alto directivo financiero en relación con la crisis financiera." Denunciaba "*una conducta criminal generalizada e impune en el sector financiero*" que se remontaba a los tiempos de la desregulación criminógena de los años 80: "*Tenemos pruebas irrefutables de que a lo largo de los últimos treinta años el sector financiero estadounidense se ha convertido en una industria canalla (rogue industry)*[235]."

Charles Fergusson confesaba – un poco ingenuamente la verdad – su decepción ante la inacción de la administración Obama. ¿Qué creía? Bastaba con ver el séquito del primer presidente negro Barack Obama y constatar que estaba compuesto por las mismas personas de la misma secta que aquellos que les habían precedido. De hecho, ni Charles Ferguson, ni Michael Lewis, ni William Black, ni los premios Nobel señalaron el papel especialmente nefasto jugado por los miembros de esta secta omnipresente en el mundo de los negocios. Jean-François Gayraud iba incluso más allá, denunciando de forma grotesca el control de la mafia siciliana siempre que aparecía un apellido italiano. Ninguno de estos investigadores vieron por lo tanto lo que había que ver: a saber que la crisis de los *subprimes* tenía su origen en una mentalidad muy particular que se ha extendido por contagio por todo Occidente y el mundo. A partir de aquí, todas las medidas de reglamentación que se puedan plantear no serán más que diques más o menos sólidos y efímeros, que serán siempre sorteados por la malicia de los hombres de dinero.

Los créditos depredadores y la crisis de los subprimes

La crisis financiera mundial del 2008 había empezado el año anterior con la contracción del mercado inmobiliario en Estados Unidos. El mercado había experimentado hasta ese momento un auge extraordinario, con dos millones de casas construidas cada año durante una década. Este crecimiento había sido alentado por tipos de intereses

---

[235]Charles Ferguson, *Inside Job, la crisis financiera...* Ediciones Deusto, Barcelona, 2012, p. 15-16. ["*Con cada nuevo paso en el proceso de desregulación y concentración, el sector financiero de Estados Unidos se fue convirtiendo en una industria casi criminal, cuyo comportamiento terminó por producir un gigantesco esquema Ponzi a escala global: la burbuja financiera que provocó la crisis de 2008 fue literalmente el crimen del siglo, uno de cuyos efectos colaterales seguirá pesando sobre el mundo durante muchos años en forma de estancamiento económico en Estado Unidos y crisis de la deuda en Europa.*" *Inside Job*, p. 33. (NdT)].

históricamente bajos. Tras el estallido de la burbuja internet en el 2000 y los atentados del 11 de septiembre del 2001, la Reserva Federal estadounidense (la Fed: el banco central) había optado por esta política para fortalecer las inversiones y evitar una recesión. De tal manera que el presidente de la Fed, Alan Greenspan, había bajado once veces consecutivas el tipo de interés, llevándolo del 6,5% a finales del 2000 al 1% en julio del 2003, su nivel más bajo desde 1954[236]. Teniendo en cuenta la inflación, los tipos de intereses reales eran así negativos.

Los préstamos inmobiliarios habían sido facilitados por los sucesivos gobiernos que tenían como objetivo permitir a los estadounidenses más necesitados convertirse en propietarios. Una ley de 1977 (el Community Reinvestment Act) – reforzado en 1995 bajo la presidencia de Bill Clinton y en el 2002 por los Republicanos – incitaba a los bancos a prestar a las familias de los barrios desfavorecidos. El presidente Bill Clinton había insistido fuertemente en el acceso a la propiedad de los pobres y las minorías hispánicas y negras, incluso al amparo de amenazas judiciales. Roberta Achtenberg, alta funcionaria en el ministerio de urbanismo y activista homosexual había desempeñado un papel importante: "*Roberta Achtenberg dotó a equipos de investigadores y fiscales de importantes recursos para erradicar las prácticas discriminatorias en las empresas hipotecarias. Prometió perseguirlos a la primera señal de mal comportamiento. Estas empresas, inclinadas por naturaleza a ser indulgentes con los criterios de concesión de préstamos, se vieron alentadas por Washington a hacer la vista gorda ante la solvencia de los solicitantes. Al igual que los bancos de depósito, se les calificó incluso en función del volumen de préstamos concedidos a personas con bajos ingresos. Una buena calificación les permitía entonces abrir nuevas sucursales o llevar a cabo fusiones*[237]." El republicano George Bush, que había sucedido a

[236]"*El presidente de la Reserva Federal, Alan Greenspan, el hombre que supuestamente estaba protegiendo al país de una excesiva asunción de riesgos, de hecho, la fomentó...Habitualmente, los mercados proyectan que los tipos de interés permanezcan aproximadamente donde han venido estando – salvo en periodos excepcionales-. Pero en 2003, Greenspan había hecho algo sin precedentes: bajó los tipos de interés hasta el 1 por ciento...Eso significaba que cualquiera que tuviera una hipoteca de tipo variable tenía la casi total seguridad de que vería aumentar sus pagos por intereses en el futuro, y puede que en una elevada cuantía. Y vaya si subieron, ya que el tipo de interés a corto plazo pasó del 1 por ciento en 2003 al 5,25 en 2006.*" Joseph Stiglitz, *Caída libre, el libre mercado y el hundimiento de la economía mundial*, Taurus, Madrid, 2010, p. 124

[237] Jean-François Gayraud, *La grande Fraude*, Odile Jacob, 2011, p. 26

Bill Clinton, había practicado la misma política con la esperanza de captar los votos de los electores negros e hispánicos. El Community Reinvestment Act es, a pesar de lo descrito, generalmente considerado por los "Republicanos" (los liberales de "derecha") como una de las principales explicaciones de la crisis financiera.

Pero los préstamos hipotecarios habían sido sobre todo alentados por los bancos e entidades crediticias gracias a unos montajes y mecanismos que los protegían de los riesgos de no ser pagados: con el bien inmobiliario en hipoteca y el alza rápida y continua de los precios del mercado inmobiliario, una ejecución (desahucio) les permitía recuperar el dinero prestado en caso de impago. De hecho, de 1999 al 2005, el precio de las casas había aumentado un 42%[238].

Los prestatarios eran calificados en base a sus características socio-profesionales (empleo, paro, matrimonio, incidente de impago, descubierto bancario, etc.) mediante los "*FICO scores*", inventados en los años 1950. Los niveles de solvencia eran evaluados en base a una calificación que iba de los 300 a 850 puntos. Los prestatarios con la calificación más alta eran denominados "*prime*" (superiores a 700), mientras que la categoría "*subprime*" correspondía a los prestatarios cuya puntuación, "*score*", era inferior a 620. Para esta segunda categoría, los préstamos eran más arriesgados, pero de mejor rendimiento. Sin embargo, la evaluación de los prestatarios no era siempre muy fiable. Un inmigrante que nunca había fallado en devolver un préstamo, por la sencilla razón de que nunca le habían concedido un préstamo, tenía a menudo un "*score*" sorprendentemente alto.

La mayoría de las veces, las familias humildes podían conseguir una hipoteca con un tipo de interés fijo y muy bajo durante los dos primeros años; luego ese tipo pasaba a ser variable según el valor del bien inmobiliario; cuanto más valor tenía la casa, más bajo era el tipo; e inversamente, cuando la casa perdía valor, el tipo de interés se incrementaba. Las instituciones crediticias aceptaron prestar hasta el 110% del valor del bien hipotecado. En el peor de los casos, se beneficiarían de los dos primeros años de reembolsos de un bien que acabarían recuperando y vendiendo más caro gracias al auge continuo

---

[238] Joseph Stiglitz, *Caída libre, el libre mercado y el hundimiento de la economía mundial*, Taurus, Madrid, 2010, p. 123. "*Entre 1999 y 2005, los precios de la vivienda subieron un 42 por ciento*", pero según Paul Krugman, en el 2006, el mercado estaba sobrevalorado en un 50%. (Jean-François Gayraud, *La grande Fraude*, Odile Jacob, 2011, p. 27)

de los precios del mercado inmobiliario que nunca había bajado desde los años 1930. El prestatario, por su parte, sabía que si se veía en apuros podría revender la casa y ganar incluso una plusvalía. El gran tesorero del Templo Alan Greenspan animaba directamente a todos los hogares a suscribir hipotecas de tipo variable[239]: prueba de que no había ningún riego.

Las entidades de préstamos hipotecarios, atraídos por la gran rentabilidad de esos créditos, concedieron así millones de préstamos a familias humildes, poco informadas de los riesgos del sobreendeudamiento, y a las que se les prometía que ganarían mucho dinero revendiendo su casa dos o tres años después con un sustancioso beneficio. Estas entidades de préstamos eran negligentes en cuanto a la solvencia de los prestatarios, pues, en su mayoría, revendían sus créditos a los grandes bancos de inversión de Wall Street que se encargaban del recobro. El riesgo ya no era suyo.

El negocio era tan floreciente que decenas de miles de corredores de préstamos independientes, que trabajaban con varios bancos de entidades crediticias, recorrían las ciudades y el campo en busca de quién timar[240]. El corredor podía instalarse en un local prefabricado cerca de las muestras de casas de una urbanización en venta o hacer campañas por internet. En Estados Unidos, todo el mundo podía ser corredor de crédito. Contrariamente a los bancos, los corredores y las entidades de crédito inmobiliario no estaban controlados por las normas federales de regulación bancaria, de modo que la profesión atrajo a numerosos timadores y los abusos se multiplicaron[241]. Para atraer a los clientes, todos los medios eran buenos: préstamos concedidos sin entrada en efectivo, sin documentación, tipos rebajados o de "saldo" (al comienzo del periodo de endeudamiento). La imaginación de los corredores no tenía límites, puesto que ellos no asumían el riego y sabían que el banco local validaría la solicitud. El interés de los corredores era incluso disimular a los prestamistas las informaciones que podían impedir la firma del contrato, a fin de cobrar las comisiones. Muchas solicitudes fueron rellenadas así con falsas declaraciones,

---

239 Joseph Stiglitz, *Caída libre, el libre mercado y el hundimiento de la economía mundial*, Taurus, Madrid, 2010, p. 124, 153.

240 Las sociedades de corretaje de crédito pasaron de 37 000 en el 2001 a 53 000 en 2006, y realizaron el 68% de las operaciones de crédito. (Jean-François Gayraud, *La grande Fraude*, Odile Jacob, 2011, p. 64)

241 En Florida, del 2000 al 2007, más de 10 000 corredores tenían antecedentes penales. (Jean-François Gayraud, *La grande Fraude*, p. 76).

incluso directamente sin declaración. Mientras que en el 2001 el 80% de los préstamos *subprime* era tramitados con "documentación completa", en el 2006 esta parte había caído al 50%[242]. Por ejemplo, cuando un prestatario no tenía suficientes ingresos para reembolsar el préstamo que solicitaba, bastaba con atribuirle ingresos extraordinarios "declarados sobre el honor".

La mayor entidad especializada en los préstamos inmobiliarios, Countrywide Financial, que había cubierto el país de sucursales y financiado un préstamo inmobiliario sobre seis en todo el país, se había ganado en el 2008 una muy mala reputación[243]. Las entidades de crédito más dudosas, como Long Beach Savings, en California, concedían préstamos sin declaraciones de ingresos, y sin ninguna entrada por parte del prestatario. Los blogs inmobiliarios de California todavía están repletos de historias de estafas por culpa de los tipos de intereses flotantes. Antiguos empleados de una importante entidad crediticia, Washington Mutual, habían testificado ante un tribunal "*que cada originador debía firmar cinco préstamos al día, y que a partir de esa cifra se comenzaban a devengar las primas; que los criterios de concesión de créditos cambiaban casi a diario*[244]". El presidente de Washington Mutual no era judío, sino un goy: Kerry Killinger. New Century, el segundo operador del mercado, usaba métodos similares. La remuneración de unos y otros dependía del volumen de créditos que concedían y no de su calidad. Tenían por lo tanto interés en conceder préstamos muy caros al mayor tipo de interés posible.

En las operaciones más fraudulentas se encontraban falsas nóminas y falsos documentos de identidad. Los precios de los bienes inmobiliarios eran sobreevaluados fraudulentamente por expertos y tasadores, con el consentimiento de los prestatarios y de los corredores. "*En el 2007, el 90% de los más de 1200 tasadores interrogados admitían haber recibido presiones para cambiar su evaluación de los bienes inmobiliarios, presiones que provenían de los corredores, de los prestamistas y agentes inmobiliarios*", escribía Jean-François Gayraud. En su libro *Confessions of a subprime Lender*, Richard Bitner, que

---

242 Jean-François Gayraud, *La grande Fraude*, Odile Jacob, 2011, p. 66

243 *Countrywide Financial* había sido creada en 1970 por Angelo Mozilo y David Loeb. (Olivier Pastré, Jean-Marc Sylvestre, *Le Roman vrai de la crise financière*, Perrin 2008, coll. Tempus, p. 107). Del 2004 al 2007, *Countrywide Financial* había tramitado 150 000 millones de préstamos tóxicos. (Jean-François Gayraud, *La grande Fraude*, p. 71).

244 Charles Ferguson, *Inside Job, la crisis financiera...* Ediciones Deusto, Barcelona, 2012, p. 92

estaba a la cabeza de una sociedad de crédito, también aportaba una valoración contundente acerca de esos profesionales del corretaje y de la tasación de bienes: "*El número de tasaciones dudosas alcanzaba el 80%*". Más del 70% de los préstamos hipotecarios que había tramitado eran "*engañosos*"; según él no había más de un tercio de los corredores que fueran honestos[245].

Bastaba pasar en coche delante de un banco para que un comercial os concediera un préstamo de cientos de miles de dólares. En la pequeña ciudad de Bakersfield, en California, se dio el caso de un recogedor de fresas mexicano, que ganaba 14 000 dólares anuales y que no hablaba una palabra de inglés, tomar un préstamo de 724 000 dólares para comprarse una casa. Una niñera de origen jamaicano se había convertido en propietaria de seis casas en Queens, un barrio de Nueva York. Había comprado una; y luego, como su valor había aumentado, le ofrecieron otro préstamo de 250 000 dólares para comprar una segunda, y así sucesivamente[246]. Un diseñador de páginas web sin un duro había podido comprar siete casas endeudándose por dos millones de dólares sin tener un salario fijo. Una limpiadora chilena que no hablaba inglés y estaba en situación ilegal había recibido en el 2003 un préstamo de 400 000 dólares para comprarse un apartamento en Nueva York. Al no poder reembolsarlo, fue refinanciada dos veces seguidas. En general, el objetivo era garantizar que, al final del periodo de tipo fijo, los prestatarios pudieran refinanciar sus préstamos.

Algunos corredores habían rastreado los barrios más peligrosos de Los Ángeles, donde daban 400 dólares a gente totalmente pelada para poner una firma debajo de un contrato hipotecario. Joseph Stiglitz, premio Nobel de economía, transcribía este testimonio: "*Simplemente llamaban y decían: "Oiga, ¿necesita usted dinero en el banco? Y yo*

---

[245] Jean-François Gayraud, *La grande Fraude*, Odile Jacob, 2011, p. 68, 69. ["*Una evaluadora de alto nivel testificó que préstamos rechazados por ella reaparecían muchas veces aprobados por dirección superior. Decenas de antiguos empleados han presentado testimonios parecidos. El fiscal general del estado de Nueva York también ha presentado cargos contra Washington Mutual por ejercer presiones financieras para conseguir que los tasadores inflaran los valores de las propiedades.*" Charles Ferguson, *Inside Job, la crisis financiera*...p. 92. Léase también nota 21, página 368, en Joseph Stiglitz, *Caída libre, el libre mercado y el hundimiento de la economía mundial*, Taurus, Madrid, 2010 (NdT)].

[246] Michael Lewis. *La gran apuesta*, Debate Penguin Random House, Barcelona, 2013, p. 123, 124

decía: "Sí, necesito dinero en el banco[247]"" Sólo que tras dos años de tipos de intereses bajos, éstos podían subir hasta al 15%. Estos préstamos abusivos eran ni más ni menos que usureros, la misma usura que practicaban los judíos desde la alta Antigüedad y de la que se quejaban los campesinos llevados a la ruina[248].

El mercado de los *subprime* se desarrolló de forma vertiginosa, pasando de 200 000 millones de dólares en 2002 a 640 000 millones en el 2006, lo que representaba entonces el 23% del total de los préstamos inmobiliarios del país. Entre el 2004 y el 2008, hubo 1,8 billones de dólares de *subprime*, pero los préstamos "Alt A", superiores al 680 FICO, también eran dudosos ya que poco documentados también, con prestatarios que no presentaban sólidas pruebas de ingresos.

Cuando a principio del año 2005, el gran tesorero Alan Greenspan reajustó el tipo de interés para desinflar la burbuja inmobiliaria y contener la inflación, el edificio vaciló antes de derrumbarse. El tipo de interés de la Fed subió diecisiete veces, primero con Alan Greenspan, y luego con su sucesor y congénere Ben Bernanke, hasta alcanzar el 5,25% a mediados de 2006. Los préstamos se habían vuelto menos atractivos y los precios del sector empezaron a bajar en varias regiones de Estados Unidos. El mercado perdió finalmente cerca del 20% durante los 18 meses antes de la crisis – las fluctuaciones eran diferentes según los Estados, las ciudades y los barrios.

Es así cómo en el verano del 2006, decenas de miles de hogares estadounidenses empezaron incumplir los pagos de sus hipotecas y los desahucios se multiplicaron. Al principio, sólo los créditos *subprime* se vieron afectados; luego las ejecuciones de hipotecas afectaron a los propietarios que tenían una hipoteca clásica pero que habían perdido su empleo (en plena época de las deslocalizaciones de empresas hacia países emergentes con mano de obra barata). En junio del 2007, más de un millón de personas que habían firmado una hipoteca eran insolventes (15% de los créditos *subprime*), y tres millones de hogares estaban en riesgo de serlo. En julio de 2009, "*más de 15,2 millones de hipotecas estadounidenses, casi un tercio de todos los inmuebles hipotecados*

---

[247] Joseph Stiglitz, *Caída libre, el libre mercado y el hundimiento de la economía mundial*, Taurus, Madrid, 2010, p. 114

[248] Léase al respecto el testimonio de Guy de Maupassant en *El Fanatismo judío* (2007), e *Historia del antisemitismo* (2010).

estaban "sumergidas"[249].

Las entidades de crédito tendrían que haber podido recuperar el principal vendiendo las viviendas ejecutadas, pero el número de casas puestas en venta había agravado el desequilibrio del mercado y los precios inmobiliarios se derrumbaron. Las casas habían perdido más de un tercio de su valor, de tal manera que para once millones de hogares su crédito hipotecario superaba el valor de su vivienda. Los que todavía podían pagar sus cuotas ya no tenían ni tan siquiera motivos para seguir pagando. Pero con los demás deudores, los bancos fueron inflexibles, después de haber sido falsamente generosos: *"El hogar de Doris Canales estuvo amenazado de embargo después de que refinanciara su casa trece veces en seis años con hipotecas "no-doc" [sin documentación], que exigían poca o ninguna documentación de ingresos o de activos."*

En realidad, estos préstamos eran más bien "préstamos de neutrones", como se les denominaba entonces: destruían las familias dejando las casas vacías e intactas. Los préstamos *subprime* eran también apodados "*liar loans*", préstamos mentirosos, cuyas víctimas eran generalmente las personas más vulnerables: los pobres, las personas mayores de edad y las minorías étnicas, especialmente los hispánicos, inmigrantes recién llegados sin dominio del inglés e incapaces de comprender los contratos.

El sitio internet Moody's Economy *"pronosticaba que un total de 3,4 millones de propietarios de viviendas no lograrían pagar sus hipotecas en 2009, y 2,1 millones perderían sus hogares. Se espera que a muchos millones más les ejecuten sus hipotecas de aquí a 2012*[250]*.*" De media, un crédito sobre ocho había sido impagado. Más de la mitad de las ejecuciones hipotecarias (desahucios) se habían producido en cuatro Estados: California, Florida, Arizona e Ilinois. Los estados de Michigan, Ohio, Texas y Georgia también habían sido ampliamente afectados.

Otras estadísticas eran aún más alarmantes. En enero del 2010, la sociedad californiana RealtyTrac, especializada en las estadísticas del mercado inmobiliario, contabilizaba un número récord de 3,9 millones de viviendas habiendo sido objeto de desahucio en el 2009. El 26 de

---

[249] Joseph Stiglitz, *Caída libre, el libre mercado y el hundimiento de la economía mundial*, Taurus, Madrid, 2010, nota 33 página 370.

[250] Joseph Stiglitz, *Caída libre, el libre mercado y el hundimiento de la economía mundial*, Taurus, Madrid, 2010, p. 114, 115

marzo del 2010, el presidente Barack Obama había presentado un nuevo plan de contención de los embargos de viviendas: 14 000 millones de dólares suplementarios para permitir a los prestatarios en apuros refinanciar sus hipotecas y evitar los impagos. Pero el descenso de los embargos no comenzó a ser significativo hasta diciembre del 2013, reduciendo de paso el índice de divorcios y suicidios. Mientras tanto, cientos de miles de personas habían vuelto a vivir a casa de sus padres o bien directamente en refugios improvisados o en sus vehículos. En total, se calcula que una quincena de millones de viviendas fueron desahuciadas entre el inicio de la crisis en el 2006 y la vuelta a la normalidad prevista para 2015.

La responsabilidad de Alan Greenspan era tanto mayor cuanto que ya en 2002 había sido advertido por el consejo de la Fed de los peligros del mercado de los *subprime*. La Reserva Federal podría, por ejemplo, *"haber reducido al máximo los ratios del principal del préstamo sobre el valor del activo en lugar de permitir que aumentasen. Habría podido restringir las hipotecas de tipo variable. En lugar de eso, Greenspan las fomentó. Habría podido restringir los préstamos con amortización negativa y documentación insuficiente (créditos del mentiroso). Tenía muchos instrumentos a su disposición*[251]."

Las causas de la crisis eran estructurales: si las entidades de crédito pudieron prestar con tanta facilidad a gente que evidentemente no tenía la capacidad de reembolsar, fue porque habían revendido los préstamos a bancos de inversión.

La estafa de los CDO

Que la hipoteca fuera tóxica, es decir, arriesgada o fraudulenta, ya no era un problema para el prestamista, ya que ésta se revendía inmediatamente en Wall Street. Y los grandes bancos de Wall Street tuvieron gran interés en comprar y gestionar estos préstamos en la medida que pudieron ser "titulizados", es decir transformados en títulos negociables en la bolsa para ser comprados y vendidos por inversores:

---

[251] Joseph Stiglitz, *Caída libre, el libre mercado y el hundimiento de la economía mundial*, Taurus, Madrid, 2010, p. 315. *"De hecho, Alan Greenspan bloqueó una propuesta para aumentar la vigilancia sobre los prestamistas de alto riesgo en virtud de la amplia autoridad de la Reserva Federal. Greg Ip,"Did Greenspan Add to Subprime Woes?, Wall Street Journal, 9 de junio de 2007, p. B1."*, nota 10 página 367. (NdT).

bancos (en Estados Unidos o en el extranjero), aseguradoras, fondos de pensión, municipalidades o *hedge funds* (fondos especulativos). Un contrato comercial a largo plazo y de escasa liquidez (la hipoteca, el préstamo inmobiliario) era transformado en producto de mercado, líquido y vendible en cualquier momento.

La titulización de las deudas consistía en reagruparlas todas por paquetes (hasta varios miles), de manera a diversificar el riesgo. Un cierto número de prestatarios podían incurrir en impago; pero si se ponía juntos un amplio número de prestatarios, diversificando su origen, era posible reducir el riesgo global. Los préstamos eran de esta forma transformados en bonos hipotecarios llamados "MBS" (*mortage-backed securities*, o "bonos de titulización hipotecaria" [252]). La titulización creó un flujo ininterrumpido de comisiones que generó unas ganancias sin precedentes, más aún cuando los ingenieros financieros se las ingeniaban para crear nuevos productos cada vez más sofisticados. En el 2005, hubo "*625 000 millones de dólares en préstamos hipotecarios basura, de los cuales 507 000 millones de dólares acabaron transformados en bonos hipotecarios. Medio billón de dólares en bonos con garantía hipotecaria subprime en un solo año*[253]." En el 2006, el 75% de los 665 000 millones de dólares de préstamos *subprimes* habían sido titulizados[254].

En el 2000, cinco bancos de inversión dominaban el mercado: Goldman Sachs, Merril Lynch, Morgan Stanley, Lehman Brothers y Bear Stearns. También estaban las filiales de los tres conglomerados financieros que eran Citigroup, JP Morgan Chase y Bank of America. Algunos bancos europeos se repartían el resto: Deutsche Bank, UBS y Crédit Suisse.

Los títulos más en boga para los grandes inversores eran los CDO ("*collateralized debt obligation*": títulos garantizados por deudas u

---

[252]Otros tipos de créditos pueden servir de soporte: créditos automóviles, préstamos estudiantes, créditos al consumo, pagos pendientes de tarjetas de crédito. Se denominan "*asset-backet securities*" (ABS)

[253]Michael Lewis, *La gran apuesta*, Debate Penguin Random House, Barcelona, 2013, p. 44

[254]Jean-François Gayraud, *La grande Fraude*, Odile Jacob, 2011, p. 30. La titulización fue inventada en 1977 por la firma Salomon Brothers. En los años 80, las Cajas de Ahorro habían podido vender así sus préstamos hipotecarios deficitarios transformándolos en MBS (*mortgage-backed security*, bono de titulización hipotecaria). El mecanismo perverso que desconectaba el riesgo y la ganancia ya estaba ahí.

obligación colateralizada por deuda[255]) que reunían los MBS y se intercambiaban por valor de cientos de millones de dólares. En 1983, Larry Fink y su equipo del banco First Boston había inventado las obligaciones garantizadas por créditos hipotecarios[256]. Fink había innovado recortando las obligaciones en varios tramos. Todos los pagos realizados por los prestatarios iban primero al tramo más seguro, pero cuyos intereses para el inversor eran menores. Cuando el primer tramo recibía la totalidad de la suma adeudada, los pagos pasaban al segundo tramo, luego al tercero, etc. El último tramo era el más arriesgado, pero los intereses para los inversores eran también mucho más elevados.

Cada CDO contenía varios tramos de un centenar de obligaciones (bonos) hipotecarias diferentes, compuestas ellas mismas de miles de préstamos diferentes. Los inversores que los compraban eran remunerados con los flujos financieros generados por los activos contenidos en el CDO. El descenso de algunos valores se veía compensado por la subida de otros.

---

[255] Una obligación garantizada por deuda o colateralizada mediante deuda (en inglés *Collateralized Debt Obligation* o CDO) es un tipo de producto financiero estructurado y respaldado por activos financieros de tipo ABS (asset-backed security). Originalmente este tipo de valores fueron desarrollados para los mercados de deuda corporativos, aunque con el tiempo las CDO se ampliaron para incluir también hipotecas y valores respaldados por hipotecas (MBS). (NdT).

[256] Laurence Douglas Fink, conocido como Larry Fink, es un empresario judeoestadounidense presidente y consejero delegado de BlackRock, la mayor empresa de gestión de activos e inversiones del mundo, con casi 9,5 billones de dólares bajo gestión a mediados de junio de 2021 (de los cuales aproximadamente dos tercios en todo el mundo estaban relacionados con ahorros para la jubilación a finales de 2018). A finales de los 80, BlackRock lanzó su programa revolucionario Aladdin. Aladdin (*Asset, Liability, Debt and Derivative Investment Network*) es un sistema electrónico de BlackRock Solutions. En 2013, gestionó aproximadamente 14 billones de dólares en activos (incluidos los más de 6 billones de BlackRock), es decir, alrededor del 7% de los activos financieros mundiales, y supervisó unas 30.000 carteras de inversión. En 2019, la Inteligencia Artificial (IA) gestionaba 18 billones de dólares en activos. El documental de Adam Curtis de 2016 *HyperNormalisation* cita el sistema Aladdin como ejemplo de cómo los tecnócratas modernos intentan gestionar las complicaciones del mundo real. El documental de *Arte* de 2019 *These Financiers Who Run the World-BlackRock* afirma que esta inteligencia artificial está impulsando una estandarización de la inversión global que podría amplificar el efecto dominó de la próxima crisis financiera. En un artículo crítico sobre el papel de BlackRock en la expansión del modelo de pensiones de capitalización, *Le Monde diplomatique* subraya la destacada importancia de Aladdin en la concentración de capital y la financiarización de la economía. En 2022, el canal de YouTube *Science4All* clasificó a Aladdin como la inteligencia artificial más "terrorífica". [wikipedia. (NdT).]

Pero también había varias modalidades. Los inversores podían tener preferencias, como, por ejemplo, comprar la parte de los créditos cuya duración no excedía los 5 años, o comprar sólo los créditos cuyos prestatarios eran funcionarios; o bien los créditos que servían sólo a financiar las casas situadas en una zona geografía específica. El banco reunía los créditos por vencimientos, duración, o tomando en cuenta toda clase de criterios, y emitía los títulos.

Los bancos crearon cada vez más CDO. En el banco Goldman Sachs, como en Morgan Stanley, cientos de empleados compraban préstamos *subprimes,* los ensamblaban bajo forma de obligaciones (bonos) y los revendían. Otro grupo transformaba los tramos más repulsivos e invendibles de esas obligaciones en CDO. El banco originador del préstamo también podía crear títulos. En este caso, la entidad debía verificar las solicitudes de crédito dos veces: como prestamista, y como titulizador, a fin de atribuirse una buena calificación, ya que esta segunda verificación consistía en verificar los estados financieros y los criterios de contratación de la entidad prestamista.

En realidad, el objetivo de los CDO consistía en ocultar las manzanas podridas en una cesta con algunas frutas sanas. De todas maneras, la complejidad de los productos era tan grande que los inversores tampoco entendían nada.

"*Buscar bonos malos dentro de una CDO era como pescar mierda en una letrina: la cuestión no era si cogerías alguna o no, sino lo pronto que lo dejabas correr asqueado. Los propios nombres de las CDO eran falsos y no te decían nada sobre su contenido, sus creadores o sus gestores: Carina, Piedra Preciosa, Octanos III, Glaciar Financiación...*[257]"

Dada la complejidad de estos productos financieros, era casi imposible averiguar de qué tramos y préstamos estaban compuestos, y ni siquiera las agencias de calificación, supuestamente la mejor fuente de información del mercado, tenían la más remota idea[258]. "*Todo estaba*

[257] Michael Lewis, *La gran apuesta,* Debate Penguin Random House, Barcelona, 2013, p. 161

[258] Michael Lewis, *La gran apuesta,* Debate Penguin Random House, Barcelona, 2013, p. 160

hecho para que el comprador del CDO no supiera, o demasiado tarde, que esos productos contenían "activos tóxicos"[259]*.*"

Estos nuevos productos habían desencadenado una fiebre de titulizaciones. De finales del 2005 hasta mediados del 2007, los bancos de Wall Street habían creado cientos de miles de millones de dólares en CDO colaterizados con *subprimes*. Nadie conocía la cantidad exacta. Entre 2004 y 2006, la Bear Stearns (14 000 empleados) titularizó cerca de un millón de préstamos hipotecarios por un valor de 192 000 millones de dólares. De los cuatro responsables de la titulización de los créditos hipotecarios de Bearn Stearns, dos codirigían la rama financiera (Mary Haggerty y Baron Silverstein), cuya responsabilidad era garantizar que los préstamos satisficieran las exigencias del banco; y dos codirigían la rama de operaciones bursátiles (Jefrrey Verschleiser y Michael Nierenberg), que negociaban con los inversores [260] los préstamos transformados en títulos.

Los CDO fueron integrando cada vez más bonos hipotecarios *subprime*, a menudo hasta un 80%. Pero los 20% de activos sanos eran siempre suficientes para que las agencias de calificación como Moody's, Standar and Poor's y Ficht concedieran el famoso "Triple A", la mejor calificación, lo que representaba la mejor garantía para todos los inversores. "*¡Es un valor seguro!*" El CDO era por lo tanto un mecanismo que conseguía transformar el plomo en oro.

Los CDO eran revendidos a los grandes inversores en todo el mundo. Fue de este modo cómo el riesgo de los préstamos *subprimes* estadounidenses se transmitió a todas las economías desarrolladas. Los alemanes eran especialmente amantes de esta basura preparada en Nueva York. De hecho, al principio, "*un gran número de los inversores en hipotecas basura parecían vivir en Alemania, concretamente en Düsseldorf*[261]"

---

[259] Philippe Quême, *Monnaie bien public ou "banque-casino"?*, Édition L'Harmattan, 2011.

[260] Vemos que no sólo había judíos en el sistema, a pesar de que hayan tenido un papel motor, como siempre en este tipo de negocios. El presidente de Bear Stearns, James Cayne, no era (quizás) judío, pero su esposa sí lo era; además el banco era codirigido por Warren Spector; y James Cayne fue sustituido por Alan Schwartz en el 2008. Antes de James Cayne, el banco había sido dirigido por Alan Greenberg.

[261] Michael Lewis, *La gran apuesta*, Debate Penguin Random House, Barcelona, 2013, p. 91

Las agencias de calificación daban el visto bueno en cada paso del proceso, bendiciendo al final un montón de préstamos basura. El caso es que percibían cuantiosas comisiones por cada título calificado, lo cual parecía ser suficiente para ellas[262]. En la víspera de su derrumbe, un mes antes de su quiebra, el banco Bear Stearns gozaba todavía de una gran calificación (A2); al igual que Lehman Brothers la víspera de su quiebra.

En un sistema bien concebido y ordenado, el bróker más competente y experimentado debería terminar brillantemente su carrera en una agencia de calificación. Como analista financiero, no debería haber profesión más gratificante. Pero ocurría todo lo contrario: un analista Moody's, es decir la aristocracia del negocio, era en realidad muy mal pagado. Las agencias de calificación estaban en lo más bajo de la escala; y sus empleados trabajaban como los corredores, remunerados según su productividad: "*Durante la primera semana de julio de 2007, Standard and Poor's calificó 1500 nuevos títulos con garantía hipotecaria, lo que supone un ritmo de 300 por día laborable. Era una cadena de producción*[263]*.*"

Los CDS: armas de destrucción masivamente

Según Michael Lewis, en su libro *La gran apuesta* (2010), muy pocos actores habían comprendido que la torre se iba a derrumbar; como mucho una docena de personas. Entre ellas, figuraba un pequeño inversor goy de la costa oeste, un tal Michael Burry. Solo en su oficina de San José, en California, Michael Burry se había tomado la molestia de leer los folletos de 130 páginas que acompañaban cada obligación hipotecaria. "*Ya en 2004, si uno examinaba las cifras, podía ver claramente el deterioro de los estándares crediticios. En opinión de Burry, dichos estándares no solo habían caído, sino que habían tocado fondo* [264] *.*" Estaba convencido de que los préstamos *subprime* concedidos a principio de 2005 se saldrían de control. Michael Burry

---

[262]En el 2006, Moody's realizaba el 44% de su volumen de negocio con la calificación de los *subprimes*. (Jean-François Gayraud, *La grande Fraude*, Odile Jacob, 2011, p. 49).

[263]Charles Ferguson, *Inside Job, la crisis financiera...* Ediciones Deusto, Barcelona, 2012, p. 144

[264]Michael Lewis, *La gran apuesta*, Debate Penguin Random House, Barcelona, 2013, p. 48. Véase también la película *La gran apuesta* (*The Big Short*, 2015), Christian Bale interpreta a Michael Burry.

buscó entonces la manera de apostar por un derrumbe, comprando una especie de seguro para cubrirse del riesgo de un activo que no se posee. Este producto financiero existía y se llamaba "*credit default swap*" (CDS, o "permuta de incumplimiento crediticio")[265].

Una esposa puede comprar un seguro en caso de muerte de su marido; una empresa puede comprar un seguro de vida de un miembro importante de su plantilla. Pero si Juan suscribe una póliza de seguros contra Pablo, con el cual no tiene ninguna relación, esta póliza crea un incentivo perverso: Juan tiene entonces interés en precipitar la muerte de Pablo. De la misma forma, si una entidad financiera tuviera que suscribir una póliza de seguro contra la muerte del banco Lehman Brothers, ésta tendría automáticamente interés en ver Lehman quebrar.

El primer gran CDS fue desarrollado por una banquera llamada Blythe Master, del banco JP Morgan, después del naufragio en 1989 del petrolero Exxon Valdez en frente de las costas de Alaska y la resultante marea negra. En 1993, la compañía Exxon, que corría el riesgo de tener que pagar una multa de 5000 millones de dólares, había contratado un crédito de 4800 millones de dólares con JP Morgan. El problema era que el banco tenía que mantener en su balance un capital proporcional al tamaño del préstamo, en caso de duro revés, y que ese capital

[265] Una permuta financiera o *swap* es un contrato por el cual dos partes se comprometen a intercambiar una serie de cantidades de dinero en fechas futuras. Normalmente los intercambios de dinero futuros están referenciados a tipos de interés, llamándose IRS (*Interest Rate Swap* o Permuta financiera de tipo de interés) aunque de forma más genérica se puede considerar una permuta a cualquier intercambio futuro de bienes o servicios (entre ellos de dinero) referenciado a cualquier variable observable. Una permuta de incumplimiento crediticio (también conocida por su término en inglés: *Credit Default Swap* CDS) es un producto financiero que consiste en una operación financiera de cobertura de riesgos, incluido dentro de la categoría de productos derivados de crédito, que se materializa mediante un contrato de *swap* (permuta) sobre un determinado instrumento de crédito (normalmente un bono o un préstamo) en el que el comprador de la permuta realiza una serie de pagos periódicos (denominados *spread*) al vendedor y, a cambio, recibe de este una cantidad de dinero en caso de que el título que sirve de activo subyacente al contrato sea impagado a su vencimiento o la entidad emisora incurra en suspensión de pagos. Aunque un CDS es similar a una póliza de seguro, se diferencia significativamente de ella en que no se requiere que el comprador de la permuta sea el propietario del título (y por tanto haya incurrido en el riesgo real de compra de deuda). Es decir, un seguro se establece sobre algo que es propiedad del asegurado, pero un CDS se hace sobre un bien que no es propiedad del que contrata la permuta. A este tipo de CDS se le denomina "desnudo" (*naked*), y en realidad es equivalente a una apuesta. El Parlamento Europeo prohibió los CDS "desnudos" de deuda de estado a partir del 1 de diciembre de 2011. (wikipedia, NdT).

inmovilizado fuera inutilizable. Había que encontrar una manera de eliminar el riesgo derivado de la transacción con Exxon, pero sin vender el préstamo que generaba altos intereses. En otoño de 1994, Blythe Master propuso al BERD (el Banco europeo de Reconstrucción y Desarrollo) una comisión anual a cambio que ésta asegurara JP Morgan contra el riesgo de impago del crédito a Exxon. Si Exxon faltaba a su compromiso, el BERD estaría obligado a indemnizar JP Morgan por la pérdida. En caso contrario, el BERD hacía un buen beneficio con las comisiones trimestrales pagadas por JP Morgan. De esta forma, el banco JP Morgan se había protegido del riesgo de no ser pagado transfiriéndolo ("*swap*", permuta) a otro banco. Esto es un "CDS".

En 1998, el banco JP Morgan decidió aumentar sus operaciones de "derivados de crédito". JP dividió su cartera de préstamos concedidos a sus 306 clientes en diferentes tramos, con niveles de riesgo distintos, para que los inversores pudieran elegir el riesgo que estaban dispuestos a asumir, sabiendo que las comisiones eran más altas cuanto más elevado era el riesgo. El banco empezó así a comercializar "derivados de crédito" sobre todo tipo de carteras, propias o ajenas.

Ahora bien, los "*credit default swap*" no eran exactamente pólizas de seguro, lo que habría obligado a los bancos a respetar una regulación estricta y provisionar fondos proporcionales a los riesgos asumidos. Era una especia de contrato de seguro por debajo de la mesa, no regulado[266]. Los derivados de crédito eran una innovación financiera muy importante, pues permitían a un banco eludir la obligación de tener fondos propios consecuentes. La parte de capital que los bancos debían conservar se redujo considerablemente y los bancos pudieron conceder cada vez más créditos eliminando el riesgo. Los CDS incitaron a los bancos a prestar más allá de cualquier limite, haciendo caso omiso de todas las normas de prudencia. Fue el amanecer de una nueva era bancaria[267].

---

[266]Las permutas de incumplimiento crediticio se negociaban en el Mercado extrabursátil (OTC), es decir que no eran objeto de negociación en un mercado oficial organizado. Eran contratos hechos a la medida entre las dos partes contratantes. La asociación internacional de operadores del mercado de derivados ISDA (Asociación Internacional de Permutas y Derivados) proporciona modelos de este tipo de contratos. Mientras que el mercado de acciones estaba vigilado, el mercado de obligaciones, principalmente compuesto de grandes inversores institucionales, no había recibido presiones políticas de ningún tipo y eclipsaba cada vez más el mercado de acciones. (NdT).

[267]La titulización permitía además aligerar los balances contables de los bancos, puesto que los productos titularizados eran colocados en SIV (Vehículo de Inversión

Para Michael Burry, los CDS eran un producto puramente especulativo y de ningún modo un seguro, puesto que él no poseía los CDO que "aseguraba". "*Quienquiera que le vendiera una permuta de impago crediticio (CDS) sobre un bono hipotecario basura le debería un día mucho dinero. Él sospechaba que los operadores podrían intentar zafarse de pagarle. Un contrato haría que les resultara más difícil hacer tal cosa y a él le resultara más fácil venderle a un operador lo que le había comprado a otro, y así obtener mejores precios...Había un hecho, denominado impago, que o se producía o no se producía. Si la empresa incumplía un pago de intereses, te tocaba pagar. Puede que el comprador del seguro no obtuviera 100 centavos por dólar tal como el bonista podría no perder 100 centavos por dólar, dado que los activos de la empresa tenían algún valor -, pero un juez independiente podía decidir, de una forma que en términos generales fuera justa y satisfactoria, qué parte se recuperaría. Si los bonistas recibían 30 centavos por dólar – experimentando así una pérdida de 70 centavos -, el tipo que había comprado la permuta de impago crediticio ganaba 70 centavos*[268]." Cuando Burry quiso "apostar" a la baja, los CDS sobre las obligaciones hipotecarias *subprime* todavía no existían. Pero logro convencer algunos bancos de venderle este producto, y tres años más tarde los CDS constituían un mercado de varios billones de dólares.

Tras haber leído cientos de folletos, Michael Burry se había afanado en encontrar exactamente las obligaciones sobre las que quería apostar. Lo que buscaba no eran los mejores préstamos, sino al contrario los peores, aquellos que creía que nunca podrían ser reembolsados. En el mes de mayo del 2005, compró (con el dinero de sus inversores que confiaban en él) unos módicos 60 millones de CDS a Deutsche Bank, sobre seis

---

Estructurado). El SIV era un tipo de empresa operativa financiera creada para ganar un margen entre sus activos y pasivos como un banco tradicional. La estrategia de los SIVs era tomar dinero prestado emitiendo valores a corto plazo, como papel comercial, valores de medio plazo y bonos públicos a bajo tipo de interés y posteriormente prestar ese dinero comprando activos a más largo plazo con mayores tipos de interés, atribuyéndose la diferencia en los tipos al inversor como beneficio. Los activos a largo plazo podían ser, entre otros, titulizaciones sobre hipotecas, préstamos para la compra de automóviles, préstamos estudiantiles, titulizaciones de tarjetas de crédito y bonos de bancos y empresas. Como consecuencia de esta estructura, los SIVs fueron considerados como parte del sistema bancario en la sombra. En octubre de 2008, tras la crisis de las hipotecas *subprime*, todos los SIVs desaparecieron. (NdT).

[268] Michael Lewis, *La gran apuesta*, Debate Penguin Random House, Barcelona, 2013, p.71, 72

bonos diferentes. Burry quedó sorprendido al comprobar que el banco era totalmente indiferente a la elección de sus apuestas.

"El precio del seguro no venía dado por un análisis independiente, sino por las calificaciones otorgadas a los bonos por las agencias de calificación, Moody's y Standard & Poor's. Si quería comprar un seguro sobre el tramo calificado como triple A, supuestamente sin riesgo, podía pagar 20 puntos básicos (un 0,20 por ciento); sobre los tramos calificados como AA, más arriesgados, podía pagar 50 puntos básicos (un 0,50 por ciento); y sobre los tramos calificados triple B, aún menos seguros, 200 puntos básicos, es decir, un 2 por ciento (un punto básico es la centésima parte de un punto porcentual). Los tramos triple B – aquellos cuyo valor sería cero si el fondo hipotecario subyacente experimentaba una pérdida de solo un 7 por ciento – eran los que él buscaba...Cualquiera que echara siquiera un vistazo a los prospectos podría ver que había muchas diferencias críticas entre un bono triple B y el siguiente...Él se proponía seleccionar con cuidado los que fueran absolutamente peores, y le preocupaba un poco que los bancos de inversión descubrieran cuánto sabía sobre determinados bonos hipotecarios concretos, y ajustaran sus precios en consecuencia...Goldman Sachs le envió por correo electrónico una larguísima lista de bonos hipotecarios malos para que escogiera: "Realmente me resultaba chocante. Todos tenían su precio establecido según la calificación más baja de una de las tres grandes agencias de calificación". Podía escoger de la lista sin alertarles sobre la profundidad de sus conocimientos. Era como si se pudiera contratar un seguro contra inundaciones para una casa en el valle por el mismo precio que un seguro contra inundaciones para una casa en lo alto de la montaña. El mercado no tenía sentido, pero eso no impidió que otras empresas de Wall Street se incorporaran a él[269]."

Michael Burry acosó Bank of America hasta que aceptara venderle 5 millones de CDS. Y prosiguió así con otra media docena de bancos, por paquetes de 5 millones. A finales de junio del 2005, Goldman Sachs le propuso transacciones por valor de 100 millones de dólares, de modo que a finales de junio poseía CDS sobre 750 millones de dólares de bonos hipotecarios *subprime*, con la casi absoluta certeza de que el castillo de naipes se derrumbaría de aquí a dos años, cuando los tipos fijos de entrada de las hipotecas pasasen a los devastadores tipos

---

[269]Michael Lewis, *La gran apuesta*, Debate Penguin Random House, Barcelona, 2013, p. 73-75

variables. Y seguía preguntándose a sí mismo qué clase de locos podía venderle seguros sobre tantos bonos basura. Sin embargo, Burry se enfrentaba a sus escépticos inversores, ¡que le atosigaban sin parar para recuperar su dinero! Si los prestatarios lograban pagar sus hipotecas, Michael Burry tendría que pagar unas primas equivalente al 2% anual. Con unos CDS sobre 100 millones de dólares de bonos hipotecarios *subprime*, esto equivalía para Burry a desembolsar una prima de 12 millones de dólares en seis años. Pero si todo salía cómo lo había previsto, ganaría cerca de 100 millones.

A finales del 2005, los préstamos hipotecarios empezaron a deteriorase, de manera que en noviembre los bancos llamaban a Michael Burry para recomprar los CDS que le habían vendido. El 5 de noviembre del 2005, un artículo del *Wall Street Journal* explicaba que una parte de los prestatarios a tipo variable no eran capaces de pagar sus cuotas. La voz se había corrido, pensó Michael Burry. A partir de ahora, ningún bróker en su sano juicio vendería CDS sobre bonos *subprime* al precio que él los había comprado.

En el 2006, un centenar de inversores se habían lanzado tímidamente en el mercado de los CDS sobre las obligaciones hipotecarias *subprime*; y la mayoría de ellos compraban estos seguros no para apostar directamente a la baja, sino para proteger sus propias carteras de obligaciones (bonos *subprime*). Solamente un grupo reducido operaba en el mercado para realizar apuestas. Apostaban, por ejemplo, que los bonos constituidos por un gran número de préstamos concedidos en California tendrían un rendimiento peor que los del resto del país, o "*que los bonos emitidos por Lehman Brothers o Goldman Sachs (ambos notorios por empaquetar los peores préstamos de vivienda de Estados Unidos) tendrían un rendimiento peor que los empaquetados por JP Morgan o Wells Fargo (que de hecho parecían preocuparse un poco de qué préstamos empaquetaban en bonos).*"

"Un número menor de inversores – más de diez y menos de veinte – hicieron una apuesta directa contra la integridad del multibillonario mercado de las hipotecas basura y, por extensión, el sistema financiero global. En sí, este era un hecho notable: la catástrofe resultaba previsible, pero sólo unos pocos inversores lo advirtieron. Entre ellos un fondo de cobertura de Mineápolis llamado Whitebox, un fondo de cobertura de Boston llamado The Baupost Group, un fondo de cobertura de San Francisco llamado Passport Capital, un fondo de cobertura de Westchester (Nueva York) llamado Elm Ridge, y unos cuantos fondos de cobertura de la ciudad de Nueva York...Lo que la

mayoría de estos inversores tenían en común era que habían escuchado, directa o indirectamente, la argumentación de Greg Lippman [un gestor de fondos judío de la Deutche Bank de Nueva York, ndt]...*Un rico inversor inmobiliario estadounidense llamado Jeff Greene compró permutas de impago crediticio sobre bonos hipotecarios basura por valor de varios miles de millones de dólares, después de haber oído hablar de ello a un gestor de fondos de cobertura neoyorquino, John Paulson. También Paulson había escuchado el discurso de Greg Lippman"*. John Paulson vendió en corto [270] las obligaciones hipotecarias *subprime* (apostó a la baja) colocando 25 000 millones de dólares en los CDS. En el mercado de acciones, la cotización hubiera caído en picado; pero el mercado de los bonos hipotecarios era muy opaco. John Paulson era, con mucha diferencia, quien más dinero tenía para jugar, de modo que resultó ser el ejemplo más evidente de ello, pero "*si se trazara un gráfico de la propagación de la idea tal como se haría con un virus, la mayoría de las líneas apuntarían hacia Lippmann: él era el "paciente cero". Solo uno de los portadores de la enfermedad podía afirmar, de manera verosímil, que le había infectado a él primero. Pero Mike Burry se mantenía oculto en su oficina de San José, California, y no hablaba con nadie*[271]."

En tres años – desde el inicio del año 2003 hasta el inicio del año 2006 – los precios del sector inmobiliario crecieron más rápido que durante los últimos treinta años. En febrero del 2006, todavía no se habían desplomado, pero habían dejado de subir; y la proporción de préstamos fallidos en su primer año ascendía al 4%[272].

Goldman Sachs apostó entonces contra los CDO que vendía a sus clientes, asegurándolos con la principal aseguradora estadounidense: AIG (American International Group). A partir de febrero del 2007, Goldman Sachs había suscrito con AIG 20 000 millones de dólares en

[270] Se puede apostar al alza de una acción, una obligación o una materia prima comprándolas. Pero también se puede apostar a la baja, vendiendo lo que no se posee (el activo en cuestión puede ser adquirido para su venta mediante un préstamo de títulos), con una promesa de comprarlo más tarde. Es lo que se llama venta corta, o posición corta. El que realiza la operación espera obtener un beneficio económico en la medida que el valor del título haya bajado porque lo vende a un precio superior (momento inicial) que cuando los compra (momento posterior). Si por el contrario los valores subieran, sufriría una pérdida. También se puede apostar a la baja con los CDS. (NdT).

[271] Michael Lewis, *La gran apuesta*, Debate Penguin Random House, Barcelona, 2013, p. 132, 133

[272] Un impago de sólo un 7% colapsaría cualquier CDO compuesto de bonos triple B.

CDS sobre los *subprimes*. Los CDS que Goldman Sachs solicitaba a AIG ya no eran un 2% de *subprimes*, ¡sino 95%! Sin embargo, Martin Sulivan, el presidente de AIG, y su director general Joe Cassano, aseguraban todo lo que pasaba por su puerta. En pocos meses, aseguraron 50 000 millones de dólares contra impago de obligaciones hipotecarias *subprime* triple B.

Michael Lewis relataba así en su libro: "*Cuanto más veíamos lo que era realmente una CDO, más nos decíamos: "¡Mierda! Es una jodida chaladura. Es un fraude". Quizá no se pueda demostrar en un tribunal. Pero es un fraude. Sin embargo, era también una sensacional oportunidad, ya que el mercado parecía creerse su propia mentira. Cobraba mucho menos por asegurar una porción supuestamente segura de una CDO calificada como triple A que por asegurar unos bonos claramente arriesgados calificados triple B. ¿Por qué pagar un 2 por ciento anual por apostar directamente contra bonos triple B cuando podía pagar un 0,5 por ciento anual por hacer en la práctica la misma apuesta contra la porción doble A de la CDO? Si pagaban cuatro veces menos por hacer lo que en la práctica era la misma apuesta contra bonos hipotecarios basura triple B, podían permitirse el lujo de multiplicar dicha apuesta por cuatro*[273]." Más aún cuando en junio del 2006, por primera vez, los precios del mercado inmobiliario empezaron a bajar.

Por supuesto, AIG también vendía CDS sobre obligaciones subprime triple A por un irrisorio 0,12% anual, y Goldman Sachs suscribió unos 20 000 millones de dólares. Es decir, que, a cambio de recibir unas primas anuales de varios millones por año, ¡AIG se arriesgaba a perder 20 000 millones de dólares! AIG también compraba gran cantidad de CDO, ya que ¡estos productos calificados triple A eran seguros! A finales del 2007, AIG aseguraba no menos de 62 000 millones de CDO a Goldman Sachs, y algunos de los CDO de Goldman resultaron ser los peores de la cartera CDS de AIG. Además de los CDS que AIG cargaba a cuestas, AIG tenía unos 50 000 millones de dólares en CDO, pues "*Goldman también había creado y vendido parte de los 75 000 millones en CDO hipotecarios que ingenuamente había comprado otra sección de AIG – su división de crédito e inversión en valores [AIGFP]-, unos*

[273] Michael Lewis, *La gran apuesta*, Debate Penguin Random House, Barcelona, 2013, p. 159

CDO que habían comenzado a perder valor con mucha rapidez[274]." En definitiva, AIG hacía de tonto útil[275]. Cuando dejó de comprarlos, los principales bancos de Wall Street (Goldman Sachs, JP Morgan, Bear Stearns, Merrill Lynch, Lehman Brothers, Bank of America, Morgan Stanley, Citigroup, UBS[276]) encontraron nuevos compradores de CDO y la máquina siguió funcionando.

En el 2007, los préstamos contratados en el 2005, por valor de 750 000 millones, llegaban ahora al vencimiento de los dos años del bajo tipo fijo de salida y pasaban a un tipo de interés variable más alto. Las consecuencias no tardaron en llegar, puesto que además la Reserva Federal había subido el tipo de interés: a principio del mes de febrero del 2007, Mortage Lenders Network, uno de los veinte primeros prestamistas de *subprimes,* se declaraba en quiebra, y a principio de abril el segundo mayor del país, New Century, se declaraba en quiebra, colapsado por los impagos.

Las quiebras se sucedieron de forma imparable. Los bancos habían dejado de vender CDS sobre las obligaciones y los CDO *subprime*. A finales de febrero del 2007, "*de la noche a la mañana, Morgan Stanley había pasado de mostrarse tremendamente ansiosa por vender seguros sobre el mercado de las hipotecas basura a no querer tener nada que ver con él en absoluto*[277]."

El 17 de julio, dos fondos especulativos pertenecientes al banco Bear Stearns quebraban estrepitosamente con la flamante calificación triple A de Moody's. A los ahorradores sólo les quedaban sus ojos para llorar por sus ahorros que se habían esfumado. Pero los préstamos emitidos

---

[274]Charles Ferguson, *Inside Job, la crisis financiera...* Ediciones Deusto, Barcelona, 2012, p. 183

[275]Sus directivos y empleados se llenaban los bolsillos mientras esperaban el apocalipsis. "El negocio *iba a cargo de una unidad muy autónoma de 375 personas con base en Londres, AIG Financial Product (AIGFP), el feudo personal de un hombre llamado Joseph Cassano. AIGFP se quedaba el 30 por ciento de los beneficios anuales en forma de primas en efectivo, y entregaba el resto a la matriz. Durante la burbuja, AIGFP se pagó a sí misma más de 3500 millones de dólares en primas.*" Charles Ferguson, *Inside Job, la crisis financiera...*p. 148.

[276]Aunque JP Morgan había abandonado el mercado a finales del otoño del 2006. Deutsche Bank nunca se había realmente implicado del todo.

[277] Michael Lewis, *La gran apuesta,* Debate Penguin Random House, Barcelona, 2013, p. 193

en el 2006 serían todavía peores que los del 2005; la crisis acababa de empezar.

En el mes de octubre, los bancos anunciaron pérdidas masivas nunca vistas en Wall Street. Merrill Lynch anunciaba 8000 millones de pérdidas, Citigroup perdía 11 000 millones, Bank of America 3000 millones, etc. Michael Burry hizo valer sus CDS en agosto del 2007 y sus inversores respiraron aliviados. Pero nadie le dio las gracias.

Todo el sistema se sostenía sobre el trabajo de los bancos que habían montado las operaciones de créditos, fueran éstos o no los gestores de éstas. Si los bancos no habían seleccionado buenos prestatarios, la calidad de la cartera de préstamos quedaba en entredicho. Pero frecuentemente, el análisis de las solicitudes de préstamo no había sido realizado por los bancos prestamistas, sino por simples corredores (comerciales) que tenían interés en cerrar el máximo número de contratos posibles, y cuanto mayores mejor, ya que se les pagaba por comisión. Se puede decir – caricaturizando un poco – que toda clase de individuos, desde estadounidenses indigentes alcoholizados, negros drogadictos y recogedores de fresas mexicanos recién llegados, pudieron beneficiarse de la generosidad de los bancos. Demasiados prestatarios calificados como "*prime*" o "*subprime*" eran en realidad "*junk*" (basura). Estos prestatarios de nuevo cuño apodados "Ninjna" (acrónimo de "*No income, no job, no asset*": sin ingresos, sin trabajo, sin patrimonio). ¡¡ Y ellos cargaban sobre sus hombros la economía mundial!!

El escándalo de las ejecuciones hipotecarias

¿Cómo explicar al hombre de la calle toda la importancia de un CDS sobre el tramo doble A de un CDO garantizado por unas obligaciones hipotecarias *subprime*? Ahora lo comprendéis. Lo que siguió fue más prosaico.

Desde el verano del 2006, los intercambios de bonos inmobiliarios habían empezado a menguar, hasta detenerse por completo unos meses más tarde. Asistimos entonces a un sálvese quien pueda. A toda prisa, los bancos ejecutaron de forma desordenada las hipotecas de las viviendas, de tal forma que miles de interinos – los "*robot-signers*"- fueron contratados para firmar en cadena los documentos de desahucio. A finales del 2010, el *Wall Street Journal* revelaba que empleados de la JP Morgan habían admitido haber firmado cada uno 10 000 documentos de expropiación por mes, sin verdadero control, y sobre todo sin respeto por las reglas fijadas para los embargos hipotecarios. Según el *New York Times*, el banco Citigroup había incluso deslocalizado la tramitación de los expedientes a Filipinas y a Guam. Lo que no impedía a Citigroup afirmar que sus procedimientos de embargo eran totalmente legales y que no había necesidad de suspender nada. También hubo muchos casos de familias expulsadas de sus casas que no estaban en absoluto atrasadas en sus pagos.

Dos semanas después, en octubre – cuando todas las implicaciones de estas prácticas deshonestas fueron comprendidas por el público – el escándalo de los "*robot-signers*", fue rebautizado "Foreclosure gate", o escándalo de las ejecuciones hipotecarias. Entretanto, se había sabido que algunos banqueros habían falsificado los documentos para acelerar los procedimientos de expropiación: falsas firmas, falsos membretes, actos antedatados, expulsiones sin fundamento...En realidad, como el registro hipotecario era costoso en procedimientos, los grandes bancos y las dos entidades de crédito subvencionadas por el Estado federal, "Fannie Mae" (apodo de Federal National Mortage Association) y "Freddie Mac" (Federal Home Loan Mortage Corporation), habían creado en 1997 un organismo que permitía agilizar los largos y costosos procedimientos de registro[278]. El sistema "MERS" (Mortage Electronic Registration Systems) permitía el registro informático de las compras y ventas de hipotecas, de modo que los documentos en papel habían sido destruidos. Este sistema evitaba también adeudar las tasas debidas a los Estados y a las municipalidades por cada registro de préstamo o cada modificación. Así pues, el MERS adeudaba entre 60 y 120 millones de dólares solamente al Estado de California para regularizar las tasas de registro no percibidas. En medio de los desahucios, los procedimientos registrados por el sistema MERS fueron declaradas ilegales, o al menos no admisibles ante un tribunal, e incompletas. A muchos bancos se les prohibió ejecutar hipotecas sobre viviendas porque no tenían en regla los contratos de crédito e hipotecas originales. Para remediar este problema, numerosos bancos, asistidos por abogados de dudosa moralidad, habían producido falsos documentos de hipotecas o documentos antedatados que equivalían a falsificación de escrituras públicas. Este fue el motivo de la contratación de los "*robots-signers*".

---

[278] Fannie y Freddie habían adquirido con fines de inversión numerosas carteras de títulos garantizadas por préstamos hipotecarios. Del 2004 al 2006, habían comprado 434 000 millones de dólares. Al final del año 2010, sus pérdidas se elevaban a 147 000 millones de dólares. Es cierto que la administración Obama les había obligado a conceder facilidades de pago a los prestatarios en paro.

La sociedad MERS se había incluso permitido lanzar embargos sin previo aviso a la justicia.

Las entidades de crédito habían creado el MERS, con su fácil sistema de registro de préstamos hipotecarios para disimular que había demasiados préstamos concedidos a familias insolventes, y que los créditos no eran a menudo ni tan siquiera *subprime*, sino directamente *junk* (podridos). Ahora bien, si los bancos eran juzgados culpables y condenados a reembolsar los propietarios perjudicados y los Estados que no habían percibido las tasas de registro, entonces los bancos que habían comprado los CDO podridos y las aseguradoras que habían asegurado los CDO quebrarían todos con toda seguridad.

Con la informatización de las actas de compraventa, numerosos documentos habían sido perdidos y los bancos eran incapaces de demostrar que poseían realmente una hipoteca. Y cómo los MBS y demás CDO habían sido vendidos y revendidos, el enredo era descomunal.

Y esto no es todo: a continuación nos enterábamos de que muchos banqueros habían revendido los mismo bonos hipotecarios "MBS" a diferentes inversores[279]. El banco Bear Stearns había montado una pirámide de Madoff utilizando el ingreso de cada venta para pagar los intereses a cada nuevo grupo de inversores. El caso había estallado cuando dos entidades (JP Morgan y Washington Mutual) habían reclamado al mismo tiempo la ejecución del mismo bien inmobiliario, declarándose cada una dueña de la hipoteca. Algunos propietarios se habían visto en la tesitura de enfrentarse a varios bancos diferentes con la intención de embargar el mismo bien. La posterior investigación reveló finalmente que el verdadero dueño era la entidad crediticia Fannie Mae, pero que el gabinete que había gestionado la quiebra (Shapiro & Fishman) había creado una falsa documentación antedatada.

Una periodista estadounidense muy conocida, Gretchen Morgenson, informaba en un artículo del *New York Times* de esta práctica corriente consistente en destruir el documento hipotecario físico original cuando una notificación electrónica era creada para "evitar la confusión". Ésta podía entonces ser revendida varias veces, aunque los pagos de la hipoteca sólo podían aplicarse a una de las copias; para los demás

[279]Esta historia de venta de las mismas hipotecas a numerosos compradores diferentes es confirmada por los profesores de economía William Black y L. Randall Wray, que mencionan el caso del banco Bear Stearns, uno de los grandes jugadores de esta debacle.

compradores, la obligación aparecía impagada, lo que contribuyó todavía más al colapso de los MBS y CDO[280].

El FBI estaba al corriente de estas prácticas, ya que en el 2004 uno de sus comunicados de prensa alertaba contra "una epidemia de préstamos hipotecarios fraudulentos". El problema también fue mencionado en el *Informe sobre crimines financieros* del 2005. En el 2006, los servicios del FBI habían publicado un informe titulado "Mortage Fraud report" (Informe sobre el Fraude de los préstamos hipotecarios), explicando que entre el 30 y 70% de los impagos de 3 millones de préstamos analizados se debían a disfunciones en la concesión de dichos préstamos. Pero de los 14 000 agentes del FBI, sólo un pequeño grupo (120) trabajaba en este tipo de fraudes, es decir dos agentes por Estado. Estados Unidos se centraba entonces en la lucha antiterrorista[281]. Sin embargo, visto las cientos de miles de casas abandonadas y medio destruidas que desfiguraban numerosas ciudades y barrios del país, uno podía pensar que el enemigo estaba claramente dentro de las fronteras.

Hacer pagar al contribuyente

Desde el inicio de la crisis, el mercado de titulización había sido prácticamente cerrado, de manera que los inversores se quedaron con títulos cuyo valor había caído bruscamente. La composición exacta de esos vehículos de titulización era tan opaca que nadie sabía exactamente cuales contenían *subprimes* y en qué proporción. Y nadie sabía que entidades estaban más expuestas a los *subprimes* y a qué nivel. Los bancos habían por lo tanto dejado de confiar entre ellos y no se prestaban los unos a los otros. Esta crisis de confianza paralizó los mercados.

El jueves 9 de agosto del 2007, el banco BNP Paribas anunciaba la congelación de tres fondos con títulos *subprime*. El 23 de agosto, Countrywide Financial, en grandes dificultades, era rescatado de la

---

[280]Según un análisis "conspiracionista", el gobierno habría fomentado un movimiento al alza de los precios inmobiliarios con tipos de interés atractivos. MBS y CDO fueron luego revendidos hasta veinte veces a inversores. Finalmente, ante la imposibilidad de pagar los 2000% de MBS y CDO vendidos de más, fue necesario colapsar intencionadamente el mercado de la vivienda, gracias a la complicidad de Alan Greenspan que aumentó los tipos de interés de forma desmedida. Artículo del 7 de noviembre del 2010 de François Margineau en www.mondialisation.ca.

[281] Jean-François Gayraud, *La grande Fraude,* Odile Jacob, 2011, p. 103

quiebra por Bank of America con una inversión de 2000 millones. El 14 de septiembre, los clientes del banco británico Northern Rock formaban grandes filas de espera delante de los cajeros para sacar sus depósitos que no fueron garantizados más allá de 2000 libras esterlinas. El pánico bancario se detuvo gracias a la garantía sobre la totalidad de los depósitos del Banco de Inglaterra, pero la hemorragia continuó a pesar de todo, y el banco fue nacionalizado meses más tarde.

Los bancos centrales tomaron conciencia del riesgo monetario. El 9 de agosto, el BCE (Banco Central europeo) fue el primero en inyectar liquideces (préstamos a los bancos). Fue seguida por la Fed y el Banco central británico. En total, 330 000 millones fueron inyectados en el sistema bancario en el mes de agosto. A finales de enero del 2008, la Fed reajustó su tipo al 3% (en vez del 5,25% en agosto del 2007).

En el mes de marzo del 2008, quedó bien claro que todas las obligaciones hipotecarias *subprimes* no habían sido vendidas por los bancos a fondos de pensión de Corea del Sur o a bancos alemanes: el quinto banco de Wall Street, el Bear Stearns (14 000 empleados), que había invertido masivamente en los *subprimes*, estaba al borde de la bancarrota. Contrariamente al Northern Rock, Bear Stearns era un banco de inversión, lo que significaba que no colectaba el dinero bajo forma de depósitos de clientes, sino mediante emisión de títulos. A mediados del 2007, el banco había intentado deshacerse lo más rápido posible de sus préstamos todavía en stock titulizándolos y colocándolos en el mercado. Dado que utilizaba un fuerte "apalancamiento[282]" (dependía mucho de su endeudamiento a corto plazo), Bear Stearns se quedó insolvente cuando la situación empeoró, pues los demás bancos habían dejado de prestar fondos. La estampida bancaria (el "*bank run*") se produjo esta vez bajo forma de transacciones electrónicas, y el dinero salió a toda velocidad. En un instante, el precio de la acción se dividió por 80. Los 17 000 millones de liquidez fueron perdidos en 48 horas, es

---

[282]El apalancamiento es la relación entre capital propio e inversión total (capital propio + crédito) en una operación financiera. A mayor crédito, mayor apalancamiento y menor inversión de capital propio. En otras palabras, el apalancamiento es simplemente usar endeudamiento para financiar una operación. Al reducir el capital inicial que es necesario aportar, se produce un aumento de la rentabilidad obtenida. El incremento del apalancamiento también aumenta los riesgos de la operación, dado que provoca menor flexibilidad o mayor exposición a la insolvencia o incapacidad de atender los pagos. (NdT).

decir que el banco había perdido 100 000 dólares por segundo. Los otros bancos fueron también a la vez cómplices y victimas del sistema.

Tim Geithner, que dirigía la "Reserva Federal" de Nueva York, Ben Bernanke (el sucesor de Alan Greenspan en la Fed) y Henry Paulson[283], el secretario del Tesoro, decidieron salvar el banco y lograron convencer JP Morgan de comprarlo con un préstamo del Estado de 30 000 millones de dólares. Aunque Paulson avisó Wall Street que esta operación no se repetiría.

La crisis se expandió al resto del mundo, pues cerca de un 25% de los préstamos hipotecarios estadounidenses habían sido comprado en el extranjero. Y los mecanismos de seguro resultaron inútiles, dada la cuantía de las sumas en juego. Al no disponer de suficientes capitales propios para cumplir sus compromisos, las aseguradoras quebraron arrastrando a los bancos en su caída.

La situación empeoró rápidamente al principio del mes de septiembre del 2008. Fannie Mae y Freddie Mac, los dos gerentes de los préstamos inmobiliarios a los hogares que garantizaban cerca de 5,3 billones de dólares de préstamos (el 40% del crédito inmobiliario estadounidense), estaban bajo supervisión del Estado. El Tesoro estadounidense invirtió 200 000 millones para salvarlos y el 8 de septiembre las dos entidades fueron prácticamente nacionalizadas.

El 10 de septiembre, el banco Lehman Brothers, 25 000 empleados y cuarto banco mundial de inversión, declaraba unas pérdidas de casi cuatro mil millones de dólares para el tercer trimestre. El banco británico Barclays habría podido comprar Lehman, pero Barclays no podía llevar a cabo la operación sin el aval de las instancias reguladoras británicas que se habían opuesto a ello.

La bomba estalló el lunes 15 de septiembre: Lehman Brothers se declaró en bancarrota. Esta noticia asombrosa desencadenó un verdadero pánico y los índices bursátiles cayeron en picado. La acción de Lehman Brothers cayó un 94% hasta situarse en 21 céntimos, reduciendo la capitalización de la empresa a 145 millones de dólares contra 46 000 millones seis meses antes. El contagio se extendió a todos los mercados mundiales.

---

[283]Paulson y Bernanke tuvieron un papel y una responsabilidad muy cuestionables en los momentos más acuciantes de la crisis de 2008, léase en Charles Ferguson, *Inside Job, la crisis financiera…* Ediciones Deusto, Barcelona, 2012, p. 194-195. (NdT).

Richard "Dick" Fuld, el presidente del banco Lehman Brothers, había creído que su banco era demasiado grande para que el gobierno lo dejara hundirse. "*Too big to fail*", decían los estadounidenses. Pero el banco había sido finalmente abandonado a su suerte. En la noche del 14 al 15 de septiembre del 2008, tras cuatro días de negociaciones, el gobierno estadounidense había decidido dejar Lehman Brothers quebrar sin intervenir después de asegurarse que había suficientes acreedores para absorber el impacto. En su informe destinado al Tribunal de quiebras del distrito sur de Nueva York, Ian Lowitt, el director financiero de Lehman Brothers declaraba un balance con 639 mil millones de activos y 613 mil millones de pasivo, pero era sin contar los miles de millones de deuda disimulados por los trapicheos de la contabilidad. Fue la quiebra más importante de toda la historia de Estados Unidos.

Al día siguiente, el 16 de septiembre del 2008, el gobierno de George Bush dio luz verde para el rescate multimillonario del asegurador AIG, primera aseguradora del país, que garantizaba los riegos de impago de cientos de entidades en el mundo. El gobierno federal adquiría el 79% de su capital. Durante el año 2008, tras cada caída en la cotización de los títulos, Goldman Sachs había reclamado a AIG una compensación inmediata en efectivo, "*lo que llevó a feroces disputas entre éste y AIG sobre el valor de los títulos y el importe de los pagos requeridos*". "*A mediados de 2008, tal vez incluso antes, Goldman sabía que sus reclamaciones por CDS solas podían causar fácilmente la bancarrota de AIG...Teniendo en cuenta todo lo anterior, puede decirse que Goldman sabía más allá de toda duda que AIG estaba en una situación desesperada...Goldman Sachs se puso aún más agresivo en sus demandas de pago por sus CDS, para así obtener su dinero antes que los demás y anticiparse a la caída de AIG*". "*El 12 de septiembre, poco antes de la quiebra de AIG, sus pagos acumulados a causa de sus CDS hipotecarios ascendían a 18 900 millones de dólares, de los que 7600 millones, más del 40 por ciento, habían ido a parar directamente a las arcas de Goldman, que reclamaba aún más*[284]." Hay que apuntar que la directiva de Goldman Sachs se había protegido de la quiebra gastándose 150 millones de dólares en CDS de AIG, de manera a embolsar 2500 millones de dólares en caso de impago generalizado.

Tras la caída de Lehman Brothers, uno podía preguntarse cuál sería el siguiente gran banco en la lista. Un banco con una capitalización

---

[284] Charles Ferguson, *Inside Job, la crisis financiera...* Ediciones Deusto, Barcelona, 2012, p. 184-185

bursátil de mil millones de dólares podía tener 1000 millones de CDS pendientes. Nadie sabía cuántos tenía ni donde estaban. Phil Angelides, que ocuparía más tarde un puesto en la Comisión de investigación de la crisis financiera, explicaba en sus informes que ni los reguladores de la Reserva Federal ni los de la autoridad de los mercados financieros habían visto las señales de advertencia de la crisis. Ya no existían regulaciones desde hacía años, y ningún funcionario tenía la menor idea de lo que estaba pasando en los mercados. AIG poseía así 440 000 millones de permutas financieras de riesgo de crédito, y era claro que la firma no podría reembolsar estos CDS, si bien nadie lo sabía, incluso los demás bancos.

El banco Merrill Lynch, que había perdido 27 000 millones en los CDO, sólo en el 2008, fue comprado por Bank of America. Morgan Stanley sufrió una pérdida de 9000 millones por haber invertido masivamente en los CDO. Citigroup, UBS y muchos más también tuvieron terribles pérdidas. *"Citigroup contaba con una posición mucho mayor en el mercado – más de 50 000 millones de hipotecas de alto riesgo en sus balances – y sus dirigentes no se apercibieron de que tenían un problema hasta que el mercado comenzó a resquebrajarse*[285]*."*

Resultó entonces que los rescates encubiertos de la Reserva Federal ya no eran suficientes para tranquilizar los mercados. El 18 de septiembre, Henry Paulson y Ben Bernanke se presentaron ante el congreso. La situación era catastrófica. Había que restablecer la confianza a toda costa para que los bancos volvieran a prestarse entre ellos. El gobierno debía comprar a los bancos sus activos tóxicos y pedir al Congreso un cheque en blanco de 700 000 millones, libre de toda supervisión parlamentaria, así como de cualquier posibilidad de oposición judicial. El 29 de septiembre, el proyecto fue rechazado por la Cámara de los representantes.

El mismo día, en Europa, el banco Fortis era nacionalizado en Bélgica y Países Bajos, cuyos gobiernos inyectaban 11 000 millones de euros y tomaban el control del 49,9% del capital a fin de evitar el pánico de los ahorradores. Unos días después, Reino Unido recapitalizaba el Royal Bank of Scotland y el Lloyd Banking Group por un importe de 46 000 millones de euros. Tras esto, el banco franco-belga Dexia era recapitalizado a su vez por valor de 6000 millones por París y Bruselas.

---

[285]Charles Ferguson, *Inside Job, la crisis financiera...* Ediciones Deusto, Barcelona, 2012, p. 172

En el mes de octubre, el sistema bancario islandés se derrumbaba estrepitosamente. Dado que el gobierno islandés se negaba a indemnizar los clientes británicos y holandeses, Gran Bretaña invocaba la ley antiterrorista para inscribir Islandia en su lista negra.

El 3 de octubre, una versión corregida del plan de rescate de Henry Paulson y Ben Bernanke fue finalmente aceptado por el Congreso, a cambio ayudas fiscales que habían convencido unas decenas de parlamentarios, tanto demócratas como republicanos. Henry Paulson, el secretario del Tesoro – ministro de Finanza estadounidense- hizo votar en dos fases este plan (plan "TARP": *Troubles Asset Relief Program*, o Programa de rescate de activos problemáticos) que preveía la compra por el Estado federal de 700 000 millones de dólares de activos tóxicos de alto riesgo. Pero apenas diez días después de la adopción del plan de rescate, Henry Paulson decidió modificar radicalmente el proyecto imitando el gobierno sueco: el Tesoro estadounidense tomaría una participación en el capital de las instituciones financieras más frágiles, aumentando así sus liquideces. El Estado estadounidense planeaba ahora entrar en el capital de algunas entidades financieras[286].

El 13 de octubre del 2008, Henry Paulson convocaba los presidentes de nueve de los mayores bancos de Estados Unidos a una reunión secreta en Washington. Nueve de las principales instituciones bancarias del país fueron obligadas aceptar la compra de acciones preferentes de parte del Estado. Así, la mitad del primer tramo, es decir 125 000 millones de dólares, habían servido a Citigroup, JP Morgan Chase, Bank of America, Wells Fargo, Goldman Sachs, Morgan Stanley, Merrill Lynch, Bank of New York Mellon y State Street. La segunda mitad del tramo sería destinado a la recapitalización de entidades bancarias más pequeñas[287].

De los primeros 350 000 millones de dólares del rescate abonados, unos 335 000 ya habían sido repartidos a mediados de diciembre del 2008. *"Antes de que Bank of America tomara el control, a pesar de que Merrill llevaba 50 000 millones de dólares perdidos, las primas*

---

[286]En Europa, los diferentes planes nacionales anunciados en torno al fin de semana del 11 de octubre del 2008 ascendían a varios cientos de miles de millones de euros en medidas de recapitalización-nacionalización de bancos. El gobierno británico dedicó en los meses siguientes 118 000 millones de euros al rescate de sus bancos.

[287]El plan TARP ayudó a 650 bancos. Pero 140 habían quebrado de todos modos en el 2009, y otros 139 en 2010.

sumaron cerca de 4000 millones en efectivo, y estaban fuertemente concentradas en lo más alto del escalafón. Más de 700 personas recibieron primas de más de 1 millón de dólares, y varias se situaban en las decenas de millones." Durante la reunión con Paulson, el nuevo presidente de Merrill Lynch, John Thain, "*tenía una única preocupación, y la compartió con Paulson: ¿afectaría eso a la libertad para pagar primas? La respuesta fue que no*[288]."

Esta intervención directa del Estado en los mercados era totalmente inédita en la historia de los Estados Unidos. La aseguradora AIG había beneficiado de tres rescates de 60, 70 y 52,5 mil millones de dólares. Una parte había sido pagada bajo la administración del presidente Barack Obama, elegido presidente el 4 de noviembre del 2008. Apenas el dinero desbloqueado, el banco Goldman Sachs había obtenido los 12 900 millones de dólares que le debía AIG. En Francia, la Société Générale había recibido 12 000 millones de dólares de AIG, y la BNP cerca de 5000 millones.

Los bancos habían gozado de una compensación plena en vez de asumir parte de las pérdidas como es debido en estos casos de rescate. "*Cuando el gobierno decidió cancelar las pólizas [CDS] de AIG con Goldman Sachs, pagó como si la casa se hubiera quemado completamente. No había justificación para tanta generosidad: otros crédit default swaps se habían saldado por trece centavos por dólar*[289]", escribía el economista Joseph Stiglitz. "*Dicho claramente, el contribuyente estadounidense salva el buque fantasma en que se había convertido AIG para que a continuación Goldman Sachs – con otros- venga a servirse. Washington no ha dado nunca verdaderamente explicaciones acerca de esta decisión de una excepcional generosidad: reembolsar al establecimiento la totalidad de sus pérdidas*[290]", escribía Marc Roche. El gobierno había utilizado dinero público para salvar una pequeña camarilla de banqueros que se repartían primas millonarias.

---

[288] Charles Ferguson, *Inside Job, la crisis financiera...* Ediciones Deusto, Barcelona, 2012, p. 201

[289] Joseph Stiglitz, *Caída libre, el libre mercado y el hundimiento de la economía mundial*, Taurus, Madrid, 2010, p. 83

[290]Marc Roche, *El Banco, cómo Goldman Sachs dirige el mundo*, Ediciones Deusto, Barcelona, 2011, p. 150. "*El rescate de AIG, de casi 200 000 millones de dólares se basaba en derivados credit default swap, es decir, unos bancos apostando contra otros.*" Joseph Stiglitz, *Caída libre*...p. 41

El cinismo del plan Paulson quedará para siempre en los anales de la historia. Los beneficios de los bancos eran privatizados pero sus pérdidas eran asumidas por el contribuyente. Y a pesar de que el contribuyente estadounidense se había convertido en el principal "propietario" de varios bancos, el departamento del Tesoro de George Bush, y luego el de Barack Obama, se había negado a ejercer cualquier control. Tras haber aportado cientos de miles de millones de dólares, el contribuyente no tenía ni tan siquiera derecho a saber cómo ese dinero se había gastado. El rescate de AIG, por ejemplo, había sido hecho público mucho más tarde, y sólo gracias a la presión del Congreso.

Bernard Madoff había sido arrestado el 11 de diciembre del 2008, pero numerosos directivos de grandes bancos hubiesen merecido ellos también pasar unas vacaciones en prisión.

En Gran Bretaña, al menos, los antiguos dirigentes habían sido despedidos y hubo restricciones al reparto de dividendos a los accionistas. Los bancos estadounidenses, en cambio, habían seguido repartiendo dividendos y bonus extraordinarios a sus accionistas y directivos, y ni tan siquiera fingían relanzar el crédito en la economía. Durante los tres años que siguieron, los bancos pagaron a sus accionistas no menos de 80 000 millones de dividendos, con la bendición del Estado. Los directivos habían percibido unas primas récord, y los brókeres tampoco habían jugado mal sus cartas pues "*un estudio de principios de noviembre de 2009 apuntaba que los operadores, como media, cosecharían unas ganancias de 930 000 dólares*[291]." Joseph Cassano, el presidente de AIG que había asegurado casi todo lo que se le ponía por delante, había recibido una interesante indemnización, un paracaídas de oro de 314 millones de dólares. "*Nueve prestamistas que conjuntamente tuvieron pérdidas de 100 000 millones de dólares recibieron 175 000 millones en dinero de rescate a través del TARP, y pagaron casi 33 000 millones en primas, incluyendo más de 1 millón de dólares por cabeza a casi cinco mil empleados*[292]."

---

[291] Joseph Stiglitz, *Caída libre, el libre mercado y el hundimiento de la economía mundial*, Taurus, Madrid, 2010, p. 91

[292] Joseph Stiglitz, *Caída libre, el libre mercado y el hundimiento de la economía mundial*, Taurus, Madrid, 2010, p. 116. ["*Esas pagas tan altas sin relación alguna con los resultados quedaron de manifiesto con las primas que los bancos abonaron en 2008, un año récord en pérdidas y casi récord en primas (unos 33 000 millones de dólares). Seis de los nueve grandes bancos pagaron más en primas de lo que recibieron de beneficios.*" Stiglitz, nota 8, p. 386. "*Los ejecutivos a los que se les pagaba con stock options tenían un incentivo para hacer todo lo posible a fin de que el precio de las*

En contraste con estas retribuciones, las indemnizaciones pagadas a las familias desahuciadas habían sido muy limitadas. En 2012, Charles Ferguson había hecho el cálculo: "*Menos de un millón de las personas que han perdido sus hogares recibirán cheques por un valor medio de 2000 dólares por cabeza. Otros 20 millones de personas cuyas hipotecas están sumergidas, o que han perdido sus casas por desahucios, no recibirán nada*[293]."

La administración Bush y la Reserva Federal no habían preparado ningún plan de contingencia antes del plan de Paulson. En algunos rescates (el de Bear Stearns), los accionistas habían recibido algo de dinero y los tenedores de obligaciones habían sido plenamente protegidos. En otros casos (Fannie Mae), los accionistas lo perdieron todo mientras que los tenedores de obligaciones habían sido preservados. Para Washington Mutual, tanto los accionistas como los obligacionistas lo habían perdido todo. En total, se estimaba en 17 000 millones de dólares la suma que había sido perdida por los inversores, pero también del bolsillo de los accionistas y de los pensionistas. Pero

---

acciones de su empresa subiera, incluida la contabilidad creativa. Cuando mayor era el precio de las acciones, mejor se consideraba su trabajo. Sabían que cuanto más altos fueron los beneficios declarados, más alto sería también el precio de las acciones, y sabían que engañar a los mercados era fácil. Y una de las formas más fáciles de aumentar los beneficios declarados era manipular la cuenta de resultados, quitando pérdidas potenciales con una mano y añadiendo ingresos por beneficios con la otra." Stiglitz, p. 196 "*Los bancos estadounidenses estaban activamente dedicados a engañar: quitaban el riesgo de las cuentas de resultados para que nadie pudiera valorarlo. La magnitud del engaño que se consiguió es alucinante: Lehman Brothers pudo declarar que tenía una red que valía 26 000 millones de dólares poco antes de desaparecer, cuando tenía un agujero en su cuenta de resultados de casi doscientos mil millones.*" Stiglitz, p. 200. "*Los ejecutivos que defendían sus prácticas contables engañosas afirmaban que los accionistas se beneficiaban de que los bancos hicieran constar beneficios elevados en sus cuentas. Pero, aunque algunos accionistas ganaron, otros perdieron, especialmente los que habían confiado en las cifras amañadas y conservaron sus acciones con unas expectativas que no se cumplieron. Cuando por fin se descubrió la verdad, los precios cayeron, a veces (como en el caso de Citibank) de forma dramática.*" Stiglitz, nota 9 p. 386. "*El conflicto sobre si hay que rendir cuentas o no de las stock options es un ejemplo de la disparidad de intereses. A los accionistas les gustaría saber hasta qué punto pierden valor sus acciones con la emisión de las stock options. Pero las empresas (entiéndase sus directivos) se han resistido a mejorar la transparencia de esas emisiones porque se han percatado de que si los accionistas comprenden hasta qué punto sus acciones pierden valor, se opondrán a esas colosales retribuciones.*" Stiglitz, nota 16, p. 387. NdT.]

[293]Charles Ferguson, *Inside Job, la crisis financiera*... Ediciones Deusto, Barcelona, 2012, p. 373

la única sanción que tuvieron los directivos de los grandes bancos fueron sus ridículas comparecencias en las audiencias parlamentarias.

Es casi seguro que si los grandes bancos no hubieran sido rescatados un colapso general del sistema financiero se habría producido. El hecho es que algunos bancos se habían vuelto demasiado importantes como para permitir que quebraran. Los directivos de estos grandes bancos de inversión sabían que el Estado no podría dejarlos a su suerte sin enfrentarse a consecuencias desastrosas, por lo que asumieron cínicamente riesgos excesivos. Wall Street había utilizado el miedo a un colapso económico general para sustraer gigantescas sumas de dinero al contribuyente estadounidense.

Una primera medida parecía absolutamente necesaria: el restablecimiento del histórico Glass-Steagall Act, una ley de 1933 votada en reacción a la Gran Depresión, que había impuesto la separación de los bancos comerciales de depósitos (que prestan dinero) y los bancos de inversión (que organizan la venta de acciones y bonos) para evitar los conflictos de intereses que surgen inevitablemente cuando el mismo banco emite acciones y presta dinero[294], pero que había sido abrogada en 1999 por la administración Clinton (izquierda liberal estadounidense).

Antes de la desregulación, otras normas prohibían por ejemplo a los bancos expandirse de un Estado a otro del país, por lo que, a parte de los grandes bancos de Nueva York y de Chicago, el sector comprendía miles de entidades locales o regionales. Los efectos criminógenos de la desregulación eran evidentes.

El Estado había distribuido la mayor parte del dinero a los grandes bancos, cuando en la práctica ya hacía años que éstos no se interesaban en financiar las empresas y las industrias. Otras soluciones eran posibles según el economista Joseph Stiglitz: "*En vez de intentar salvar los bancos existentes, que habían demostrado repetidamente su incompetencia, el gobierno podría haber dado los 700 000 millones de dólares a los pocos bancos sanos y bien gestionados, o incluso haberlos empleados para fundar un conjunto de bancos nuevos. Con una modesta tasa de endeudamiento de 12 a 1, eso habría generado 8,4*

---

[294] Joseph Stiglitz, *Caída libre, el libre mercado y el hundimiento de la economía mundial*, Taurus, Madrid, 2010, p. 206

billones de dólares de nuevos créditos – más que suficientes para las necesidades de la economía[295]*.*"

Ironía de la historia: Los esfuerzos de Alan Greenspan y George Bush por minimizar el papel del Estado en la economía habían tenido como resultado que el Estado tuviera un poder sin precedentes sobre una gran cantidad de sectores. El Estado federal se había convertido así en dueño de la mayor compañía de automóviles (préstamo de urgencia General Motors[296]), de la mayor compañía de seguros, y en teoría también de algunos de los mayores bancos del país, dado las inmensas cantidades de capital que había invertido.

Los CDO sintéticos, frutos del amor

En el 2011, el banco de inversión Goldman Sachs empleaba 34 000 personas en una treintena de países, cuando en 1980 apenas tenía una plantilla de 2000 empleados. Desde el inicio de este mileno, Goldman Sachs es el banco que simboliza los abusos del sistema financiero occidental.

En el 2007, Goldman Sachs, que gestionaba gigantescos capitales, fue el único banco en haber generado beneficios durante el colapso del mercado de los *subprimes*. A diferencia de muchos presidentes de grandes bancos, cuya prioridad eran los campos de golf, los dirigentes de Goldman Sachs vigilaban de cerca los mercados.

El banco había cambiado de estrategia en diciembre del 2006. David Viniar, el director financiero, había recomendado a la directiva "reducir la exposición al riesgo", es decir deshacerse de todos los activos tóxicos lo más rápido posible[297]. Ansioso por no revelar su cambio de política,

---

[295] Joseph Stiglitz, *Caída libre, el libre mercado y el hundimiento de la economía mundial*, Taurus, Madrid, 2010, p. 174

[296] Más de 13 000 millones de dólares habían sido concedidos en diciembre del 2008 al "*Big Three*" (General Motors, Ford y Chrysler). Debido a las grandes dificultades a las que se enfrentaba la industria automóvil, GM y Chrysler habían recibido respectivamente 9400 y 4000 millones de dólares del fondo de Paulson, es decir 13 400 millones en total, a cambio de condiciones extremadamente estrictas para garantizar su vuelta a la rentabilidad. A finales del 2013, el Estado poseía más del 10% de GM.

[297] Otra película muy recomendable, con un sobresaliente elenco de actores, es *Margin Call*, de J.C. Chandor (2011). La película transcurre casi a puerta cerrada en las oficinas de un gran banco estadounidense, durante una noche de infarto vivida por la directiva. La primera parte relata cómo el terrible descubrimiento de un joven analista asciende por la jerarquía hasta arriba, al flamante presidente interpretado por Jeremy Irons. Sólo

Goldman Sachs había seguido estando presente en el mercado de compradores, pero sin pujar por los títulos. En la primavera del 2007, el banco empezó a apostar masivamente por el derrumbe de los CDO constituidos por *subprimes* tóxicos que vendía a sus propios clientes, comprando enormes cantidades de derivados CDS. "*Goldman había comprado todos los CDS que pudo mientras eran baratos y luego, una vez que se encontró totalmente cubierto, devaluó sus títulos y solicitó el pago a los aseguradores.*" De esta forma, especulaba contra sus propios clientes a quienes vendía su chatarra. Poco tiempo después, el mercado colapsaba. "*Pese a que Goldman sacó enormes beneficios de sus apuestas a corto sobre hipotecas, podría haber ganado mucho más. Pero los principales directivos, Viniar, Cohn y Lloyd Blankfein, el director general, no aprobaron una estrategia de apuestas masivas a corto*[298]." Goldman Sachs entró en la leyenda de Wall Street generando 11,4 millones de dólares de beneficios en el 2007, cuando todos los demás bancos habían naufragado[299].

El banco vendía a sus clientes obligaciones que sabía que eran defectuosas. Vendió fácilmente toda su cosecha de CDO del 2006, sin desvelar a los compradores que los prestatarios estaban cerca del impago total. Tomemos por ejemplo una emisión del año 2006: GSAMP Trust 2006-S3. Goldman Sachs había emitido unos 494 millones de dólares de este CDO. Numerosos préstamos hipotecarios que lo componían correspondían a un refinanciamiento con prestatarios cuyo capital medio sólo valía ¡el 0,71% del préstamo! Además, 58% de los préstamos estaban mal o sin documentar – sin nombre y apellido del prestatario, sin dirección, solo figuraba un código postal. A pesar de esto, las dos principales agencias de calificación, Moody's y Standard & Poor's, habían adjudicado al 93% de la emisión una calificación "calidad para inversores", es decir el famoso "triple A". Moody's predecía que menos del 10% de las hipotecas fallarían, cuando en realidad el 18% incurrieron en mora a los 18 meses[300]. Los compradores

---

cabe lamentar que el espíritu judío que anima a los brókeres sea una vez más achacado a los goyim. En este caso, el actor nórdico Paul Bettany asume el papel de cabrón. Aunque es cierto que los protestantes, especialmente los protestantes anglosajones, están muy impregnados de valores "antiguo-testamentarios" y cosmopolitas.

[298] Charles Ferguson, *Inside Job, la crisis financiera...* Ediciones Deusto, Barcelona, 2012, p. 170, 171

[299] *Bilan.ch*, 4 de julio del 2011, en *Comment Goldman Sachs a parié contre ses propres clients.*

[300] Artículo de Matt Taibbi publicado en el número de julio del 2009 en la revista *Rolling Stone.*

solían ser gestores de fondos de pensiones, en busca de inversiones seguras, pero también otros bancos, aseguradoras, municipalidades, etc. Goldman Sachs cosechó así miles de millones de dólares.

La firma neoyorquina era la mayor empaquetadora de *subprimes* de peor calidad. En el 2006, en el apogeo de la burbuja, Goldman había emitido 76 500 millones de dólares de obligaciones coletarizadas por deuda (CDO) compuestas por préstamos inmobiliarios, de los cuales un tercio eran *subprimes*...de los que había que deshacerse lo antes posible.

Charles Ferguson, en su libro *Inside Job*, relataba así una de esas transacciones: "*Una de las primeras operaciones de limpieza de activos fue un CDO sintético de 2000 millones de dólares llamado Hudson Mezzanine Funding 2006-1. La promoción de venta de estos productos era casi un completo engaño. En ella se afirmaba que la intención de Goldman era "establecer una relación a largo plazo con una selección de socios" creando "inversiones en propiedad atractivas"... Cuando la operación se hubo ejecutado se escucharon gritos de euforia en el grupo de operaciones: habían logrado una gran reducción de riesgo y se contabilizaban 8,5 millones de dólares en beneficios*[301]." Los brókeres de Goldman Sachs sabían perfectamente que clase de basura vendían a sus clientes.

John Paulson "*dirigía varios hedge funds y tenía recursos suficientes para perder dinero durante mucho tiempo. A pesar de su convicción de que se acercaba un "descalabro de los RMBS*[302]*subprime", también le preocupaba la opacidad y complejidad de los títulos hipotecarios. De modo que Paulson estudió la posibilidad de que un banco de inversión le diseñara uno a medida, de modo que pudiera saber perfectamente e incluso decidir lo que ocurría ahí dentro. Incluso Bear Stearns, no exactamente un modelo de ética en los tratos hipotecarios rechazó su petición por considerarla "deshonesta" ...pues a pesar de su escasa preocupación por las cuestiones éticas sí temían potenciales acciones judiciales por fraude. Felizmente para Paulson, Goldman no tenía esos*

[301] Charles Ferguson, *Inside Job, la crisis financiera...* Ediciones Deusto, Barcelona, 2012, p. 174

[302] Los bonos respaldados por hipotecas residenciales (RMBS) fueron muy populares en esos años, codiciados por operadores que buscan rendimientos atractivos, desde fondos de cobertura a fondos de pensiones o compañías de seguros. Algunos RMBS agrupaban muchas hipotecas de riesgo *subprime*. Los procesos de calificación de los CDO y los RMBS eran similares. En 2006, los RMBS de alto riesgo representaban el 72% de la composición de los CDO. (NdT).

escrúpulos. El fabuloso Fab Tourre se encargó de diseñar el instrumento, comunicarse con los inversores y supervisar la preparación de los materiales para la promoción. Para que resultara más fácil de vender a los inversores a largo, en otras palabras a los bobos, Tourre necesitaba un gestor independiente que se hiciera supuestamente responsable de seleccionar los activos de la inversión...Al final, el trabajo le fue asignado a ACA Management LLC, que ya se había encargado de la gestión de otros negocios de Goldman. ACA nunca fue informada de la auténtica finalidad de la transacción. Sabían que Paulson estaba metido en el negocio, pero no que su verdadero objetivo fuera apostar en contra. Paulson dio a Goldman una lista de 123 bonos contra los que quería invertir en corto; la lista se entregó a ACA, y hubo reuniones entre esta empresa, Paulson y Goldman. Aunque en ocasiones ACA se mostró sorprendida por los nombres que Paulson recomendaba, o por lo menos vetaba, se llegó a un acuerdo sobre una cartera de 90 bonos, que incluía 55 de los nombres originales propuestos por Paulson."

El resultado final fue un CDO "sintético" de 2000 millones de dólares llamado Abacus 2007-AC1. Los títulos eran clasificados en varias categorías, como en la mayoría de los productos de titulización: el tramo menos arriesgado "*super senior*" (1100 millones), 4 tramos intermedios (700 millones) y el tramo más arriesgado "*equity*" (200 millones). El servicio de marketing de Goldman presentaba el producto de forma atractiva para los inversores. El prospecto de venta estaba compuesto de dieciocho páginas que alababan la experiencia de ACA en la selección de créditos: "*Selección de activos basada en fundamentos crediticios...Alineamiento de los intereses económicos con los del inversor... Ninguno de los CDO de ACA han bajado nunca de calificación* [303] ." Obviamente, ninguno de los documentos de presentación del CDO mencionaba a John Paulson, conocido por apostar en corto en el mercado.

Este Abacus no era el primero de la serie, ya que el banco ya había creado una veintena de productos de este tipo. Pero Abacus 2007-AC1 se hizo famoso más tarde porque estuvo en el origen de una denuncia presentada por la SEC en el mes de abril del 2010, la única denuncia hasta la fecha que iba a poner Goldman Sachs contra las cuerdas.

---

[303] Charles Ferguson, *Inside Job, la crisis financiera...* Ediciones Deusto, Barcelona, 2012, p. 178

Oficialmente, para los inversores, esos créditos hipotecarios habían sido seleccionados por ACA Management, una tercera parte independiente. Pero el banco engañaba ACA Management haciéndole creer que el fondo de Paulson quería invertir en el CDO Abacus, y no apostar contra él a la baja. La siguiente jugada es de sobra conocida: John Paulson pagó al banco 15 millones de dólares para escoger él mismo los *subprimes* más tóxicos. A continuación, compraría los CDS que lo cubrirían de los impagos (productos que aumentarían de valor al aumentar el riesgo) para a continuación realizar una venta a descubierto de los CDO Abacus[304].

Sabiendo que el producto iba a depreciarse bruscamente, Paulson, como astuto comerciante, había empezado comprando él mismo una pequeña parte de Abacus (la más arriesgada), para animar a otros inversores a hacer lo mismo. Sólo más tarde se colocaría clandestinamente en posición de vendedor de la gran mayoría de Abacus.

Los incautos no tardaron en llegar. En abril del 2007, el pequeño banco alemán IKB de Düsseldorf "garantizó la protección de riesgos" comprado 150 millones de dólares de "*equity*". En mayo del 2007, el banco holandés ABN Amro "garantizó la protección de riesgos" del tramo "*super senior*" (el menos arriesgado a priori). Frente a ellos, el fondo Paulson & Co. tomaba la posición de "comprador de protección".

---

[304]En finanzas, venta a descubierto, venta corta, posición corta o posición en corto es la operación financiera consistente en la venta por un agente que interviene en el mercado de un activo que no posee. Este activo puede ser adquirido para su venta mediante un préstamo de títulos. Cuando llega en un momento posterior de devolver los títulos que fueron objeto del préstamo, deben ser comprados idénticos valores. El que realiza la operación espera obtener un beneficio económico en la medida que el valor del título haya bajado porque lo vende a un precio superior (momento inicial) que cuando los compra (momento posterior). Si por el contrario los valores subieran, sufriría una pérdida. La venta en corto es apostar por una caída del precio de las acciones. Consiste en vender un activo que no se posee para recomprarlo más tarde a un precio inferior.

Si una compañía aérea quiere prevenirse contra un aumento de los precios del carburante, puede asegurarse contra ese riesgo comprando petróleo en los mercados de contratos a término, fijando así el precio del petróleo que le venderán dentro de seis meses. Utilizando los derivados, esta compañía puede igualmente suscribir una póliza de seguro contra el riesgo de un aumento de ese precio. En un periodo de descalabro bursátil, las ganancias a la baja pueden ocurrir muy rápido, mientras que en los periodos alcistas se requiere algo de paciencia para que se generen plusvalías. En este último caso, si se considera que una acción está sobrevalorada, una venta en corto tiene como efecto calmar la especulación y evitar que se dispare al alza.

Abacus no era un simple CDO, sino un CDO "sintético". Era un nuevo producto: el fruto del amor de los banqueros hacia los inversores. Dado que el número de créditos inmobiliarios concedidos disminuían con la crisis, fue necesario encontrar una solución para seguir con la titulización. Y la solución fue la siguiente: sólo había que usar los títulos garantizados por créditos hipotecarios ya existentes como referencia o índice, y crear una apuesta a dos bandas. El CDO sintético no es ni más ni menos que una apuesta sobre el valor de un CDO; y en una apuesta, para ganar dinero, hay que encontrar gente para apostar contra uno.

Por un lado, un inversor compraba el "lado bueno" de un CDO sintético y recibía una suma que reflejaba el rendimiento de los CDO "reales" (o un índice de valores de varios CDO). Lo que ganaba entonces no provenía de los créditos hipotecarios sino del "lado contrario" de la apuesta: los pagos que otra persona aceptaba abonar a cambio del derecho de recoger el botín en caso de desplome de los títulos. En este caso, era John Paulson quien pagaba una comisión anual del 1,5% sobre 1000 millones de dólares para protegerse del riesgo. Los inversores que compraban los títulos de Abacus eran en cierto modo los aseguradores ("vendedores de protección") que percibían primas mientras las obligaciones no se desplomaban. Si el CDO quebraba, ellos pagarían las pérdidas.

Así pues, un CDO sintético no es una obligación como un CDO sino un producto derivado de un CDO, en el sentido de que su referencia, lo que define su rendimiento, es el comportamiento de un CDO subyacente. Gracias a los CDO sintéticos ya no hacía falta recaudar 1000 millones de dólares en préstamos hipotecarios titularizados en obligaciones para crear una apuesta. Bastaba con encontrar en el mercado alguien dispuesto a apostar esos 1000 millones contra uno. Esta es la razón por la que las pérdidas fueron mucho más importantes de lo que representaban los créditos *subprime*. El que compra el producto financiero denominado "CDO" (Obligación Colaterizada por Deuda) nunca ganará sumas superiores a los flujos financieros generados por el conjunto de las cuotas hipotecarias mensuales pagadas por los prestatarios, cuyos préstamos constituyen el título de obligaciones (el CDO real). Pero la cantidad de dinero que puede potencialmente ganar el vendedor de un CDO sintético es en principio ilimitada: depende únicamente de la cantidad de apuestas que están dispuestos a aceptar los compradores a cambio de las primas que se les abona. En una apuesta no existe un límite al número de apostantes, ni a la suma de la apuesta: el número de apostante convencidos de que el caballo *Bella de mayo* ganará en la cuarta carrera del hipódromo de

Saint-Cloud es potencialmente ilimitado. El mismo principio vale para un CDO sintético[305]. Se trataba así de apostar sobre el riesgo de que una deuda fuera impagada, y para ganar dinero en esta apuesta se necesitaba encontrar gente dispuesta a apostar[306].

El banco Goldman Sachs no se había limitado a apostar con los CDS sobre las pérdidas de los productos que vendía a sus clientes; utilizaba este nuevo instrumento financiero que permitía multiplicar las ganancias ocasionadas por la potencial depreciación de un CDO. Al vender CDO sintéticos, Goldman Sachs se protegía contra una depreciación de CDOs que servían de referencia. El banco se esforzaba en encontrar el mayor número posible de contrapartes dispuestas a desempeñar el papel de aseguradores a cambio del pago de una prima.

Es así como los bancos lograron prolongar la existencia de la burbuja financiera. Los CDO sintéticos les permitían apostar contra los títulos que emitían, como había hecho Morgan Stanley con el CDO Libertas y como lo había hecho Goldman Sachs.

Los títulos creados eran tan opacos y complejos que eran incomprensibles para los inversores y las agencias de calificación. El documento de comercialización de Abacus había precisado que una contraparte tomaba posiciones vendedoras sobre los CDOs subyacentes. Pero los inversores ignoraban que se trataba de John Paulson, conocido por sus posiciones agresivas en el mercado de los *subprimes*. Obviamente, los inversores jamás habrían elegido invertir en los títulos de Abacus 2007-AC1 si hubieran sabido que el fondo de Paulson los había elegido.

---

[305]Análisis de Paul Jorion. Paul Jorion es un antropólogo y experto financiero belga de cierto renombre que anunció la crisis financiera mundial en el 2005.

[306]Un CDO sintético (obligación de deuda garantizada) es una variación de un CDO que generalmente utiliza permutas de incumplimiento crediticio (CDS) y otros derivados para alcanzar sus objetivos de inversión. Como tal, es un valor financiero derivado complejo que a veces se describe como una apuesta sobre el rendimiento de otros productos hipotecarios (u otros), en lugar de un valor hipotecario real. El valor y el flujo de pagos de un CDO sintético no se derivan de activos en efectivo, como hipotecas o pagos de tarjetas de crédito, como en el caso de un CDO normal, sino de las primas pagadas por el "seguro" de permutas de cobertura por impago (CDS) sobre la posibilidad de impago de un conjunto definido de valores de "referencia" basados en activos en efectivo. Las "contrapartes" que compran el seguro pueden ser propietarias de los valores de "referencia" y gestionar el riesgo de impago, o pueden ser especuladores que han calculado que los valores entrarán en impago. (wikipedia. NdT).

Y pasó lo que tenía que pasar: Abacus tuvo el peor rendimiento de todos los productos similares del mercado. Los inversores habían comprado el producto en abril del 2007 y en enero del 2008 el 99% de la cartera de Abacus había sido degradada por las agencias de calificación[307]. Los compradores de estos CDOs habían sido desplumados de forma magistral. IKB, el banco regional de Düsseldorf – un inversor habitualmente prudente para la clase media – perdió la totalidad de su apuesta. A través de su fondo de inversión Rhinebridge Capital, también perdió más de 17 000 millones de euros en el mercado de los *subprimes*. IKB fue comprado a precio de saldo por un fondo de pensión estadounidense, pero sus accionistas, la mayoría jubilados, habían perdido todos sus ahorros. ACA se declaró en bancarrota a finales del 2007, y en agosto del 2008 el banco holandés ABN Amro era comprado por el Royal Bank of Scotland, que había preferido abandonar los activos de Abacus pagando 840 millones a Goldman Sachs. Al final, Paulson había embolsado cerca de 1000 millones de dólares.

En agosto del 2008, la SEC abrió discretamente una investigación sobre Paulson. Pero no fue hasta el 2009, cuando se publicó el libro de Greg Zuckerman, *The greatest Trade ever*, que se hizo de notoriedad pública que Goldman Sachs había llegado a un acuerdo con el único fin de permitir a Paulson apostar en corto en el mercado[308]. En abril del 2010, una denuncia en lo civil por fraude fue interpuesta en la corte federal.

Para Charles Ferguson, muchos de los actores tenían consciencia de la estafa que suponían los *subprimes*. El periodista se oponía así a la versión presentada por Michael Lewis, según la cual sólo algunos inversores habían sido conscientes de los riesgos. Efectivamente, en su libro fascinante y muy instructivo, *La gran apuesta*, Michael Lewis da la impresión de que sólo "*un reducido grupo de justicieros locos, salvajes y adorablemente extravagantes*" habían apostado por el colapso del mercado. "*Con todo el debido respeto por el señor Lewis, la realidad fue distinta; la Gran Apuesta a Corto fue un negocio enorme*

---

[307]Artículo de Matt Taibbi publicado en el número de julio del 2009 de la revista *Rolling Stone*.

[308]El especulador John Paulson no era pariente del secretario de Estado al Tesoro (Henry Paulson). El padre de Paulson era un tal Alfredo Guillermo Paulsen, nacido en Ecuador, de un padre mitad francés mitad noruego y de una madre ecuatoriana. Pero su madre, Jacqueline Boklan, era la hija de inmigrantes judíos de Lituania y Rumanía que se habían instalado en Nueva York. John Paulson y Lloyd Blankfein, el presidente de Goldman Sachs, eran los dos miembros del "pueblo elegido".

y la mayor parte de Wall Street supo aprovecharlo estupendamente bien". "*Sin lugar a dudas, miles de compradores de deuda, aseguradores, agentes de bolsa, comerciales y ejecutivos sabían perfectamente que esta historia iba a acabar muy mal, pero sus fortunas se incrementaban mientras duraba*[309]."

Los banqueros tenían todo el interés del mundo en seguir produciendo y vendiendo sus productos basura el mayor tiempo posible. Algunos no lo ignoraban, muy al contrario: "*la falta de información no era un problema para los directivos de Goldman Sachs, JP Morgan y Morgan Stanley*". Aunque "*esta última empresa empezó a apostar contra la burbuja a comienzos de 2004, pero cometió un error estratégico que le costó 9000 millones de dólares*", es decir demasiado pronto y pagando CDS demasiado tiempo. JP Morgan, en cambio no se expuso y mantuvo cierta distancia. "*Goldman Sachs, sin embargo, fue un tema aparte. La firma ganó miles de millones de dólares apostando contra los mismos productos cuya venta le había permitido obtener ganancias también millonarias*[310]."

Charles Ferguson era tajante: "*Dado que los CDO sintéticos sólo pueden existir si hay gente decidida a apostar contra el "lado largo", su rápido incremento era un claro indicador de que Wall Street sabía no sólo que existía una burbuja, sino que su final era inminente.*" E insistía: "*Y, en todo caso, esto no era para nada un pequeño negocio practicado por un reducido grupo de individuos contestarios, alternativos y entrañables. Una estimación razonable es que, a finales de 2006, el volumen de CDO sintéticos, o principalmente sintéticos, estaba en torno a los 100 000 millones de dólares, mientras que cerca de una cuarta parte de los activos en CDO "convencionales" eran también sintéticos. Durante la primera mitad de 2007, justo antes del colapso del sistema, los CDO sintéticos constituían casi con certeza la mayoría de los CDO existentes en el mercado. Y nadie conocía mejor este negocio que Goldman Sachs, John Paulson, Magnetar y Tricadia*[311]."

---

309 Charles Ferguson, *Inside Job, la crisis financiera…* Ediciones Deusto, Barcelona, 2012, p. 163, 164.
310 Charles Ferguson, *Inside Job, la crisis financiera…* Ediciones Deusto, Barcelona, 2012, p. 164, 165.
311 Charles Ferguson, *Inside Job, la crisis financiera…* Ediciones Deusto, Barcelona, 2012, p. 167

Efectivamente, otros fondos se habían inspirado en Paulson. El más conocido era Magnetar, fundado y dirigido por un judío llamado Alec Litowitz, que había trabajado en estrecha colaboración con el banco JP Morgan. Magnetar había realizado una treintena de transacciones de este tipo, por valor de entre 1000 y 1500 millones de dólares cada una. Pero Magnetar también había trabajado con Paulson.

"Hasta que los títulos quiebran efectivamente, el que tiene la posición corta de un CDO sintético tiene que realizar de forma periódica sus pagos al inversor largo. Eso puede resultar caro." Paulson y Magnetar compraban los tramos más tóxicos (el tramo "*equity*") para tranquilizar los potenciales inversores, pero también para embolsar buenas ganancias (a menudo más del 20% anual). Estos intereses pagaban la posición "corta" (apuesta a la baja) hasta que la burbuja estallara. Cuando el tramo "*equity*" caía en picado, ciertamente perdían dinero, pero sabían perfectamente que los siguientes tramos caerían poco después y que les compensaría de sobra.

La estafa se aplicó a gran escala: "*Estimaciones muy aproximadas sugieren que tan sólo los pagos a corto de este hedge fund podrían haber financiado la cuarta parte del mercado de títulos hipotecarios subprime en 2006. Los banqueros de inversión cobraban inmensos honorarios por ayudar a estructurar los productos y poner a Magnetar en contacto con los bobos contra los que apostaba*[312]."

"Los primeros en comprenderlo fueron algunos de los grandes hedge funds [fondos de inversión]. A diferencia de los bancos de inversión, ellos no podían hacer mucho negocio titulizando préstamos y vendiendo CDO. En consecuencia, debieron esperar a que la burbuja estuviera a punto de estallar y ganar dinero con el colapso...Además de Bill Ackman, los principales hedge funds ganaron miles de millones de dólares apostando contra los títulos hipotecarios cuando estalló la burbuja, entre ellos Magnetar, Tricadia, Harbinger Capital, George Soros y John Paulson. Se estima que sólo estos cinco hedge funds obtuvieron más de 25 000 millones de dólares de beneficio, y posiblemente más de 50 000, apostando a corto contra la burbuja hipotecaria, y todos trabajaron codo con codo con Wall Street para

[312] Charles Ferguson, *Inside Job, la crisis financiera...* Ediciones Deusto, Barcelona, 2012, p. 181, 182

conseguirlo[313]." Bill Ackman, Georges Soros y John Paulson, tres destacados apostantes, eran miembros de la secta.

De hecho, en el 2007, John Paulson entró definitivamente en la leyenda al realizar las mayores ganancias de la historia de las transacciones financieras. Había embolsado 3700 millones de dólares en 2007 apostando contra los títulos hipotecarios, 2000 millones en 2008 y 5000 millones en 2010[314].

Pero John Paulson no era un simple especulador de alto vuelo, o un estafador sin escrúpulos. Era además un generoso filántropo y donante. Había donado 15 millones de dólares al "*Center for Responsible Lending*" (Centro de Préstamos Responsables), una asociación que prestaba asistencia jurídica a los prestatarios inmobiliarios sobreendeudados. Durante una de las donaciones, Paulson tuvo estas hermosas palabras llenas de compasión: "*Nos complace apoyar a quienes prestan asistencia jurídica a propietarios en apuros, muchos de los cuales han sido víctimas de prestamistas depredadores* [315] ." ¡Deliciosa e inconfundible *chuzpah*!

Denuncias contra Goldman Sachs

El "Banco" había ganado por partida doble con la burbuja inmobiliaria: primero había estafado los inversores que habían comprado sus CDO, y segundo había estafado el contribuyente haciéndole pagar íntegramente lo que le debía el asegurador AIG por los CDS a cuenta del Estado. Este banco era el más poderoso, pero también el más criticado por sus prácticas.

Tras el estallido de la burbuja inmobiliaria, Goldman Sachs recibió una oleada de demandas judiciales. Las autoridades del Estado de Nueva York persiguieron la firma y los 25 corredores que habían vendido montones de CDO tóxicos a fondos de pensión de funcionarios que habían perdido 100 millones de dólares en inversiones. El Estado de Massachussetts había iniciados acciones por los mismos motivos, en

---

[313] Charles Ferguson, *Inside Job, la crisis financiera...* Ediciones Deusto, Barcelona, 2012, p. 163

[314] Los fondos de inversión suelen quedarse con el 20% de las ganancias anuales, más el 2% anual del valor de los activos gestionados, pero no se ven afectados por las pérdidas, lo que lleva a los directivos a asumir riesgos.

[315] Jean-François Gayraud, *La grande Fraude,* Odile Jacob, 2011, p. 59

representación de 714 tenedores de "préstamos depredadores[316]". Pero Goldman había salido prácticamente indemne, aceptando pagar unos irrisorios 60 millones de dólares – lo que ganaba su departamento de CDO en un día y medio durante el boom inmobiliario[317].

La SEC (Securities & Exchange Commission), el regulador de los mercados financieros estadounidense necesitaba probablemente recuperar algo de credibilidad, pues en abril del 2010 lanzaba oficialmente una serie de procedimientos civiles contra la firma. Goldman Sachs era acusada de haber engañado sus inversores al decir que los activos de Abacus 2007-AC1 habían sido seleccionados de manera independiente por ACA Management, cuando en realidad el fondo Paulson estaba ampliamente comprometido en la elección de los títulos. Según la SEC, ACA Management había actuado de buena fe. En cambio, Goldman Sachs había engañado a todos haciéndoles creer que Paulson compartía con ellos el mismo interés en la subida de esos valores. Goldman Sachs era acusado de engañar a sus clientes en beneficio propio y, sobre todo, de su socio Paulson. Los dirigentes rechazaron las acusaciones: según ellos sólo se había protegido de los riesgos y afirmaron que los inversores eran actores informados que sabían perfectamente los riesgos que corrían.

Sin embargo, la acusación había presentado un correo de noviembre del 2007 del presidente de Goldman Sachs, Lloyd Blankfein, dirigido a sus colaboradores: "*Obviamente, no nos libramos del caos de los créditos inmobiliarios de alto riesgo. Hemos perdido mucho dinero, y luego hemos vuelto a ganar más de lo que habíamos perdido gracias a posiciones cortas.*"

El 27 de abril del 2010, durante una audiencia de los dirigentes de Goldman Sachs ante una comisión del Senado (presidida por el senador Carl Levin), varios senadores habían preguntado si Goldman Sachs tenía como prioridad los intereses de sus clientes, como rezaba el eslogan del banco: "*Los intereses de nuestros clientes siempre pasan primero*[318]". No obtuvieron respuesta. A continuación, un senador hizo

---

[316]En octubre del 2010, Angelo Mozilo, el presidente de Countrywide había aceptado pagar 87 millones por fraude civil dentro del acuerdo con la SEC.

[317] Artículo de Matt Taibbi, revista *Rolling Stone*, julio del 2009.

[318]"*El interés de nuestros clientes es primordial. La experiencia demuestra que si nuestros clientes están satisfechos resultará de ello nuestro éxito.*" Goldman Sachs: Nuestros principios (N°1), en Marc Roche, *El Banco, cómo Goldman Sachs dirige el mundo*, Ediciones Deusto, Barcelona, 2011, Anexos p. 237. (NdT).

esta observación: "*¿Cree que cuando su gente piensa que algo es una mierda y luego va y lo vende, y luego su empresa apuesta en contra, cree que eso los hace dignos de confianza?*" O bien esta otra pregunta muy directa: "*Si un empleado suyo piensa que algo es una basura, una mierda de negocio, ¿cree que Goldman Sachs debería vendérselo a sus clientes mientras ustedes mismos apuestan contra esos productos a corto? Pienso que es un caso muy claro de conflicto de intereses y pienso que debemos hacer algo acerca de eso. Pero descubro que ustedes no lo ven así*[319]." Los dirigentes de la firma se defendieron de todo conflicto de interés argumentando la perfecta impermeabilidad entre las actividades de *trading* y las actividades de asesoramiento.

Un joven bróker francés llamado Fabrice Tourre, un matemático de 22 años diplomado de la escuela Central que había sido reclutado por Goldman Sachs, era acusado nominalmente. Él iba a ser el fusible de seguridad. Su juicio, que el diario económico *La Tribune* calificaba de "*juicio más emblemático de la crisis financiera del 2008*", debutó el 15 de julio del 2013. Los correos que Fabrice Tourre enviaba a su novia fueron desvelados; como éste del 23 de enero del 2007: "*El edificio entero está a punto de hundirse, en cualquier momento. Único superviviente potencial, Fab el fabuloso.*" Y este otro del 7 de marzo 2007: "*El negocio de los subprimes está casi muerto, y los pobres pequeños prestatarios no durarán mucho.*" El 13 de junio del 2007 escribía: "*Acabo de vender obligaciones de Abacus a unas viudas y huérfanos que me crucé en el aeropuerto. ¡A estos belgas les encanta el producto Abacus*!" Fabrice Tourre no era judío, pero por lo visto había sido contaminado.

Ante el tribunal, Fabrice Tourre dijo: "*Lamento estos correos que dan una mala imagen de la firma así como de mí mismo*". En realidad, nos enterábamos de que el propio banco había traducido y filtrado los correos a los medios de comunicación. Su superior jerárquico, Jonathan Egol (futuro director general) y su subordinada Gail Kreitman, testificaron los dos contra él, asegurando que Fabrice Tourre dirigía él solo Abacus. Fabrice Tourre había sido sacrificado, traicionado por su empresa. También había sido condenado al silencio, pues el banco también pagaba una fortuna a sus abogados[320].

---

[319]Charles Ferguson, *Inside Job, la crisis financiera...* Ediciones Deusto, Barcelona, 2012, p. 188, 189

[320] Es indispensable visionar el documental de *Arte* sobre Goldman Sachs, disponible en las plataformas de video en internet. El 1 de agosto del 2013, el jurado dictaminó que

Goldman Sachs se libró del caso en julio del 2010, cuando un acuerdo se alcanzó con la SEC: Goldman se comprometió a pagar la suma de 550 millones de dólares por haber *"engañado"* a sus inversores. La cantidad correspondía a una multa de 300 millones de dólares y al pago de 250 millones de compensación a los dos bancos perjudicados: Royal Bank of Scotland (que había adquirido el banco holandés ABN Amro, la verdadera víctima) e IKB, el primer banco en caer en la crisis de los *subprimes* en Alemania en julio del 2007.

Goldman Sachs había recusado las acusaciones, pero había sin embargo aceptado pagar la multa y las indemnizaciones a cambio del abandono de los procedimientos judiciales. Hay que decir que esa cantidad de 550 millones apenas representaba quince días de ganancias del banco en el año 2009. En cuanto se anunció el acuerdo con la SEC, las acciones del banco subieron un 2% en la Bolsa de Nueva York, una ganancia muy superior a la de la multa.

Los delincuentes en la cima del Estado

Al final de los años 90, bajo la presidencia de Bill Clinton ("izquierda"), la economía estadounidense era regentada por "la banda de los cuatro", a saber: el presidente de la Reserva Federal, Alan Greenspan, el secretario del Tesoro Robert Rubin, ex directivo de Goldman Sachs (26 años en la firma), su adjunto Larry Summers, así como el jefe de la SEC Arthur Levitt (de 1993 a 2001). Los cuatro estaban ferozmente opuestos a la regulación de los mercados de derivados[321]. En 1999, Alan Greenspan, Robert Rubin y Larry Summers habían sido portada de la revista *Times*, con el titular "El Comité para salvar el mundo". Dado que se trataba de tres miembros del "pueblo elegido", no era

---

Fabrice Tourre era culpable de seis de los siete cargos de acusación contra él, incluido el de fraude bursátil: Fabrice Tourre tenía que pagar personalmente más de 800 000 dólares (su antiguo empleador no podía abonarlos por él). Además, se le prohibía volver a operar en los mercados financieros durante tres años.

[321]*"En los años noventa, la presidenta de la Commodity Futures Trading Commission [Comisión del Comercio de Futuros sobre Mercancías] había reclamado esa regulación, y la necesidad se hizo más perentoria cuando el Banco de la Reserva Federal de Nueva York estableció un plan de rescate en el año 1998 para el Long Term Capital Management...Pero el secretario del Tesoro Robert Rubin, su segundo Larry Summers y Alan Greenspan se mostraron inflexibles en su oposición y consiguieron su objetivo."* Joseph Stiglitz, *Caída libre, el libre mercado y el hundimiento de la economía mundial*, Taurus, Madrid, 2010, p. 192 (y nota 4 p. 385). (NdT).

descabellado pensar en un guiño de ojo por parte de la redacción del periódico a sus amigos de la alta finanza[322].

Cabe señalar que numerosos actores de la crisis de los *subprimes* eran miembros de la secta, o bien antiguos socios del banco Goldman Sachs. En el 2008, durante la crisis, la situación dentro de la administración de gobierno no era distinta. De hecho, que el presidente sea "Demócrata" o "Republicano" (de "izquierda" o "derecha" estadounidense) no tiene ninguna importancia mientras los consejeros y banqueros cosmopolitas están en la plaza. En aquel momento, junto al equipo de gobierno del presidente "republicano" George Bush, Alan Greenspan había conservado la presidencia de la Reserva Federal. Greenspan había ampliamente contribuido en crear la crisis de los *subprimes*, manteniendo los tipos de intereses muy bajo entre el 2001 y 2004, favoreciendo así el crecimiento de la burbuja inmobiliaria antes de subirlos bruscamente a principio del 2005. Y no había hecho nada para prohibir los préstamos depredadores. En el 2006, era sustituido por otro miembro de la secta, Ben Shalom Bernanke[323]. El director de gabinete de la presidencia, Joshua Bolten era también un hijo del "pueblo elegido" y un antiguo empleado de Goldman Sachs.

El secretario de Estado al Tesoro, Henry Paulson, no era judío, ciertamente – sino miembro de la Ciencia cristiana, una de las numerosas sectas protestantes que infestan Estados Unidos, todas judeo-compatibles y furiosamente proisraelíes[324]. Henry Paulson era el antiguo Director general del banco Goldman Sachs, donde había permanecido treinta y dos años. Si Paulson dejó quebrar Lehman

---

[322]La "izquierda" era favorable a la desregulación: Bill Clinton en los años 90 en Estados Unidos, Gordon Brown en Reino Unido, Romano Prodi en Italia, Gerhard Schröder en Alemania, Pierre Bérégovoy en Francia.

[323] *"El aumento vertiginoso de los precios de los activos significaba que Wall Street estaba de fiesta. La teoría ortodoxa dice que la Reserva Federal debe contener ese tipo de fiesta – sobre todo porque, inevitablemente, son otros los que tendrán que pagar el coste de la limpieza a la mañana siguiente. Pero los presidentes de la Reserva Federal, Greenspan y Bernanke, no querían ser unos aguafiestas, de modo que tuvieron que inventar una serie de argumentos falaces para justificar que se quedaran quietos sin hacer nada: las burbujas no existían, no se podía decir que hubiera una burbuja, aunque la hubiera, la Reserva Federal, en cualquier caso se le daba mejor limpiar el desaguisado después de que se rompiera la burbuja."* Joseph Stiglitz, *Caída libre, el libre mercado y el hundimiento de la economía mundial,* Taurus, Madrid, 2010, p. 184. (NdT).

[324] Léase al respecto en nuestro libro *La Guerra escatológica* (2013).

Brothers en septiembre del 2008 probablemente sería por algunas antiguas rivalidades.

Timothy Geithner, que dirigía la "Reserve Bank" de Nueva York, tampoco era judío pero había sido uno de los adjuntos de Robert Rubin, antiguo directivo de Goldman y secretario del Tesoro del anterior presidente, Bill Clinton.

El director del Banco Mundial (2007- 2012), Robert Zoellick, era en cambio un miembro de la secta; había sido además en 1997 asesor de asuntos internacionales del banco Goldman Sachs. Su predecesor en la dirección del Banco mundial, Paul Wolfowitz, que había sido después secretario adjunto de Defensa del presidente George Bush y uno de los halcones que había precipitado Estados Unidos en la guerra de Irak en el 2003, también era un miembro del "pueblo elegido".

Cuando en octubre del 2008, "Hank" Paulson hizo que el Congreso aprobara su plan de rescate de 700 000 millones (el TARP), nombró a un tal Neel Kashari para supervisar esa inmensa fortuna. Ese "Indio Americano" de 35 años de edad, hasta entonces desconocido, era un capo del banco Goldman Sachs.

También se puede recordar que en aquella época, el presidente del Fondo monetario internacional (FMI) era otro miembro de la secta: Dominique Strauss-Kahn. Como jefe del FMI, supuestamente debía ser uno de los hombres mejor informados del mundo financiero. Sin embargo, el 25 de mayo del 2008 había declarado que la crisis estaba "*detrás de nosotros*". Dominique Strauss-Kahn no duró mucho en el puesto. El 18 de mayo del 2011 dimitía tras su imputación por un caso de agresión sexual en el hotel Sofitel de Nueva York. El 23 de agosto, se beneficiaba de un desistimiento de la causa a pesar de las evidencias y de su pasado en la materia. Al año siguiente, una transacción financiera había puesto punto final a los procedimientos civiles, pero en el 2013 Dominique Strauss-Kahn era enviado de nuevo ante un tribunal correccional por "proxenetismo agravado en reunión" en el marco del caso del hotel Carlton de Lille en Francia.

Tras las elecciones presidenciales de noviembre del 2008 y con la elección del presidente negro Barack Obama, nada cambió. Ben Bernanke se mantuvo a la cabeza de la Fed; Tim Geithner sustituyó a Henry Paulson como secretario al Tesoro; y como director de gabinete eligió Mark Patterson, un antiguo cabildero...del banco Goldman Sachs. Estaba claro que no habría reformas en profundidad para modificar el sistema financiero. De hecho, justo después de su nominación, Tim Geithner declaró: "*Nunca he sido un regulador*[325]"

El Secretario general de la presidencia era Rahm Emanuel, un judío-sionista de comprobado pedigrí. Había ganado cientos de miles de dólares dentro del consejo de administración del instituto de crédito inmobiliario Freddie Mac. Y, por si fuera poco, el presidente Obama había elegido Larry Summers como primer asesor económico[326].

A la cabeza de la Fed de Nueva York, William Dudley había sucedido a Timothy Geithner. Este era un antiguo economista en jefe del banco...Goldman Sachs.

En la presidencia de la SEC, Barack Obama había elegido a Mary Shapiro, una judía-sionista, antigua presidenta de la Finra, el organismo de autorregulación de los bancos de inversión.

Gary Gensler, otro judío-sionista, era ahora el presidente de la "Commodity Futures Trading Commission [Comisión del Comercio de Futuros sobre Mercancías], el regulador de los mercados a término estadounidenses, que resultaba ser a su vez un antiguo co-director financiero de la firma...Goldman Sachs.

A pesar de la depresión económica, los tres principales bancos estadounidenses – Goldman Sachs, JP Morgan y Barclays – gozaban de una buena salud insultante. "*Estos grupos reinan como amos y señores. Los que los dirigen, Lloyd Blankfein, Jamie Dimon y Bob Diamond, apasionan hoy por hoy a la prensa*", nos decía Marc Roche en su libro sobre Goldman Sachs.

Lloyd Blankfein, el jefe de "la firma", era "*el banquero más poderoso del país, el emperador del capitalismo americano, una figura de la oligarquía financiera que gozaba de la posición de virrey de Estados Unidos.*"

---

325 Véase el excelente documental de Charles Ferguson: *Inside Job* (2011).

326 "*Pero resultó que Obama era otro presidente oligarca más. La primera señal inquietante fueron sus designaciones. Ni una sola voz crítica o reformista obtuvo un cargo... En lugar de ello nos dieron Larry Summers, el hombre que estaba detrás de casi todas las desastrosas políticas que generaron la crisis...*" Charles Ferguson, *Inside Job, la crisis financiera...* Ediciones Deusto, Barcelona, 2012, p. 367. "*El principal consejero económico de la Casa Blanca, Lawrence Summers -antiguo secretario del Tesoro de Bill Clinton, y, como tal, enterrador del Glass-Steagall Act en 1999.*" Marc Roche, *El Banco, cómo Goldman Sachs dirige el mundo*, Ediciones Deusto, Barcelona, 2011, p. 228. (NdT)

Blankfein había nacido en 1954 en Nueva York; *"originario de una familia de judíos escapados de los pogromos rusos de finales del siglo XIX*[327]*"*. Este inminente banquero *"se rodea sólo de una pequeña camarilla de acólitos, antiguos traders de J. Aron* [filial de Goldman Sachs, ndt], *y preferentemente de Nueva York. Entre los numerosos fieles salidos de este vivero figura su número dos, Gary Cohn, personaje ineludible cuya bonificación es igual a la suya*[328]".

Jamie Dimon, el jefe de JP Morgan, *"le gusta presentarse como "patriota""* nos decía Marc Roche fuera de broma, destacando que *"sin embargo es originario de la alta burguesía de Esmirna, en Turquía"*. Anteriormente, Dimon había trabajado en estrecha relación con Sandy Weill, otro miembro de la secta que presidía Lehman Brothers. Este Sandy Weill era un *"amigo de la familia y leyenda de las finanzas estadounidenses*[329]*."*

En cuanto a Bob Diamond, el presidente de Barclays Capital, se nos dice que era oriundo de una familia católica irlandesa. Es posible, después de todo. Hemos visto que muchos altos responsables de bancos y grandes estafadores eran auténticos goyim. Los valores del judaísmo han penetrado en muchos espíritus, especialmente en los países anglosajones protestantes, pero también han podido empañar el de muchos católicos, particularmente en Estados Unidos. Pero el apellido "Diamond" es un clásico de la onomástica hebraica, y sabemos que la judeidad se vive a menudo en secreto o en la distancia. Los marranos de España en el siglo XVI y los frankistas de Polonia en el siglo XVIII se hacían pasar por católicos, mientras que los sabateos, en el Imperio otomano, solían ser buenos musulmanes[330].

---

[327]Los intelectuales judíos siempre cuentan lo mismo. En realidad, la emigración de los judíos había sido provocada por la instauración en Rusia en 1896 de un monopolio de Estado sobre las bebidas alcohólicas y la supresión de todas las destilerías privadas. Esta medida destinada a proteger el campesinado ruso *"había supuesto un duro golpe a la actividad económica de los Judíos de Rusia"* (Aleksandr Solzhenitsyn, *Deux Siècles ensemble*, tome I, Fayard, 2002, p. 326. Léase en *El Fanatismo judío.*)

[328]Marc Roche, *El Banco, cómo Goldman Sachs dirige el mundo,* Ediciones Deusto, Barcelona, 2011, p. 211, 107, 88-89, 95. *"También es un amante de los juegos de palabras, un as de las piruetas verbales, como cuando declara a The Sunday Times:"No soy más que un banquero que hace el trabajo de Dios""*. p. 88

[329]Marc Roche, *El Banco, cómo Goldman Sachs dirige el mundo,* Ediciones Deusto, Barcelona, 2011, p. 95, 217, 212

[330]Léase al respecto *Psicoanálisis del judaísmo.*

El despertar del antisemitismo

Se podía pensar que el antisemitismo formaba parte de una época ya pasada. Como escribía Marc Roche en su libro sobre el banco Goldman Sachs: "*El último baluarte de los prejuicios antisemitas, el New York Stock Exchange, cayó a principios de los setentas, cuando el presidente y director general de Goldman Sachs, Gus Levy, se convirtió en el primer judío en presidir el consejo de gobernadores de la bolsa neoyorquina*[331]."

Sin embargo, la comunidad judía estaba preocupada por el hecho de que muchos de los que tuvieron grandes responsabilidades en la crisis financiera eran, en efecto, judíos.

"*Suficiente para dar vértigo a los seguidores de la paranoia antijudía e imaginarse que la economía mundial está en manos de los judíos*", leíamos en los sitos internet de la "comunidad".

"*La crisis financiera americana provoca un fuerte aumento del número de mensajes antisemitas difundidos en los foros, los blogs y sitios internet*", afirmaba la Liga "anti-difamación" (ADL, la más importante asociación antirracista en Estados Unidos). "*Cientos de mensajes antisemitas acerca de Lehaman Brothers y otras entidades afectadas por la crisis de los subprimes han sido enviados en los foros de discusión sobre las finanzas. Los mensajes atacan a los judíos en general, algunos acusándoles de controlar el gobierno y las finanzas, de formar parte de un "orden mundial judío", y de ser por lo tanto responsables de la crisis económica.*"

El presidente de la ADL, Abraham Foxman, repetía el discurso habitual: "*Hemos aprendido de la historia moderna que cada vez que se produce una caída de la economía mundial, hay un aumento del antisemitismo y de la intolerancia, y eso es lo que estamos viendo ahora.*"

El página internet de la ADL publicaba uno de sus numerosos mensajes acusando los judíos de "*haber infiltrado Wall Street y el gobierno, y de haber arruinado los Estados Unidos*". "*Los viejo clichés sobre los judíos y el dinero vuelvan a resurgir*", estimaba Abraham Foxman. "*Como vimos tras el 11 de septiembre, en cuanto aparecen problemas*

[331]Marc Roche, *El Banco, cómo Goldman Sachs dirige el mundo*, Ediciones Deusto, Barcelona, 2011, p. 184

e incertidumbres en la economía o en los acontecimientos mundiales, los judíos se convierten en los chivos expiatorios."

En los sitios internet judíos de Francia, el mismo análisis "listo para usar" circulaba: "*Como si se tratara de una ley de hierro, las situaciones de crisis internacionales – especialmente financieras- despiertan el antisemitismo siempre latente en el inconsciente colectivo. El supuesto vínculo entre "el Judío y el dinero" o "la conspiración judía para dominar el mundo" vuelven a ser temas de moda.*" ¡Las acusaciones eran terribles!

Evidentemente, algunos musulmanes habían aprovechado la ocasión para denunciar el papel nefasto de los "sionistas" en la economía mundial: "*La ola antisemita que acompaña a la crisis es a su vez alimentada por las declaraciones de los lideres árabes del mundo musulmán, y la gran profusión de caricaturas antisemitas de la prensa árabe. Es así cómo hemos podido escuchar el jefe de Hamas en Gaza achacar la crisis financiera al "lobby judío americano", y al Presidente iraní Mahmud Ahmadinejad declarar "que un puñado de sionistas dominan el mundo".*"

Estas acusaciones, procedentes de otra época, volvían a situar a los judíos al margen de la Humanidad; y uno podía preguntarse cuando terminarían por fin sus sufrimientos: "*en cuatro mil años de sufrimiento*[332] ", tal como lo escribía Jacques Attali. ¡Se sufría muchísimo en los rascacielos y en los ministerios!

En realidad, el resurgimiento del antisemitismo, bajo la pluma de los intelectuales judíos, es una constante multisecular, y la misma cantinela se repite regularmente en los principales medios de comunicación. Hemos aportado no pocos ejemplos en nuestros anteriores libros. Vean sino:

A principio de noviembre del 2003, una encuesta de la Comisión Europea, realizada a 7500 personas, designaba el Estado de Israel como una amenaza para la paz en el mundo. La encuesta no se había hecho pública, pero unos artículos sobre el tema en el diario inglés *The Guardian* y el periódico español *El País* la habían mencionado. ¡Horror! El Estado de Israel era efectivamente designado como la principal amenaza para la paz mundial, ¡antes incluso que Corea del Norte! La encuesta, llevada a cabo ante 500 personas de cada quince países de la

---

[332] Jacques Attali, *Un hombre de influencia*, Seix Barral, Barcelona, 1992, p. 11

Unión europea, planteaba así la pregunta: "*Dígame en su opinión si este país representa o no una amenaza para la paz en el mundo.*" Y el estado de Israel había sido seleccionado por el 59% de los encuestados. La filtración de los resultados había suscitado una polémica, particularmente desde el Centro Simon Wiesenthal, que exigía entonces que la Unión Europea fuera excluida del proceso de paz entre israelíes y palestinos, y acusaba Europa de vivir "*la peor manifestación de antisemitismo desde la Segunda Guerra mundial.*" El Rabino Marvin Hier, el fundador del Centro Wiesenthal, había declarado, además: "*Esta chocante encuesta desafía la razón lógica. Es una fantasía racista que sólo demuestra que le antisemitismo está profundamente arraigado en la sociedad europea, más que en cualquier época desde el final de la guerra.*" Y esto era en el 2003, cinco años antes de la crisis financiera.

Seguramente sea también antisemita constatar que los intelectuales judíos, los hombres políticos judíos y los financieros judíos no paran de presionar los Occidentales para declarar la guerra a naciones que no están suficientemente sometidas a las leyes de la democracia y de la finanza internacional. Es así como las naciones occidentales se han visto arrastradas a las guerras contra Irak (1991), contra Serbia (1999), contra Afganistán (2001), de nuevo contra Irak (2003), contra Libia (2011); y probablemente habrían entrado en guerra contra Irán y Siria en el 2013 si el presidente ruso Vladimir Putin no hubiera dado un golpe sobre la mesa[333].

---

[333]La traducción de este libro se termina cuando se cumple un año del comienzo de la guerra de Ucrania (24 de febrero de 2022). La vertiginosa escalada escatológica, geopolítica y militar parece imparable mientras Israel sigue bombardeando impunemente Siria e Irán. Tras el golpe del Euromaiden en 2013, los EE. UU. promovieron un cambio de régimen "democrático" en Ucrania, liderado por la diplomacia de Victoria Nuland. Tras la presidencia conservadora y aislacionista del republicano Donald Trump, que arrastraba demasiado los pies ante las presiones del *establishment* estadounidense, unas dudosas elecciones devolvieron al poder una administración demócrata a la Casa Blanca. De nuevo, preeminentes judíos ocupan los principales ministerios (Secretarías de Estado, Tesoro, Fiscalía General, Seguridad Nacional, e Inteligencia Nacional) de la administración presidencial, liderados por el jefe de la política exterior estadounidense Antony Blinken. Es necesario contar la historia de la criatura Zelensky, ese escabroso comediante y actor reconvertido en presidente de Ucrania. El productor de la película Zelensky (un tipo que juega un papel en una serie de televisión y que interpreta luego ese rol en la realidad) fue Íhor Kolomoiski, alias Bennia (nombre del padrino de la mafia judía en los *Cuentos de Odesa* de Isaac Babel, obra maestra de la literatura askenazí). Para ello, Kolomoiski recibió de Ronald Lauder (multimillonario estadounidense y presidente del Congreso

4. Los Súper Depredadores

Entre los grandes triunfadores de la crisis estaba un tal David Tepper, el fundador del fondo especulativo estadounidense Appaloosa Management, que había ganado 4000 millones de dólares en el 2009. A sus 56 años, había entrado en el *top 50* de las mayores fortunas de Estados Unidos. *"Tepper encarna en cuerpo y alma esta Goldman connection..., el director general del hedge fund estadounidense Appaloosa es el número uno en el hit-parade de los ganadores de la crisis*[334]*."*

El diario *Le Monde* del 4 de enero del 2014 había publicado un artículo sobre él, titulado: *"David Tepper, el especulador que transforma las acciones en oro macizo."* Su fondo *Palomino,* especializado en las acciones estadounidenses había generado unas ganancias del 42% en 2013. Tepper había apostado con éxito por los bancos, las aseguradoras y los promotores inmobiliarios. Su remuneración en el 2013 se había elevado a 3000 millones de dólares, lo que le convertía en el jefe de *hedge fund* mejor pagado de Estados Unidos. Tepper, se nos decía, *"comenzó su carrera en Goldman Sachs en el negocio implacable de los junk bond, las "obligaciones podridas""* antes de establecerse por su cuenta: *"David Tepper ha forjado su reputación en febrero del 2009, en los peores momentos de la crisis de los subprimes. Contrariamente a sus rivales, el especulador había comprado masivamente los títulos*

---

judío mundial) la cadena de televisión que propulsó Zelensky al estrellato. Por otro parte, tenemos una empresa del oligarca Kolomoiski, la principal empresa gasística ucraniana Burisma, implicada en la corrupción del clan Biden (véase también la nota 161). Este oligarca ucraniano también había sido dueño del primer banco ucraniano PrivatBank (usado por el 33% de los ucranianos), del que directamente desvío unos fondos equivalentes al 5% del PIB ucraniano. El dinero transitó vía las islas vírgenes británicas para ser reinvertido en el *midwest* de EE. UU. Kolomoiski es ahora el mayor propietario inmobiliario del Estado de Ohio, precisamente en las tierras del feudo de Lex Wexner, otro multimillonario estadounidense estrechamente vinculado al escándalo Jeffrey Epstein. Así pues, detrás del presidente Zelensky se extiende toda la red de una peligrosa mafia internacional. (fuentes: *Faits et Documents, Courrier international, wikipedia.* NdT).

[334]Marc Roche, *El Banco, cómo Goldman Sachs dirige el mundo,* Ediciones Deusto, Barcelona, 2011, p. 113, 194

que nadie quería de los bancos estadounidenses y británicos en bancarrota total. Confiando en la eficacia del plan de rescate del Estado, el accionista principal del hedge fund había apostado sobre el éxito del programa de ayuda a los grandes bancos de ambos lados del Atlántico para sacar el sector financiero del atolladero. El filibustero de los mercados ha construido su fortuna en base a una idea simple: adquirir acciones infravaloradas, resistir a las modas y... esperar. "No he perdido nunca haciendo caso a mi instinto". Este es el mantra de este audaz jugador, seguro de su buena estrella." Desde su creación en 1993, su sociedad había garantizado a sus inversores un rendimiento medio del 27%. Todo lo que tocaba este "Craso" de Nueva Jersey se transformaba en oro. Lo habéis entendido, ¿verdad?: David Tepper "*was raised in a jewish family*".

Goldman Sachs en Grecia: la magia financiera

En el mes de febrero del 2010, la "firma" había sido acusada de haber desempeñado un turbio papel en la crisis financiera que experimentaba Grecia. Entre el 2000 y el 2003, Goldman Sachs había ayudado el país a maquillar su deuda para permitirle cumplir los criterios de entrada en la moneda euro: déficit presupuestario del 3%, deuda pública del 60% del Producto Interior Bruto como máximo. Ahora bien, el país distaba mucho de cumplir estos criterios. Grecia, descartada en 1999 cuando se decidió la creación del euro, había logrado en 2001 reunir los requisitos de Maastricht y entrar en la zona euro gracias a un subterfugio financiero. Para disimular una parte de la deuda y ostentar cuentas saneadas, el gobierno socialista de Costas Simitis había recurrido a la creatividad financiera del banco de inversión Goldman Sachs, consiguiendo así ocultar 3000 millones de euros de deuda.

Una década después, en marzo del 2012, dos funcionarios griegos a cargo de la gestión de la deuda, Spiros Papanicolau y su predecesor Cristoforos Sardelis, aportaron los detalles acerca del contrato de deuda que había sido negociado en el 2001 con la "firma", y que había permitido a Grecia ocultar una parte de la deuda nacional.

En junio del 2011, Goldman Sachs había acordado con el gobierno griego un "*swap* de divisas", que había permitido a Grecia tomar prestado 2800 millones de euros sin que quedara reflejado en las estadísticas oficiales. Existen los "*swap* de impago", los famosos CDS que hemos visto ("credit default swap"): se paga una prima trimestral o anual al banco y si se produce el impago del prestatario, el banco paga la deuda. Pero existe también el "*swap* de interés" (el más corriente): estáis endeudado a tipo variable y queréis pasar a un tipo fijo; pagáis entonces un tipo fijo durante un periodo determinado y el banco paga los intereses variables. O los *swaps* de materias primas, por ejemplo, a fin de comprar petróleo a un precio y una fecha determinados con antelación. Y de igual modo existen *swaps* de divisas, a fin de minimizar el impacto de la volatilidad de los tipos de cambio.

La operación había consistido en intercambiar una deuda contraída anteriormente por Grecia en dólares (emisión de una obligación de 10 000 millones de dólares en 5 años), por una deuda en euros con Goldman Sachs. Si la cotización era por ejemplo de 1€ para 1,3$, el banco pagaba 7700 millones de euros a Grecia. Pero si las dos partes se ponen de acuerdo para un tipo de cambio de 1,15$ en vez de 1,3$, Grecia recibe 8700 millones de euros, y no 7700 millones. Así, el Estado griego había recibido 1000 millones de euros más en la operación[335]. El banco pagaba después los intereses semestrales a Grecia (de los 10 000 millones de dólares), que los abonaba a su vez a sus inversores (antes de devolverles los 10 000 millones de dólares adeudados en cinco años). Paralelamente a esto, el banco reembolsa los 10 000 millones de dólares a Grecia, que le reembolsa la cantidad en euros.

Cerca de 1000 millones de euros de deuda habían desaparecido de esta forma del radar de Eurostat, el órgano de estadísticas de la Unión Europea. Para recuperar la suma descontada, el banco había utilizado esta vez un *swap* de interés, tomando como base un tipo diferente de los que prevalecían en ese momento. En aquella época, el tipo había parecido muy ventajoso a los gestores de la deuda helénica. Pero el montaje, mucho más complicado de lo que parecía al principio, se había vuelto en contra de Grecia tras los atentados del 11 de septiembre 2001. Los tipos de intereses de las obligaciones habían caído en los mercados y el *swap* de interés había sufrido pérdidas.

Los funcionarios griegos intentaron entonces una renegociación con Goldman Sachs en el 2002, y habían acordado utilizar un nuevo producto derivado para los reintegros basado en la tasa de inflación. Pero como el propio Papanicolau confesó, "*era una muy mala apuesta*".

---

[335] Artículo de Paul Monthe de febrero del 2010 en *next-finance.net*. No encontramos ningún artículo explicativo en la gran prensa generalista.

Las autoridades griegas habían hipotecado los aeropuertos y las autopistas del país para recabar los fondos que necesitaban desesperadamente. Con el contrato "Eole" cerrado en 2001 con Goldman Sachs, el Estado griego había recibido fondos inmediatamente y se había comprometido en abonar al banco los ingresos futuros de las tasas de aeropuerto. El año anterior, habían sido los ingresos de la lotería nacional los que habían sido engullidos con un contrato llamado "Ariana". Grecia se había convertido en un especie de rastrillo vecinal de segunda mano, pero a escala nacional. El gobierno había clasificado estas operaciones en la categoría de ventas, y no en la de préstamos[336].

En el 2005, el importe de la deuda principal casi se había duplicado, alcanzando 5100 millones de euros en vez de los 2800 millones iniciales. Cristoforos Sardelis explicaba que no había tenido la posibilidad de reunirse con otros bancos para conseguir contraofertas y evaluar el montaje financiero de Goldman Sachs porque ésta había amenazado con cancelar el contrato. Por tanto, el acuerdo se mantuvo en secreto[337].

Dado que este montaje era muy complejo y personalizado, Goldman Sachs había facturado comisiones de corretaje muy superiores a las facturadas para operaciones más corrientes. En el momento de firmar el acuerdo en 2001, Grecia debía 300 millones de euros además de los 2800 millones de euros que había tomado prestado al banco de inversión.

Al final del año 2009, la situación financiera de Grecia se convirtió en un escenario catastrófico. A principio de noviembre, el nuevo gobierno socialista de George Papandreu se preguntaba cómo podría implementar su programa de recortes y de austeridad para reducir la deuda abismal (112% del PIB) a fin de convencer los mercados financieros y la Unión europea. El 8 de diciembre del 2009, la agencia de calificación Ficht Ibca degradaba la calificación de la deuda del país de AA^- a BBB^+, lo que equivalía a unas orejas de burro.

El rumor de un escenario de quiebra circulaba en las salas de mercado. A esto siguió una especulación sobre la deuda de Grecia, con el consiguiente aumento de los tipos de interés exigidos al gobierno para endeudarse en los mercados internacionales: 6 a 7%, el doble que el tipo alemán a 10 años. Los griegos vieron cómo aumentaba el peso de la

---

336 *New York Times*, 18 de febrero del 2010.
337 Artículo del 10 de marzo del 2012 de Audrey Dupeyron, en *express.be*

deuda que tenían que reembolsar además de los créditos camuflados anteriormente.

Gary Cohn, el número 2 de Goldman Sachs, aterrizó de nuevo en Atenas con el especulador John Paulson. El papel del banquero era tranquilizar los compradores de obligaciones (deuda) griegas para que el país pudiese seguir endeudándose en los mercados. Gary Cohn presentó un instrumento financiero que permitiría aplazar a un lejano futuro el coste del sistema sanitario griego.

Pero al mismo tiempo que aconsejaba el gobierno griego, la "firma" especulaba en el mercado de los CDS en contra de Grecia con Paulson entre bastidores, el mismo con el que había estado confabulado durante la crisis de los *subprimes*[338]. Comprando y aconsejando a sus clientes los CDS sobre la deuda griega, Goldman Sachs fomentaba el aumento de los tipos de intereses exigidos al país, lo que no dejaba de ser paradójico para el primer banco que asesoraba Atenas. El banco no se privaba de ninguna estratagema, haciendo correr falsos rumores de que el Estado griego se encontraba en una situación desesperada. Los 300 millones de euros anuales de comisiones no eran suficientes339.

John Paulson también prosperaba. En noviembre del 2009, creó un fondo de inversión especializado en la prospección de minas de oro. En 2010, tras los primeros anuncios de la devaluación de los títulos griegos por parte de las agencias Fitch y Standard and Poor's, Paulson lanzó sus ataques contra una economía griega inestable. La especulación sobre la quiebra de Grecia le reportó cerca de 5000 millones de dólares. Su fortuna llegaba ahora, según estimaciones, a los 12 000 millones de dólares y sus fondos gestionaban ahora 32 000 millones de dólares en activos.

---

[338]*Libération*, 20 de febrero del 2010.

[339]La firma colocaba también a sus peones en el extranjero. En octubre del 2011, Mario Draghi, un antiguo vicepresidente de Goldman Sachs, era nombrado a la dirección del Banco central europeo. En los años de mayor actividad de Goldman Sachs en Grecia, entre los años 2002 y 2005, este mismo Mario Draghi era vicepresidente de la rama europea de la firma. Juraba por Dios no haber sabido nada de la falsificación de las cuentas griegas, aunque no había por qué creerle. La familia Draghi solía pasar sus vacaciones en el sur de Italia en compañía de Robert Rubin y sus allegados. Mario Monti, el primer ministro italiano, había trabajado muchos años como asesor bancario internacional, al igual que su compatriota Romano Prodi, antiguo presidente del Consejo italiano y presidente de la Comisión europea.

En el año 2009, Goldman Sachs había declarado no menos de 13 000 millones de dólares de beneficios. Pero la firma sólo había pagado 14 millones de dólares de impuestos el año anterior. Este banco, que había vendido cientos de miles de préstamos inmobiliarios tóxicos a pensionistas y confiscado decenas de miles de millones al contribuyente estadounidense, sólo había pagado 14 millones de dólares de impuestos en el 2008 mientras distribuía 10 000 millones de dólares en primas y bonus a sus directivos. Su flamante presidente Lloyd Blankfein había recibido un sobre de 43 millones de dólares de primas[340].

Según el informe anual de Goldman Sachs, esta débil imposición fiscal era debida en gran parte a unos cambios en "*la repartición geográfica de los beneficios*". Lo que significaba en román paladino que sus beneficios estaban situados en los paraísos fiscales[341]. Todo esto no impedía a la directiva de Goldman Sachs jactarse de su ética ejemplar: "*La integridad y la honestidad están en la base de nuestra empresa. Esperamos de nuestros empleados que mantengan una ética irreprochable en todo lo que hacen, sea en la vida profesional o en la vida personal*[342]*.*"

George Soros y la especulación

El famoso George Soros también era un especulador de alto vuelo. Esta antigua vedete de Wall Street era todavía en el 2008 uno de los hombres más ricos del mundo. Su fortuna personal era estimada en 20 000 millones de dólares en el 2012, según la clasificación de la revista *Forbes* (vigesimosegunda fortuna del mundo). Era también un símbolo de la especulación internacional. Su fondo de inversión Quantum Fund estaba domiciliado en Curaçao, en las Antillas holandesas. Éste era un paraíso fiscal que le permitía evadir impuestos y ocultar la identidad de sus inversores. En 1992, había logrado uno de los mejores golpes financieros del siglo, embolsando más de 1000 millones de dólares.

---

340 Artículo de Matt Taibbi, en la revista *Rolling Stone* de julio del 2009.

341 De hecho, en esos años todas las grandes sociedades multinacionales habían encontrado la manera de reducir sus impuestos al mínimo. Entre 1998 y 2005, cerca de dos tercios de las grandes empresas que operaban en Estados Unidos no pagaban ningún impuesto allí. Y la situación era idéntica en todos los países. Léase el artículo *Cinq astuces des multinationales pour ne pas payer d'impôts*, en *www.challenges.fr*.

342 Goldman Sachs: Nuestros principios (N°14), en Marc Roche, *El Banco, cómo Goldman Sachs dirige el mundo*, Ediciones Deusto, Barcelona, 2011, Anexos p. 239

Explicaciones: en marzo de 1979, los países de la Comunidad económica europea habían adoptado un nuevo sistema de cambio: el SME, o sistema monetario europeo. Las monedas europeas tenían a partir de ahora un margen de fluctuación del 2,25% en torno a una moneda ficticia, el ECU (European Currenty Unit), definida como una cesta media ponderada de las diferentes monedas europeas y sirviendo de referencia a todas. Cada vez que el porcentaje máximo de variación era alcanzado (a saber, más o menos 2,25%) los bancos centrales debían intervenir en los mercados para impedir que el tipo de cambio saliera de la banda de fluctuación, comprando moneda en caso de descenso respecto de la tasa central de cambio de referencia (ECU), o bien vendiendo la moneda afectada en caso de alza.

Al limitar la volatilidad de las monedas, este sistema favorecía el comercio dentro de la Unión, las empresas evitaban los riesgos de cambio. Esto implicaba intervenciones de los bancos centrales a fin de mantener las paridades, así como una relativa homogeneidad de las economías.

Cuando una moneda divergía a la baja respecto de la tasa de cambio central, el banco central del país en cuestión debía entonces o bien subir los tipos de intereses, o bien utilizar sus reservas de cambio. Un alza de los tipos de interés produce un aumento de la demanda de la moneda. Si en Francia, por ejemplo, los tipos aumentan del 2 al 5%, entonces los inversores extranjeros pedirán más francos para aprovechar los tipos de intereses más ventajosos del país. El banco nacional del país puede también vender una parte de sus reservas de divisas de cambio, transformando por ejemplo sus marcos alemanes en francos. Una bajada de la demanda de marcos y un aumento de la demanda de francos tienen como consecuencia una apreciación del franco respecto del marco y del ECU.

En 1990-1991, Gran Bretaña experimentaba una inflación (aumento de precios) superior a la del resto de países europeos. El banco de Inglaterra había entonces aumentado sus tipos de intereses, reforzando así su moneda y reduciendo los precios de las importaciones – especialmente las materias primas y la energía – y moderando la inflación. Los tipos de intereses eran en aquella época muy elevados, y la libra esterlina sobrevalorada.

En 1992, Europa estaba en recesión. La reunificación de Alemania costaba 150 000 millones de marcos todos los años, y para luchar contra la consiguiente inflación, el Bundesbank había aumentado sus tipos, provocando una fuerte apreciación del marco. Los demás países europeos se vieron obligados a aumentar sus tipos de intereses para defender sus monedas, o bien de devaluarlas, como lo hicieron Italia y España. El tipo de interés del banco de Inglaterra estaba ya por encima del 10%, una nueva subida agravaría la tasa de paro en un periodo de recesión (menos inversiones). En cuanto a una nueva devaluación de la libra esterlina, eso estaba fuera de cuestión: por lo visto aquello afectaría el orgullo de Reino Unido...Norman Lamont, el canciller de la Hacienda decidió entonces no hacer nada.

George Soros aprovechó esa indecisión y consiguió convencer otros inversores de que la libra podía caer en caso de ataque masivo y coordinado. Tomó prestado 7000 millones de libras esterlinas sobrevaloradas, y, el 16 de septiembre de 1992, su fondo de inversión Quantum lanzó su ataque vendiendo en corto la libra en una "venta al descubierto".

La operación fue llevada a buen ritmo junto con los fondos Caton Corp y Jones Investment, así como los bancos estadounidenses JP Morgan, Citicorp, Chase Manhattan y Bank of America, lo que amplificó considerablemente el ataque. El tipo de cambio de una monedad depende de la oferta y de la demanda de cada una de las monedas en el mercado de cambios. La libra esterlina empezó a devaluarse y el marco y el franco a apreciarse.

Para contrarrestar las ventas masivas de libras, el banco de Inglaterra utilizó primero sus reservas (divisas en otras monedas) para recomprar las libras en el mercado, pero la cantidad de reservas de divisas disponibles era limitada y el banco de Inglaterra tuvo finalmente que capitular.

Al día siguiente, Gran Bretaña anunció su salida del SME y una devaluación del 15%. George Soros y todos los fondos y bancos que habían participado en el ataque pudieron reembolsar sus préstamos en libras, pero con una libra que pudieron comprar a posteriori devaluada. El Tesoro británico calculaba sus pérdidas en 3400 millones de libras, pero George Soros había ingresado 1100 millones de dólares tras la operación. Después de este episodio especulativo, las demás monedas europeas fueron devaluadas una tras de otras, y el 1 de agosto de 1993, los márgenes de fluctuación del SME pasaron al 15%[343].

[343] Artículo de Jacques-Marie Vaslin publicado en *Le Monde* el 17 de septiembre del 2012.

Los multimillonarios cosmopolitas

La avaricia por el dinero y la codicia por la riqueza son probablemente el rasgo de carácter más común que viene a la mente cuando se piensa en el judaísmo. Ciertamente, existen judíos pobres, pero no deja de ser cierto que los judíos están ampliamente sobrerrepresentados entre los multimillonarios del planeta (en millardos, miles de millones).

En un libro del 2004 titulado *El Siglo judío*, un historiador judío llamado Yuri Slezkine, constataba el triunfo del espíritu judío en el mundo. Innegablemente, eran también los ciudadanos más ricos: "*Los Judíos son actualmente la comunidad religiosa más próspera de Estados Unidos, escribía...El ingreso de los hogares judíos es el más elevado (72% superior a la media nacional). Los Judíos son tres veces más trabajadores independientes que la media nacional. Son también la comunidad mejor representada entre los Estadounidenses más ricos (según la revista Forbes, en 1982, cerca del 40% de los cuarenta individuos más ricos de Estados Unidos eran judíos). Incluso los nuevos inmigrantes provenientes de la Unión Soviética empiezan a ganar más que la media nacional pocos años después de su llegada.*"

Los judíos estaban muy ampliamente sobrerrepresentados entre los hombres influyentes: "*En octubre de 1994, Vanity Fair publicó las biografías de veintitrés magnates de los medios de comunicación, descritos por la revista como el "nuevo establishment", a saber "los hombres y mujeres que dominan el mundo del espectáculo, de las telecomunicaciones y de la informática, y cuya ambición e influencia hicieron de Estados Unidos la verdadera superpotencia de la era de la información". Once de ellos eran judíos, es decir el 48%*[344]*.*"

En marzo del 2007, en una página internet judía de Inglaterra[345], una tal Leslie Bunder analizaba a su vez la clasificación anual de *Forbes magazine* respecto de las mayores fortunas, y sacaba algunas conclusiones acerca de los multimillonarios judíos. Según la revista estadounidense, había entonces 946 multimillonarios (en millardos) en dólares en el mundo. El judío más rico del mundo era el rey de los casinos Sheldon Adelson, que "pesaba" 26 500 millones de dólares. Era el sexto hombre más rico del mundo. En la undécima posición (el segundo judío más rico del mundo), estaba el dueño de Oracle Larry

[344] Yuri Slezkine, *Le Siècle juif*, 2004, La Découverte, 200, p. 391
[345] www.somethingjewish.co.uk

Ellison, con una fortuna estimada en 21 500 millones. Luego venían el magnate del petróleo ruso, Roman Abramovitch (18 700 millones) y el cofundador de Google, Sergey Brin, con 16 600 millones. A sus 33 años, era entonces el multimillonario más joven del planeta. Michael Dell, el dueño del gigante de los ordenadores Dell, era trigésimo, con una fortuna de 15 800 millones. Justo detrás de él estaba Steven Ballmer, director general de Microsoft, con sus 15 000 millones. Un oligarca ruso, el magnate del aluminio Oleg Deripaska, pesaba 13 300 millones de dólares. Otros judíos habían amasado fortunas de cerca de 10 000 millones: Sumner Redstone, el dueño de los estudios de cine Paramount (8000 millones); el británico Philip Green, dueño de BH and Top Shop (7000 millones); el banquero Joseph Safra en Brasil con 6000 millones y su hermano (2900 millones). Esther Koplowitz (5600 millones) era "española". Su hermana Alicia "pesaba" 5000 millones, al igual que el estilista estadounidense Ralph Lauren (nacido Ralph Lifschitz) y el magnate del diamante surafricano Nicky Oppenheimer y el alcalde de Nueva York Michael Bloomberg. Sería inútil seguir con esta lista que varía mucho cada año.

Un artículo del 26 de febrero del 2008 del *Jerusalem Post* nos informaba de que los judíos eran el grupo religioso más rico ce Estados Unidos, con 45% de "ingresos de seis cifras" por año, es decir al menos 100 000 dólares, mientras que la media estadounidense era del 18%.

En octubre del 2009, descubríamos la clasificación de Forbes de los 400 hombres más ricos de Estados Unidos, comentada por Jacob Berkman: *"Algunas estadísticas rápidas: Estamos razonablemente seguros de que 139 de los 400 americanos más ricos son judíos, incluyendo 20 de los 50 más ricos.*[346]." Para una población que representaba el 1,5% de la población total, estas cifras eran bastante significativas.

El multimillonario Sam Zell era uno de los grandes especuladores inmobiliarios en Estados Unidos, donde poseía 10 millones de metros cuadrados y 225 000 de apartamentos. Además, había invertido en Venezuela, Brasil y Chile, en dos centrales eléctricas en China, una en Bangladesh y una en Filipinas. Ocupaba la posición número 77 de 400 de la clasificación *Forbes* 2009, con una fortuna estimada en 3800 millones de dólares: En la revista semanal *Marianne* del 7 de abril del

[346] *"Some quick stats: We are reasonably certain taht 139 of the richest 400 Americans are Jewish, including 20 of the richest 50."*

2007, leíamos al respecto: "*Sam Zell hizo fortuna comprando edificios de renta antigua; las actualizaba gracias a sus relaciones políticas; aumentaba los alquileres expulsando así los inquilinos, sobre todo personas mayores. Acaba de comprar el Los Ángeles Times, uno de los más prestigiosos diarios de Estados Unidos. Viva el modelo estadounidense.*" ¡Qué cabrones estos "estadounidenses"!

En Australia, mismo panorama. La *Jewish Telegraph Agency* del 10 de junio del 2008 publicaba esta información: Frank Lowy, un judío australiano, se convertía en "*el hombre más rico del país*". Era, según nos contaban, un superviviente del holocausto que había luchado a favor del Estado de Israel en 1948. Tras lo cual había construido su fortuna edificando centros comerciales en Estados Unidos, Reino Unido, Australia y Nueva Zelanda, aunque había pasado por algunos sin sabores con el fisco australiano. Se defendía alegando que buena parte de su dinero había sido donado a obras benéficas en el Estado de Israel. Muy patriota, Lowy había fundado en el 2006 el Instituto de estudios para la seguridad nacional en... Tel Aviv.

En el 2009, nos enterábamos de que las tres mayores fortunas familiares de Canadá eran judías: los Belzberg de Vancouver, los Bronfman de Montreal (actualmente ciudadanos estadounidenses) y los Reichmann de Toronto[347].

Sabemos que en la Rusia de los años 1990, tras el derrumbe del sistema soviético, un puñado de oligarcas habían arramblado la casi totalidad de las riquezas del país. En su libro *El Siglo judío*, Yuri Slezkine escribía: "*Cuando se introdujo la economía de mercado, engrosaron rápidamente las filas de los empresarios privados, las profesiones liberales y todos aquellos que dicen preferir el éxito profesional a la seguridad en el empleo. De los siete principales oligarcas que construyeron enormes imperios financieros sobre los escombros de la Unión Soviética y dominaron la economía y los medios de comunicación rusos durante la era Yeltsin, había un hijo de un alto funcionario soviético de comercio exterior (Vladimir Potanin) y seis judíos (Pyotr Aven, Boris Berezovsky, Mijail Fridman, Vladimir*

[347] Edward S. Shapiro, 1992, *A Time For Healting: American Jewry After World War Two*, p. 117

Gusinsky, Mijail Jodorkovsky y Aleksandr Smolensk) que construyeron sus fortunas "desde cero"[348]*."*

A finales del 2008, con la crisis financiera, varios multimillonarios rusos habían caído del escalafón. Según el diario ruso Izvestia, Oleg Deripaska, el magnate del aluminio, el hombre más rico de Rusia y undécima fortuna mundial, había visto su patrimonio fundir de más de 20 000 millones de euros. La segunda fortuna de Rusia, Roman Abramovitch había visto su cartera de activos pasar de 23 500 millones a 3300 millones de dólares en seis meses. La fortuna de los oligarcas era calculada en función del valor de las acciones que poseían y la bolsa de Moscú había perdido un 65% ese año. Los multimillonarios "rusos", que habían construido sus imperios gracias a préstamos bancarios garantizados por sus acciones, estaban obligados a vender sus participaciones en las empresas en el peor momento a fin de reembolsar sus deudas, calculadas en 110 000 millones. Acorralados por los bancos, tuvieron incluso que pedir 78 000 millones de dólares por adelantado al Kremlin para atravesar la crisis[349].

La clasificación *Forbes* de marzo del 2011 establecía que por segundo año consecutivo, el hombre más rico del mundo no era estadounidense sino el Mexicano Carlos Slim (74 000 millones), que adelantaba Bill Gates (56 000 millones). En un año, el rey mexicano de las telecomunicaciones y su familia habían aumentado su patrimonio en más de 20 000 millones de dólares. En tercera posición, figuraba el célebre inversor Warren Buffet, con sus 50 000 millones de dólares; detrás aparecía la industria del lujo con el francés Bernard Arnault (41 000 millones), seguido de Larry Ellison (Estados Unidos) y Lakshmi Mittal (India).

Para los poderosos del planeta, la crisis había quedado en el olvido, ya que el número total de multimillonarios era ahora de 1210, un récord absoluto desde que existía esta clasificación. Los Estados Unidos seguían a la cabeza con 413 multimillonarios, pero ya sólo representaban el 33% de la lista contra el 40% en el 2010 y 50% anteriormente. Europa, en segunda posición en 2010 con 248 multimillonarios, era adelantada por la región Asia-Pacifico, con 332 multimillonarios.

---

[348] Yuri Slezkine, *Le Siècle juif*, 2004, La Découverte, 200, p. 385. Sobre el saqueo de Rusia, léase *La Mafia judía.*

[349] *Le Figaro*, 26 de diciembre del 2008

La revista *Forbes* suele ser publicada en diferentes ediciones, como por ejemplo Forbes Israel, que clasifica los judíos más ricos del mundo. En el 2012, encabezaba la lista Larry Ellison, cofundador y Presidente de Oracle, con 36 000 millones de dólares. Detrás aparecía Sheldon Adelson (24 900 millones), que ocupaba la decimocuarta posición de las fortunas mundiales. Seguían en el siguiente orden, el alcalde de Nueva York Michael Bloomberg, el famoso especulador George Soros, y los cofundadores de Google, Sergey Brin y Larry Page, cuya madre es judía (18 700 millones cada uno; 24 del ranking mundial). En la sexta y décima posición de los judíos más ricos, figuraba ahora el joven Mark Zuckerberg, el fundador de Facebook, seguido de Michael Dell, etc. El artículo seguía nombrando los multimillonarios judíos residentes en Israel: Roman Abramovitch (12 100 millones), Lev Blavatnikm, Ralph Lauren, Ron Lauder, David Azrieli y Haim Saban (2900 millones cada uno). Según Forbes, dieciocho israelíes eran multimillonarios en 2014.

La famosa revista *Vanity fair* – que pertenece a la familia judía Newhouse- publica regularmente el palmarés de las personalidades más influyentes, que no más ricas, en Estados Unidos ("*The new Establishement*"). El 11 de octubre del 2007, tras la publicación de un número especial, el *Jerusalem Post* publicaba un artículo de Nathan Burstein, que escribía lo siguiente: "*Se trata de una lista de las personas más poderosas del mundo. Y del centenar de banqueros y magnates del entretenimiento y medios de comunicación que condicionan la vida de miles de millones de humanos, más de la mitad (53%) de ellos son judíos.*" Burstein evocaba el "*predominio*" de judíos, que no llegaban al 2% de la población estadounidense. Diecisiete de los apellidos eran actores, presentadores de televisión que debían su notoriedad a los dueños de los medios.

El nacionalista estadounidense Michael Collins Piper nos aportaba algo de luz: encabezando el palmarés por segundo año consecutivo, teníamos al barón de los medios Rupert Murdoch, cuya madre era judía, aunque él nunca profesara su judeidad, a pesar de ser un ferviente partidario del Estado de Israel. Flanqueando su imperio, hallábamos las familias Rothschild, Oppenheimer y Bronfman. Muy cerca encontramos a Warren Buffet, que a pesar de no ser judío es un próximo colaborador de la familia Rothschild. Detrás, en segundo lugar, figuraba Steve Jobs, cofundador (no judío) de Apple y de Pixar (una sociedad de producción de dibujos animados). Los siguientes judíos eran los cofundadores de Google, Sergey Brin y Larry Page.

Joseph Aaron, redactor jefe de *The Chicago Jewish News*, escribía que era una lista de la que los lectores de su periódico podían "*sentirse especialmente satisfechos y orgullosos. Se puede decir que somos aceptados en esta sociedad. ¡Pues sí! Y se puede decir que tenemos mucho poder... Hay que hablar del antisemitismo como algo del pasado, y decir que los judíos ya no deben tener miedo de ser visibles e influyentes.*"

Multimillonarios "visibles e influyentes"

Estos multimillonarios tienen una grandísima influencia dentro del tablero de juego democrático, pues siempre saben cómo influir en el candidato que defenderá mejor sus intereses. En Estados Unidos, su influencia es muy visible durante las elecciones presidenciales, ya que la campaña puede ser financiada por ciudadanos o empresas.

Así, en el 2008, el multimillonario Sheldon Adelson, promotor inmobiliario y propietario de grandes casinos, había contribuido a la campaña presidencial de John McCain, el candidato republicano que se oponía al demócrata Barack Obama. En las elecciones de 2012, Adelson había prometido un total de 100 millones de dólares para instalar el republicano Mitt Rommey en la Casa Blanca. En aquella ocasión, su compañero de candidatura, Paul Ryan, había sido literalmente convocado en el hotel-casino *Venetian* de Las Vegas: el multimillonario quería evaluar el joven parlamentario de Wisconsin. "*Es muy probable que el tema de Israel haya sido puesto sobre la mesa*", comentaba un allegado del magnate. El periodista de *Le Figaro* añadía: "*Como Adelson exige que los candidatos a los que ayuda se conviertan en defensores acérrimos del Estado judío, Ryan tuvo que jurar lealtad al rey de las máquinas tragaperras de Nevada*[350]*.*" Según el diario israelí *Haaretz*, el magnate de Las Vegas había creado en el 2007 el diario gratis *Israël Hayom*, con una tirada diaria de más de 200 000 ejemplares, con el objetivo principal de apoyar el Primer ministro israelí Benjamin Netanyahu, el jefe de la derecha dura israelí.

Tan discretos como Sheldon Adelson, los hermanos David y Charles Koch también habían apoyado económicamente la campaña presidencial de Mitt Rommey con todo su poderío financiero. Con sus 50 000 millones de dólares provenientes de las rentas del petróleo, eran

[350] *Le Figaro*, 24 de agosto del 2012

la cuarta fortuna de Estados Unidos. David y Charles Koch fueron los fundadores del movimiento "*Americans for Prosperity*", cercanos a Paul Ryan y al movimiento "*Tea Party*" al que tenían planeado financiar con 400 millones de dólares. El 4 de julio del 2012, habían organizado un suntuosa fiesta en su propiedad familiar de Hamptons, al este de Nueva York, en Long Island, que había reunido todo el *establishment* republicano de la costa Este, lejos de las cámaras y del bullicio mediático.

En el 2008, el candidato demócrata, el afroamericano Barack Obama, había podido contar con el apoyo de otros multimillonarios, la mayoría de ellos judíos provenientes de los feudos demócratas de Nueva York y Hollywood. Desde el momento en que se presentó al escaño de senador en 2004, Barack Obama había sido patrocinado por decenas de multimillonarios: Bill Gates, de Microsoft, el hombre más rico de Estados Unidos; Warren Buffet, Larry page (Google), Steve Balmer (Microsoft), los cineastas Steven Spielberg y George Lucas, Ken Griffin y Penny Pritzker (Hoteles Hyatt), etc. Penny Pritzker, la directora financiera de su campaña, había recaudado 745 millones de dólares.

Repitámoslo: todos los multimillonarios del planeta no son judíos, ni mucho menos; pero los judíos están ampliamente sobrerrepresentados comparado con su proporción en la población general. Son además los especuladores y financieros más feroces. Hace más de un siglo, el escritor yiddish Sholem Aleijem escribía con razón, en 1913: "*Las mayores fieras y tiburones de la Bolsa son mayoritariamente judíos. Hasta se pueden contar sus apellidos sobre los dedos de la mano: Rothschild, Mendelssohn, Bleichroeder, Yankl Schiff*[351]."

Banqueros cosmopolitas y revolucionarios socialistas

Sabemos que en las familias judías el peso de la tradición y las prohibiciones obligan a los hijos a casarse dentro de la comunidad. Todavía hoy en día, cuando un miembro de una familia ortodoxa se casa con un gentil, la familia celebra un rito llamado *shib'ah*, una reunión que ocurre normalmente tras un fallecimiento. Hacer el *shib'ah*, significa declarar que se considera a la persona como muerta en todos los sentidos[352].

---

[351] Cholem-Aleikhem, *La Peste soit de l'Amérique*, 1913, Liana Levi, 1992, p. 295

[352] Léase en *Psicoanálisis del judaísmo.*

Los banqueros judíos, quizás aún más que el resto, dan la impresión de querer protegerse de los malos matrimonios, a fin de conservar sus secretos y patrimonios. Algunas familias son tan recelosas que promueven los matrimonios sólo dentro de la familia extendida. La edición de 1905 de la *Jewish Encyclopedia* nos informa que de los 58 matrimonios en la familia Rothschild, la mitad (29) se habían producido entre primos.

La familia Warburg era una de las grandes dinastías bancarias de Alemania a principio del siglo XX[353]. Basada en Hamburgo, el banco Warburg financiaba la mayoría de las empresas alemanas, colocaba préstamos internacionales y tenía vínculos en todo el mundo con otros banqueros israelitas.

Un intelectual sefardita muy conocido, Jacques Attali, ha seguido la evolución de la familia Warburg escribiendo una biografía de uno de sus miembros. A mediados del siglo XIX, escribía Attali, *"la familia extiende ahora sus ramificaciones por toda Europa a través de una excepcional red de relaciones y una serie de matrimonios bien planificados: los Schiff en Viena, los Rosenberg en Kiev, los Günzburg en San Petersburgo, los Aschkenasi en Odesa, los Oppenheim, los Bischoffsheim y los Goldschmidt en la propia Alemania, son sus parientes y asociados."* En 1870, Sigmund Warburg *"mantiene excelentes relaciones con Lionel Rothschild en Londres, con Pereire en París, con Günzburg en San Petersburgo y con Salomon Loeb en Nueva York*[354]*."*

En 1871, Abraham Kuhn, que había fundado un banco en Nueva York con Salomon Loeb, regresó a Alemania para jubilarse en Hamburgo.

---

[353]La familia Warburg se originó probablemente en Venecia, donde era conocida como la familia *del Banco*. Se dice que esta misma familia fue fundada por el español Anselmo de Palenzuela. Anselmo *del Banco* fue uno de los judíos sefardíes más ricos de principios del siglo XVI. En 1513 había obtenido una carta del gobierno veneciano que le permitía prestar dinero con intereses, una actividad especialmente restringida debido a la prohibición de la usura en el mundo católico. *Del Banco* se marchó con su familia después de que se impusieran nuevas restricciones a las instituciones financieras venecianas y a la comunidad judía de la ciudad. La familia se trasladó entonces a Bolonia, y de allí a la ciudad alemana de Warburg, adoptando el nombre de esa ciudad como apellido. Así pues, el primer antepasado conocido de los Warburg fue Simon von Kassel (1500-1566). Tras la Guerra de los Treinta Años, los Warburg se trasladaron a Hamburgo. (wikipedia. NdT).

[354] Jacques Attali, *Un hombre de influencia, la vida de Sigmund Warburg*... Seix Barral, Barcelona, 1992, p. 45, 50

Allí conoció a un joven ambicioso, Jacob Schiff, cuyo padre era cambista en Fráncfort. Como Jacob Schiff deseaba instalarse en Estados Unidos, Abraham Kuhn lo presentó a Salomon Loeb. Tres años después, en 1875, Jacob Schiff se casaba con la hija de éste, Teresa, y se convertía en su socio principal. Rápidamente, se impuso como el verdadero dueño del banco "Kuhn Loeb". Y lo fue durante medio siglo, llegando *"a ser uno de los hombres más rico de América"*. En 1893, Jacob Schiff *"es el judío más célebre de Nueva York, y uno de los hombres más ricos del mundo*[355]*."*

Pero volvamos a los Warburg de Alemania: Charlotte Esther y Moritz Warburg tuvieron cinco hijos, entre los cuales Max, Felix y Paul. A los treinta años, Max se imponía como el heredero de los negocios del banco. Se hacía íntimo amigo de un judío influyente, Albert Ballin, que dirigía entonces la gran compañía marítima Hamburg-America Linie y era el confidente del mismísimo emperador Guillermo II[356]. Paul, el hermano menor, era el intelectual de la familia, mientras Felix recorría el mundo. En 1893, en Fráncfort, Felix conoció a una de las hijas de Jacob Schiff que pasaba sus vacaciones en Europa con su familia. La boda entre Felix Warburg y Frieda Schiff tuvo lugar en Nueva York en 1895. Ahí, otro idilio floreció entre el hermano de Felix, Paul Warburg, y Nina Loeb, la joven hermana de la madre de Frieda. Paul se convertiría así en el tío de su hermano. Un año después, Paul se instalaba a su vez en Nueva York, pasando a ser socio del banco Kuhn Loeb. Paul tendría un hijo: James que sería la sexta generación de banqueros Warburg.

"Sus alianzas siguen siendo, pues, muy cuidadosamente estudiadas: se casan entre banqueros, judíos en el caso de los que lo son, al objeto de extender el imperio, de evitar que se fragmente, de guardar los secretos de los negocios dentro del círculo más estrecho. Raras veces se deroga esta regla, y siempre con drama. En particular, un judío o una judía se casa muy raramente con un no judío, aunque sea noble[357]*."*

---

[355] Jacques Attali, *Un hombre de influencia,* Seix Barral, Barcelona, 1992, p. 52, 59

[356]*"El banquero y el armador hamburgués se aprovechan de sus respectivas relaciones, y no se separan. La primera línea telefónica privada instalada en Alemania comunica sus respectivos despachos. Los dos, de Hamburgo, influyen sobre un poderoso Imperio, y ganan mucho dinero organizando empréstitos y abriendo líneas marítimas en beneficio del Reich."* Jacques Attali, *Un hombre de influencia,* p. 72. (NdT).

[357] Jacques Attali, *Un hombre de influencia,* Seix Barral, Barcelona, 1992, p. 69

Felix, muy derrochador, recibía toda la alta sociedad neoyorquina en su castillo Tudor, o en su palacete de cinco plantas en la prestigiosa quinta avenida, donde se amontonaban los cuadros de grandes maestros, los Dürer, los Rembrandt y los Boticcelli. Se convirtió así en el amigo de Albert Einstein, entre otros. Paul, al contrario, tomaba su trabajo muy en serio, y trabajaba en estrecha colaboración con su cuñado Jacob Schiff.

Los Warburg estaban evidentemente muy atentos a cualquier manifestación de antisemitismo en el mundo, especialmente en Rusia. Jacques Attali escribía: "*Detestan aún más lo que leen de la pluma de periodistas o de escritores como Dostoievski: "Hoy, el judío y su banco dominan en todas partes, Europa y las luces, toda la civilización, el socialismo sobre todo, ya que, con su ayuda, el judío eliminará el cristianismo y destruirá la civilización cristiana. Entonces no quedará más que la anarquía. El judío gobernará el universo*[358]*...*""

Max había permanecido en Alemania y dirigía la casa de origen: "*Se siente alemán y solamente alemán*", nos dice Attali sin bromear, "*era el tipo mismo del judío de corte, más alemán que los alemanes, superpatriota.*" Este patriotismo de fachada, que encontramos a menudo en los judíos, corresponde esencialmente al odio que sienten hacia los que se oponen a su poder; en este caso se trataba fundamentalmente de la monarquía rusa: "*La conciencia judía de la familia, algo adormilada, se despierta y se convierte en odio hacia el "diablo ruso"*". El emperador alemán Guillermo II se había dejado embaucar por este patriotismo muy particular, dejándose influenciar por Max Warburg y Albert Balin. Durante su primera entrevista con el emperador, en 1903, Max Warburg le había rogado que protestara al zar contra los "pogromos" en Rusia. "*De lo contrario, le dice, la fragilidad de la dinastía Romanov saldrá a plena luz y se extenderán las amenazas revolucionarias. El emperador se encoge de hombros, absolutamente escéptico. La entrevista termina en seco*[359]." Pero tras la huelga insurreccional de 1905 que había hecho tambalear el poder del zar, el Emperador alemán llamó a Max Warburg y lo admitió en su círculo de asesores más cercanos[360].

---

[358] Jacques Attali, *Un hombre de influencia*, Seix Barral, Barcelona, 1992, p. 62

[359] Jacques Attali, *Un hombre de influencia*, Seix Barral, Barcelona, 1992, p. 71, 62, 72

[360] Un buen príncipe no debería nunca rodearse de judíos, ni de gente que tiene contactos con ellos.

En Nueva York, Jacob Schiff, el presidente de la "Kuhn Loeb and Co", también se afanaba en derrocar la monarquía rusa, culpable de no otorgar a los judíos el lugar que ellos estimaban merecer. Desde 1894, *"se esfuerza por organizar un bloqueo financiero al zar, al que llama "el enemigo de la humanidad""*, escribía Jacques Attali. En 1905, prestaba dinero a Japón en su guerra contra Rusia. *"Acepta con placer financiar esta guerra[361]"*. Proponía además a Max Warburg lanzar juntos un empréstito en la población alemana para la guerra. Unos meses más tarde, la victoria de Japón era total y ese país tomaba el control de Manchuria y de Corea.

En agosto de 1914, al principio de la Primera Guerra mundial, el banco Kuhn Loeb elegía naturalmente el bando alemán contra Rusia y recaudaba los créditos necesarios. Por su parte, Felix Warburg se ocupaba de federar las principales organizaciones benéficas y, en 1916, creaba el *Joint Distribution Committee*, que organizaba la ayuda a los judíos de Europa del Este (únicamente los judíos). El banco Kuhn Loeb también había aportado fondos a Lenin y Trotski a fin de viajar a Rusia y socavar su régimen, considerado por los judíos de todo el mundo como el enemigo prioritario. La colusión entre los banqueros y los revolucionarios judíos era por lo tanto natural[362].

Las derrotas del ejército ruso ante Alemania precipitaron los acontecimientos, y en febrero de 1917, la revolución estalló. El 2 de marzo de 1917, el zar abdicaba. El enemigo prioritario – es decir el país menos democrático y permeable a los financieros internacionales – era ahora el Imperio de Guillermo II. Curiosamente y casi como por casualidad, poco tiempo después, en el mes de abril, las democracias lograban por fin convencer el gobierno de Estados Unidos declarar la guerra a Alemania[363]. Todos los diarios estadounidenses controlados

---

[361] Jacques Attali, *Un hombre de influencia,* Seix Barral, Barcelona, 1992, p. 77

[362] El 12 de diciembre de 1918, el informe de los Servicios Secretos de la Marina de Estados Unidos sobre Paul Warburg rezaba así: *"Warburg, Paul: New York City. Ciudadano alemán naturalizado, 1911. Fue condecorado por el Káiser en 1912, fue vicepresidente de la Mesa de la Reserva Federal. Las grandes sumas manejadas salieron por Alemania para Lenin y Trotski. Tiene un hermano que es líder del sistema de espionaje en Alemania"*. *"La documentación de Kuhn, Loeb Company del compromiso del establecimiento del Comunismo en Rusia es muy extensa para ser citada aquí..."*, Eustace Mullins, *Los Secretos de la Reserva federal,* Ed. Digital Luna Blanca, 2014, p. 197, 196. Sobre la revolución bolchevique léase *Las Esperanzas planetarianas.*

[363] Sobre el poderío del lobby en los Estados Unidos en 1917, léase el testimonio de Pierre Antoine Cousteau en *El Fanatismo judío.* Aquella entrada en guerra de los

por los judíos se tornaron contra Alemania e hicieron cambiar la opinión pública estadounidense, hasta entonces pacifista. De buenos y pacíficos, los alemanes eran ahora descritos como bestias feroces capaz de cortar las manos de los niños inocentes. En Alemania, los judíos cambiaron repentinamente de casaca: este fue la famosa "puñalada por la espalda", célebre frase acuñada por los alemanes. En todas partes, en todas las ciudades del Reich, agitadores socialistas salidos de los guetos proclamaban la revolución mundial. En noviembre de 1918, la situación era totalmente insurreccional, a pesar de que ningún soldado aliado hubiese pisado suelo alemán.

En el mes de junio de 1918, poco antes del armisticio, Max Warburg era presentado a Friedrich Ebert, el futuro presidente socialdemócrata de la República de Wiemar. El propio Jacques Attali desvelaba la duplicidad del banquero, supuestamente "superpatriota": *"Max le impresiona. Ebert no se esperaba verle tan crítico respecto al régimen imperial, ni estar de acuerdo con alguien a quien conoce como el consejero financiero más escuchado del emperador desde hace quince años*[364]*."*

Incluso vemos salir a luz la evidente complicidad de los banqueros cosmopolitas y los revolucionarios judíos: *"El 5 de noviembre de 1918, un comité revolucionario toma el poder en Hamburgo. El aura de Max Warburg es de una magnitud tal que el comité, tras haberlo tomado como rehén y presionado para que diga dónde se halla el dinero de la ciudad, protege a su familia, le invita a almorzar en el Ayuntamiento y le escucha como consejero*[365]*."*

Unos días después del armisticio del 11 de noviembre, Friedrich Ebert, en calidad de presidente del gobierno provisional, solicitaba a Max Warburg para dirigir la delegación financiera alemana en las negociaciones del tratado de paz en Versalles.

Estados Unidos había sido preparada desde octubre de 1916 por Lord Lionel Walter Rothschild, que negociaba a cambio el establecimiento de un "hogar judío en Palestina" con Inglaterra. El 2 de noviembre de 1917, el ministro británico de Asuntos exteriores, Arthur James Balfour, escribía una carta a lord Rothschild en la que manifestaba el apoyo de Gran Bretaña a los proyectos sionistas. Estas negociaciones anularon las iniciativas de paz lanzadas por Alemania en 1916. Léase el discurso de Benjamin Freedman en el hotel Willard (Washington DC) en 1961.

[364] Jacques Attali, *Un hombre de influencia*, Seix Barral, Barcelona, 1992, p. 100

[365] Jacques Attali, *Un hombre de influencia*, Seix Barral, Barcelona, 1992, p. 101

El fraude de la Reserva Federal

Paul Warburg estuvo en el origen de la creación de la Reserva Federal en 1913. Unos años antes, en 1907, tras una crisis bursátil, había publicado un pequeño libro titulado *Plan para un banco central*; el objetivo principal era garantizar que siempre hubiera una oferta de crédito disponible. Paul Warburg había dado numerosas conferencias al respecto, y sus esfuerzos se fueron concretizando. En 1910, tras recibir la ciudadanía estadounidense, la Asociación de banqueros de Nueva York había apoyado oficialmente su proyecto, y en 1912 el presidente Wilson, recién elegido, le pedía que redactara un texto para someter a los representantes de la nación. El proyecto, presentado ante el Senado por Robert Owen y ante el Congreso por Carter Glass, pasó a ser conocido como la ley "Owen Glass Act", adoptada en diciembre de 1913.

Al día siguiente, el 24 de diciembre de 1913, el *New York Times* sacaba en portada un titular en mayúsculas: "*¡Wilson firma proyecto de dinero!*" A continuación, ponía otro titular: "*Prosperidad para ser libre. Ayudará a cada clase.*" Pero en las páginas interiores, el diario resumía en una breve cita el discurso del diputado Charles Lindbergh, el padre del célebre aviador: "*El proyecto establecería el Trust más gigantesco en la tierra.*"

En su discurso ante la Cámara de los diputados, Lindbergh había sido en realidad mucho más contundente: "*Este Acto crea el Trust más gigantesco en la tierra. Cuando el presidente firme este proyecto, el gobierno invisible a través del poder monetario se legalizará. El pueblo puede no saberlo de inmediato, pero el día de rendición de cuentas está sólo a unos años...El peor crimen del legislativo de las épocas es perpetrado por este proyecto bancario...Éste es un proyecto de inflación, la única pregunta es la magnitud de la inflación.*"

Ese mismo día, Jacob Schiff había escrito al coronel Edward Mandel House, el más próximo amigo del presidente Wilson y su más fiel consejero: "*Mi estimado Coronel House: Yo quiero decirle una palabra por el silencioso, pero sin ninguna duda eficaz trabajo que usted ha hecho en el interés de la legislación del dinero y felicitarlo por la medida. Yo con buenos deseos, fielmente suyo, Jacob Schiff*[366]."

---

[366] Eustace Mullins, *Los Secretos de la Reserva federal*, Ed. Digital Luna Blanca, 2014, p. 81, 83-84

El Owen Glass Act creaba doce bancos regionales que debían defender los intereses económicos de sus territorios. Pero era la Reserva Federal de Nueva York la que fijaba los tipos de intereses y controlaba la oferta cotidiana de dinero y su precio. Los accionistas de este banco eran por lo tanto los verdaderos amos de todo el sistema. Durante muchos años, la identidad de estos accionistas había permanecido oculto, como un misterio. En su instructivo libro, *Los Secretos de la Reserva Federal*, publicado en 1952, el investigador Eustace Mullins aportaba algunas precisiones:

"El Banco de la Reserva Federal de Nueva York emitió 203 053 acciones, y, como archivado por el Interventor de la Moneda (Controller of the Currency), el 19 de mayo de 1914, los grandes bancos de la Ciudad de Nueva York tomaron más de la mitad de las acciones destacadas. El National City Bank controlado por Rockefeller Kuhn, Loeb tomó el número más grande de acciones de cualquier banco, 30 000 acciones. El First National Bank tomó 15 000 acciones. Cuando estos dos bancos se unieron en 1955, ellos poseyeron en bloque casi un cuarto de las acciones en el Banco de la Reserva Federal de Nueva York que controlaba todo el sistema y así ellos podrían nombrar a Paul Volckler o al que escogieran para ser Presidente de la Mesa de Gobernadores de la Reserva Federal."

Los accionistas de estos bancos, que poseían las acciones de la Reserva Federal de Nueva York, controlaban de facto el país. Eran los "los *Rothschild de Europa, Lazard Frères (Eugene Meyer), Kuhn Loeb Company, Warburg Company, Lehman Brothers, Goldman Sachs, la familia Rockefeller y los intereses de JP Morgan. Estos intereses se han unido y consolidad en años recientes, así el control está mucho más concentrado*[367]."

---

[367]Eustace Mullins, *Los Secretos de la Reserva federal*, Ed. Digital Luna Blanca, 2014, p. 94-95. [En el libro, el autor sostiene que hubo una conspiración en la que participaron Paul Warburg, Edward Mandell House, Woodrow Wilson, J.P. Morgan, Benjamin Strong, Otto Kahn, las familias Rockefeller y Rothschild, y otros banqueros europeos y estadounidenses, que condujo a la fundación del Sistema de la Reserva Federal de Estados Unidos. Mullins sostiene que la Ley de la Reserva Federal de 1913 contradice el Artículo 1, Sección 8, Párrafo 5 de la Constitución de EE.UU., ya que establece un "banco central de emisión" para Estados Unidos bajo el dominio de banqueros internacionales y facultado para fijar los tipos de interés estadounidenses. Mullins sostiene que la Primera Guerra Mundial, la crisis agrícola de 1920 y la Gran Depresión de 1929 fueron provocadas por intereses financieros internacionales con la esperanza de sacar provecho del conflicto y la inestabilidad económica. Mullins recuerda también

"No sólo la alianza Morgan-Kuhn, Loeb compró el control dominante de las acciones del Banco de la Reserva Federal de Nueva York, con casi la mitad de las acciones poseídas por los cinco bancos de Nueva York bajo su control...sino también persuadieron al Presidente Woodrow Wilson a nombrar a uno del grupo, Paul Warburg, en la Mesa de Gobernadores de la Reserva Federal[368]*."*

Cada uno de los doce Bancos de la Reserva Federal tenían que elegir un miembro al Comité Consultivo Federal que se reuniría con el Consejo de Gobernadores de la Reserva Federal cuatro veces al año en Washington, a fin de ser instruido en la futura política monetaria. Esto parecía garantizar una buena representatividad. Pero en la práctica, el presidente del banco de Saint Louis o de Cincinnati no contradecía nunca a Paul Warburg o JP Morgan, *"cuando una nota garrapateada de cualquiera de ellos sería suficiente para zambullir a su pequeño banco en la quiebra"*.

El Banco de la Reserva Federal, que no era ni una "reserva" (puesto que su cometido era crear la moneda y no guardarla) ni tampoco "federal" (siendo propiedad de accionistas privados), adquirió un enorme poder: el de emitir leyes para fijar el tipo de interés, la masa monetaria y el tipo de cambio de la divisa.

Durante la Primera Guerra mundial, el destino de la nación estaba entre las manos de tres miembros del "pueblo elegido": Eugene Meyer, nombrado a la cabeza de la Sociedad de Financiación de la Guerra; Bernard Baruch, que dirigía el Consejo de Industrias de Guerra; y Paul Warburg, el gobernador de la FED. Estos tres israelitas eran el triunvirato que ejerció un poder sin parangón en el país. Ellos financiaron la campaña electoral de Woodrow Wilson y lo hicieron reelegir en marzo de 1917. Y gracias a sus consejos, el candidato de la paz se convirtió en un ardiente belicista.

Cuando Paul Warburg dimitió del "Board" en 1918, fue sustituido por Albert Strauss, socio del banco Seligman. Warburg había regresado a sus negocios en el banco Kuhn Loeb, aunque seguía sin embargo influenciando la política de la FED como presidente del Comité

---

la obstinada oposición de Thomas Jefferson a la creación de un banco central en Estados Unidos. (wikipedia, NdT).]

[368]Eustace Mullins, *Los Secretos de la Reserva federal,* Ed. Digital Luna Blanca, 2014, p. 106-107. "*Los Morgan siempre se habían asociado con la Casa Rothschild.*" Eustace Mullins, *Los Secretos de la Reserva federal,* p. 131

Consultivo Federal. En el mes de diciembre, el presidente Wilson se embarcaba hacia Francia con una delegación para asistir a la Conferencia de Paz. Iba acompañado, entre otros, de Bernard Baruch, de JP Morgan, Thomas Lamont, Albert Strauss, Walter Lippman, Felix Frankfurter, del juez Brandeis, de la corte suprema, y de Paul Warburg, en calidad de asesor financiero principal. En Versalles, donde tenían lugar las negociaciones del tratado de paz, éste pudo reencontrarse con su hermano Max que dirigía la delegación alemana acompañado él también de hombres de negocios[369].

En 1935, el mandato de diez años de los miembros del Consejo de Gobernadores de la Reserva Federal fue prolongado hasta los catorce años. Así pues, a pesar de no ser elegidos por el pueblo, los directores financieros se mantenían en funciones durante un periodo acumulado de tres mandatos presidenciales.

Con el "Owen Glass Act", el Estado Federal habían abandonado a un cartel de bancos privados el derecho de emitir su propia moneda. Mientras que la función normal de un banco central es prestar un servicio público de emisión gratuita de dinero a la administración del país para el buen funcionamiento de la economía, el sistema de Paul Warburg había impuesto un cartel bancario que se había arrogado el derecho de acuñar la moneda y prestar con intereses al Estado.

A partir de ahora, cuando el Tesoro estadounidense necesitara 1000 millones de dólares, estaría obligado tomarlos prestados a los grandes bancos privados. Tal como lo formuló el diputado Patman: "*La Reserva Federal da mil millones en crédito de dólar a la Tesorería por bono, y ha creado de la nada mil millones de dólares en deuda que el pueblo americano se obliga a pagar con interés*[370]."

El endeudamiento del Estado hace la fortuna de los banqueros. Desde principio de los años 1990, la deuda del Estado estadounidense ha aumentado de forma exponencial: 16 700 millones de dólares en 2013, de los cuáles el 20% estaban en manos de la Reserva Federal. Pero la deuda era en realidad de más de 50 000 millones, si sumábamos los gastos de sanidad y las pensiones, lo que representaba veinte veces más

---

[369]Eustace Mullins, *Los Secretos de la Reserva federal*, Ed. Digital Luna Blanca, 2014, p. 107, 218

[370]Eustace Mullins, *Los Secretos de la Reserva federal*, Ed. Digital Luna Blanca, 2014, p. 325 (Money Facts, House Banking and Currency Committee, 1964, p. 9)

que el presupuesto anual del país. Obviamente, esta cantidad colosal, y que sigue aumentando sin parar, no será nunca reembolsada, pero permite a la alta finanza dictar su ley al pueblo estadounidense.

Desde 1971, con el abandono del patrón oro, el dólar ya no era convertible en ese metal y su valor ya sólo dependía de la confianza de los inversores en el gobierno. En resumidas cuentas, de ahora en adelante, la credibilidad del dólar descansaba únicamente en el poderío político y militar de Estados Unidos. Necesitados del prestigio del Estado para asentar la credibilidad de su moneda, los banqueros hicieron la vista gorda ante el aumento exponencial de su endeudamiento y apoyaron a los sucesivos gobiernos, aportando las sumas necesarias para financiar las guerras y mantener los cientos de bases militares diseminadas por todo el planeta.

5. Una mentalidad singular

La gran mayoría de los seres humanos normalmente constituidos se conforman con poco: cuidar a su familia, comprarse una pequeña casa, unas vacaciones en verano, algún hobby o pasión y hacer deporte y/o elevarse espiritualmente, los satisface ampliamente. La casi totalidad de la humanidad – en los cinco continentes- vive con poco dinero y les va muy bien así. Sólo una ínfima minoría de seres humanos en esta tierra venera el dinero, hablan de él día y noche o duermen soñando con bañarse en monedas de oro y billetes de bancos. Y desde hace siglos, esta gente se cooptan esencialmente dentro de una pequeña secta bien conocida por su fervor comercial, su avidez y su sed de poder.

Greg Smith no formaba parte de esta pequeña secta. Originario de África del Sur, antiguo estudiante becado de la universidad estadounidense de Stanford, había sin embargo logrado ascender alto en la jerarquía de Goldman Sachs, donde llegó a ocupar el puesto de "director ejecutivo de los mercados de productos derivados" en Europa, Oriente Medio y África. Durante su carrera, había asesorado dos de los principales *hedge funds* del planeta, cinco de los mayores gestores de carteras estadounidenses y tres de los mayores fondos soberanos de Oriente Medio y de Asia. Sus clientes representaban "*una cartera total de más de 1 billón de dólares*". Pero Greg Smith había experimentado gradualmente algunos escrúpulos en seguir estafándoles, de manera que decidió dimitir en marzo del 2012. Y lo hizo con estrépito, anunciando su salida en un artículo publicado en el *New York Times*. El diario *Le Monde* del 14 de marzo del 2012 retomó la información titulando: "*Por qué dejo Goldman Sachs*". Greg Smith explicaba que "*no podía mirar los becarios a los ojos*" cuando tenía que elogiar el trabajo de su banco. Acusaba a los responsables de Goldman Sachs de tomar los clientes por imbéciles, unos cretinos, unas vacas lecheras, y de sólo buscar enriquecerse a su costa. Culpaba directamente el director general del banco, Lloyd Blankfein, y su presidente, Gary Cohn, por haber fomentado esta cultura del desprecio que no podía, según él, más que llevar la empresa a la ruina. "*Personas que sólo se preocupan por ganar dinero no pueden mantener este negocio a flote -ni conservar la confianza de sus clientes- durante mucho más tiempo.*"

Debido a su educación, y también al viejo fondo cristiano, los goyim suelen tener más escrúpulos que los judíos a la hora de estafar al prójimo, y también son menos propensos a amasar dinero. La fiebre acumuladora que reina en Wall Street ha ciertamente contaminado los espíritus – numerosos directivos de grandes bancos no son judíos-, pero es evidente que este frenesí depredador no es un legado de nuestras viejas tradiciones europeas, e incluso hasta los goyim más impregnados de judaísmo parecen refrenados por viejos principios morales enterrados en lo más profundo de su ser. Los judíos, en cambio, no son frenados por ninguna especie de moral "anticomercial". Su inventiva financiera y su apetito de riquezas parecen incluso potenciarse por el placer que les produce estafar a un cliente o a un competidor. Como no creen en el infierno, la vida después de la muerte o la reencarnación, probablemente están menos sujetos a obligaciones morales que los demás pueblos de la Tierra y más proclives a invertir en su estancia terrenal.

Benditas sean las monedas de oro

Al final de la primera parte de este libro, hemos visto de qué manera los judíos podían considerar los goyim en su libro sagrado, el Talmud, que contiene las enseñanzas de los rabinos. En la Torá – es decir en la palabra divina supuestamente transmitida a Moisés en el Sinaí y transcrita por él para el pueblo de Israel (Génesis, Éxodo, Levítico Números y Deuteronomio) – también se puede hallar una explicación de esta sed de riquezas que parece animar numerosos judíos. Jacques Attali, uno de los principales representantes del judaísmo intelectual en Francia, nos daba algunas explicaciones con motivo de la salida de su libro titulado *Los Judíos, el Mundo y el dinero*. En la revista *L'Express* del 10 de enero del 2002, presentaba su obra de esta manera: *"En la Biblia, explicaba, la riqueza es una forma de servir Dios, de ser digno de él. Uno de los textos fundacionales dice: "Amarás a Dios con todas tus fuerzas", y uno de los comentarios* [midrash, Guemará del Talmud, ndt] *precisa: "Esto quiere decir con todas tus riquezas." Por lo tanto: "Cuánto más rico seas, más medios tendrás para servir a Dios"... Dios le [Abraham] pide que sea rico para servirlo. Por eso, el Génesis (XIII, 2) mide con orgullo los progresos de esa riqueza: Abraham era muy rico en rebaños, plata y oro... Isaac y Jacob confirman la necesidad de enriquecerse para complacer a Dios. Isaac acumula animales. "Fue enriqueciéndose más hasta que se volvió extremadamente rico. Tuvo grandes rebaños de ovejas, grandes rebaños de vacas y muchos esclavos" (Génesis XXVI, 13-14). A continuación, Jacob "se volvió muy rico, tuvo muchos rebaños, siervas y siervos, camellos y asnos" (Génesis XXX, 43). Dios bendice su fortuna y le permite comprar su derecho de mayorazgo a su hermano Esaú, prueba de que todo se monetiza, hasta por un plato de lentejas371..."*

Y para enriquecerse nada mejor que la importación y exportación, y el préstamo con intereses. Estas dos actividades están estrechamente relacionadas, y es notorio que desde tiempos inmemoriales los judíos desempeñaron un destacado papel en ellas. Mucho antes de la era cristiana, los banqueros judíos prosperaban en todo el mediterráneo. Después de la caída de Jerusalén en 586 antes de Cristo, "*encontramos entonces en Alejandría, junto con algunos banqueros judíos muy poderosos, a comunidades numerosas*", escribía Jacques Attali confirmándonos esta idea tan extendida de que el judaísmo es la fuente del espíritu capitalista: "*Su dispersión a Babilonia y otros lugares los convierte en los agentes ideales del comercio internacional, y por tanto del préstamo de dinero, íntimamente ligado a él...Algunos de ellos asociados con los fenicios, tenían también el control de los préstamos a las expediciones comerciales internacionales...En los archivos hallados de una de las primeras casas de crédito del mundo, en Babilonia, la "casa de Murashu", encontramos setenta nombres judío así como contratos firmados en igualdad entre judíos y hombres de negocios babilonios*372."

A continuación, en el mundo musulmán, la situación no cambiaría. El célebre historiador judío Leon Poliakov mencionaba "*las fuentes árabes sobre los banqueros Josef ben-Pinchas y Aaron Ben-Imran que prosperaban en Bagdad bajo el califa Al-Muqtádir (908-939). Ben-Pinchas y Ben-Imran dirigían una firma bancaria y gozaban de una amplia clientela de ricos judíos, pero también de no-judíos, que les entregaban sus capitales en depósito.*" Organizaban "*transacciones y fructuosas especulaciones*" y "*mandan capturar esclavos negros en las costas de África...Reyes de las finanzas en Bagdad y banqueros de los*

[371] Jacques Attali, *Los judíos, el mundo y el dinero*, Fondo de cultura económica, 2005, Buenos Aires, p. 21-22, 23

[372] Jacques Attali, *Un hombre de influencia*, Seix Barral, Barcelona, 1992, p. 18. "*Así, desde el alba de la moneda...las comunidades judías se instalan a lo largo de las líneas de fuerza del dinero. Y cuando se divisa el Imperio romano, aquéllas se organizan en torno de los imperios de Oriente, y se convierten en financieros de su comercio, y alumbran el capitalismo del riesgo y el beneficio, desplegando el cálculo y la razón y poniéndolos al servicio de una forma abstracta.*"

Califas durante un cuarto de siglo, Ben-Pinchas y Ben-Imran, si bien eran los primeros, no eran los únicos373." En Persia y en Egipto, efectivamente, los banqueros y comerciantes judíos ejercían un dominio similar. Jacques Attali escribía por su parte: "*Los califas reclutaban a sus asesores y expertos económicos sólo entre los judíos374*" Unos siglos después, los judíos todavía dominaban con mano de hierro la finanza mundial. Attali escribía: "*En el Imperio bizantino, poco después corazón del mundo, los judíos se convierten en prestamistas con fianza o con garantía de piedras preciosas, controlan la acuñación de moneda, el cambio, los depósitos y el crédito; más tarde se les encarga el cobro de impuestos, tarea impopular donde las hay. Y al disponer, de comunidad en comunidad, de las mejores redes de información de la época, en Bagdad, El Cairo, Alejandría o Fez, se imponen como consejeros de los príncipes*[375]."

Desde la otra punta del mundo, el mercader veneciano Marco Polo mencionaba la prosperidad e influencia de los establecimientos judíos en China (1286). Algunos relatos de viajeros árabes del siglo IX ya contaban lo mismo[376].

En la España del siglo XII, la situación era idéntica, pues vemos cómo en la gesta del Cid – esa obra maestra de la epopeya popular española – dos judíos, Raquel y Vidas, son financieros y usureros. En el siglo XIV, escribía Leon Poliakov, "*los grandes financieros judíos de Toledo y de Sevilla, que controlaban todos los circuitos financieros del reino, seguían siendo todopoderosos en la corte de Castilla*[377]."

Abraham Leon, un intelectual marxista judío nacido en Polonia (su verdadero apellido era Wajnsztok), había estudiado este tema. En su libro *La Concepción materialista de la cuestión judía*, se rendía ante la evidencia: "*En la España cristiana, en Castilla, los Judíos son*

---

373 León Poliakov, *Histoire de l'antisémitisme*, 1981, Calmann-Lévy, 1991, Points Seuil, vol 1, p. 81, 82

374 *L'Express*, 10 de enero 2002, p. 56-65

375 Jacques Attali, *Un hombre de influencia*, Seix Barral, Barcelona, 1992, p. 19. "*No hay más préstamo de dinero que el judío, se dice exageradamente por todas partes, y en muchas lenguas de la época "judaizar" significa incluso "cobrar intereses", y no se trata de una expresión muy amable.*"

376 León Poliakov, *Histoire de l'antisémitisme*, 1981, Calmann-Lévy, 1991, Points Seuil, vol 1, p. 13

377 León Poliakov, *Histoire de l'antisémitisme*, 1981, Calmann-Lévy, 1991, Points Seuil, vol 1, p. 144

banqueros, recaudadores de impuestos, proveedores del rey. La realeza los protege porque le brindan un apoyo económico y político."

Los judíos eran menos numerosos en Francia, pero aun así muy influyentes también: "*Con el advenimiento del rey Felipe Augusto (1180) y durante los primeros años de su reinado, los Hebreos eran ricos y numerosos en Francia...En el siglo XII, la usura parece ser la función económica principal de los Judíos de Francia.*"

En Inglaterra, eran pocos miles pero suficientes, por lo visto, para suscitar tensiones con la población. "*En Inglaterra, en la época del rey Enrique II (en la segunda mitad del siglo XII), escribía Abraham Leon, los Judíos ya se dedican plenamente a la usura. Son generalmente muy ricos y su clientela consta de grandes terratenientes. El más famoso de esos banqueros judíos era un tal Aaron de Lincoln, muy activo a finales del siglo XII. El rey Enrique II le debía 100 000£, suma equivalente al presupuesto anual del reino de Inglaterra en esa época. Gracias a los tipos de intereses extremadamente altos – oscilaban entre el 43 y 86% - una inmensa cantidad de tierras de la nobleza había pasado a manos de usureros judíos. Pero tenían socios poderosos y exigentes. Los reyes de Inglaterra apoyaban los negocios judíos porque representaban una importante fuente de ingresos para ellos. Todos los préstamos contraídos con judíos eran gravados con un 10% de impuesto a favor del tesoro real*[378]."

En Alemania, practicaban también el tráfico de esclavos provenientes del Este. "*El periodo principalmente comercial se extiende hasta la mitad del siglo XIII. Los Judíos conectan Alemania con Hungría, Italia, Grecia y Bulgaria. El comercio de esclavos era floreciente hasta el siglo XII. De modo que en las tarifas aduaneras de Wallenstadt y Coblenza se solía estipular que los mercaderes de esclavos judíos debían pagar por cada esclavo 4 dinares. Un documento de 1213 decía de los Judíos de Laubach "que eran extraordinariamente ricos y que comercian con los Venecianos, los Húngaros y los Croatas"*[379]."

En Polonia, "*las reivindicaciones de la nobleza y del clero contra la usura judía son cada vez más acuciantes. Un congreso eclesiástico que tuvo lugar en 1420 pide al rey medidas contra la "gran usura judía".*

---

[378]Abraham Léon, *La Conception matérialiste de la question juive*, 1942, Chapitre 3, La période de l'usurier juif.

[379]Los judíos siempre han sido, en todas las épocas, los principales traficantes de esclavos. Léase *La mafia judía*.

En 1423, Ladoslas Jagellon promulga el "Estatuto de Warta" que prohíbe a los Judíos el préstamo hipotecario[380]*."*

En la Rusia zarista, antes de la revolución bolchevique, ""*más de la mitad de las entidades de crédito, cajas de ahorro y préstamo se hallaban en la Zona de residencia*", escribía Aleksandr Solzhenisyn, y "*en 1911, el 86% de sus miembros eran judíos*[381]". Así pues, la situación era idéntica dondequiera que hubiese judíos.

Uno nunca acabaría de evocar el papel de los financieros judíos en la Historia, desde el antiguo Egipto hasta el triunfo de los socios y directivos de Goldman Sachs, pasando por la saga de los famosos hermanos Rothschild que habían establecido su dominio sobre el mundo de los negocios en el siglo XIX. La prodigiosa riqueza de la familia Rothschild era proverbial, y tema de conversación en toda Europa[382].

Del sufrimiento de ser un banquero

Los intelectuales judíos suelen esgrimir la excusa de que los judíos fueron obligados a ejercer estas actividades financieras, que las puertas de las profesiones nobles estaban cerradas y que, durante siglos, no habrían tenido otra posibilidad que practicar el oficio de financieros para sobrevivir. El célebre físico Albert Einstein también expresó esta creencia. Denunciaba así la "*injusticia terrible que nos aflige desde la Edad Media. Y es que en aquellos tiempos se prohibió a los judíos*

380Abraham Léon, *La Conception matérialiste de la question juive*, 1942, Chapitre 3.

381Alexandre Soljenitsyne, *Deux Siècles ensemble, Tome I*, Fayard, 2002, p. 175, 333-335. Esto era confirmado por el sociólogo sefardí Edgar Morin: "Diecisiete bancos polacos sobre veinte eran judío-gentiles a mediados del siglo XIX" (*Le monde moderne et la queston juive*, Seuil, 2006, p.117). Sobre la Zona de residencia, léase *El Fanatismo judío*.

382"*Las riquezas de James Rothschild habían alcanzado 600 millones de marcos. Sólo un hombre en Francia poseyó más. Ése era el Rey, cuya riqueza era de 800 millones. La riqueza sumada de todos los banqueros en Francia era 150 millones menos que la de James Rothschild. Esto le dio naturalmente poderes incalculables, incluso la magnitud de derribar los gobiernos siempre que él eligiera hacerlo. Es bien conocido, por ejemplo, que derrocó el Gabinete del primer ministro Thiers.*" Eustace Mullins, *Los Secretos de la Reserva federal*, Ed. Digital Luna Blanca, 2014, p. 143. Mullins citaba a David Bruck, *Baron Edmond de Rothschild.*

dedicarse a profesiones directamente productivas, obligándolos a lo puramente mercantil[383]*.*"

Michel Wieviorka es uno de esos sociólogos mimados por la república francesa y los medios de comunicación. Es director de investigación en la Escuela de Altos Estudios en Ciencias Sociales: es un trabajo cómodo y bien remunerado. En su nuevo libro *El Antisemitismo explicado a los jóvenes* (2014), este brillante intelectual escribía sobre la situación de los judíos antes de la Revolución francesa de 1789: "*Los Judíos no tienen derecho a pertenecer a las corporaciones, a ejercer algunos oficios. Se les confina en algunas profesiones, por ejemplo en las profesiones pecuniarias (el préstamo con interés, prohibido a los cristianos). En ocasiones, deben llevar una marca distintiva*384."

El prolífico Jacques Attali, que fue asesor del presidente socialista François Mitterrand, antes de ser consejero del presidente liberal Nicolas Sarkozy, también alimentaba esta tesis: "*Las corporaciones, que se han vuelto omnipotentes, los excluyen de las profesiones artesanales, hasta de los oficios menos buscados... Entonces, en muchos lugares de Europa, ya prácticamente no les queda otra cosa que el comercio de caballos, el oficio de carnicero y, sobre todo -¡trágico atolladero!-, el de prestamista, oficio estratégico en esta fase del capitalismo naciente y la constituci6n de las naciones. Como los obligan a ejercerlo, van a hacerlo hasta el hartazgo. Para su mayor desdicha. Una vez más, serán útiles y los odiarán por los servicios prestados*[385]*.*"

También le vemos derramar algunas lágrimas por los pobres banqueros judíos de la Edad Media. Ellos se vieron "*por la fuerza de las cosas obligados a prestar dinero a los príncipes para atraerse su protección, a riesgo de ser acreedores de los poderosos para garantizar su libertad, sabiendo que multiplican al mismo tiempo el riesgo de acabar como chivos expiatorios, y habiendo aprendido, en cuatro mil años de sufrimiento, a articular una moral y una acción* [386] *.*" Todos los historiadores judíos repiten este discurso falaz hasta la saciedad.

---

[383]Albert Einstein, *Mi visión del mundo, discurso pronunciado en Londres*, Ed. digital Titivillus, 2016, p. 105

[384] Michel Wieviorka, *L'Antisémitisme expliqué aux jeunes*, Seuil, 2014, p. 23

[385] Jacques Attali, *Los judíos, el mundo y el dinero*, Fondo de cultura económica, 2005, Buenos Aires, p. 167

[386] Jacques Attali, *Un hombre de influencia*, Seix Barral, Barcelona, 1992, p. 11

Sin embargo, la verdad nos obliga decir que nadie ha impedido nunca a los judíos cultivar la tierra, ser carpinteros, o herreros. En realidad, es el Talmud el que les prohíbe cultivar suelo extranjero, y sus propias tradiciones les impulsan a ejercer el comercio de importación y la usura, y no cualquier desconocida prohibición de las sociedades gentiles. Pero los lectores de nuestros anteriores libros saben que los intelectuales judíos, llevados por su "*chutzpah*" – esa desfachatez inconmensurable a prueba de todo- no dudan nunca en proferir las mayores falsedades para engañar a los goyim.

En su estudio perfectamente documentado titulado *Los Judíos y la vida económica*, publicado en 1911, el eminente historiador alemán Werner Sombart denunciaba el "*mito según el cual los judíos habrían sido obligados, durante la edad media europea y sobre todo "desde las cruzadas", a dedicarse a la usura porque todas las demás profesiones les estaban vetadas. La historia bimilenaria de la usura judía, anterior a la Edad Media, basta para demostrar la falsedad de esa construcción histórica.*" Sombart presentaba a continuación algunos ejemplos: "*Durante la Edad Media y más tarde, vemos a menudo los gobiernos esforzarse por orientar los judíos hacia otras carreras, pero sin éxito. Es lo que ocurrió en Inglaterra bajo el reinado de Eduardo I, en Posnania en el siglo XVIII, donde las autoridades trataron mediante primas y otros medios incentivar los judíos a emprender otras carreras*[387]."

Pero a pesar de todos aquellos esfuerzos, los judíos habían seguido siendo comerciantes y usureros.

Abraham Leon tuvo la honestidad de reconocerlo: "*En muchos escritos acerca de la vida económica de los Judíos en la Edad media, se dice que fueron excluidos, desde el principio, de la artesanía, del comercio de mercancías y que se les prohibía tener propiedades inmobiliarias. Estas no son más que leyendas...Es igual de falso afirmar que los judíos no podían ser admitidos en las corporaciones artesanas...Ciertamente, había pocos herreros o carpinteros judíos entre los artesanos en la Edad Media: los padres judíos que entregaban sus hijos en aprendizaje en esos oficios eran muy pocos. Incluso las corporaciones que excluían los Judíos no lo hacían por animosidad religiosa u odio racial, sino porque las profesiones de usureros y de vendedores ambulantes tenían*

387 Werner Sombart, *Les Juifs et la vie économique*, 1911, Payot, 1923, p. 401. Su estudio económico es una referencia, pero su capítulo sobre la psicología nos parece mediocre.

fama de ser "deshonestas". Las corporaciones excluían los hijos de hombres de negocio, usureros y vendedores judíos, al igual que no aceptaban en su seno los hijos de simples obreros, barqueros y tejedores de lino[388]*."*

El gran escritor ruso Aleksandr Solzhenisyn recordaba que varias medidas del gobierno habían sido tomadas para promover una agricultura judía en Rusia. A principio del siglo XIX, las autoridades habían adjudicado más de 30 000 hectáreas para ese objetivo. Se trataba de tierras del sur de Ucrania, de las más fértiles de Europa, que les había entregado en propiedad hereditaria. Cada familia judía había recibido 40 hectáreas de tierras del Estado, cuando en Rusia el lote medio de un campesino raramente superaba las diez hectáreas. Además, se les había concedido préstamos de dinero y ofrecido construirles unas izbas de madera. Este programa fue sin embargo cancelado en 1810. En 1812, resultó que de las 848 familias instaladas, sólo quedaban 538. Las herramientas se habían perdido, rotas o empeñadas, los bueyes habían sido degollados, robados o vendidos y los campos sembrados demasiado tarde. Solzhenitsyn nos explicaba así la mentalidad de algunos de estos labradores de "choque": Temían que si quedaba demostrado que los judíos eran "*capaces de trabajar la tierra*", acabarían "*por forzarles a ello389.*"

Ya en el siglo XIII, en su Suma teológica (1273), el gran teólogo católico Tomás de Aquino había escrito, tras un cuidadoso examen: "*Lo mejor sería forzar los Judíos a trabajar para ganarse la vida, como ocurre en algunas regiones de Italia, en vez de dejarles vivir en la ociosidad y enriquecerse sólo con la usura*[390]*.*"

La compra de una protección

Naturalmente, como todo el mundo sabrá, encontramos los financieros judíos y su usura a lo largo de toda la historia del antisemitismo. Desde tiempos inmemoriales, los judíos fueron expulsados de todas partes, de todos los países, desde la más alta Antigüedad. Entre las acusaciones

---

[388] Abraham Léon, *La Conception matérialiste de la question juive*, 1942, Chapitre 3, La période de l'usurier juif.

[389] Alexandre Soljenitsyne, *Deux siècles ensemble, Tome I*, Fayard, 2002, p. 79-86. Léase en *El Fanatismo judío*.

[390] Citado en León Poliakov, *Histoire de l'antisémitisme*, 1981, Calmann-Lévy, 1991, Points Seuil, vol 1, p. 282

contra ellos, siempre hallamos la práctica del préstamo con interés, el fraude, el robo y la estafa, además de su incesante escarnio de la religión dominante. Acaparaban las riquezas, arruinaban los campesinos, se adueñaban de sus bienes sin escrúpulo, procurando siempre comprar el favor de los príncipes, pidiéndoles a cambio su protección contra el pueblo llano, siempre deseoso de destriparlos.

Los judíos fueron expulsados o masacrados por los Egipcios, por los Babilonios, por los Persas, así como por los Griegos y los Romanos. Y en los siglos siguientes, los Estados cristianos y los musulmanes actuaron de igual manera hacia ellos. Fueron expulsados de Inglaterra en 1290; expulsados de Francia en 1306, pero reintroducidos por un rey débil y de nuevo expulsados en 1394. Fueron expulsados de España en 1492, de Provencia por las mismas fechas, de las ciudades y Estados italianos, de Hungría, Austria y de todos los principados alemanes, si bien lograban regresar poco tiempo después. Los Ucranianos los masacraron en el siglo siguiente. De nuevo son expulsados de Moscú en 1891, antes de regresar como amos y señores en 1917. Únicamente los grandes Estados constituidos (Inglaterra, Francia y España) habían logrado deshacerse de ellos de forma permanente. La mayoría de las veces, en efecto, los judíos conseguían al cabo de unos años introducirse de nuevo en la plaza, habitualmente gracias a un rey débil o a un vacío de poder. Eso prueba cuanto interés tenían en volver, a pesar del ambiente hostil.

Los historiadores judíos suelen tener por costumbre hacernos creer que los judíos eran indispensables, y que las poblaciones reclamaban su regreso y los acogían con las lágrimas en los ojos pidiéndoles perdón. Escuchen el "gran" historiador Leon Poliakov hablarnos de esos "*antaño serviciales y familiares prestamistas cuyo regreso el pueblo exigía.*" A veces, los intelectuales judíos le dan la vuelta a la ecuación y pretenden que los príncipes expulsaban a los judíos y luego les volvían a llamar sólo para conseguir dinero. "*Los reyes de Francia expulsaron y acogieron varias veces los judíos para confiscarles sus bienes*[391]", escribía Abraham Leon.

Obviamente, este tipo de observaciones deben ser tomadas con una sonrisa. A lo largo de toda su historia, los judíos siempre intentaron corromper los príncipes para comprar el derecho a regresar al país y

---

[391] Abraham Léon, *La Conception matérialiste de la question juive*, 1942, Chapitre 3, La période de l'usurier juif..

seguir – bajo la protección de las autoridades – a practicar su actividad favorita que era la usura (es decir el préstamo con interés abusivo). Tras unas décadas, el mismo guion se repetía: la exasperación popular estallaba en forma de insurrección contra los vampiros y los judíos eran expulsados una vez más...a la espera de una nueva readmisión pagando una buena cantidad de monedas de oro. Esta historia tragicómica, tan ridícula como patética, se viene repitiendo desde hace 3000 años...

Los Estados que expulsaron los judíos de forma implacable experimentaron un periodo de esplendor: Francia se expandió hasta la revolución; España conoció una edad de oro después de 1492. Al contrario, Polonia, que había acogido a los judíos expulsados de todas partes en el Edad Media y en la época moderna, acabó por derrumbarse por completo y despedazada por sus vecinos al final del siglo XVIII.

El historiador judío Abraham Leon se rebeló contra la tesis del alemán Werner Sombart, que tiende a creer que la prosperidad de una ciudad o una nación depende de la presencia de comerciantes judíos, pues indudablemente los judíos también han desempeñado y siguen desempeñando un papel crucial en la historia del capitalismo. El poderío comercial y financiero de los Países Bajos en el siglo XVII fue debido, sino totalmente sí en buena parte, a la presencia de todos esos judíos sefarditas expulsados de España con todos sus haberes.

El gran historiador francés Fernand Braudel, que había representado en su época la Escuela de los Annales (una escuela histórica que estudia las civilizaciones en el largo plazo, en oposición a la historia de los acontecimientos[392]), había dado cuenta de esta evidencia. En su voluminosa obra *Civilización material, economía y capitalismo, siglos XV-XVIII*, Braudel escribía respecto de esos judíos expulsados de España en 1492 y refugiados en Amsterdam: *"Los judíos sefardíes, en particular, contribuyeron al progreso de Holanda. Nadie duda que*

---

[392] La Escuela de los *Annales* es una corriente historiográfica fundada por Lucien Febvre y Marc Bloch en 1929, que ha dominado prácticamente toda la historiografía francesa del siglo xx y ha tenido una enorme difusión en el mundo occidental. Lleva su nombre por la revista francesa *Annales d'histoire économique et sociale* (después llamado *Annales. Economies, sociétés, civilisations*, y nuevamente renombrado en 1994 como *Annales. Histoire, Sciences sociales*), en donde se publicaron por primera vez sus planteamientos. La "Corriente de los Annales" desarrolla una historia que no se interesa por el acontecimiento político y el individuo como protagonista típicos del trabajo de la Historiografía contemporánea, sino por los procesos, las estructuras sociales y, después, por una amplia gama de temas cuyo acercamiento con las herramientas metodológicas de las Ciencias sociales le permitió estudiar. (wikipedia, NdT).

proporcionaron un apoyo serio a la ciudad, en el terreno de los cambios y más aún en el de las especulaciones bursátiles. Fueron maestros en estas actividades, y hasta sus creadores[393]*.*"

Pero Abraham Leon notaba con razón que la gran mayoría de los judíos expulsados de España en 1492 se habían refugiado en el imperio otomano (Salónica, Estambul, etc.). "*Es allí donde el "espíritu capitalista" de los Judíos tendría que haber producido sus mayores efectos.*" Sin embargo, este no fue el caso. "*Por la tanto la teoría de Sombart es completamente falsa*", concluía quizás un poco rápido Abraham Leon.

En Alemania, los judíos habían seguido siendo muy influyentes. El Santo Imperio romano germánico, que estaba dividido en 350 principados casi independientes, no había podido librarse de sus judíos de manera tan radical como lo habían hecho Inglaterra, Francia y España: los judíos que eran expulsados de un principado encontraban inmediatamente refugio en el ducado o reino vecino, y esperaban el momento oportuno para regresar a cambio de dinero contante y sonante. En el siglo XVII y XVIII, algunos judíos habían ascendido hasta posiciones prominentes gracias a sus habilidades financieras. Entre los denominados "judíos palaciegos" (*Hofjuden*), el más célebre fue sin lugar a dudas Joseph Ben Issachar Süßkind Oppenheimer, el cual vivió en la primera mitad de siglo XVIII y fue el principal consejero del duque de Wurtemberg (en frente de Alsacia). Ya en aquella época, este individuo había sido la diana de los ataques de numerosos panfletos que denunciaban sus actuaciones y sus crímenes. Antes de la Segunda Guerra mundial, los servicios de propaganda del régimen nacional-socialista realizaron una película sobre este financiero, inspirada en la novela publicada en 1925 por un escritor judío llamado Lion Feuchtwanger. En este libro sobre la vida del "Judío Süss", escrito por un miembro de la secta que trataba de ocultar o minimizaba algunos aspectos del "problema judío", podíamos leer lo siguiente:

"*Süss tenía por todas partes confidentes y espías, y quienquiera que se alzase contra él podía estar seguro de pasarse el resto de la vida encerrado en un tenebroso calabozo del castillo de Neuffen... Süss hacía ya ostentación pública de su poder y lo mostraba claramente, de la misma manera que mostraba de forma coqueta y jactanciosa su*

---

[393]Fernand Braudel, *Civilización material, economía y capitalismo, siglos XV-XVIII, tomo III,* Alianza Editorial, 1984, Madrid, p. 150

dominio de las artes corteses y de sociedad... Aparte de esto, ponía gran empeño en ser el centro de los acontecimientos cortesanos. No había extranjero en los Estados que llegara a Stuttgart y no presentara sus respetos al todopoderoso favorito...Los ministros y los altos funcionarios tenían ante él un respeto servil. Le temían casi más que al duque. A un silbido suyo, acudían todos presurosos. Ante la más mínima resistencia los amenazaba con hacerlos encerrar o azotar o enterrarlos bajo la horca...Por supuesto, Süss también tenía en su poder al duque...De manera que seguía ciegamente cualquier consejo de su director de finanzas...Tenía relaciones con todos los financieros de Europa y por medio de sus innumerables agentes, la mayoría judíos, el dinero suabo fluía por los más complicados canales...Controlaba la industria y el comercio en todos los rincones y esquinas de Europa, y una importante parte de la totalidad del patrimonio alemán pasaba por sus arcones[394]"

En la segunda parte de la novela, hallamos también estas consideraciones: "*Con una sombría e ilimitada arrogancia irónica, manejaba a cuantos le rodeaban y hacía correr a los ministros como si frieran lacayos. Emanaba de él un violento y sarcástico desprecio por todo aquello que significaba dignidad humana, libertad y responsabilidad...Saqueó, abiertamente ya y sin medida, el tesoro ducal. Se atribuía comisiones y vendía al duque, a un precio colosal, objetos sin valor. Imponía al ducado, gimiente y exangüe, nuevas cargas, y lo que extraía de él lo ingresaba sin ocultarlo en su caja particular y no en la del duque*[395]."

Así pues, fatalmente, era de esperar una reacción que nuestros actuales hombres políticos calificarían de "antisemita". Y lo que tenía que ocurrir ocurrió: Joseph Süss Oppenheimer se topó con una fuerte resistencia, compareció ante un tribunal y acabó su vida colgado de una cuerda.

El autor de la novela, Lion Feuchtwanger, nos decía por otra parte que: "*En las ciudades a orillas del Mediterráneo y del océano Atlántico, los*

[394] Lion Feuchtwanger, *El Judío Süss*, Edhasa, Barcelona, 1990, Editorial Sudamericana (Pdf), p. 97-100

[395] Lion Feuchtwanger, *El Judío Süss*, Edhasa, Barcelona, 1990, Editorial Sudamericana (Pdf), p. 215-216

judíos eran grandes y poderosos. Eran los intermediarios en el intercambio entre Oriente y Occidente. Llegaban más allá del mar[396]."

No sabemos si ya en aquella época importaban a Europa las sartenes de china, los canapés y las chaquetas de cuero, pero con toda seguridad sus prácticas políticas, comerciales y financieras no gozaban de gran popularidad en el continente.

Los judíos palaciegos, banqueros y consejeros de los príncipes no deben hacernos perder de vista que la gran mayoría de los judíos vivían de manera mucho más modesta. Sin embargo, no deja de ser cierto que los judíos, hoy como antaño, son generalmente y proporcionalmente, más ricos que el resto de la población. Werner Sombart demostraba con estadísticas que en Alemania, en los siglos XVII y XVIII, los judíos eran "*varias veces más ricos*" que los cristianos. "*Son especialmente instructivas las cifras referidas a las ciudades de Alta Silesia o a la ciudad de Posen, donde los judíos son seis veces más ricos que el resto de la población.*" Y Werner Sombart añadía: "*Incluso en Rusia y Galitzia donde las comunidades judías son generalmente muy pobres, siempre son más ricas que la población cristiana entre la que viven*[397]." Werner Sombart señalaba finalmente esta evidencia: "*Del rey Salomon a Gerson Bleichröder y Barnato, la riqueza judía atraviesa la historia como un hilo dorado.*"

El préstamo con interés

Los historiadores judíos no se cansan de repetir que los financieros judíos eran indispensables al buen funcionamiento de la economía debido a que el préstamo con interés estaba prohibido en la cristiandad y en el mundo musulmán. Es cierto que en la Europa cristina de la Edad Media, el préstamo con interés estaba muy mal visto. Los Padres de la Iglesia, y tras ellos los teólogos, se basaban en el Antiguo Testamento (Éxodo. 22, 24; Levítico, 25, 33-37; Deuteronomio, 23, 20; Salmos XV) y en el Evangelio de San Lucas (prestar sin esperar nada a cambio).

"*A un extranjero puedes prestar con interés, pero a tu hermano no prestarás con interés*", se puede leer en el Deuteronomio. Los judíos interpretan el texto de la manera más simple del mundo. Como es

---

396 Lion Feuchtwanger, *El Judío Süss*, Edhasa, Barcelona, 1990, Editorial Sudamericana (Pdf), p. 121

397 Werner Sombart, *Les Juifs et la vie économique,* 1911, Payot, 1923, p. 243

natural, Jacques Attali evocaba varias veces en las páginas de su libro el préstamo con interés. Esto decía en esencia: "*No hay ninguna razón de prohibir el préstamo con interés a un no judío, ya que el interés no es más que la marca de la fertilidad del dinero. En cambio, entre judío, se debe prestar sin interés, en nombre de la caridad. Está incluso prescrito, respeto a los muy pobres, prestar con un tipo de interés negativo.*" Pero atención: "*La riqueza es un medio, no un fin*[398]."

El préstamo con interés es prácticamente una obligación para los judíos, recomendada por sus sabios. De los 613 mandamientos (*Mitzvá*) de la ley que debe obedecer un judío piadoso, el mandamiento 545 le obliga a prestar con interés a los goyim, de manera inversa a cómo debe tratar a su "prójimo": "*Al gentil infligirás una mordedura usuraria y a tu hermano no le infligirás una mordedura usuraria*", se puede leer en el Talmud[399].

---

398 *"El interés (que se dice néshej, o"tajada, mordida") está prohibido en el seno de la comunidad, porque en ella el préstamo está considerado como una forma de solidaridad entre hermanos, no como una operación comercial."; "Fuera de la comunidad, que exige solidaridad y caridad, el interés está autorizado porque no tiene nada de inmoral.. Nadie está obligado a considerar al extranjero como un pobre en potencia. Los no judíos tampoco corren el riesgo de ser expulsados."; "Para los judíos obtener un interés del dinero no es inmoral; y si no debe hacérselo entre judíos, es por prurito de solidaridad, no por prohibición moral. Como el ganado, el dinero es una riqueza fértil."; "(...)Prestar a interés a no judíos es, para todos los judíos, una obligación, un deber moral. El Talmud autoriza en todos los casos el préstamo a interés a los no judíos"; "Los jueces autorizan entonces a los prestamistas judíos a agruparse para reunir los fondos que deben prestar a los cristianos. Por lo tanto, se hace posible el préstamo a interés entre judíos, siempre que el prestatario final sea cristiano."; "Para rabí Judá Loew, el derecho a prestar a interés proviene de que el valor numérico de la palabra "interés" (ribit) es 612: a su juicio, ello prueba que de por sí prestar equivale a obedecer a las 613 obligaciones de la Ley."; "(...)la riqueza es un medio de servir mejor a Dios...el dinero puede ser un instrumento del bien...cualquiera puede gozar del dinero bien ganado...morir rico es una bendición, si el dinero fue adquirido moralmente y uno ha realizado todos sus deberes para con los pobres de la comunidad...".* En Jacques Attali, *Los judíos, el mundo y el dinero*, Fondo de cultura económica, 2005, Buenos Aires, p. 45, 66, 91, 121, 144, 233, 90. (NdT).

399 *"La prohibición de pagar intereses al hermano está escrita explícitamente en la continuación del mismo versículo en Deuteronomio: "No prestarás a tu hermano con interés". Por lo tanto, no es necesario aprender esta halajá [ley judía] a partir de una inferencia. La Guemará responde: Es necesario para enseñar que si uno paga intereses a un judío, viola tanto la mitzvá positiva de pagar intereses a un gentil pero no a un judío, como la prohibición de pagar intereses a un judío. La Guemará responde: No significa que pedir dinero prestado con intereses sea una mitzva; más bien, el versículo menciona pagar intereses a un gentil para excluir a tu hermano, para enseñar que aunque se puede pagar intereses a un gentil, no se puede pagar intereses a un judío...Se*

Al extranjero está por lo tanto permitido, incluso recomendado, exigir intereses, puesto que no es un hermano o un prójimo. En cambio, para los cristianos, el texto se lee de forma diferente, ya que Jesucristo vino a anunciar la ley del amor universal. En el cristianismo todos los seres humanos son considerados como hermanos, ya no hay distinción entre el conciudadano y el extranjero.

En el año 325, el concilio de Nicea prohibió cualquier tipo de tráfico pecuniario a los clérigos. La prohibición se generalizó poco a poco y se amplió a los laicos. Al final del siglo VIII, en el capitulario de 82 artículos denominado *Admonitio generalis* (exhortación general), promulgado el 23 de marzo de 789, el emperador Carlomagno imponía la prohibición del préstamo con interés. El III concilio de Latran (1179), el IV concilio de Latran (1215), el II concilio de Lyon (1274) y el concilio de Viena (1311) consolidarían estos principios a lo largo del tiempo. Pero mucho antes de la época cristiana, Aristóteles ya había condenado el préstamo con interés: "*En cuanto al préstamo con interés, es odiado con plenitud de razón, a causa de derivar su provecho del dinero mismo y no de aquello para lo que éste se introdujo. El dinero, en efecto, hízose por causa del cambio, pero en el préstamo que decimos el interés multiplica el dinero. (Por esta propiedad el interés ha recibido el nombre que tiene, pues como los hijos son semejantes a sus padres, el interés resulta ser dinero de dinero). De todas las especies de tráfico es pues la más contraria a la naturaleza*[400]."

Sin embargo, no parecía posible vislumbrar un crecimiento económico de la sociedad sin recurrir al crédito, más aún cuando la circulación monetaria en la Edad Media era muy reducida. A falta de cristianos, los judíos, que no estaban sujetos a estas prohibiciones, desempeñaron el papel de acreedores. Pero muy pronto, algunos cristianos inventaron formas y operaciones que sorteaban las medidas contra la usura, mediante un sistema disimulado de crédito prendario o mediante la solución de la "garantía del muerto", un acuerdo por el que el deudor

les puede pedir prestado dinero y se les puede prestar dinero con intereses. Del mismo modo, con respecto a un Ger Toshav [extranjero residente en Israel], se le puede pedir dinero prestado y prestárselo con intereses, ya que no es judío. La mishná indica que un judío puede prestar dinero con intereses a un gentil desde el principio." Talmud *Bava Metzia 70b*, en www.sefaria.org. (NdT).

400 Aristóteles, *Política, Libro Primero, III.*

cedía una herencia al acreedor en compensación por los intereses de la deuda y por el que el prestamista podía percibir ingresos.

En tiempos de Carlomagno, las operaciones comerciales a larga distancia eran escasas; pero más tarde, con el despertar comercial de Occidente, resultó indispensable recurrir a formas de pago que no implicaran el transporte de grandes sumas de dinero metálico. Fue en Génova, a mediados del siglo XII, donde apareció el contrato de cambio, y también aquí se ocultaba el interés[401]. El sistema era muy sencillo: mediante contrato notarial, un comerciante-banquero italiano adelantaba a un mercader que visitaba una plaza comercial -especialmente las ferias de Champaña- una suma de dinero en moneda extranjera a cambio de denarios genoveses; la suma en moneda extranjera se especificaba siempre en números redondos: cien, doscientos, trescientos... denarios de Provins, una moneda de feria. De este modo, no aparecía la comisión o el interés de la transacción. Así pues, estos comerciantes eran en ocasiones ellos mismos banqueros, con un capital principalmente de origen familiar, al que se añadirían posteriormente depósitos de particulares, que ellos se encargarían de hacer fructificar. A finales del siglo XII, a los mercaderes piamonteses se les unieron los toscanos, los sieneses y luego los florentinos. Los mercaderes italianos de Lombardía llegaban a las ferias de Champaña, donde se encontraban con mercaderes de los países del norte, flamencos y alemanes. El término "lombardo" pasó a designar a un comerciante italiano que se dedicaba a la práctica del comercio de dinero, convirtiéndose luego en sinónimo de usurero. Su actividad financiera abarcaba tanto las transferencias de capital como los préstamos bancarios, para gran escándalo de la Iglesia, pero con la complicidad del rey de Francia y de los grandes hombres del reino. San Luis y Felipe III, hostiles a los judíos, habían favorecido y animado a estos

[401] El contrato de cambio estuvo en el origen de toda la actividad bancaria y de las letras de cambio. Así lo demuestran, los documentos, y los escritos de los juristas y teólogos que se han ocupado de la cuestión de la usura y del contrato de cambio. El más corriente al principio fue el *cambium minutum* o cambio manual. El *cambium minutum* era practicado principalmente por cambistas que cambiaban monedas de oro por dinero o moneda extranjera por dinero local. A cambio de sus servicios, el cambista recibía una comisión que era muy modesta y se denominaba "ventaja cambiara". Los contratos de cambio en la Edad Media eran documentos ológrafos, es decir, escritos enteramente de puño y letra del librador, pero que no eran negociables y no circularon a modo de endoso hasta principios del siglo XVII en Flandes. Antes de principios del siglo XVII, las letras de cambio no se descontaban, sino que se compraban y vendían a un precio determinado por el tipo de cambio. (NdT).

mercaderes-banqueros a ocupar su lugar, mientras que las autoridades eclesiásticas no dejaban de condenarlos a las llamas del infierno[402].

La práctica del préstamo con interés se desarrolló progresivamente con la mercantilización de la economía y el auge de la burguesía, aunque los príncipes siempre ejercieron su autoridad en la materia. A partir del siglo XV, los bancos, las compañías de comercio y las manufacturas pudieron pagar intereses por los fondos prestados, con permiso del rey.

En el siglo XVI, el teólogo protestante Juan Calvino fue el primero en la cristiandad en admitir el préstamo con interés. Esta práctica se propagó como un rayo por todas las ciudades y países calvinistas como Ginebra, Países Bajos e Inglaterra.

Imbuidos de las ideas del Antiguo Testamento y fascinados por el judaísmo, los protestantes – especialmente los protestantes calvinistas anglo-sajones y holandeses – pensaron a su vez que la acumulación de riquezas era una bendición divina.

En su ensayo titulado *La ética protestante y el espíritu del capitalismo* (1905), Max Weber notaba que, en Alemania, las familias más ricas eran los judíos, seguidos por los protestantes y por últimos los católicos. En el año 1895, en el Estado de Baden, se calculaba una renta sujeta al impuesto sobre la renta de 4 millones de marcos para 1000 judíos, de 954 060 marcos para 1000 protestantes, y 589 000 marcos para 1000 católicos[403].

Entre los calvinistas, la propensión a las profesiones comerciales y bancarias y el enriquecimiento por todos los medios era una realidad todavía más evidente. Werner Sombart citaba un pasaje de un "*opúsculo burlesco*" del siglo XVII - de 1608 - titulado *El Espejo judío del calvinismo,* cuyo contenido muestra los lazos espirituales entre puritanismo (el calvinismo) y el judaísmo. El autor, por lo visto, sabía

---

[402]En Perugia, en 1462, unos monjes franciscanos habían logrado convencer a los ricos de la ciudad de constituir un fondo que permitiese crear una casa de empeño; el "*Monte di Pietà*". Éste prestaba dinero gratuitamente o a un tipo de interés muy bajo. Los Montes de piedad se extendieron por Italia y toda Europa. El término francés, y español, proviene de una mala traducción del italiano "*monte di pietà*"; de *monte* (valor, montante, suma) y *pietà* (piedad, caridad). Debería haberse traducido como "*crédito de caridad*".

[403]Max Weber, *La ética protestante y el espíritu del capitalismo* (1905), Alianza Editorial, Madrid, 2001, nota 4 página 44

manejar la ironía: "*Si he de decir por mi honor y con toda verdad por qué me hice calvinista, debo confesar que no hay otra razón que ésta: ninguna otra religión se acerca tanto al judaísmo en su manera de resolver los problemas religiosos y de la vida.*"

El autor citaba a continuación "*de forma medio en serio, medio satírica*", escribía Werner Sombart, las semejanzas entre el judaísmo y el calvinismo: "*Los judíos odian el nombre de María, y sólo la soportan cuando está hecha de oro y plata o estampada en monedas; nosotros también tenemos poca consideración por María, pero estamos lejos de despreciar las monedas en las que se reproduce su imagen, y vendemos con gusto sus estatuas de oro y plata en nuestras tiendas.*"

Y también: "*Los judíos se cuelan en todos los países para engañar a la gente; lo mismo hacemos nosotros: dejamos nuestra patria y vamos a otros países, donde somos desconocidos, para poder, con nuestros artimañas y mentiras, explotar a la gente tanto más fácilmente cuanto que no desconfían de nosotros*[404]."

Esta alianza de los puritanos anglosajones y de los judíos, que se alimentaba de la savia del Antiguo Testamento, fue la verdadera matriz de la sociedad capitalista, liberal y cosmopolita que tiende, hoy en día, a expandirse sobre todo el planeta. El triunfo del espíritu cosmopolita se debe a esta simbiosis a la vez religiosa y vilmente materialista, que representa el cosmopolitismo contemporáneo, es decir el realismo judío y protestante del capitalismo que sostiene que el beneficio es el motor de la Creación[405].

Una rapacidad patológica

Sería ingenuo pensar que la tendencia de algunos judíos a la acumulación de riquezas depende únicamente de la enseñanza de preceptos religiosos. La verdad es que esa religión es la expresión de antiguas disposiciones preexistentes, cuyo origen se debe buscar en la historia muy particular de la secta: el dinero es para ellos ante todo un medio de corromper las autoridades a fin de asegurar su supervivencia en un ambiente hostil. Pero para comprender el fondo del problema, se

---

[404]Werner Sombart, *Les Juifs et la vie économique*, 1911, Payot, 1923, p. 322

[405]Sobre los vínculos entre el protestantismo y el judaísmo, léase *El Fanatismo judío* (2007). Y sobre el contagio judío en el protestantismo, léase *La Guerra escatológica* (2013)

debe estudiar el trasfondo psicológico que determina estos impulsos acumulativos en los judíos. En efecto, existe en las profundidades del alma judía una paranoia latente que los lleva a construir murallas para protegerse de la hostilidad de millones de goyim que viven a su alrededor y que, por lo visto, sólo tienen un deseo: ¡matar judíos! Esta mentalidad quedó muy bien resumida por este comentario de un tal Christian Boltanski: "*La guerra en Francia me ha enseñado que nuestro vecino sólo tiene un deseo: matarnos. Que nuestro vecino, extremadamente amable y simpático, puede asesinarnos al día siguiente, que el mismo hombre que abrazo a sus hijos por la mañana puede matar a otros por la tarde*[406]."

Veinte años antes, los responsables de la comunidad no veían el mundo de otra forma. En 1978, por ejemplo, *Le Droit de vivre*, el órgano de la *Liga contra el antisemitismo* (Licra), titulaba en primera página: "*Vencer el antisemitismo para evitar lo peor*". En 1991, su presidente declaraba: "*Tenemos derecho a estar preocupados. Tengo la impresión de que estamos en 1934 o 1938*[407]." En nuestros anteriores libros, hemos mostrado que esa inquietud judía era crónica y permanente durante siglos, y que se debía buscar la causa no solamente en su historia, sino sobre todo en el psicoanálisis[408].

La literatura judía ofrece varios ejemplos de personajes animados por la codicia y la búsqueda desenfrenada del poder. Irene Nemirovsky, una novelista originaria de una familia de banqueros judíos, nos dejó en sus libros el retrato de personajes poderosos que había conocido en su Ucrania natal. En su novela *David Golder*, publicada en 1929, describía así un banquero emigrado en París (como su propio padre): "*En Londres, en París, en Nueva York, cuando se nombraba a David Golder, la gente pensaba en un viejo y duro judío que había sido odiado y temido toda su vida, que había aplastado a todos los que se habían cruzado en su camino*[409]."

David Golder hacía negocios con otro judío apellidado Soifer. Esta era la clase de hombre que nos pintaba la escritora: "*Soifer, un viejo judío alemán, antiguo conocido de Silesia al que había perdido de vista y con*

---

[406] *L'Arche, "Le mensuel du judaïsme français"*, numéro de juin 1995, en *El Espejo del judaísmo*.
[407]En *El Espejo de judaísmo*, capítulo *La jeremiada judía*.
[408] Léase las terceras partes de *Psicoanálisis del judaísmo* (2006) y *El Fanatismo judío* (2007). Y *El Espejo del judaísmo* (2009).
[409] Irene Nemirovsky, *David Golder*, Ed. digital jugaor, Lectulandia.com, p. 76

quien se había reencontrado hacía unos meses, acudía a jugar con él a las cartas. Soifer, arruinado en su día por la inflación, se había resarcido de todas sus pérdidas especulando con el franco. No obstante, de aquello le había quedado una desconfianza permanente, que crecía de año en año, hacia un dinero que las revoluciones y las guerras podían transformar de la noche a la mañana en papeles sin valor. Poco a poco, fue convirtiendo su fortuna en joyas. En una caja de seguridad de Londres guardaba diamantes, perlas magníficas, esmeraldas tan hermosas que ni Gloria en sus mejores tiempos habría soñado poseer… Sin embargo, era de una tacañería rayana en la obsesión[410]."

Veamos ahora un pasaje de un libro del célebre escritor yiddish Isaac Bashevis Singer. En su novela titulada *Meshugah* (chiflado en yiddish), Isaac Bashevis Singer (que nuestros lectores conocen bien) dibujaba el retrato de un personaje llamado Chaim Joel Treibitcher: "*Este último seguía siendo un hombre muy rico. El imperio de sus negocios en América sobrepasaba en importancia lo que había sido antaño en Europa. Dormía exactamente cuatro horas por noche, más tres cuartos de hora durante el día – ni un minuto más. Cuando estaba en la cama, seguía maquinando nuevas formas de acrecentar su riqueza. En América, durante los años treinta, había comprado casas y fábricas, así como acciones, y el valor del conjunto no dejaba de aumentar. En Miami Beach, poseía terrenos que valían una fortuna. Mucho antes de que Israel se convirtiera en un Estado judío, había adquirido tierras e inmuebles en Jerusalén, Haifa y Tel-Aviv. Todo lo que tocaba se transformaba en oro*[411]." En la página 135 de la novela, una prostituta judía contaba que Harry Treibitcher, el sobrino de Chaim, se había suicidado. "*Corría detrás de las prostitutas*", era "*un estafador y apostador. Apostaba en las carreras y conducía un Rolls Royce.*"

Después de la Segunda Guerra mundial, el famoso "superviviente del holocausto", Martin Gray, había narrado en su libro *En nombre de todos los míos* cómo se había enriquecido. Se había instalado en Estados Unidos, en Nueva York, donde se había reencontrado con su familia y desplegado una actividad frenética para ganar muchísimo dinero: "*Multipliqué mis actividades, el juego, las ventas, los servicios, los espectáculos. Acumulaba dólares. La noche, me tiraba rendido en la cama.*" A continuación, se lanzó en el comercio de antigüedades, especialmente las porcelanas, arramblando con todo lo que encontraba.

---

410 Irene Nemirovsky, *David Golder*, Ed. digital jugaor, Lectulandia.com, p. 85
411 Isaac Bashevis Singer, *Meshugah*, Edition L'Empreinte, 1994, p. 86

Viajó a Europa, que intentaba reponerse de la ruina de la guerra. "*Mi principio era comprar y vender pronto. Un beneficio pequeño multiplicado produce una gran ganancia. La mercancía llegaba. Berlín se convirtió para mí en un arrabal lejano de Nueva York. Durante meses anduve así, de un continente a otro... No tardé en añadir Londres a mi itinerario. Compraba, telefoneaba, saltaba de un taxi a un avión...En Berlín el mercado se iba poniendo difícil...Todos los anticuarios de los Estados Unidos habían caído sobre Berlín, vaciando a la ciudad y a Alemania entera de sus porcelanas*[412]." Para remediar la escasez, Gray empezó a fabricar falsas porcelanas reales del siglo XVIII. "*Acumulaba dólares, invertía, vendía...Ahora era rico, ciudadano de los Estados Unidos, importador, fabricante, había abierto una sucursal en el Canadá y otra en La Habana. Era propietario de casas; colocaba mi dinero en la Bolsa. Iba de capital en capital, para mí París y Berlín era suburbios en las afueras...Nunca marcharon mejor mis negocios: cobraba, invertía, compraba, volvía a cobrar*[413]."

También podemos mencionar Peter Rachman (1919-1962), nacido Perec Rachman, en Lvov, en Polonia, hijo de un dentista judío. Después de la guerra, se había forjado un imperio inmobiliario en el Oeste londinense. Su parque inmobiliario estaba constituido de cien bloques de inmuebles que albergaban algunas discotecas. Las viviendas que compraba eran a veces subdivididas para el ejercicio de la prostitución (Rachman fue condenado dos veces por proxenetismo). Pero la mayoría de las veces se conformaba con expulsar los inquilinos haciéndoles la vida imposible (ruidos, obras, etc.). Los "blanquitos" que tenían una protección legal de renta antigua fueron así sustituidos por inmigrantes africanos y caribeños más maleables. Su ficha "wikipedia", en internet, indica que se había hecho famoso por su tacañería y que la palabra "*Rachmanism*" había sido incluida en el *Oxford English Dictionary* para designar un propietario avaricioso y deshonesto.

Naturalmente, no todos los judíos poseen ese rasgo, y no todos los individuos codiciosos, rapaces y despiadados son judíos. Pero nos vemos obligados a constatar que esta inclinación a amasar grandes fortunas se produce más en esta comunidad que en cualquier otra, y que

---

[412] Así fue saqueada de arriba a abajo la Alemania vencida. Léase al respecto el testimonio de Samuel Pisar en *Psicoanálisis del judaísmo*.

[413]Martin Gray, *Au nom de tous les miens*, Robert Laffont, 1971, Poche, 1984, p. 365-393 y *En Nombre de todos los míos*, edición digital en https://es.scribd.com. Léase en *La Mafia judía* y en *El Espejo del judaísmo*.

con demasiada frecuencia, estas fortunas se construyen a costa de los demás.

"El Judío es un lucio en un estanco de carpas", escribían en 1734 los comerciantes de la ciudad de Stendal, en Prusia, que se quejaban así ante las autoridades.

Un requerimiento de 1765 de los comerciantes y negociantes de París rezaba así: *"Se puede comparar los Judíos a los avispones que se introducen en las colmenas para matar a las abejas, abrirles el vientre y sacar la miel de sus entrañas."*

Tras la Revolución francesa de 1789, los judíos emancipados pudieron además hacer carreras políticas. Uno de los grandes historiadores del judaísmo, Leon Poliakov, explicaba con razón: *"Habiendo sobresalido desde siempre en la carrera hacia las riquezas, los Judíos emancipados se aplicaron a ello con el doble de ardor, y las transformaciones políticas y económicas de la época facilitaron muchos ascensos espectaculares*[414]*"*.

Al final del siglo XIX, Bernard Lazare, un intelectual judío muy famoso en Francia en aquella época por su compromiso en la defensa del capitán Dreyfus415, reconocía de forma natural algunos defectos de su comunidad: *"El judío indudablemente está mejor dotado que cualquier otro para lograr el éxito... Es frío y calculador, enérgico y flexible, perseverante y paciente, lúcido y exacto, y todas estas cualidades las ha heredado de sus antepasados los manejadores de ducados y los traficantes. Si se dedica al comercio y a la finanza, se beneficia con su educación secular y atávica, que no lo ha hecho más inteligente, como su vanidad lo declara, sino más apto para ciertas funciones*[416]*."*

En aquella época, el diccionario francés *Littré* daba esta definición de "judío": *"3° Fig. Coloquial: Aquel que presta usurariamente o que*

---

[414]Léon Poliakov, *Histoire de l'antisémitisme, tome II*, 1981, Points Seuil, 1990, p. 134

[415]El caso Dreyfus tuvo como origen una sentencia judicial de corte supuestamente antisemita, sobre un trasfondo de espionaje y antisemitismo, en el que el acusado fue el capitán Alfred Dreyfus de origen judío alsaciano, y que, durante doce años, de 1894 a 1906, conmocionó a la sociedad francesa de la época, marcando un hito en la historia del antisemitismo. (NdT).

[416]Bernard Lazare, *El Antisemitismo, su historia y sus causas, (1894).* Ediciones La Bastilla, Ed. digital 2011, p. 159

vende exorbitantemente caro, y, en general, cualquiera que busca ganar dinero con dureza417."

Edgar Bronfman, que ocupó la presidencia del Congreso judío mundial durante 26 años a partir de los años 1980, era muy consciente de la importancia del préstamo con interés. Poco antes de fallecer, un periodista le había preguntado cual creía que había sido el mayor invento de la humanidad. Bronfman había respondido con toda naturalidad: "*¡El préstamo con interés!418*"

Su predecesor en el puesto, Nahum Goldman, presidente fundador del Congreso judío mundial, había expresado la misma idea. En su libro *La Paradoja judía*, publicado en 1976, escribía así: "*La vida judía está compuesta de dos elementos: amasar dinero y protestar419.*"

Actualmente, con sus miles de millones, los judíos controlan la prensa, la televisión, la industria cinematográfica, y tienen el poder de destruir la reputación de cualquier hombre político. Asesoran los ministros, frecuentan los diputados y senadores, dictan sus consignas a los comisarios de policía y llevan sus adversarios ante los tribunales, donde están seguros de ganar sus pleitos.

En estas condiciones, entendemos que el dinero es la mejor protección. Les garantiza que la policía estará a su lado el día en que los amotinados intenten penetrar en sus casas a fin de recuperar sus bienes y vengarse de todas las humillaciones.

Terribles prejuicios

Parece admisible que un historiador – judío o no – pueda mencionar la riqueza inconmensurable de los banqueros o comerciantes judíos en la Antigüedad o en la Edad Media. Pero que un goy se atreva a señalar el extraordinario poder financiero del judaísmo en la sociedad actual, y entonces los judíos saltan a la palestra para denunciar la "violencia" inadmisible de esa declaraciones, los "prejuicios" de otra época, " el resurgimiento del antisemitismo", o las "horas más oscuras de nuestra

---

[417]León Poliakov, *Histoire de l'antisémitisme*, 1981, Points Seuil, vol. 1, p. 337

[418] Citado por Israel Shamir en su artículo *Banquiers et voleurs* (*Banqueros y ladrones*), octubre 2001.

[419] Nahum Goldman, *Le paradoxe juif*, Paris, Stock, 1976, p. 67. (Léase en *El Espejo del judaísmo*). [*La paradoja judía*, Editorial Losada, Buenos Aires, 1979. (Descatalogado). (NdT).]

historia 420 ", etc. Los gritos, las lágrimas, los alaridos de los intelectuales judíos impresionan tanto al francés que al principio éste se pregunta qué se ha dicho que fuera tan chocante, puesto que no era más que una obviedad. Entonces comprende rápidamente que sólo le queda una cosa por hacer si quiere conservar su puesto: ponerse de rodillas y pedir perdón421.

No se debe por lo tanto exagerar la importancia de la riqueza y del poder de los judíos. Jacques Attali, al percatarse de este fuerte prejuicio en la Holanda del siglo XVI, deseaba hacer hincapié en ello: "*Ámsterdam se ha convertido en el templo de la especulación, el lugar de formación de las "burbujas" financieras. Como la comunidad construye una magnífica sinagoga, la ciudad llega a exagerar la riqueza de los judíos...De hecho, la fortuna de los judíos es más aparente que real.*"

Igualmente, no se debe creer que en el siglo XIX los Rothschild fueron realmente ricos. Sería un craso error pensarlo, dado que ese tipo de mentiras alimenta la propaganda antisemita: "*Los Rothschild no son comparables con la centésima fortuna británica, y Fred Krupp sigue siendo, fuera de discusión, el alemán más rico de su época... en Francia, ningún judío tiene una fortuna cercana a la de los Morny o los Hottinguer. Ellos constituyen una élite cultural antes que material*422." Es bien sabido que los judíos son débiles y vulnerables. La "finanza judía" es un mito de la propaganda antisemita y reaccionaria para engañar a las masas y lanzarlos contra los eternos "chivos expiatorios". Los judíos son pobres, muy pobres. Decir lo contrario, o insinuar que entre los multimillonarios del planeta los judíos representan una parte exageradamente desproporcionada es una opinión antisemita. Y como se dice hoy en día: "*Esto no es una opinión, es un delito*", o "*una opinión criminal*" si lo prefieren.

Cabría pensar que la dominación judía del mundo de las finanzas había terminado hace mucho tiempo: a partir del siglo XI, afirmaba Jacques

---

[420]"Las horas más oscuras" (*Les heures les plus sombres)* es una expresión acuñada y usada por la esfera cultural y mediática francesa que se refiere a los años 30 y a la Segunda Guerra mundial. Es una suerte de invocación recordatoria sobre la memoria del público siempre que se pronuncia. (NdT).

[421] La "gran fragilidad emocional" del judaísmo y su "intolerancia a la frustración" pertenecen al cuadro clínico de la patología histérica. (Léase *Psicoanálisis del judaísmo*).

[422]Jacques Attali, *Los judíos, el mundo y el dinero*, Fondo de cultura económica, 2005, Buenos Aires, p. 262-263, 324

Attali con toda seriedad, "*se acaban más de mil años de dominio judío casi absoluto, y totalmente involuntario, sobre le banca internacional. A partir de esta época su poder sigue siendo inmenso, pero ya no son los principales financieros del capitalismo...y los financieros judíos ceden en parte la plaza a otros comerciantes y banqueros423.*"

¿Cómo explicar entonces que fuesen a continuación expulsados de todas partes? Jacques Attali respondía muy simplemente a esta pregunta: los goyim no entienden hasta qué punto los judíos son útiles para ellos. Escuchen y maravíllense: "*En Bagdad ya habían tenido esa vivencia durante el siglo IX, o en Londres en el XII, en Córdoba en el XIII, en Sevilla en el XV, en Frankfurt en el XVIII: tanto más se los odiaba cuanto mayor era el espectro de servicios que prestaban.*" Los goyim somos gente muy ingrata. Tras la gran expulsión de España, Attali escribía: "*Pobres y ricos parten juntos, sin bienes o casi sin ellos, y sin comprender por qué los echan*424."

Abraham Leon, también adiestrado en las artes talmúdicas, había hallado unas soluciones ingeniosas y originales para desmontar las "tesis" antisemitas: "*La expulsión definitiva de los Judíos tuvo lugar a finales del siglo XIII en Inglaterra; a finales del siglo XIV en Francia; a finales del siglo XV en España. Estas fechas reflejan la diferencia del alcance del desarrollo económico de esos países. El siglo XIII es la época del apogeo económico de Inglaterra. En el siglo XV los reinos españoles empiezan a enriquecerse y a desarrollar su comercio...El feudalismo da paso progresivamente al régimen de intercambio. En consecuencia, el campo de actividad de la usura judía se reduce constantemente. Se hace cada vez más insoportable porque es cada vez menos necesaria. Cuanto más abunda el dinero, como consecuencia de la circulación más intensa de las mercancías, más despiadada se vuelve la lucha contra una función económica que apenas ha encontrado justificación económica salvo en la época de la inmovilidad económica, cuando el tesoro del usurero constituía la reserva indispensable de la sociedad... Los judíos, como fuente de ingresos, pierden cada vez más interés a los ojos de los reyes (sin contar con que la expulsión de los judíos fue siempre una operación extremadamente rentable). Así, los*

---

[423] Jacques Attali, *Un hombre de influencia*, Seix Barral, Barcelona, 1992, p. 20

[424] Jacques Attali, *Los judíos, el mundo y el dinero*, Fondo de cultura económica, 2005, Buenos Aires p. 327, 218

judíos fueron expulsados progresivamente de todos los países occidentales.”

En resumidas cuentas, si lo entendemos correctamente, los judíos habrían sido expulsados cuando estaban perdiendo todo su poder; en el momento en que eran más débiles. “*Aquí y allá, pequeñas comunidades judías lograron mantenerse en ciertas funciones económicas subordinadas. Los bancos judíos ya no son más que casas de empeño, los Montes de Piedad, donde la miseria pide prestado. Es un descalabro total. El judío se convierte en un pequeño usurero que presta contra prendas de poco valor a los pobres de las ciudades y del campo. ¿Y qué puede hacer con las prendas impagadas? Tiene que venderlas. El judío se convierte en un pequeño vendedor ambulante y trapero. El antiguo esplendor se ha acabado por completo. Comienza la era de los guetos y de las peores persecuciones y humillaciones... Como encargados de los Monte de Piedad, comerciantes de ropa vieja, vendedores ambulantes y traperos, llevan una vida miserable en oscuros guetos, siendo el blanco del odio y del desprecio del pueblo llano*[425].” La vida siempre fue muy dura para los judíos.

Hannah Arendt, una figura obligatoria del judaísmo intelectual de posguerra, retomaba esta explicación estrafalaria en su libro *Los Orígenes del Totalitarismo*. En la tercera parte de este, titulada *Antisemitismo*, demostraba que el auge del antisemitismo en el siglo XIX no correspondía en absoluto al prodigioso aumento del poder judío en la sociedad europea desde su emancipación, tal como los espíritus superficiales habían creído hasta entonces, sino – paradójicamente – a una pérdida de poder de los financieros judíos[426]. A lo largo del siglo XIX, después de las transformaciones sociales causadas por la revolución francesa, la ciudadanía había sido otorgada a los judíos en casi todos los países de Europa, con la notable excepción de Rusia y Rumanía. En Alemania, explicaba Hannah Arendt, los “judíos palaciegos” perdieron su poder e influencia. “*En las primeras décadas de esta evolución los judíos perdieron su posición exclusiva dentro de las finanzas públicas en beneficio de los empresarios de mentalidad imperialista; decayó su importancia como grupo, aunque algunos judíos conservaran su influencia, como consejeros financieros y como*

---

[425] Abraham Léon, *La Conception matérialiste de la question juive*, 1942, Chapitre 3, La période de l’usurier juif..

[426] La palabra “paradoja” aparece frecuentemente bajo la pluma de los intelectuales judíos; esto, naturalmente, no es casualidad.

intermediarios intereuropeos427." De tal forma que "*se puede observar que el antisemitismo alcanzó su cota máxima cuando similarmente los judíos habían perdido sus funciones públicas y su influencia y se quedaron tan sólo con su riqueza. Cuando Hitler llegó al poder, los Bancos alemanes estaban ya casi totalmente judenrein (y era precisamente en ese sector donde los judíos habían mantenido posiciones decisivas durante más de cien años).*"

La ingenuidad y credulidad de los goyim es tal que Hanan Arendt se permitía ir incluso más allá: "*Cabe decir lo mismo de casi todos los países de Europa occidental. El affaire Dreyfus no estalló bajo el Segundo Imperio, cuando la judería francesa se hallaba en la cumbre de su prosperidad e influencia, sino bajo la Tercera República, cuando los judíos habían desaparecido casi por completo de las posiciones importantes (aunque no de la escena política). El antisemitismo austriaco no se tornó violento bajo Metternich y Francisco José, sino en la República austríaca de la posguerra, cuando se hizo evidente que ningún otro grupo había sufrido tal pérdida de influencia y de prestigio en razón de la desaparición de la monarquía de los Habsburgo428.*"

El antisemitismo, que no paraba de crecer en Alemania, en Francia y en Austria, era cosa de unos "chiflados conspiracionistas", siempre dispuestos a tomarla con los seres pobres y vulnerables porque son demasiado cobardes para apuntar a los verdaderos poderosos. "*El elemento judío anacional e intereuropeo [cosmopolita] se convirtió en objeto de odio universal precisamente por causa de su inútil riqueza y de desprecio por causa de su falta de poder.*" Los antisemitas, que personifican "*la bajeza humana*", no atacan a los poderosos, sino a "*grupos desprovistos de poder o en trance de perderlo429.*" ¡Tenía que ser dicho la verdad!

Hay que comprender que la tesis de Abraham Leon y Hannah Arendt sólo es ridícula para los antisemitas, pues el goy corriente siempre está dispuesto a tragar este tipo de elucubraciones talmúdicas. Los lectores de nuestros anteriores libros lo saben perfectamente: los intelectuales judíos no retroceden ante nada y siempre están dispuestos a negar las

---

[427] Hannah Arendt, *Los Orígenes del Totalitarismo, Antisemitismo,* 1951, Taurus-Santillana, Madrid, 1998, p. 37

[428] Hannah Arendt, *Los Orígenes del Totalitarismo, Antisemitismo,* 1951, Taurus-Santillana, Madrid, 1998, p. 29

[429] Hannah Arendt, *Los Orígenes del Totalitarismo, Antisemitismo,* 1951, Taurus-Santillana, Madrid, 1998, p. 37, 88. Léase en *Las Esperanzas planetarianas* (2005).

evidencias y llevar la contraria a la realidad. Esta explicación del antisemitismo, que postula que éste se habría desencadenado contra una comunidad debilitada por su pérdida de poder en el siglo XIX, es evidentemente totalmente desmentida por la abrumadora realidad, a saber que la emancipación de los judíos europeos fue el principio de un aumento considerable de su influencia en todos los ámbitos de la sociedad. La imagen del fabuloso poder de los cinco hermanos Rothschild dominando la Europa del siglo XIX sigue siendo la referencia de la legendaria *"fortuna anónima y vagabunda"*.

Marc Roche es otro intelectual judío. En su libro sobre Goldman Sachs – bastante mediocre por cierto- superaba Jacques Attali, Abraham Leon y Hannah Arendt, consiguiendo la hazaña de hacer desaparecer pura y simplemente los financieros judíos de la ecuación, como por arte de magia – o brujería, por así decirlo. Marc Roche denunciaba así el supuesto racismo que reinaba en Wall Street, y evocaba *"las dificultades que experimentan las minorías raciales para encontrar su lugar en un universo tan blanco430."*

Los banqueros judíos han desaparecido: sólo quedan Blancos racistas, los "wasp" de ojos claros que saquean el tercer mundo y acaparan las riquezas del mundo. Marc Roche utilizaba la consabida "inversión acusatoria", tan apreciada por los intelectuales judíos que consiste en proyectar en los demás aquello de lo que se sienten probablemente culpables. Lean lo que escribía para denunciar la oligarquía financiera, especialmente los "oligarcas" que habían monopolizado todas las riquezas de Rusia en los años 1990: *"Oligarquía: régimen político en el que la soberanía es detentada por un pequeño grupo de personas, una clase restringida y privilegiada. La palabra se ha actualizado para definir el "capitalismo de cosacos" que se ha apoderado de Rusia después del hundimiento del comunismo431."* Y Dios sabe que los cosacos son gente rapaz, violenta, engañosa y sin escrúpulos.

El autor estaba visiblemente empeñado en hacer comprender a sus lectores que la finanza judía era un mito, ya que terminaba su libro tratando de refilón esa cuestión. Así pues, al final de su obra volvía a poner los puntos sobre las íes: *"Hasta 1945 existía una auténtica*

---

[430]Marc Roche, *El Banco, cómo Goldman Sachs dirige el mundo*, Ediciones Deusto, Barcelona, 2011, p. 168

[431]Marc Roche, *El Banco, cómo Goldman Sachs dirige el mundo*, Ediciones Deusto, Barcelona, 2011, p. 97. Acerca del saqueo de Rusia por los oligarcas judíos en los años 1990, léase *La Mafia judía*.

segregación en Wall Street entre bancos judíos y protestantes. En nuestros días, Goldman Sachs ya no es realmente un banco judío, de la misma manera que JP Morgan ya no cultiva sus raíces protestantes. Sin embargo los prejuicios de la opinión pública son difíciles de tumbar432."

Roger Cukierman, antiguo presidente del Crif (Consejo representativo de las instituciones judías de Francia), también se indignaba en contra de estos odiosos prejuicios y negaba las evidencias, respetando así las tradiciones de su comunidad: *""¡Los judíos tienen dinero!" Siempre aparecen estos tan banalizados y terribles prejuicios antisemitas que, en última instancia, acarrean las peores consecuencias433.*"

Ahora sabéis la verdad: la finanza judía es un mito. Quizás existió en Babilonia miles de años atrás, tal vez también en el siglo XIX, o de manera efímera al principio de la aventura Goldman Sachs, cuando este banco estaba en pañales. Pero esa historia ya pasó definitivamente. Lo que vuestros ojos ven no corresponde a la realidad. Vuestros ojos se cierran, vuestros parpados están pesados...Estáis completamente relajados... Ahora duermen profundamente.

No existe ningún "lobby judío", contrariamente a las alegaciones falaces y calumniosas de los antisemitas. Escuchen lo que nos decía este Meir Waintrater respecto del "lobby judío" en la revista judía *L'Arche* de octubre de 1999 (página 10):

"Cualquiera que esté mínimamente familiarizado con los asuntos judíos sabe lo inútil de tal pregunta. El Crif, que es la única organización que puede hablar en nombre de la comunidad judía en el ámbito político, es una organización pequeña que depende casi exclusivamente del voluntariado. Sólo interviene abiertamente, en forma de comunicados de prensa y reuniones con dirigentes nacionales e internacionales. No tiene ni vocación ni medios para ejercer presión sobre los políticos o los medios de comunicación, que es lo que caracteriza a cualquier grupo de presión... Ni grupo de presión, ni trabajo de influencia, ni aparato. (Y no hablo de la embajada de Israel, cuyo servicio de información es sin duda uno de los más paupérrimo y mal equipados de todas las representaciones diplomáticas en París; ni

---

[432]Marc Roche, *El Banco, cómo Goldman Sachs dirige el mundo*, Ediciones Deusto, Barcelona, 2011, p. 233

[433]Roger Cukierman, *Ni fiers, ni dominateurs*, Edition du Moment, 2008, p. 97. En *El Espejo del judaísmo* (2009)

de la Organización Sionista Mundial, decaída y condenada periódicamente a desaparecer, cuyos escasos delegados en Francia se ocupan exclusivamente de difundir la cultura hebrea y de ayudar a los candidatos a emigrar a Israel). En una palabra: el concepto de "lobby judío" carece de todo fundamento en la realidad." Y esa es precisamente la razón por la que, cada año, la casi totalidad de la flor y nata del mundo político francés, personalidades políticas y ministros de izquierda y de derecha, es convidada a las famosas veladas del Crif.

En en un registro parecido, podemos ver, por ejemplo, la segunda parte de la conocida película *La Vérité si je mens*[434] (Francia, 2000): unos cabrones sin escrúpulos estafan un pobre pequeño proveedor del Sentier, abocándolo a la ruina. Estos cabrones, son los compradores de los hipermercados de la gran distribución, los dueños goyim de ojos azules que serán castigados al final de la película. No se nos malinterprete: no decimos que esto no pueda ocurrir en la realidad. Nos parece simplemente que el papel de cabrón suele recaer, casi exclusivamente, en los goyim de raza blanca, y que sería más justo que de vez en cuando veamos también en las ficciones cinematográficas algún judío estafador, chanchullero, malo, imperialista y belicista, así como negros asesinos en serie o magrebíes violadores. Pero para ello, probablemente tendremos que esperar a una nueva era.

El antisemitismo es una absurdidad, nos dicen los intelectuales judíos: "*El antisemitismo es totalmente incoherente, pero eso nunca incomoda a los antisemitas*", escribía el gran sociólogo Michel Wierviorka. "*Todo tiene cabida en el discurso antisemita, el odio a los judíos se alimenta de argumentos contradictorios*[435]." Entonces, ¿cómo explicar la permanencia del antisemitismo, "*si es absurdo e irracional*"? Michel Wierviorka respondía así en su dialogo ficticio con un goy: "*A decir verdad, me he hecho muchas veces esta pregunta, y nunca he encontrado una respuesta satisfactoria. La mejor, en mi opinión, es la idea de que el pueblo judío se ha constituido a lo largo de la historia como la figura del mal y de la desgracia. Su presencia entre otros pueblos, donde nunca fueron más que una minoría, los convirtió en el chivo expiatorio ideal.*" Obviamente, el sociólogo se manifestaba en

[434] Popular comedia judía que tuvo gran éxito en Francia en aquellos años. (NdT).
[435] Michel Wieviorka, *L'Antisémitisme expliqué aux jeunes*, Seuil, 2014, p. 100

contra de "*las absurdas acusaciones de que están conspirando para dirigir el mundo y llevarlo a la perdición*[436]."

Sin embargo, todas estas consideraciones nunca han impedido a los judíos dar lecciones de moralidad a la humanidad, cuales profesores puntuando a sus alumnos en un examen. Lean las palabras de Albert Einstein, quien escribía con cierta prepotencia: "*La situación de nuestro pueblo diseminado por la tierra es un barómetro de la moralidad que reina en el mundo político...La tradición del pueblo judío consiste en una voluntad de justicia y de razón que sirve y ha servido al resto de los hombres, y que los servirá en el futuro*[437]."

O cómo lo decía también admirablemente uno de sus congéneres, Stéphane Zagdanski: "*Se podría desarrollar en todos los tonos posibles esta oda, esta gigantesca rapsodia de generosidad, desinterés, gratuidad, y entrega esplendorosa pero inútil que es el judaísmo*[438]."

Jacques Attali también sabía hacer gala de un gran humor cuando nos recordaba las reglas morales del judaísmo: "*Imponerse una moral muy austera, no tolerar arrogancia ni inmoralidad, para no crear celos ni pretextos para la persecución*[439]." ¡No es cosa de risa!

---

[436] Michel Wieviorka, *L'Antisémitisme expliqué aux jeunes*, Seuil, 2014, p. 115, 117
[437] Albert Einstein, *Mi visión del mundo, discurso pronunciado en Londres*, Ed. digital Titivillus, 2016, p. 104-105. ["*Spinoza y Karl Marx surgieron de esa tradición*", p. 105. (NdT).]
[438] Stéphane Zagdanski, *De l'Antisémitisme*, Climats, 1995, 2006, p. 327
[439] Jacques Attali, *Los Judíos, el mundo y el dinero*, Fondo de cultura económica, 2005, Buenos Aires, p. 490

El Proyecto Cosmopolita

Lo cierto es que los judíos llevan ventaja en el arte y la manera de engañar a la gente y acumular riqueza. No es por lo tanto sorprendente, bajo estas circunstancias, que sean los adalides del liberalismo, la desregulación y la supresión de las fronteras. Los Estados, con su entrometida legislación, su administración inquisidora y su policía más o menos "antisemita", son para ellos esencialmente unos obstáculos que les obligan a ciertas acrobacias financieras, como abrir cuentas bancarias en la otra punta del mundo, domiciliarse en paraísos fiscales, etc. Todo esto, a fin de mantener sus fortunas lejos del fisco y de la justicia. Los judíos, en efecto, siempre sienten la necesidad imperiosa de corregir la injusticia que creen haber padecido mediante alguna acción auto compensatoria extralegal.

Pero los multimillonarios (en miles de millones) judíos no acumulan riquezas por el mero placer de poseer y gozar de bienes materiales. Al igual que sus congéneres que se sienten realmente judíos, éstos están ante todo animados por un deseo de ver realizarse las profecías: están convencidos de que su mesías debe llegar. Pero también son conscientes de que no llegará hasta que la paz esté establecida en la faz de la tierra, una paz que será absoluta, universal y definitiva. Desde hace generaciones, los judíos trabajan incansablemente para este objetivo de pacificación global de la humanidad. La noción de "Paz" está en el núcleo mismo del judaísmo, y no es casualidad que esta palabra (*shalom* en hebreo) aparezca tan frecuentemente en todos los discursos de los judíos del mundo. No se trata sólo de un concepto religioso, o de una creencia en el advenimiento de un mundo mejor, obra de Dios en un lejano futuro, sino de un principio rector que determina el compromiso y el quehacer de los judíos en su vida cotidiana. En efecto, los judíos, a través de su trabajo, sus acciones y su implicación en la política, obran cada día para la construcción de la "Paz".

Para alcanzar esta paz, los judíos trabajan incansablemente para hacer desaparecer todas las fuentes de conflictos, y en primer lugar los conflictos entre naciones. Las naciones son supuestamente las generadoras de guerras, por lo que hay que hacer todo lo posible para debilitarlas. En las películas que producen y realizan, en las novelas que escriben, en los discursos que repiten en los medios de comunicación y en sus cátedras académicas, los judíos militan activamente en favor de todo aquello que contribuye a desvanecer el sentimiento de pertenencia colectiva. En nombre de la "igualdad", de los "derechos humanos" y de la "tolerancia" alientan con todas sus fuerzas la fraternidad universal, la apertura de fronteras, la libre circulación de personas y mercancías. En todos los países donde se instalan, favorecen la inmigración, fomentan el mestizaje, exaltan la sociedad multicultural y la ambigüedad identitaria. Las sociedades tradicionales deben desaparecer; todas las diferencias entre los hombres deben ser arrasadas y suprimidas: las razas, las etnias, las naciones, las religiones. Al final, todos los Estados deben fusionar, fundirse en un gobierno mundial, único capaz de hacer reinar la felicidad y la prosperidad en la tierra. La unificación del mundo será también el preludio de una pacificación global de la humanidad, que es, según ellos, la condición previa a la llegada de su mesías[440].

En el siglo XIX y XX, con el marxismo y la ideología comunista, los judíos habían intentado suprimir las clases sociales a costa de innumerables víctimas, pero siempre envolviéndose en los ropajes de los grandes ideales humanitarios: la laicidad , la tolerancia, los "derechos humanos", el "internacionalismo", etc [441] . Actualmente, presionan con su fanatismo hasta querer hacer desaparecer las diferencias entre hombres y mujeres 442 , banalizando la homosexualidad en sus películas y series de televisión, alentando la ambigüedad sexual, la disolución del referente que representa la familia heterosexual, así como atacando los valores morales "reaccionarios" o patriarcales, siempre con la mira puesta en establecer la "Paz" y la "Unidad" entre las naciones y los individuos. Nada debe subsistir del antiguo mundo. ¡Todo debe desaparecer! Y cuando no quede nada por destruir, entonces los judíos, que habrán mantenido intacta su sangre,

---

[440] Es lo que hemos demostrado a fondo, de arriba abajo, apoyándonos en cientos, sino miles, de citas en nuestros anteriores libros. Sobre este tema, léase particularmente *Las Esperanzas planetarianas* (2005) y *El Fanatismo judío* (2007).

[441]La casi totalidad de los ideólogos marxistas eran efectivamente originarios de esta comunidad. Léase los capítulos al respecto en *Las Esperanzas planetarianas* (2005) y *El Fanatismo judío* (2007).

[442]Creemos que la actual ofensiva mundial de las políticas transhumanistas y transgénero se inspira en las doctrinas esotéricas de la Cábala judía. Léase en *Psicoanálisis del judaísmo*. (NdT).

su ley y su religión, serán reconocidos por todos como el "pueblo elegido" de Dios. Éste es el fanatismo igualitario y mesiánico que abona el terreno del progresismo democrático y totalitario.

Al actuar de forma concertada, con un objetivo bien definido, los multimillonarios judíos son así mucho más eficaces que los goyim y ejercen una gran influencia en las decisiones políticas, sobre todo en los países occidentales.

George Soros, por ejemplo, no era únicamente un especulador sin escrúpulos: era además un gran "filántropo". Tras la caída de la Unión soviética, había fundado en 1993 la *Open Society Institute*, cuyo objetivo declarado era promover el desarrollo de sociedades democráticas y "abiertas". Sus inversiones eran al principio principalmente dirigidas a los países en vía de desarrollo y a los países de la antigua Unión soviética. Pero a continuación, dedicaba cientos de millones de dólares a sus fundaciones, presentes en más de 30 países.

En su libro, publicado en el 2006 (*El Gran desorden mundial*), veíamos cómo el especulador animaba la inmigración a Europa: "*Debido a una población envejecida, la inmigración es una necesidad económica, escribía. Como prototipo de sociedades abiertas mundiales, Europa debe acoger la inmigración y favorecer la adhesión de nuevos miembros.*" Soros desvelaba además ciertas informaciones sobre su papel en los bombardeos contra la pequeña Serbia patriótica en 1999, así como en las revoluciones "democráticas" (de color): en la "revolución de la Rosas" en Georgia en 2003, y en la "revolución naranja" en Ucrania en 2004[443]. Diez años después, invitado en el plató de la cadena estadounidense CNN, el 25 de mayo del 2014, el hombre de negocios reconocía abiertamente haber financiado la oposición al presidente pro-ruso en ese país. Designó entonces al presidente ruso Vladimir Putin como el enemigo número 1 a abatir. El objetivo siendo, como siempre, la instauración de democracias "abiertas" y "tolerantes" a los intereses globalistas, y así disolver los pueblos y favorecer la instauración del gobierno mundial. En el 2010, Soros había financiado en más de 100 millones de dólares la asociación "Human Right Watch". Soros estaba muy preocupado por el racismo y comprometido con la defensa de los derechos "humanos". Hacía un llamamiento a la Unión Europea para poner en práctica un gran plan de integración de los

---

[443] Sobre George Soros y demás "gurús de Wall Street", léase *Las Esperanzas planetarianas* (2005) y *El Fanatismo judío* (2007). (Véase de nuevo nota 333. NdT).

Cíngaros. "*La magnitud de los problemas exige un plan global y eficaz de integración de los gitanos a escala de la Unión europea.*" Su fundación ya había distribuido cerca de 150 millones de dólares en programas e integración de Cíngaros en Europa del Este[444]. En el 2012, había donado 35 000 euros al "Colectivo contra la islamofobia" en Francia.

En su autobiografía, Soros narraba cómo siendo un adolescente judío en la Hungría controlada por los nazis había participado en el espolio de los bienes judíos. "*Soros no se siente culpable por ello*". El multimillonario comparaba ese episodio de su vida con su actitud ante los mercados financieros: "*Si yo no lo hubiera hecho, otros lo habrían hecho*[445]", decía. Georges Soros apoyó todas las causas "liberales" en Estados Unidos: despenalización del cannabis, control de las armas de fuego, eutanasia, etc. En California, había donado un millón de dólares para apoyar a las asociaciones favorables a la legalización del cannabis, quizás para adormecer a la población. La "sociedad abierta" es en realidad una "sociedad reventada", en la que las mafias transnacionales pueden operar a su antojo. Esto es el proyecto mundialista.

El sociólogo Edgar Morin es otro espécimen bastante representativo de esos intelectuales cosmopolitas obsesionados por el advenimiento de sus profecías[446]. Desde hace treinta años, repite el mismo discurso, casi palabra por palabra, y las mismas ideas en todos sus libros. En 1993, en su libro *Tierra-Patria,* ya nos anunciaba la buena nueva con todo detalle, "*la de la era planetaria*": "*Migraciones y mestizajes, productores de nuevas sociedades, policulturales parecen anunciar la patria común a todos los humanos*[447]." Nuestra tarea, decía Edgar Morin, es "*reformar la civilización occidental*", "*federar la Tierra*" *y* "*llevar a cabo la era de la civilidad planetaria.*" Debemos "*considerar la ciudadanía planetaria, que daría y garantizaría a todos derechos terrenales*[448]", nos aseguraba el sociólogo.

---

[444] *Le Monde.fr,* 28 de agosto del 2010.

[445] *Le Point,* 18 de septiembre del 2008.

[446] Edgar Morin (París, 1921), de nacimiento Edgar Nahum, es un filósofo y sociólogo francés centenario de origen sefardita. Es un autor prolífico y muy galardonado, ampliamente traducido al español. (NdT).

[447] Edgar Morin y Anne-Brigitte Kern, *Tierra-Patria,* 1993, Editorial Kairós, Barcelona, 2005, p. 43

[448] Edgar Morin y Anne-Brigitte Kern, *Tierra-Patria,* 1993, Editorial Kairós, Barcelona, 2005, p. 136, 142, 143

Veinte años después, en 2014, en su libro titulado *Nuestra Europa*, Edgar Morin machacaba sus mismas obsesiones, sus mismas advertencias proféticas: "*Estamos en el comienzo de la era planetaria...Existe la esperanza de que nuestras sociedades actuales experimenten una metamorfosis hacia una unión planetaria, hacia una sociedad-mundo, exigencia racional de un mundo limitado e interdependiente... Los seres humanos no solo poseen una única filiación común. Los seres humanos también poseen un destino común...Todos los seres humanos poseemos una Tierra patria. Todos somos hijos de la Tierra*[449]." Y ya estamos otra vez: "*La unidad, la diversidad y el mestizaje deben ganarle la partida a la homogeneización y al repliegue. El mestizaje no solo constituye bla bla bla*[450]..." En su silla de ruedas, en frente de una pared, Edgar Nahum se pasaría el día repitiendo las mismas palabras.

Jacques Attali es también muy representativo de estos intelectuales judíos, literalmente obsesionados por el mestizaje universal (excepto para ellos mismos, naturalmente) y la unificación del mundo. Los lectores de nuestros libros lo conocen bien, ¡incluso en su intimidad! Es probablemente el escritor que expresa con más claridad el proyecto político del judaísmo, ya que expone sin pudor desde hace muchos años su ideal de unificación planetaria en sus libros y en los platós de televisión franceses[451].

En su libro titulado *Fraternidades*, publicado en 1999, ya pedía la creación de un gobierno mundial. Se proyectaba en el futuro e imaginaba "*trece personajes que componían el gobierno mundial creado veintitrés años antes, en 2083*". Cualquier resistencia a su poder había desaparecido: "*Hacia 2080, nadie, o casi nadie, denunciaba la formidable concentración de riquezas y de poderes: cinco grupos financieros controlaban más de la mitad del capital mundial, y una*

[449] Edgar Morin, Mauro Cerruti, *Nuestra Europa, ¿Qué podemos esperar? ¿Qué podemos hacer?*, Paidós, 2013, Barcelona, p. 142, 143

[450] Edgar Morin, Mauro Cerruti, *Nuestra Europa, Paidós, 2013, Barcelona*, p. 145. [El libro está plagado de perlas como está: "*Europa debe, ante todo, problematizarse a sí misma. Y debe problematizarse a sí misma regenerando el principio constitutivo de su identidad: el principio de la unidad en la diversidad y de la diversidad en la unidad*", p. 112, 113. NdT].

[451] Jacques Attali es una personalidad que a lo largo de los años se ha hecho más visible para el público español e hispanohablante. Muchas de sus obras han sido traducidas al español. Uno de sus libros que nos parece más recomendable acerca de la futura sociedad global es *Breve historia del futuro*, Ediciones Paidós Ibérica, Barcelona, 2007. (NdT).

parte importante del resto pertenecía a los traficantes de órganos[452]*, de clones y de cerebros virtuales. Cinco mil millones de terráqueos no tenían apenas con qué sobrevivir.*" La paz reinaba por fin en la Tierra: "*Se había formado una nueva clase privilegiada que reunía sin preocuparse de la nacionalidad, a empresarios de bancos de datos, manipuladores de genes, productores de quimeras, organizadores de redes y animadores de espacios de placer...Se pudo ver cómo se instalaba una sociedad abierta, generosa y respetuosa de las diferencias. Cada cual se complacía en cultivarlas para el placer de todos.*"

Lo esencial, como comprenderéis, consiste en destruir todas las antiguas comunidades orgánicas, todas las tradiciones ancestrales, todos los lazos de sangre y todas las solidaridades familiares o étnicas. El nihilismo judío no conoce límites, y Jacques Attali pregonaba abiertamente la disolución de la familia patriarcal, hablando de "*matrimonios múltiples y simultáneos, heterosexuales u homosexuales*[453]". En los años siguientes, Attali no dejaría de repetir hasta la saciedad esta idea en todas sus obras.

En sus visiones, Attali veía una pequeña élite de "*nómadas planetarios*" para dirigir el mundo. Los miembros de esta nueva élite serían "*una hiperclase planetaria*", desprovistos "*de referencias patrióticas.*" Su gobierno soñado sería un "*gobierno mundial*", "*elegido por voto electrónico para cinco años*". "*Tenía la tarea de organizar una democracia enteramente dedicada al respeto del ser humano y la protección de las libertades y los derechos.*" Todo iría de maravilla en el mejor de los mundos: "*El hambre y la miseria se habían situado universalmente fuera de la ley.*" Y los ciudadanos planetarios confiaban ciegamente en sus gobernantes para solucionar todos los conflictos: "*La prohibición de la venta de cualquier arma, inclusive blanca o de caza, estaba garantizada y controlada por una policía, una justicia y una reglamentación planetarias...y la genética hizo el resto cuando permitió aislar y neutralizar, sin atentar contra las libertades, los genes ligados a la violencia, la envidia, los celos y el odio de sí mismo.*" El gobierno mundial dispondría de medios excepcionales: unos "*recursos fiscales*

---

452 El tráfico de órganos es una especialidad de la mafia judía.

453 Jacques Attali, *Fraternidades, una nueva utopía*, Paidós Iberica, Barcelona, 2000, p. 16, 20, 21 "*Autorizar la unión entre personas, sea cual sea su sexo y su número, para que puedan unir sus soledades, complacerse en ayudarse mutuamente y ayudar a los otros conjuntamente.*" p. 147

planetarios que votaba un parlamento de las Naciones Unidas." Y todo el oro del mundo por fin fluía en sus manos: "*Un único Banco Central controlaba el uso de la única moneda mundial*[454]." Al final del libro, Jacques Attali consideraba que el lector estaba lo suficientemente preparado para su profecía definitiva: "*Un banco central planetario administraría la moneda única del mundo.*[455]"

En el año 2007, Attali desvelaba sus planes para salvar las pensiones de los jubilados franceses. Se trataba simplemente de "*organizar la llegada de dos millones de extranjeros por año entre el 2020 y 2040, lo que se traduciría, tomando en cuenta todo el periodo considerado y en base al crecimiento de las familias, en la entrada en nuestro suelo de 93 millones de inmigrantes; Francia tendría entonces 187 millones de habitantes, de los cuales el 68% serían inmigrantes de primera o segunda generación*[456]."

En el 2009, en otra obra suya titulada *El Sentido de las cosas*, Attali proseguía concienzudamente su labor de destrucción de los valores europeos, insistiendo varias veces en la "*necesidad de un gobierno mundial*[457]".

El 16 de febrero del 2010, en la cadena de televisión *Public Sénat*, en el programa *Conversations d'avenirs* dedicado a la ciudad de Jerusalén, Jacques Attali evocaba ingenuamente esa ciudad como "*capital planetaria de un gobierno mundial*": "*Podemos soñar con una Jerusalén convertida en capital del planeta unificado un día en torno a un gobierno mundial. Es un hermoso lugar para un gobierno mundial.*"

En el 2011, tras la publicación de su enésimo nuevo libro titulado *Mañana, ¿quién gobernará el mundo?*, planteaba "*un ejecutivo planetario*" concebido como "*un heptavirato. Un Consejo de siete miembros elegidos para siete años, no reelegibles – Simbolizaría la unidad del mundo y ejercería la autoridad moral necesaria para el respeto de la Constitución mundial...La presidencia del heptavirato sería anual y rotatoria. El gobierno mundial preparará, propondrá,*

---

[454] Jacques Attali, *Fraternidades, una nueva utopía*, Paidós Iberica, Barcelona, 2000, p. 20, 21

[455] Jacques Attali, *Fraternidades, una nueva utopía*, Paidós Iberica, Barcelona, 2000, p. 142

[456] Jacques Attali, *L'avenir du travail*, Fayard, 2007, p. 118

[457] Jacques Attali, *Le Sens des choses*, Robert Laffont, 2009, p. 199, 252, 253

hará votar y ejecutará el presupuesto del mundo[458]." Jacques Attali tuvo la oportunidad de presentar su proyecto en todas las cadenas de radio y televisión.

El 6 de mayo del 2014, en la cadena de televisión BFMTV del multimillonario franco-israelí Patrick Drahi, Attali repetía y resumía una vez más el proyecto para que los goyim captaran definitivamente el mensaje: "*Hace falta un gobierno mundial, una finanza mundial, un banco mundial, un capitalismo planetario. Se puede soñar con una Jerusalén convertida en capital planetaria. Jerusalén convertida en capital del gobierno mundial sería un hermoso lugar459.*"

A partir de ahí, gracias al préstamo con interés, a la moneda única mundial y al Banco Central planetario, todas las riquezas irán a parar a las arcas de los hijos de Israel. Los tratados *Pesachim* y *Sanedrín* del Talmud de Babilonia aseguran que, en los tiempos del Mesías, los tesoros de los judíos serán tan inmensos que "*se necesitarán 300 burros para transportar las llaves de cada bóveda*[460]." Entonces ya no habrá nada que temer. Todos los enemigos habrán desaparecido y los judíos podrán por fin encontrar el descanso y la Paz.

París, septiembre del 2014

458Jacques Attali, *Demain, qui gouvernera le monde?*, Fayard, 2011, p. 311. Léase en *La Guerra escatológica* (2013).

459El lector debe saber que Jacques Attali tiene una gran influencia en el panorama político y mediático francés. Desde los años 80, siendo el principal asesor del presidente Mitterrand, hasta recientemente presidiendo varias comisiones económicas bajo las presidencias de Sarkozy y Hollande. También desarrolla en el ámbito privado una notable actividad de banquero internacional. De hecho, es bien sabido que Attali auspició públicamente el joven Emmanuel Macron, por entonces empleado del banco de inversión Rothschild & Co y directamente apadrinado por David René de Rothschild (miembro del Consejo del Congreso judío mundial). Macron fue luego catapultado a la presidencia de la república francesa por los medios de comunicación a pesar de carecer de los apoyos políticos al uso, siendo así para muchos analistas el testaferro político de Rothschild y de personajes como Attali. Con su estilo arrogante y autoritario, Emmanuel Macron ejecuta en Francia una política mundialista a marchas forzadas: privatización oligárquica de la economía francesa, desmoronamiento del Estado francés e integración en el nuevo orden mundial de la agenda 2030. (Más información en Faits et documents: https://www.faitsetdocuments.com/). (NdT).

460*Pesachim* 118b y 119, y *Sanedrín* 110b. Sobre la escatología, es decir la visión del final de los tiempos en las grandes religiones, léase *La Guerra escatológica* (2013).

OTROS TITULOS

OMNIA VERITAS

OMNIA VERITAS LTD PRESENTA:

LA TRILOGÍA WALL $TREET

POR ANTONY SUTTON

"'El profesor Sutton será recordado por su trilogía: *Wall St. y la revolución bolchevique, Wall St. y FDR*, y *Wall St. y el ascenso de Hitler*."

Esta trilogía describe la influencia del poder financiero en tres acontecimientos clave de la historia reciente

www.ingramcontent.com/pod-product-compliance
Lightning Source LLC
LaVergne TN
LVHW020536100826
845148LV00010B/1480

* 9 7 8 1 8 0 5 4 0 1 0 9 4 *